笔下流金

西方文字书写史

[英]埃万·克莱顿

著

张 璐

译

刘 钊

胡阿提·吾兰

审校

浙江人民出版社

图书在版编目（CIP）数据

笔下流金：西方文字书写史 /（英）埃万·克莱顿
著；张璐译. — 杭州：浙江人民出版社，2022.10
ISBN 978-7-213-10681-1

Ⅰ.①笔…　Ⅱ.①埃…②张…　Ⅲ.①文字－历史－
西方国家　Ⅳ.① H02

中国版本图书馆 CIP 数据核字 (2022) 第 122500 号

浙江省版权局
著作权合同登记章
图 字：11-2020-401 号

笔下流金：西方文字书写史
BIXIA LIUJIN: XIFANG WENZI SHUXIESHI

[英] 埃万·克莱顿　著　　张璐　译　　刘钊　胡阿提·吾兰　审校

出版发行：浙江人民出版社
（杭州市体育场路 347 号　邮编：310006）
市场部电话：(0571) 85061682　85176516

策划编辑：胡俊生　王月梅
责任编辑：方　程　王月梅
营销编辑：陈雯怡　赵　娜　陈芊如
责任校对：杨　帆
责任印务：刘彭年
书籍设计：XXL Studio 刘晓翔 + 叶嘉欣
印　　刷：北京富诚彩色印刷有限公司
开　　本：710mm×1000mm 1/16　　印　张：32
字　　数：332 千字　　　　　　　　插　页：4
版　　次：2022 年 10 月第 1 版　　印　次：2022 年 10 月第 1 次印刷
书　　号：ISBN 978-7-213-10681-1
定　　价：168.00 元

如发现印装质量问题，影响阅读，请与市场部联系调换。

献给我的父母

伊恩·克莱顿和克莱尔·克莱顿

在探索书写世界之前，

我们先从图片中感受它的瑰丽多姿

图 1 《写信的女士》，约翰内斯·维米尔。约 1665 年

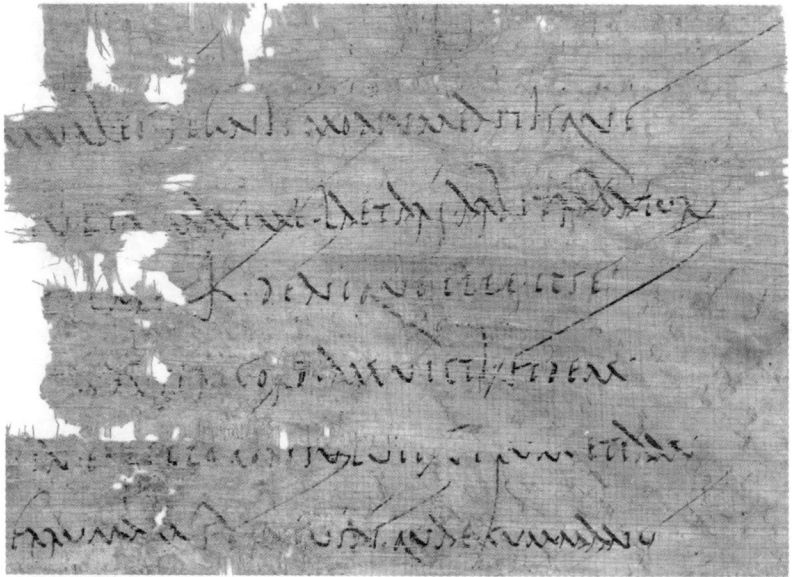

图 2 用芦苇笔书写的罗马文字手卷残片，出自 1 世纪上半叶西塞罗的作品《反维勒斯》

写给中国读者

写完这本书的时候，我领悟到一件事，书写中包含了浩瀚的人类历史。写作过程中，我脑子里充满了各种纷繁复杂的信息，有时甚至多到让我难以承受！但是，就完整的人类历史而言，书写史很短暂，最早的人类化石已经有上百万年的历史，而书写史仅能追溯到 5000 年前。就人类的经历而言，书写仍然非常年轻，但多姿多彩。

这本书的初稿，比你现在看到的要厚很多，最初我还计划将罗马字母的历史与其他书写系统联系起来。我觉得在 21 世纪初，从全球视野思考书写是很重要的，这也是我很高兴本书能在中国出版的原因。本书着重讲述罗马字母，因为我需要把文稿削减到适合出版的篇幅。尽管我写的是西方书写史，对中国书写而言，这是一个有着不同起源、使用不同工具、有不同思想表现方式的书写系统，但是，我希望你们——中国的读者朋友们——能够看到它与中国书写历史的联系。这种联系在于书写的意义和价值：我们通过书写来了解先人的经验，规范日常事务的秩序，以及跨越时空与他人交流。

写这本书，是想呈现一段跨越许多领域、内容相互关联的历史，探究如何运用很多不同的材料和技术来完成书写过程。这本书出版后，美国的一位大学教授写信给我，说她从这本书中了解到，书写是一种关于形式和内容的生态，是一个联结生命和价值的网络。我想这是对书写的褒奖，我确实把书写看作一种生态，而不是单一的现象。在我看来，历史上，人们在不同的时间和地点、用不同的书写系统、在不同的载体上创造出许多不同类型的书写作品，将人类的认识、智慧和文化植入其中，并流传下去，这是一件神奇的事。从整个书写史来看，我们一直在用各种随手找到的工具和载体书写，而且这一传统在未来仍然会延续。我不相信某一种技术就是我们唯一的交流手段，即使当今口语比以往任何时候的数字化程度都高，我也不相信书写会消失。

我坚信这一点，尽管字母和语音系统让人们误以为书写只是语言的记录，但实际上，书写与口头表达有很大不同。通过书写，你可以把握冗长复杂的文本，这些文本会以多种方式相互关联和参照，你可以将表格、图片和各种图形创造性地融于文本，来辅助阅读。你还可以用并行文本和批注的方式来表现复杂内容，这样的文本可以由多人完成，可以使用不同的颜色。另外，通过对比例、重心与运笔轨迹的理解，可以激发我们对动感的认知，为书写赋予美学体验。你也可以用最简单的工具在各种各样的地方书写，并按照自己的节奏阅读。书写本身就是一种媒介，当书写系统还包含逻辑学、象形学和表意学元素时，这个特征就更明显了。大多数书写系统都是如此，正如它们包含语音成分一样。

要问我是否会对本书做修改，我想说会的，但只是一点小小的微调。我在开始旅行并爱上西班牙之前写了这本书，那时我没有像现在这样充分认识到西班牙的独特品味，以及它对罗马世界的贡献（它的两位最有影响力的皇帝——图拉真和哈德良）和它中世纪早期独特的文化。在那里，基督教、犹太教和阿拉伯的学者并肩工作，让希腊的古典哲学家在中世纪文化体系中再次活跃起来。所有这些都得益于西班牙与北非的独特关系，这种关系最早可以追溯到迦太基时代。但这并没有改变我所描绘的整体历史样貌，只是需要更多的篇幅来阐述，而在出版时，能增加的篇幅已经很有限了！

我最近围绕书写的研究是 2019 年与大英图书馆合作，担任他们"书写：留下你的印记"（Writing: Making your Mark）展览的外聘顾问。这是一场宏大的展览，从象形文字到绘文字（emoji），跨越 40 个不同的书写系统，展示了 5000 年辉煌的书写史。这次策展经历让我意识到，从视觉上梳理书写历史，需要关注其表现形式。随着时间的推移，书写的表现形式也会跨越不同的媒介，例如一份简报可能是手写的，也可能是印刷的，或者是写在博客上的，它的功能、外观和影响也会相应地发生变化。正是对书写表现形式的研究，让我们对过去的书写方式，以及它如何随着时间的推移而变化，有了更多的发现。

本书的原名是"金缕"（*The Golden Thread*），我想告诉大家，我们从浩如烟海的书写史材料中，从千丝万缕中，发现了一条可以追溯的线索。这条线可以将我们今天使用的各种形式的文字串联起来，就像用金线捡起散落的珍珠。它是一条由人物和事件组成的珠链，清晰地阐释了"珠子"之间的渊源，以及它们是如何联结在一起的。每个人都必须从零开始学习书写，这是一套技能。为了将书写技艺传承下去，人们必须不断地分享书写的经验，这就是为何我们说它是一条丝丝入扣的金缕。

写这本书的过程中，我有时很想知道罗马书写史中所有的曲折，以及书法美学和图书馆这样的机构有多重要。后来我意识到，文字本身包含的全部信息都是无用的，它处于惰性状态，直到我们以某种方式将其激活，转化为自己生活中的经验和智慧。而我们之所以能做到这一点，正是依赖于书法美学和图书馆。字母表里，建立在字母之间的视觉和谐使连续阅读和长时间阅读成为可能；图书馆让我们能够检索并且找到自己需要的知识，还能提供安静舒适的阅读环境，让我们对一些知识给予适当的关注或者针对性的深度思考。带有页码、索引、脚注和参考文献的整个系统，既是概念性结构也是物理性结构，能够帮助我们完善自己的观点，以及进行实质性的思考。这些并非无关紧要，它们是书写帮助我们思考的方式。现在电子媒介盛行，如何建立类似的概念辅助手段，并且付诸实践形成书写习惯，是我们面临的一个挑战。我对这个挑战感到兴奋，会追随那些我在这本书中提到的探索者的脚步，继续在欧洲范围内寻找达到这一目的的方法。

我非常享受这本书的写作过程，希望你们作为读者，也能喜欢这本书。

埃万·克莱顿（Ewan Clayton）

2022 年 1 月

序 一

尽管人类文化可以通过口耳相授、图画记事和传统手工艺实践来传承，但成熟的文本与文化的发展和传播依然密不可分。从某种意义上说，书面语言可谓多种群体的基础，如贸易群体（通过书面账目）、科技群体（通过实验者和研究者的记录）、社科群体（哲学家和学者的论文）、劳动实践群体（制作操作指南和手册），等等。这些群体产生的文本体现了文化的三个关键方面：继承自前人的知识、当下的实践活动和传承于后人的经验。

研究书写的发展和演变史，可以让我们更好地理解文化的上述方面。各种载体上那些形式丰富的字形与它们使用的工具、材料等都是相关联的，这些字形本身也可以反映出当时的社会和自然环境。反之，文字设计的发展也与书写一脉相承——文字设计最初不过是借助机器来复制书写字形的一种手段。书写和印刷字体是文化发展的核心，也是人类社会知识传承的核心——它有多种文本，能够准确无误地复制，可以广泛传播。

《笔下流金：西方文字书写史》很好地体现了作者对书写细节的敏感，书中详细探究了材料、工具、人体工程学和运笔动作等方面，在此基础上对书写的历史做了系统阐述。这本书内容所涉颇广，除了文字和字形的发展演变，还包括书写的文本类型和书写者身份的相关内容，最终，在人们（文化积极分子）的集体经验中织出一道金缕。毫不夸张地说，本书愉悦的阅读体验是以写字一样的速度积累起来的，因为我们可以在阅读的同时想象出文本诞生的过程。

对中国读者来说，有一个明显的问题：这本书是关于泛欧洲地区文字的，西方文字书写史和我们有什么关系？对于这个疑问，我有两点不错的答案。首先，识文断字在不同地区的演变方式是相似的，即使书写工具不同，但书写的条件和动机、记录知识和经验并将其传承下去——对所有人来说，这些美好的企盼是一致的。其次，分析、比对本土文化和异域文化，可以从中学到宝贵的知识——我们能够看到每个书写阶段的先决条件如何影响书写演化，可以体会宏观的大历史发展，以及观照对本土文字视觉表象的细节感受。

本书围绕书写和印刷字体的形式，以及纸质和数字文件这两个大的方面来展开讨论，并考察文本材料。这两个方面是全人类都经历过的变化，是我们文化的根基，这些共同点跨越了横亘于不同历史时期和不同地域之间的巨大鸿沟。因此，对所有文化群体的人来说，它都可以看作人类识文断字和记录知识的历史模型。这个模型既可以内窥我们自己的文化，也可以通过它了解其他文化。这正是本书汉译的意义所在。

杰瑞·利奥尼达斯（Gerry Leonidas）
英国雷丁大学教授、字体设计硕士教学主任和博士生导师

序 二

我一直对跨界充满警惕，因为现代社会分工让知识、技能之间的鸿沟不断扩大，轻率的跨界常常无济于事，甚至会贻笑大方。所以，写这篇序言，对我不啻一种挑战。

但我接受了邀请，因为分工有广狭之别。作为以文字为工作对象的中国书法工作者，对字体设计产生浓厚的兴趣，应该不算冒昧。在一次关于字体设计的发布会上，我曾发表浅见："并非所有汉字之美的问题，都须以书法标准确立，字体设计自有其目标、历史、规律和审美，两者应当相互尊重，理解其差异，并加强交流与合作。"很荣幸，这段话得到了刘钊老师的认可。宋体字、仿宋字、楷体字等字体的产生，与书法不无关系。抛开这漫长而复杂的历史不谈，仅着眼当下，二者关系也极为密切。弘一法师曾亲自参与字体设计，尽管并未成功；当代著名书法家舒同、启功等人的字体，早已通过电脑字库广泛应用；此外，更多的书法字库正在开发之中。交流与合作，早已是事实，而不再止于愿望和期待。

但理论交流似乎尚未展开。汉末之后，汉字书写追求"翰墨之道"，逐渐成为与诗、画、印等并列的一门学问，不仅作品灿若繁星，研究文献也是浩如烟海。大约 40 年前，中国书法这门古老的艺术开始朝着现代学术转型，如今在许多方面（尤其是现代艺术理论）已取得了巨大的进展。但是，书法的转型仍有一些未涉及的方面，例如西方文字书写与中国书写之间的比较。

本书作者在文前提到："我希望你们——中国的读者朋友们——能够看到它与中国书写历史的联系。这种联系在于书写的意义和价值：我们通过书写来了解先人的经验，规范日常事务的秩序，并且可以跨越时空与他人交流。"我极认同这个观点。其一，中国书家深谙"书同文"，以及院体、台阁体、馆阁体等历史，对于"规范日常事务的秩序"不会有任何质疑；其二，中国书家熟知"尺牍书疏，千里面目"，对"跨越时空与他人交流"也一定心有戚戚；其三，中国书家以临摹入门，对于"了解先人经验"更是毫无隔阂。

书中，作者以极精微的考察展示了西方文字书写与历史、文化之间，在物质上、制度上和精神上的各种联系。物质层面，工具、材料等必定影响书写面貌，无须赘言；制度层面，如上文所述，主要体现在规范秩序。值得一提的是精神层面，作者在书中指出了精神层面的许多现象，如"《拉姆齐圣咏》（大英图书馆，编号：Harley 2904）的匿名抄写员（的）……风格与当时的修士精神本质十分契合，与强调自我意识的个人主义截然不同"，我想，对书写与精神的关系，我们确实是疏忽了。

诚如书中所说，"书写是一种关于形式和内容的生态，是一个联结生命和价值的网络"，无论中西。源于"翰墨之道"的普通汉字书写亦不例外。我相信，这部杰出著作的出版，必将开阔我们的视野，让书写研究进入一个更广阔的空间。

叶培贵

中国书法家协会副主席、北京书法家协会主席

2022 年 4 月 21 日

序 三

笔下留金，字上载史。埃万·克莱顿的《笔下流金：西方文字书写史》将几千年西方文字发展的历史娓娓道来，书中有说史，有评事，有论字，有严谨的考证，还有引人入胜的故事。这是一部与书写相关的辉煌工艺史，颇具学术价值；这是一幅精美动人的图像史卷，将书写的历史清晰生动地展现在读者面前，令人爱不释手。

史书易枯燥，对写的人如此，对多数读者亦是。埃万的这本书却不然，不管是罗马文字的起源还是数字时代文字的新设备，不管是书写蕴含的艺术精神还是印刷字体的制作技术，他都做了深入浅出的生动叙述。看得出来，他是满怀激情撰写这本书的，所以才会笔下流金，字里传神。这应该与他特殊的人生经历有关。埃万早年做过修士，是修道院里的一位抄写员，先人用手与笔抄写经书的神圣感，以及笔与字超然物外的力量，我想他是体验到了。所以他才会说："当一天中的很多时候都在沉默中度过，文字就会生发出新的力量。"离开欧洲的修道院后，他又去了地球另一面，成为加州硅谷施乐帕克研究中心的顾问，见证了现代文字进入数码时代的历程，感受到了技术的美和人类情感的力量。他的特殊人生阅历，赋予了这本书鲜活的生命力。

我对西方文字发展史亦有浓厚的兴趣，这不仅源自平面设计师的专业诉求，还因为在文字数码化过程中，我身处技术革命源头的特殊经历。与埃万一样，那段时间我也在硅谷。在美国的 20 年里，我待得最久的一家单位是 Adobe 公司，它是从施乐帕克研究中心出来的约翰·沃诺克和查尔斯·格什克一起创立的。1986 年，我作为 Adobe 公司的实习生，参与了书中提到的公司首任字体设计总监萨姆纳·斯通当时正在实施的字体计划。此后，我的工作几乎一直与 Adobe 有关，也在与字体顾问委员会的交流中受益良多。我设计过书中提到的奥多比原创字库项目的 logo 和宣传材料，设计过《创造新视野》(Colophon) 杂志，翻开这本书，仿佛回到了那段激动人心的技术革命时期。但如作者所言："我们既不能因循守旧，也不能夸大数字革命的力量，技术并不是一切的救赎。"对于书写，作者认为："最好的书写，可以颂扬我们探索物质世界的全部方式，以及其思考和交流的感性力量，这就是书写的作用。"好的文字书写往往能超越其承载的内容，超越时代，传递美的信息和爱的力量，永远闪烁着人文的光辉。

书中用了很多笔墨来描写书法与印刷字体的关系。我们今天见到的西文字体，都源自手写、刀刻的文字，执笔和用刀的方式会影响字形和字体生产，这与中文书写有很多共通之处。印刷文字源自手写体，但在铅字印刷盛行的时代，印刷品成了人们学习书写的重要工具，由此铅字反过来影响了书写的样式。不管西文还是中文，对字体设计师来说，梳理清楚书法与印刷字体之间的关系，在文字的书写方式、字形和审美中寻求灵感，在书写历史中接受文化的滋养，感悟民族精神的传承，都大有裨益。

当下，中国的字体设计师群体对文字设计有着极高的热情，我很高兴看到这本兼具知识性和可读性的优秀作品面世。本书由英国雷丁大学、中国中央美术学院和国际字体协会联合推荐。雷丁大学一直是西方文字设计领域的学术重镇；国际字体协会是推动字体设计发展的组织，每年都会召开字体设计年会；中央美术学院设计学院十余年来为推动中国字体设计的研究与教学做了大量工作，刘钊老师近年来致力于推广文字设计，也为此书付出了很多心血。相信这本有分量、有水准的专著，会推动中国文字设计的发展，也会受到中国读者的喜欢。

王　敏

中央美术学院教授

2022 年 5 月

序 四

　　和《笔下流金：西方文字书写史》的缘分始于 2015 年。当时我受杰瑞·利奥尼达斯（Gerry Leonidas）教授之邀，去他任教的英国雷丁大学访学。这所大学的文字设计专业享誉世界，我幸运地参加了他主持的 TDi（字体设计高研班）夏季课程和 Granshan 国际非拉丁字体设计论坛。雷丁大学对拉丁字体和多文种字体的深入研究、高水准的设计课程，以及他们对国际交流的重视，都给我留下了深刻的印象。

　　学习交流期间，我找到利奥尼达斯教授，邀请他为中国字体界推荐文字设计的通识书单，以期在工艺技术日新月异和人文环境迅速变化的今天，中国的字体设计师能够开阔视野，学习新方法，促进中国文字设计整体水平的提高。利奥尼达斯教授欣然应允，给我列出了书单，我答应他，会全力以赴将这些书引进中国。这个约定我守护至今，已经结出了丰硕的果实，书单中的《文本造型》（2018 年）、《如何创作字体：从草图到屏幕》（2019 年）、《字腔字冲：16 世纪铸字到现代字体设计》（2021 年）的中译本都已与读者见面。

　　本书作者埃万（Ewan）是一个幽默风趣的人，他会在 TDi 课上带大家到室外做操放松，这种特别的学习方法，让人倍感亲切。在给我们演示拉丁文书法的时候，他误把咖啡当作墨水，笔尖差一点伸到咖啡杯里，然后自己开怀大笑。他种种鲜活的举动，都让我记忆犹新，难怪他是很多同学心中最喜欢的老师！

虽然缘分匪浅，但我参与本书的审校却完全是个意外。这个书单是循序渐进的，越往后体量越大，内容也愈发艰深。已经汉译的这几本书都是由我们团队翻译或者审校的，外版书的引进是一项艰难而烦琐的工作，每翻译一本书都如经受一次洗礼。我们做完前三本，正待着手做第四本的时候，我在雷丁大学读硕士的学生正好在上埃万的拉丁文书法课，从他那里偶然得知，浙江人民出版社购买了这本书的版权，而且已经翻译完成。听到这个消息，我火速联系到本书的编辑老师，表示希望我们可以参与书稿的审校和设计。

与出版社达成合作意向之后，我们立即投入紧张的审校工作。这部书稿有 20 多万字，短短两个多月，我和我的学生胡阿提·吾兰将书稿通读了两遍，对着原文一字一句地仔细审读。我们认真核查了书中的每一个字体名称和人名、地名、器物名，以及任何可能涉及专业知识的细节。我们经常在设计学院 602 室面对面交流、讨论，对译文中的不妥之处反复斟酌，也会为译者的精彩翻译拍手叫好。这本书文字量大，出版时间紧张，我们一度背负了很大压力，但是能够陪伴它顺利出版，我们也无比高兴。

审校书稿的时候，曾就原版书名 "*The Golden Thread*" 的翻译问题和作者做了一番探讨。作者用这个词想表达两层含义，一方面是回溯罗马字母书写演变的历史线索，这条线索像文化基因一般传承至今；另一方面，本书涵盖西方文字字形发展中所有重要的历史节点，我们可以把它看成一条结绳记事那样串起来的线，每一代人都继承并延续它，未有例外，也从未间断。一些拉丁文字设计者并不认同这一观点，他们认为某些时期的字体（如机械字体）与书写是割裂的，因为许多书写技能和认知在那个时候丢失了一部分。而在这本书中，作者抽丝剥茧，详细阐释了为何说书写史是连续的，以及它是如何传承下来的（即使在数字时代）。

这让我想起斯图尔特·布兰特 (Stewart Brand) 的速度分层 (pace-layered) 理论，虽然从文化、商业到时尚的变化速度越来越快，但其中也有一些变化缓慢、相对稳定的东西。具体到文字设计，它已成为跨越社会、经济、技术和美学的综合学科，文字书写为字体带来了逻辑、工具美学和设计惯例，而目前纷繁的字库设计其实是这个相对稳定的文化系统丰富的视觉表现。中国字体行业正处于前所未有的市场增量期，在字体市场高度活跃和时尚字体快速迭代的大环境中，字体设计师和从业者不得不加快设计和开发字体的速度，通过越来越多的新字体、多文种字库产品、新技术产品等展现自己的实力——多产但是大家疲惫不堪。在文化市场繁荣和信息产业化成为共识的今天，我们不禁有这样的疑问，字体设计师该如何保持创造力？什么是字体万变不离其宗的本源？这本书会告诉你答案。书的最后，是字体设计术语表。七年译书历程，产生这样一个术语表，似乎是水到渠成的。我们对文字设计的认识不断深入，这个术语表也一次次更新，现在是第五个版本。不管对研究人员还是普通读者，这个术语表都可以提供极大的便利。

在这篇文章的末尾，我要感谢很多人。首先特别感谢利奥尼达斯教授选择这本书，并为本书中文版写了推荐语。书稿内容超越了拉丁字体的世界，全世界的字体设计者都能够从中受益，这样一本优秀图书能够汉译，我非常高兴。感谢作者埃万对中译本的大力支持，审校书稿时，不确定的地方我们会向他请教，埃万总是能及时做出解释。另外，原版书是黑白图片，为了达到更好的视觉效果，我提出能否增补部分彩图。收到邮件后，埃万立刻开始寻找图片，在圣诞节假期期间就把彩图发给了我，这让中译本成为这本书目前最特别的一个版本（英文版有两个版本）。感谢本书的设计团队，他们在书籍的装帧设计上付出了很多努力，让整本书赏心悦目。感谢汉仪字库的赞助，你们为这本书增添了光彩，无论字体还是内容。感谢浙江人民出版社让我们参与这本书的出版，感谢编辑老师的辛勤工作。

这是书单上的第四本书，马上就要出版了。我很欣慰地看到，译书过程中，我们培养出一支年轻的专业队伍，同时我也希望这本书可以成为年轻的文字设计专业学生和设计师的参考书或工具书。这也是中央美院在刚刚带领年轻人参与冬奥专有字体项目后，又一项可以帮助年轻学者做研究的成果。希望本书能够与其他文字设计系列出版物、学术活动、教育项目等一道，助力我们营造文字设计的良性生态环境。最后，我希望每一位喜欢历史文化、喜欢文字设计的朋友都能拥有这本书，它将通过拉丁字体带你进入人类文化的大历史。

刘　钊

2022 年 4 月 1 日

中央美术学院 104 岁校庆日

于北京来广营

目 录

导 言

当今世界，新的书写工具和书写载体不断涌现，文字书写正处于历史的转折点。这种转折并不常见，实际上，漫漫西方文字发展史中，仅有两次。一次发生在古代晚期，变革持续了数百年，最终皮纸书取代了古本手卷。另一次发生在 15 世纪晚期，使用活字印刷的古腾堡印刷术，在短短一代人的时间内，席卷了整个欧洲。站在当下回顾历史，我们发现书写的传统并非一成不变，我们可以自由塑造人类与书写的关系，推动技术的发展。我们的决定是在充分了解历史的基础上做出的明智选择吗？我们对过去的书写媒介了解多少？文字书写之于人类的意义是什么？我们需要什么样的书写工具？或许，要回答这些问题，先要了解书写是如何发展到今天的。

我从 12 岁就开始思考这些问题。小的时候，因为写不好字，我只好留级，跟低年级的学生一起练习写字。小学前四年，我学了三种书体。但是，我对英文字母写出来应该是什么样子，完全没有概念。我仍然记得，六岁时因为老师说我教科书体的"f"写错了而伤心大哭的事。我真的不明白，为什么这种书体写出来有好多圈圈。

留级是件丢脸的事，亲友送了练字的书和文具来鼓励我。母亲送了我一套书法钢笔，祖母借给我一本爱德华·约翰斯顿（Edward Johnston）的自传。20 世纪初，约翰斯顿重新唤起了英语世界对书法艺术的兴趣，而且他碰巧在我上学的地方生活过。原来，我的祖母认识他。祖母经常和约翰斯顿太太一起跳苏格兰乡村舞蹈，而且我的教母乔伊·辛登当过约翰斯顿的护士。有一次，辛登在值夜班，约翰斯顿用缓慢、从容、洪亮的声音对她说："告诉我，如果在沙漠种下玫瑰，会怎么样？……我觉得试试才知道。"

约翰斯顿发明的字体，至今仍应用于伦敦的公交系统。在他的影响下，我很快就迷上了钢笔、墨水和各种字体，从此踏上了探索书写世界的旅程。

在这个过程中，还有其他一些难忘的经历。我的祖父母住在萨塞克斯郡的迪奇灵。20世纪20年代，雕塑师、字母雕刻师埃里克·吉尔建立了这座小城，此后有很多手艺人聚居于此。祖父有个织布坊，旁边就是约瑟夫·克里布的工作坊，克里布是埃里克·吉尔收的第一个学徒。没有课的时候，我会去克里布的工作坊转转，他向我展示如何用凿子在白色的石灰石板上雕出"之"字图样。他还给我演示如何雕刻字母的V形切口。在这里，我对字母的起源有了一定的认识。大学毕业后，我成了一名职业书法家和书籍装订师。我甚至会用木头做一根羽毛笔，自制写字的羊皮纸和犊皮纸，还会用木板、胶水、针线将一叠光滑的纸张装订成书。

20多岁的时候，我生了一场重病，于是决定去修道院修行。我在那里待了四年，先是普通信徒，后当了修士。我以为修道院生活会让我永远告别书法，但是我错了。维克托·法韦尔院长有一个关系很好的妹妹，叫厄休拉。她曾在抄写员和彩饰师学会担任秘书，而我是这个学会的成员。她在修道院的修士名单上看到了我的名字，然后跟院长说："你一定不要让他丢了手艺。"因此，就像古时候的抄写员一样，我成了现代修道院里的抄写员。我从中学到了很多东西。当一天中的很多时候都在沉默中度过时，文字就会生发出新的力量。我学会了用全新的方式倾听和阅读。

后来我离开了修道院，但我没想到还有一段不同寻常的经历等在前方。我受雇成了施乐帕克研究中心的顾问。这个中心发明了联网个人电脑、Windows系统、以太网、激光打印机，以及很多当前信息革命背后的重要技术。这里是史蒂夫·乔布斯第一次接触图形用户界面的地方，后来我们熟知的苹果产品的外观和许多灵感都源于此。因此，当施乐帕克研究中心想要找一位书写专家，与科学家一起创造全新的数字世界时，我幸运地成了那个人。正是这段改变人生的经历，刷新了我对书写的认知。

计算机科学家戴维·利维是促成这段职务关系的关键，他在伦敦学习书法时我与他结识。是他邀请我去施乐帕克研究中心，也是他教会我信息世界的基本原理。[1] 因此，我要感谢施乐帕克研究中心，特别是戴维·利维，让我有机会写成本书。

从修道院到高科技研究中心，从羽毛笔和装订图书到电子邮件和数字未来，书写研究看似只是研究者的事，但大半生的经历告诉我，事实恰恰相反。我认为保持过去、现在和未来之间的张力，以求不断创新，是至关重要的事。我们既不能因循守旧，也不能夸大数字革命的力量，技术并不是一切事物的救赎。互联网、移动计算技术、电子邮件、数字新媒体等现存的一切，都由过去一步一步发展而来。不过，有两件事我们可以肯定：第一，不是所有以前的书写技术都会在未来几年消失；第二，新技术会不断涌现，每一代人都要重新思考在自己的时代，识字意味着什么。

实际上，我们关于书写的言传身教似乎永远不会停止。我80多岁的老父亲，每周一都会给我们兄弟姐妹六人写一封信，已经写了47年。最初，这封信写在小小的带有抬头的信笺上；开头是"我的孩子们"，用笔从钢笔，变成了圆珠笔，又变成记号笔。后来，大概从1975年开始，父亲自学了打字，他用复写纸把字打在A4大小的纸上。再后来，他用复印机复印写好的信件。现在，他买了一台苹果电脑，用电子邮件的方式给我们写信，把我们兄弟姐妹每个人的邮箱地址都仔细地粘贴在"抄送"框中。他相当于在学习一门新的语言，这门语言由字体、行距、左键单击、右键单击、调制解调器和无线网络构成。去年生日，我们给父亲买了一台数码相机，他的信现在变成了图片和短视频。

我之所以写这本书，是因为我想把罗马字母的书写历史整理出来。从一个书法家的视角，以书写为主线，将与之相关的话题串联起来。关于书写的知识，散落在世界各地的不同文化和不同人群中，如金石学者、古文字学者、书法家、活版排印师、律师、艺术家、设计师、字母雕刻师、招牌书写师、鉴定专家、传记作家等。写这本书好像在完成一个不可能的任务。每个领域在短短十年间就会出现不少专家，一个人怎么能尽知书写世界皇皇数千年的历史呢？我不得不承认，我并不能道尽所有，但我希望能做一个粗浅的介绍，助你开启自己书写海洋的探索之旅。

从某种意义上说，这本书是一部与书写相关的工艺史。这听起来可能很老套。就在我写这本书的时候，2011年10月，苹果公司的联合创始人史蒂夫·乔布斯不幸去世。他的授权传记在同月出版。参与撰写传记的作家有一个共识：乔布斯对工艺和设计情有独钟，正是这一点造就了与众不同的苹果公司，以及他本人。他的设计理念有两个重要的方面，用他自己的话说，一是"要从用户体验入手，倒推研发实现的技术"[2]；二是伟大的产品是品味的胜利。品味来源于"让自己接触人类所创造的最美好的事物，然后再把它注入你创造的产品中"[3]。

乔布斯曾在俄勒冈州波特兰市的里德学院读书，辍学期间接触了历史课和书法课。里德学院是北美为数不多的几所开设书法课的大学之一。当乔布斯追随内心开始学习书法时，他全面了解了书法文化的历史，以及从未接触过的书写和文字设计的精湛技艺。这段经历让他认识到手工技艺与技术同样重要，就像他的机械工程师养父所说的那样。

史蒂夫·乔布斯无疑是个技术专家，但他知道产品的外观和使用感受也很重要。我们与产品的互动方式不仅增加了产品的价值，还构成了产品的灵魂。它是有意义的，让我们与产品产生共鸣，形影相随，为数字世界的交流注入生动的人性。其实，有很多人和乔布斯一样，他们在回溯书写的历史，努力带给人们丰富而满足的产品体验。这本书记录了这些人的故事，因为我们深受他们做出的选择的影响，所以这本书也是我们的故事。

在写作过程中，我发现我们与文字打交道的历史其实很短。书写的普及是20世纪的事，而年轻一代独有的图形文化，最近几十年才兴起。书写世界，未来可期。我们可以重构书写传递人性的方式吗？我认为是可以的……试试就知道了。

第一章　罗马体的诞生

图 3　庞贝城特雷比尤斯·瓦伦斯之屋墙上，用方角刷绘制的竞选海报。公元 79 年

字母表的起源其实是一件平凡无奇的事。字母表最初出现在埃及中王国末期（约公元前 1850 年），仅是较低级别的行政官员记录家乡语言的几个符号。埃及古都底比斯与阿拜多斯之间隔着沙漠，荒凉的沙漠公路旁的恐怖山谷（Wadi el-Hol）的崖壁上，画满了涂鸦，这是我们可以见到的早期字母表遗存（图 4）。1993 年，耶鲁大学的两位埃及学家约翰·达内尔和黛博拉·达内尔发现了这些笔画简单的刻划文字。虽然不知道是什么意思，但是他们当时就意识到，这些刻划文字属于原始西奈文字和原始迦南文字。因为它们的书写方式与公元前 1600 年后从西奈半岛传播到迦南地区（在今叙利亚和巴勒斯坦一带）的最早的字母一致。从相关文献中可以推测出，这些刻划文字比在埃及发现的要早 250 年左右。这些刻划文字中，有代表"aleph"的牛头；有圣书体中代表水的波浪符号，其字形可能已经从古埃及语的 n（nt 和 nwy，词义为"水"），变成了闪米特语的 m（mayim，词义为"水"）；有圣书体中代表房子的卷曲符号，读音为 pr。但在西支闪米特语中，这个符号

图 4　恐怖山谷刻划文字 1。公元前 1850 年

后来发展成了希伯来文的 beth、阿拉伯文的 beit 和希腊文的 beta。

　　人们推测，这种文字已经抛开了圣书体的表意符号和音节符号，而只用它的辅音部分（圣书体有 24 个辅音）。公元前 2400 年，塞加拉地区乌纳斯金字塔上的铭文（一种防止被蛇咬的咒语），就已经用古埃及圣书体拼写闪米特语单词了。在恐怖山谷发现的刻划文字让人不禁要问，埃及人和住在埃及的西支闪米特人（埃及人称他们为"阿莫"或"亚洲佬"），是否已经可以用字母表书写西支闪米特语？若这项推测属实，则可以证明，恐怖山谷发现的文字，在古埃及圣书体发展完备且地位尊崇到可供神职人员使用的背景下，仍然是原始西奈文字和原始迦南文字的前身。

　　对于习惯使用数百个符号的埃及抄写员来说，在任何语言中，用不到 30 个符号拼写一个单词，都是很粗陋的。但是，最初的字母表恰恰因实用而生。它按字母顺序排列，优点是相对容易学习，可适应大多数语言。商人从此也不必再求助于修道院、皇室或军事抄写员，他们可以自己记事、做生意。我们可以确认，大约在公元前 1700 年，西奈山上的塞拉比特·艾尔·哈戴德采石场的闪米特人矿工，用着一种与恐怖山谷刻划文字类似的文字；公元前 1600 年开始，这种原始西奈文字出现在更北的叙利亚和巴勒斯坦地区；公元前 1000 年左右，它发展成腓尼基文字，作为保护墓地的诗文，刻在阿希拉姆墓周围。阿希拉姆是比布鲁斯（Byblos）的国王，比布鲁斯以出口莎草纸闻名，希腊语中的"书"（biblios）就源于这个地名。

本书的重点是介绍罗马字母的书写历史，而非地中海东部地区字母文字和音节文字演变的所有细节，全书内容都与从希腊字母转变而来的罗马字母有关。我们应该注意到，所有字母文字派生出来的文字，源头都是迦南的沿海城市（如比布鲁斯、提尔、西顿、贝鲁特、阿什凯隆）居民使用的半草写体腓尼基文字。其中，最重要的是阿拉姆文，从这种语言中衍生出了希伯来文、阿拉伯文和印度文。

字母表在向东南传播的过程中，衍生出了不同的形式；而在向西北传播时，情况完全相反。最终，从斯堪的纳维亚到地中海的广袤地区都使用同一种字母表，即从罗马城发源的字母表。

希腊的影响

在沉睡的维苏威火山脚下，那不勒斯湾向南蜿蜒伸展出 30 多千米。海湾岬角的北面，就是古希腊的殖民地库迈。它是意大利境内最早的希腊人定居地之一。两个岛屿守卫着海湾的入口——南面是卡普里岛，北面是伊斯基亚岛。伊斯基亚岛上有温泉和火山泥，最早来到拉丁姆地区的希腊人曾经考虑在此定居。内陆地区有肥沃的火山土，这里种植的谷物酿造出了罗马时期闻名于世的佳酿。海湾的美景吸引着当时的贵族来此游玩，就像现在的有钱人愿意去海边度假一样。公元前 8 世纪，定居在伊斯基亚岛和库迈的希腊人，把用罗马字母书写的文字传入了意大利。公元 79 年 8 月 24 日，维苏威火山爆发，滚烫的岩流淹没了火山脚下的城镇，一切都凝固在火山熔岩中，于是这里成为后人研究当时的罗马文字最重要的资料库。

公元前 1400 年左右，在迈锡尼文明和米诺斯文明交替的时代，希腊人一直使用音节式的书写系统（线形文字 B）。但是希腊商人在与黎凡特的腓尼基人贸易时，发现了一种从未见过的、更简单的字母表，它每个辅音都是单独拼写的。这种新的字母表，可能是在距黎巴嫩海岸仅 200 千米的塞浦路斯出现并发展起来的。最初，为了方便说希腊语的人，人们对字母表进行了改造，字母不仅代表辅音，也代表元音。改造后，它发展成一种完全的拼音文字，希腊语的每一个音都可以用字母表示。最近一项关于字母表改造过程的研究发现，改造的人知道一种更古老的音节系统，出现在公元前 1000 年左右，可能属于希族塞人。[4] 这意味着，我们之前的认识可能不准确。以前人们认为，文字是分两个阶段、以两种文化传统的方式来到希腊的，一种是希腊地区米诺斯文明的线形文字 A 和迈锡尼文明的线形文字 B，另一种是字母文字（二者之间存在目前无法解释的时间断档）。现在我们认为，希腊文字书写的历史可能有一种承袭，由某种严谨复杂的音节文字演变成了更容易接受和理解的字母文字。早先的音节文字使用范围有限，现存的相关文献主要是财产清单。后来，起源于公元前 9 世纪早期至中期的新文字系统得到了广泛传播，在文字发展传播初期，希腊的不同城市都有自己的变体。最终，两种文字占据了主导地位，即东部的伊奥尼亚字母表（后来成为希腊的标准文字）和以埃

Ionian ΓΔ ΛΞΣ

Euboan ＜ ⊲ ▷ Ϝ Ⴑ Χ Ϟ

Roman C D F L X S

图 5 伊奥尼亚文字、埃维厄文字和罗马文字

维亚岛为中心的西部变体（图 5）。这种西部变体传入希腊不到两个世纪，就从埃维亚岛传入了意大利。与方形的伊奥尼亚字母相比，西部变体的特点是字母窄而竖直。也许对于现代人来说，其中最容易辨别的是字母 Delta。样子是一个立式三角形，即一条垂直的字干，三角形从字干的右边伸出，和我们今天的 D 很像。它与伊奥尼亚变体中的 D 完全不同，后者的字母 D 像一座金字塔。西部变体还有字母 F、S、L，书写方式类似罗马字母或者伊特鲁里亚文字。

现存最早的希腊字母文字有刻在石头上的，有刻在青铜器上的，还有刻在罐子上并涂有颜色的。文字是等线的，没有粗细变化，也没有衬线。[1] 虽然字母的线条简单而生硬，但它们绝非粗劣笨拙。简单回顾一下公元前 334 年古典希腊末期的碑文，应该足以让我们相信，希腊人对于自己的文字，至少是重要的碑文，就像对待他们的建筑和雕塑一样小心翼翼。

[1] 衬线，荷兰语，指字母最后一笔向外散开的弧形笔画。

相关书写形式

如果你今天去伦敦的大英博物馆，在入口左转，经过罗塞塔石碑的展厅，穿过亚述馆，就会来到古希腊文物的展厅。在一小段台阶的顶端矗立着一块巨大的石碑，它就是古希腊普南城（位于今土耳其东部）雅典娜神庙的纪念石碑（图6）。亚历山大大帝出征亚洲时，曾在普南城驻扎，围困附近的城邦米利都。他捐钱重建庙宇，并竖起了这块石碑。我们可以在献词的第一行看到他的名字：亚历山大大帝（原文是 Basileus Alexandros）。对于看惯了罗马字母的我们来说，这些希腊字母看起来有点奇怪：大写 B 上面的字碗比下面的大；字母 K 的两个字臂又短又粗；字母 E（希腊文的第 5 个字母，从埃及圣书体发展而来，意象是一个高举双臂的人，意思是"你在即欢喜"）的上下两横看起来很长，而中间那横却非常短。此外，没有一个字母上下完全对齐。

活版排印师斯坦利·莫里森挑选出这段铭文，是因为其中有现存最早的衬线。[1] 我们可以看到雕刻师开始将笔画的末端展成优美的楔形。这些衬线让莫里森想起楔形文字。亚历山大后来征服了巴比伦和波斯波利斯，于是想要统一他所统治的希腊和巴比伦两地的文化，碑文可以视为这种尝试的具体表现。但这不是我将这段碑文放在这里的原因。

普南城神庙是经典的按照比例建造的建筑，由古代世界七

---

[1] 普拉克西特列斯在公元前 360—前 350 年雕刻的一尊波利克莱特斯女儿卡利克拉蒂亚的雕像（雅典古市集博物馆第 14165 号文物）上，底座的铭文似乎也出现了衬线。

ΒΑΣΙΛΕΥΣΑΛΕΞΑ
ΑΝΕΘΗΚΕΤΟΝΝΑΟ
ΑΘΗΝΑΙΗΙΠΟΛΙΑΔΙ

图 6　献给城邦保护神雅典娜的纪念石碑碑文节选，字母高约 2.5 厘米。公元前 334 年

大奇迹之一的哈利卡纳苏斯陵墓的建筑师皮西奥斯主持建造。他在普南城修建的建筑，无一不比例精确。柱子的宽度与高度、间距，与主祭坛和装饰物的大小，都有着固定的比例。因此整个建筑活泼而和谐，甚至神庙里的地砖都是按比例切割的。地砖（与很多其他神庙成比例的结构一样）的长度与殿前柱子的底部半径一致。以此为例，我们可以量一下碑文中字母 O 的半径。我们选一个靠近图片中央的 O，避免因照相失真导致测量不准。用测量出的 O 的半径来比对其他字母笔画的长度，虽然二者并不严格地成比例，但铭文制作者应该是按比例考虑字形的。很容易看出来，字母笔画似乎是按照单位长度来凿刻的。这样一来，单个字母不和谐的现象暴露无遗。K 的字臂很短，因为它们的长度是一个半单位的字母 O 的半径。如果长度为两个单位，笔画就太长了；如果为一个单位长度，看起来又太短了。铭文的雕刻师不是像我们一样，依据上下两条辅助线设计字母，而是每个字母按照某种比例与铭文的其他部分协调，且整个字母表是有一定规律可循的。

　　发现普南城神庙铭文比例的秘密之后，再去看希腊铭文，我发现它们的笔画大都有一定比例。这个比例可能很精确，也可能实用又简单。就如普林斯顿大学的斯蒂芬·特雷西所言，在他研究的雅典铭文中，雕刻师用凿子刃的长度作为字母笔画的长度标准。[5]特雷西研究的大部分字母，高度都不足1厘米。与较大字母的雕刻方式不同，这种小型铭文采用的是一种叫字干雕刻的方法。即凿子与雕刻物表面垂直，字母笔画一锤即成，而不是用凿子沿字母边缘凿刻。雕刻法律和其他布告时，文字量可能从五百到几千不等，这样雕出的文字可能不太优美，但总归是个务实高效的办法。H. T. 韦德－格里曾经研究过一位墓葬文字雕刻师使用的凿子，发现其边缘的长度分别为11毫米、9毫米和7毫米。[6]整套小字号的字母表都能用这三把凿子完成。

希腊文字的笔画是有一定比例的，这并不奇怪。公元前6世纪晚期，毕达哥拉斯就开始探索音程中的数学规律。他和他的追随者将和谐比例的概念扩展到了许多领域。公元前5世纪晚期，波利克莱特斯在其影响深远的美学经典论著中指出，美在于各部分之间的比例，部分与部分之间的比例，以及部分与整体的比例。

亚历山大大帝统一希腊后，希腊的文字雕刻趋于保守。这一阶段的新发展，主要表现在希腊以东的地方，外扩的衬线和装饰效果变得普遍。现存年代最早保存完好的莎草纸希腊文献，就是这个时期的。这份从埃及流传下来的文献中，有一种很完善的文字，带有草写体的特征，字母之间也有精巧的对比，如小而紧缩的o和修长的T、Y等。我们可以清楚地看出，那个时候，手写字形与雕刻字形已经有了明显不同。

我们可以从上述资料中得出一个非常重要的结论，当希腊字母通过意大利的希腊定居点进入罗马书写系统时，无论是直接传入还是经过伊特鲁里亚，它传入的不仅仅是字母的形状，还有把字母表作为一个相互关联且成比例的集合的概念。后来，当罗马字母雕刻者开始学习更完善的希腊书体时，这一概念表现得愈发明显。这为我们理解罗马文字的后续发展提供了一把钥匙。希腊字母表和罗马字母表不再被视为 22 个或 26 个互不相干的随机形状，而是一个相互关联且成比例的系统，类似于建筑中经典的秩序概念或波利克莱特斯对于雕塑比例的论述。这种内在的联系和比例，在不同刻字艺术流派之间，细节会不同，甚至同一位雕刻者不同时期的作品也会有明显区别。这种关系决定了一种字母样式的风格，或者说字母家族的相似性。即使在今天，字体设计艺术的关键，也是考虑和处理这个关系微妙的比例系统。设计师有时凭直觉，有时是有意识地运用。我们更深入地分析线条、字重、弧度、重复等的关系，就可以理解字体设计师和书法家是如何创造平面作品的。当然，雕刻大量的文字也是苦活儿，用这种简便的方式也是满足雇主速度方面的要求。如果刻字大师操刀，可能又是另外一种情况，文字包含着人与事物之间可能存在的各种关系，甚至可以揭示美、真、善的本质。因此，就像数学家可以被方程的美打动、计算机科学家可以被算法的美打动一样，刻字艺术家也可以在设计一套字母的内在形式和比例时受到美的洗礼。书法艺术为文字增添了另一个维度，即动感，这是书法家用笔和墨将脑海中的文字一笔一画即兴展现在别人眼前的轨迹。

早期罗马铭文：西庇阿陵墓

最早的罗马字母铭文出现在公元前 600 年左右，和最早的希腊字母一样，也是等线的。现存的早期铭文并不多，只有四处。直到公元前 3 世纪，罗马字母铭文才多了起来，而且更加富有创造性。

西庇阿家族的墓地在亚平宁山脉的一处山坡上，直到 1614 年才被发现，当时这里是一个葡萄园。这个家族最杰出的成员是大西庇阿将军，他在公元前 202 年战胜了迦太基的统帅汉尼拔。大西庇阿葬在别处，这处家族墓地在公元前 3 世纪到公元 1 世纪，陆续埋葬了约 30 位家族成员，其中三个最古老的石棺有大量铭文。最早的石棺属于大西庇阿的曾祖父，即"大胡子"西庇阿。他死于公元前 280 年，很可能是他命人修建了这处墓地。他墓志铭的开头奇怪地擦除了一行半文字，其他地方完好无损。[7] 他石棺上的铭文和他的儿子，也就是大西庇阿的祖父（卢修斯·科尼利厄斯二世，死于 3 世纪下半叶）石棺上的一样，都有一些值得玩味的反常之处（图 7）。两个人的石棺铭文都有一个向后仰的 S、一个接近正圆环形的 O，以及细窄的 R 和不那么窄的 C。大西庇阿祖父的石棺铭文标题中 D 和 R 都很窄。但是，当我们仔细研究这些字母时就会发现，它们好像是由一些元素按比例组合而成的：O 是一个圆环，C 和 D 是半个圆环，S 是两个四分之一圆环沿一条中心线叠在一起。虽然字母的形状看起来有些奇怪，但其构成逻辑完全清晰。类似实用主义的几何思维解释了为什么早期罗马字母会分成不同的组。如果 O 是全宽，C 和 D（半圆构成）就是 O 的半宽，字母 B、R、P、S 采用四分之一宽。L、E、F

等带有水平笔画的字母，宽度较窄，则是为了平衡水平笔画的字母较之垂直笔画的字母看起来宽的错觉。M 以及后来才加入字母表的 W，设计得更宽一些，也是为了抵消这种错觉。罗马刻字艺术家为贵族服务时，经常进行大型字母雕刻，随着时间的推移（在 2 世纪上半叶达到顶峰），他们对字母进行了越来越多的调整，以克服各种视错觉。如 A 和 V 比其他字母略高，因为顶部和底部的尖角会让字母看起来更小。

　　罗马共和中期，罗马字母已发展得相当精致且比例优美。而从公元前 1 世纪中期开始，文字发展尤为迅速。从希腊字母继承来的等线书写风格（所有线条粗细均匀），逐渐让位于书写线条粗细有致的风格（图 8）——就像本书的英文词使用的字体一样。

图 7　卢修斯·科尼利厄斯·西庇阿（公元前 295 年任罗马执政官）墓葬的铭文

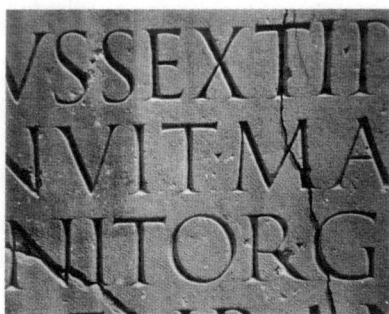

图 8　罗马亚壁古道上，纪念哀歌诗人普罗佩提乌斯子女的碑文细节。1—2 世纪

公共空间中的铭文和平头毛笔书写

作为一个重要的政治时期，古罗马时代至少持续了 1000 年。在此期间，罗马文字系统不断发展完善。虽然罗马帕拉迪诺山的考古学材料只能证明，此处最早的人类活动痕迹在公元 9 世纪，但罗马共和时期的一位学者瓦罗确定了我们今天常见的罗马建成时间，即公元前 753 年。330 年，罗马帝国迁都君士坦丁堡，标志着帝国在意大利的统治结束。

悠悠千年间，罗马文字的变化依然可以在众多纷繁的史料中，寻找到蛛丝马迹。现存的文献和绘画中的文字、散落在罗马帝国广袤土地上的零散铭文、图书馆中保存的文字片段、五项重要考古发现，皆是宝贵的材料。最重要的文字文物发现，在庞贝和赫库兰尼姆两座城市。这里完整保存了罗马帝国早期各种样式的绘制文字，那个时代正是帝国即将达到权力和经济顶峰的阶段。丰富的文字文物包括公共纪念碑和大型的石刻墓志铭、临时的标牌公告（现存超过 2500 件），包含法律、贸易和税收记录的蜡板书[1]、几乎完整的碳化古本手卷图书馆和带标签的容器和双耳瓶，标签上写着容器里的物品名称，还有记录房屋上的财产所有权的铭文，以及随处可见的儿童或成人留下的涂鸦（或文雅或低俗），等等。

18 世纪奥地利统治意大利期间，一群奥地利军官发现了庞贝和赫库兰尼姆。有人在挖井时发现了不同寻常的物品，于是他们挖地道进入被掩埋的建筑，寻找可以转售或用来装饰自

---

[1] 蜡板是一种由木头制成并覆盖一层蜡的板块，通常与盖板松散地连在一起。在古代和整个中世纪，它都是一种可重复使用的便携式书写面。

己豪宅的雕像和其他古代艺术品。虽然这些盗墓贼对铭文丝毫不感兴趣，把它们丢在一边，但对于罗马人来说，它们意义非凡。事实上，正式的公共石刻铭文是罗马文字的一个独特类别。铭文通过纪念个人或团体对公共生活的贡献（如建造、保护和修复寺庙、水渠和桥梁），来提高其社会地位。墓碑永久记录着墓主人的功绩。

在古罗马，墓葬在道路两旁依次排列，是附近有城市的重要标志。墓葬修建在私人土地上，但是由政府维护。越靠近城门，墓碑越高大宏伟。正如雷·劳伦斯在《古罗马时期意大利的道路》(*The Roads of Roman Italy*) 中所指出的，"古代的旅行者，他们对日期、风俗和知识的感知远超现代人。他们可以通过阅读整片墓地的墓碑，大致了解这个城市曾经的社会名流。一定意义上，墓碑上的文字介绍了他们即将抵达的城市的历史"[8]。

旅行者进入一个城市后，就会看到刻在建筑物外墙上的公共铭文异常显眼，且包含重要信息。如果神殿都面向中心广场且集中排列，那么这里一定是城中最繁华的地方了。穿过凯旋门，纪念碑和雕像分列路旁，上面还刻有建筑者或捐赠者的名字和头衔。一个城市的公共建筑及刻着捐助者和知名人士事迹的石碑，让城市充满威严。克劳狄乌斯皇帝（公元 41—54 年在位）曾颁布法令，规定旅行者在进入城市时要么下马，要么坐轿（以防马匹和战车让市民受伤），这些礼节和铭文更是加深了后来旅行者的特别体验。

罗马帝国大写体是罗马铭文的主要书体，它展示了书体演化的过程，也是罗马书体体系中独特的一支。很多铭文都是先用毛笔直接写在石头上，然后再进行凿刻的，将手写风格永久封存（图9）。我们总认为，中国是唯一一个使用毛笔书写的国家，其实西方也有用毛笔在石头、灰泥，或专门的木板上书写的悠久历史；毛笔书写多见于伊特鲁里亚的许多早期墓碑。希腊碑文刻好后会上色，而较大的文字是先用毛笔写在石头上再进行雕刻的。罗马时期之后，直接用毛笔书写的做法逐渐消失。

书写帝国大写体的毛笔不像中国毛笔那样是尖头的，而是像凿子一样，末端呈扁方形，这也是字母笔画粗细变化的缘由。毛笔向下移动时使用宽面，笔画最粗；横向移动时使用侧面，笔画最细。美国艾奥瓦州达文波特的一位会吹小号的罗马天主教牧师，首次论证了这一事实。爱德华·卡提奇（Edward Catich）在一家孤儿院长大，朋友们称他为"奈德"。他最初在芝加哥接受职业培训，后来成了一名标语书写员。20世纪30年代，他又到罗马攻读神学。在罗马期间，他开始研究罗马绘制文字。他对图拉真柱上的文字情有独钟，曾做拓片进行临摹，最后还将拓片制成模件。[9]他注意到，上面的文字是用标语书写员的毛笔写成的。这些迹象包括：压力导致笔画变粗；毛笔在转弯时轻微扭曲；以及曲线笔画收尾时笔画变细，以避免笔尖散开。毛笔誊写，石刻永存，着色让它更醒目——毛笔写成的帝国大写体是罗马帝国最正式、最精密的文字，我们今天的大写字母就由此派生而来。

毛笔也用于书写大型临时标语和海报，在庞贝就发现了几堵这样的墙面。其中有一面属于标语画家艾米留斯·塞勒的住所，他在几处题字中都标明了自己的身份："艾米留斯·塞勒在月光下亲自写成。"同一面墙上高一些的地方还有一处其他人的笔迹，写着"提灯人扶梯子"。这些匠人晚上工作的想法

图 9 赫库兰尼姆城中，奥古斯塔里斯纪念堂里记录捐赠者姓名的石碑。公元 79 年

很耐人寻味。挑灯工作是因为白天街道太喧嚣？还是太阳太晒，刷子上的油漆干得太快？还是他们只是想做第一个知道新消息的人？

除了标语画家和提灯人，一个完整的书写团队还包括一个粉刷工，他要在写标语之前把墙面粉刷干净。维苏威火山爆发前的几个月，庞贝城正在进行选举，一些竞选通知幸运地保存下来，留在了断壁上（见本章首图图 3）。与罗马帝国大写体相比，这些宣传语中的字母更为紧凑，更节省空间，其风格是用紧凑的文字形成视觉冲击。艾米留斯·塞勒使用了两种书体，一种是罗马帝国大写体的压缩版，叫法案体，因为罗马元老院的法案是以这种书体公布的。书体用毛笔写成，书写时毛笔需保持竖直，即笔尖的方向与文字方向平行。艾米留斯使用的另外一种书体叫大写体，整个书体结构都与法案体不同。毛笔的边缘与书写方向呈一个尖锐的夹角或有一定倾斜，而不是笔直得与文字方向平行。这样写出来的字，垂直笔画很细，水平笔画却被强调得很重。字体历史学家称其为"民间大写体"，以区别于罗马帝国大写体。

罗马帝国大写体和民间大写体这两种书体，是两种书写方式的结果，是思考如何利用不同的书写轴线表现书写体之自然而然的结果。它们笔画粗细不一，不同于以前的等线风格。平式执笔（鹅管笔或毛笔）会让字母看起来更加正式，写起来也较慢。罗马帝国大写体以这种方式书写字母的垂直笔画，其他笔画则会变换笔的角度；倾斜执笔写出来的字母更窄，粗细变化更加灵活，书写速度更快，这种书写方式更适用于日常书写。

两种书体都是在公元前1世纪中期，由等线大写书体演化而来。那个时候，罗马受到各种美学的影响，特别是埃及。埃及人的毛笔和芦苇笔末端设计了笔尖或者方形的凿边，而不是一个锐利的尖头。[10]所以用这样的工具写出来的文字笔画一直有粗细之分。公元前1世纪中叶是罗马历史上的多事之秋，罗马内战推动了旧的共和制度向奥古斯都统治下的帝国体制过渡。奥古斯都是罗马帝国的首任皇帝，也是恺撒的侄孙和指定继承人。正是在他统治期间（公元前27—公元14年），牢固确立了使用罗马帝国大写体的规范。在法国发现了这种书体早期的典型例子，是一枚制作于公元前27年的祈愿盾，雕刻在卡拉拉大理石上。[11]

元老院的法令和其他公开声明需要在各个城邦公示并接受民众监督，所以宣传文字不仅会写在墙面上，也会写在木板上，有时还会刻在金属器上。用于公共展示的板子通常形式独特，带有楔形把手，便于流动展示、悬挂或嵌在其他物体表面。很

图 a*　特伦提斯之家。面包师特伦提斯·尼奥和他妻子的肖像，他们手中握着卷轴和蜡板书。出自庞贝古城，公元 55—79 年。现藏于那不勒斯国家考古博物馆

多石刻铭文也会雕刻出类似木板的形状。青铜板一度盛行，最常见的用途是作为罗马军团士兵的遣散"文件"，士兵们会收到公示在罗马卡比托利欧山的部队解散法令的微缩副本。公元

* 以英文小写字母排序的图是作者在中译本中新添加的图片。

69 年（即"四帝之年"），韦帕芗皇帝烧毁了位于卡比托利欧山的朱庇特神庙。神殿内存放的 3000 多件金属板被焚毁。金属板记录了很多罗马早期的历史，这场大火相当于烧毁了一座国家档案馆。

罗马的图书馆

通过赫库兰尼姆发现的帕比里庄园，我们可以从另外的角度，即图书馆视角，一窥罗马字母的世界。在维苏威火山爆发前的几十年间，恺撒的岳父卢修斯·卡尔珀纽斯·皮索·恺撒尼纳斯打造了这座帕比里庄园，将其作为著名的伊壁鸠鲁派哲学家的聚会场所，诗人维吉尔也在其中。从那时起，这座庄园就一直属于这个家族。1752 年秋天，发掘人员在宅邸发现了一些散落的卷轴，好像户主人在灾难中试图抢救这些书卷而把它们集中在一起，但它们最终还是被掩埋在 20 米厚的火山灰下，直到发掘人员让它们重见天日。大多数幸存的卷轴书都是希腊文的，这暗示着宅邸里的拉丁文卷轴书仍有待发掘。

18 世纪首次发掘出了 1800 多卷卷轴书，这些书陈列在一个 3 米×3 米（10 英尺×10 英尺）的房间内。房间四壁立满书架，中间放着一架双面雪松木书架。当时的人应该是将这些卷轴书带到旁边光线明亮的回廊中阅读。这种图书馆的建筑结构遵循了希腊的先例。安纳托利亚西部帕加马的图书馆也设有柱廊和休息室，供读者在里面查阅藏书。

目前，在帕比里庄园发现的所有图书，全部为莎草纸卷轴，这是希腊人的一种装订形式，不过是他们从埃及人那里学到的。制作莎草纸的植物，茎部截面为独特的三角形。这样可以从两侧片成一条一条的，片好的条状物两层铺在一起，一层垂直铺，一层水平铺（可以沿着这种纹路书写）。铺好两层后，用木槌轻轻敲击，渗出的液体像胶水一样将纤维粘牢，使其固定在一起。制好的莎草纸用面粉和水和成的糨糊一张一张连着粘起来，做成长卷，两张之间约有 1 厘米的重叠。长卷表面会用抛光物磨平，再用骨头或象牙抛光，或根据购买者的喜好用粉笔增白，这样用来书写的纸张就做好了。昂贵的卷轴还可能在边缘上色。卷轴的高度在 13—30 厘米（5—12 英寸），长度至少 10 米。帕比里庄园中有一幅卷轴长 25 米，而大英博物馆的埃及藏品中最长的卷轴是《哈里斯大纸草》，最初的长度几乎是帕比里庄园这卷的两倍，达到 41 米。古本手卷缠绕在卷轴内端一个被称为"轴芯"的木棍上，手卷某一处会贴一个象牙或羊皮纸材质的小标签，要么直接贴在书页上，要么贴在木棍的末端。这些标签通常也是正文的第一行，标明了书中的内容，旨在告诉读者这本书讲的是什么。书的标题是后来才出现的。

这样的卷轴通常放在鸽舍一样的小格（nidi，拉丁语原意为"巢"）中。后来，古罗马图书馆的墙上，有成排的密密麻麻的小格，以存放书籍；图书馆设有桌子以供阅读，还有搬运卷轴书的皮质圆筒盒。当时，卷轴的长度决定了作者书写的字数。一个小格和一个圆筒盒通常可以放十个卷轴。李维的《罗马史》每十个卷轴为一组，就是这个原因。在卷轴中，文本会分栏，行长因体裁不同而不同，演讲稿的行长最短。每栏文字首尾相接，一段文字可以是一个章节，而且会在页边用短横线标注较短的文本，这在希腊语中称为段落。[1]卷轴的拉丁文单词是 rotulus 或 volumen（英文中"volume"表示一卷书），意思是卷成一卷的东西。

卷轴上下的边距通常很宽，卷轴开头或者结尾一般会多附几张空白的莎草纸，因为这些外页容易磨损。卷轴开头的空白页，有时会写上书的内容概述；末端的空白页一般会写文字的行数。卷轴一般都是单面书写的。

帕比里庄园在被火山掩埋前，它的图书馆是连着中庭的一个小房间，这是一种老式结构。从帝国时代开始，罗马图书馆就分为两个部分，一部分存放希腊文书籍，一部分存放拉丁文书籍。这种结构是恺撒在为罗马城规划第一个公共图书馆时提出的。后来恺撒去世，这个设想也被搁置了。直到公元前27年，恺撒的支持者阿西尼厄斯·波利奥才着手实践这个设计。奥古斯都建造了两座公共图书馆，一座建于公元前28年，是帕拉蒂诺山上新阿波罗神庙的一部分；另一座年代稍晚，但和第一座一样，建在离城中心广场很近的地方。提比略（14—37年执政）和维斯帕西安（69—79年执政）也修建过图书馆，但是都不如图拉真（98—117年执政）建造的图书馆宏伟壮观。作为中心广场重建工程的一部分，图拉真在修建法院和一座六层高的市场的时候，还修建了一座图书馆。就连宽阔气派的中心广场，也仿佛只是通向图书馆主厅的通道，人们会在主厅里辩论法律案件，会见外国使节。图拉真的建筑师是来

---

[1] 今天通用的段落标记符号来源于中世纪手抄本中装饰过的字母 C，是单词 Capitulum 或 Chapter 的缩写。

自大马士革的阿波罗多罗斯，他在主厅之外规划出一处最靠里的庭院，计划在图拉真去世后修建一间小型庙宇。在庭院的中央有一根立柱，内部安放着他的骨灰。这根立柱今天依旧巍然矗立，像一面迎风招展的卷轴，彰显着图拉真征服达契亚的赫赫战绩。柱子底部放着一块牌子，上面刻着安息者的名字和头衔（这就是爱德华·卡提奇研究的铭文）。庭院两端是图书馆的两个房间，有两层楼高，并设有采光窗户。

图拉真还开创了一种新的建筑形式，就是将图书馆作为公共浴场的一部分，后来的皇帝也纷纷效仿。这也意味着一种新潮流的出现，纯粹的浴场开始具备文化功能，有了餐厅、供演讲和表演的场地、商店、体育设施、花园及体育馆。浴场最终变成了帝国的娱乐中心。

抄写员

在古罗马，文人世界的许多事务都依赖奴隶。奴隶记录主人的法律事务和经济交易，教育主人的孩子，并在家庭、商贸和远方的庄园中，担任经理和秘书的角色。某种程度上，是他们维系了帝国的行政管理体系和法律体系的运转。从西塞罗的信中，我们可以看到他的非洲奴隶提洛负责以上这些工作。西塞罗写道，没有提洛在身边，他就无法写作，因为他需要一个文书助理。他还让提洛打理他的税收和债务，照看花园。如果西塞罗著述（可能用蜡板写成）的抄写员辨认不出他的笔迹，提洛也要帮忙。西塞罗还提到提洛发明了一种速记法，可以一字不差地记下演讲内容。这种速记法被称为"提洛笔记法"，一直沿用到中世纪。从西塞罗写给提洛的信中可以看出，提洛是他的得力助手和朋友，并不是真正意义上的奴隶。公元前53年，提洛获得了自由。

公元前43年12月，提洛被释十年后，西塞罗被暗杀。此后，屋大维登上历史舞台。而提洛一直在整理西塞罗的作品并使之流传于世，还撰写了一部已失传的四卷本传记，以及其他几部自己的作品。他死于公元前4年，享年94岁。

从书籍发展的角度来看，奴隶参与了文学作品产生的方方面面，从传授书写到抄书。这对书籍发展具有重要意义。此外，罗马是西方书写和书法传统的核心，奴隶的参与可能对这个传统有决定性作用，也可能限制了它的发展。相比之下，中国文化认为写作不仅是一个人文化素养的体现，也是个体、生命和能量关系的具体体现。因此，书法就成了一种创造和表达的方式。可是，罗马共和时期和帝国早期，许多文学作品都是由奴隶而不是作者亲自书写的。人们不得不问，这样的笔迹会有多大创造性和表现度？这样的作品可以看作个人创造力的表达吗？奴隶的创造力，以及他们对传统的改变能有多大的自由度？

罗马世界现存最早的纸莎草文字片段之一可以追溯到公元前50年左右，是西塞罗的第一篇演讲稿《反维勒斯》，内容是他对西西里裁判官盖厄斯·维勒斯的控诉，这次演讲让他一举成名。[12] 残片有可能是西塞罗的几个专业文书奴隶抄写的，以便在更大范围内传播。字迹显示出笔画粗细略微不同，S 和 E 等字母上部重复出现华丽修饰。修饰笔画斜着向上，穿过好几行文字，好像要把这些文字划掉（见文前图图2）。从书法角度分析，这是一种从缓慢紧绷到加速释放的笔法，表明写字之人极其自信。

从更广的层面来看，历史上奴隶参与阅读和写作的奇特现象，反映出古人对待识字这件事的态度与我们截然不同。在现代，读写能力被推崇到与自由和民主挂钩的高度。在美国，直到 1865 年废除奴隶制，南方的许多地方，奴隶学习书写或阅读都是违法的，人们认为识字的奴隶会威胁奴隶制的存在。[13]在古希腊，情况完全相反。杰斯珀·斯文布罗在《弗拉西克莱亚：古希腊阅读的人类学研究》(*Phrasikleia: An Anthropology of Reading in Ancient Greece,* 1993) 中提到，高度重视言论和思想自由的古希腊社会，视读写能力为民主自由权利的威胁。[14]这种对书面文字的消极态度，与古希腊时期人们习惯大声朗读有关。他们认为，一个人的灵魂存在于他的呼吸之中。早期墓葬铭文会向路人"借声一用"，大声念出谁埋葬在此处。路人读出墓碑上的文字，就好像短暂地让出了他的精神或者声音，他的声音会被铭文作者遗留的气息占有。爱琴海北部的萨索斯岛有一处 6 世纪的铭文，写着"我是格拉库斯之墓"。试想一下，站在碑前，大声朗读那些文字的感觉！那是一种失去对自己身体和行为的控制，被剥夺了自主意识的感觉。因此喜欢朗读是一件让人皱眉的事情，自由公民和成年人不该做这件事。从柏拉图到后来的卡图卢斯，都曾将朗读比作委身于他人，读的人好像被"强暴"了。朗读是把自己的身体借给不认识的作家——这是一种奴役。柏拉图在与菲德洛斯的对话中，给出了关于这种困境的个人建议。即调整作者和读者在探索真理过程中的位置，使二者在对智慧共同热爱的基础上建立平等的伙伴关系。

虽然古罗马很多专门的朗读和书写工作由奴隶完成，但普通罗马公民也可识文断字。在 4 世纪，仅罗马城就有 29 个公共图书馆。5 世纪，罗马衰微，欧洲的普通民众直到 16 世纪才普遍开始识字。

日常书写

在庞贝发现的蜡板书和市内的涂鸦，都是草写体，没有公共碑文和书上的字迹那么正式。这种日常的书写体，是一种可快速书写的大写字体，今天的学者称之为旧罗马草写体，一般用于清单、笔记以及其他非正式场合。这种书体几乎不连笔，一些字母还一分两半，比如 O 会分成左右两半，顶部和底部留有开口。字母的形状受蜡板专用的刻蜡笔的影响，像所有在蜡上书写的字母一样，笔画为等线。亚历山大城有一块记录赫伦尼亚·吉梅拉出生的牌子（图 10），展示了这种书体近乎书法艺术的美感。[15] 她出生于哈德良皇帝统治期间。这种书体运笔轻重有别，笔画各具特色。字母 S 随刻蜡笔大力划开蜡面而变粗，结尾带有装饰感的线条随快速挥笔而变细，直到消失。蜡面留下的书写人运笔力道的痕迹，让我们意识到蜡板是让人愉悦的书写材料。后来，罗马人在莎草纸上也用带一定宽度的笔尖书写，可能就源于这种愉快的书写体验。这种笔可以写出粗细不同的笔画，并增强书写表面的阻力。古罗马学者和元老院成员小普林尼认为，莎草纸并不适合用笔尖有弹力且会刺破纸面的尖头笔来书写，因为会洇纸，非常不便。如果莎草纸表面不光滑，笔尖就会溅墨，不过钝的笔尖可以缓解这个问题。

许多现存的罗马时期金属和骨质刻蜡笔，一端磨细成为笔尖，用于书写；另一端又宽又平，可以抹平蜡层，供书写者修

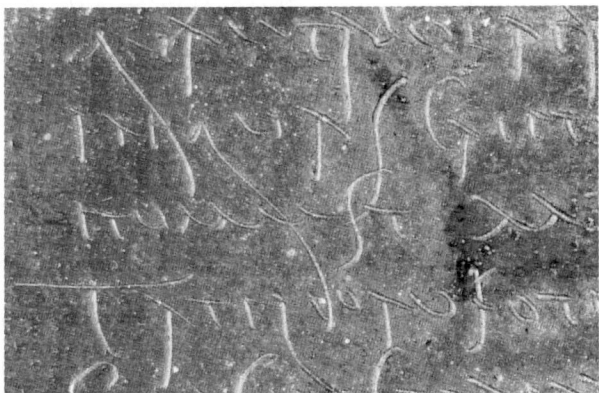

图 10　发现于亚历山大城的赫伦尼亚·吉梅拉出生记录牌的局部放大图。128 年 8 月
13 日

改错误，或者将蜡板抹平后重写。人们在庞贝城发现了两幅
女人肖像（其中一位是希腊诗人萨福），她们用一只刻蜡笔抵
着嘴唇，凝视着我们，就像 20 世纪早期的知识分子拿着眼镜、
烟斗或香烟。这样的意象提醒我们，刻蜡笔在当时也可以传达
一定的肢体语言信息。罗马帝国灭亡之后的很长时间，刻蜡笔
一直存在。在中世纪晚期的手抄本中，它被用来写几乎看不见
的笔记（无墨书写）。用较软的金属制作的刻蜡笔还可以在皮
纸或普通纸上进行勾画。直到 19 世纪中叶，欧洲一些生意人
仍在使用刻蜡笔和蜡板书，比如在鲁昂的鱼市。

庞贝古城的重要蜡板书在发现时，放在一个存放文件的盒
子里，其主人是一位叫卢修斯·卡希留斯·卡朱昆杜斯的拍卖商。
蜡板册由木片铰接而成，这些木片都是由同一块木头片成的薄
片，这样可以确保将每页挖空填入蜂蜡后，仍可严丝合缝地贴
合在一起。这样的蜡板书曾在希腊甚至美索不达米亚出现。卡

朱昆杜斯的蜡板书使用的是松木，做蜡板书还可用黄杨木或核桃木，它们的木纹更加细腻紧致。象牙也曾被用来制成这样的书册。通常在每一页的中间放一块小木头，防止蜡面互相接触。[1]

蜡板书一般用于记录法律工作、出生信息和释奴令，以及个人笔记、备忘录、个人信件和书写练习。册子用绳子和铅印密封，以保证内容的真实性以及保护里面的信息。正如我们今天价格低廉、用途多样的复印纸，对于普通罗马人来说，最容易接触到的书写材料就是蜡板了。从英国哈德良长城文德兰达城堡中发现的大量材料中，我们还可以看到笔记本大小的木片或木条（如桦木），它们都折叠成风琴状的册子。木材取自春天的树木，那时树液丰盈，可保证木片柔韧。文字用墨水写成，木片可以粉刷后再次使用。这样的形式启发了后来的犊皮纸书籍（册子本），皮纸书后来取代了卷轴，成为一种可以容纳更多文字，也更方便的书写材料。古罗马语中，书（Liber）一词原意为树皮内侧，这大概曾是一种常见的书写材料。

罗马帝国的行政体制

罗马帝国在奥古斯都的统治下不断扩张，经济和行政事务发展迅速，相关方面的压力也随之而来：帝国需要更系统地保存文献资料，需要高效运行的书写机构，需要更快速的书写形式。在罗马共和时代，保存档案、书写行政文书都是普通公民的行为，那时并没有一个官方的档案保存机构。奥古斯都建立

[1]　在 10 份蜂蜡中加入 1 份橄榄油，可以避免刻蜡笔在书写时刮下过多蜡屑；雌黄和硫化砷，在古时似乎也有相似的用途。

了全新的帝国行政机构，由奴隶和自由民组成，直接对他负责。他还用私库扩大了意大利的公路网，并建立邮驿，完善了邮政系统。人们向邮政服务人员支付马匹费、饲料费、住宿费等，就可以雇用他们穿梭在不同的邮局间投递信件。克劳狄乌斯皇帝时期，受薪邮递员开始取代奴隶邮递员。

在帝国晚期的 303 年，戴克里先在全帝国范围内推行最高价格法令，这可以让我们一窥当时抄写员工作的价值。[16] 一百行"最漂亮"的字最高价格是 25 第纳尔[1]，相当于农业劳动者的日薪，而一个粉刷工的日薪是 70 第纳尔。一百行"一般"的字价格是 10 第纳尔。一行的长度是根据维吉尔诗中一行的平均长度而定的。

到了罗马晚期，帝国有三个主要的组织机构：帝国行政机构、军队、镇议会。帝国军备力量在公元前 200 年达到顶峰，为 44 万。军队配有完备的行政机构，行政人员起草晨间部队人数报告、当天出发和驻扎计划、口令、优秀士兵名单等。他们还拟定执勤表、夜间值班表、书面命令，编制财务报告和订购军需物资。长期规划也由行政人员负责。有文化的人在军中往往很快得到提拔。整个帝国，来自不同地区的文件都格式统一、笔迹流畅，表明当时有某种针对军事文员的培训体系，或许也可以证明军人普遍具有较高的文化素养。那个时候的百夫长都配有书记员。

镇议会是公民能接触到的主要行政机构。4 世纪末，罗马军

---

[1] 第纳尔是公元前 211 年首次铸造的小银币，最初的价值是十个阿司铜币。这个词来源于拉丁语 deni，意思是"以十为单位"。

团对地方的管控逐渐减弱，镇议会的职能相对完善，持续运行，且一直保留着与地方有关的书面记录。为了具备法律效力，土地协议、遗嘱之类的文件必须在镇议会备份。具有法律效力的是这份官方文件，而不是私人原件。镇议会的记录对公众开放。这种行政体系在法国和意大利的部分地区一直延续到 7 世纪。

罗马晚期行政系统中的诸多制度最终被基督教会采用。教皇在罗马的档案馆，效仿罗马帝国的经眼录，保存每年的信件登记簿。信件按时间顺序排列，并对来往信函做备份。然而到了 9 世纪，就只记录发出的信件了。我们对英国历史最早的了解也来自这些文件，这些文件是修士比德的朋友在访问罗马期间誊抄并寄给他的，收进了他的《英吉利教会史》。据信件推测，这本书约在 731 年完成。教皇信件原件在备份后即被毁。

值得一提的是，与当时的文件总量相比，我们现在能看到的古代文献少之又少。现代考古工作发现的文物中，大约 10% 的莎草纸残片是文学作品，其余 90% 都是信件和行政文件。在这十分之一的文献中，我们通过追溯重要文学家和哲学作家的存世作品了解到，欧里庇得斯写了 95 部戏剧，现存 19 部；埃斯库罗斯有 90 部作品，现存 6 部；亚里士多德的 3 个著作目录收录 170 余部作品，其中有 30 部幸存下来；毕达哥拉斯的著作一部都没有保存下来。同样遗失了的还有老普林尼的全 31 卷关于他所处时代的著作，即《续阿乌菲迪乌斯·巴苏斯所著历史》。李维关于罗马城历史的著作《自建城以来》，原书 142 卷，遗失了 107 卷。文化的损失和破坏是惨重的。

草写体在罗马帝国广泛应用

1 世纪前后，罗马人口达到了顶峰，超过 100 万。这一时期的日常书写，连笔越来越普遍，还出现了全新的草写体风格。在书写的历史上，有两种力量在不断创造新的书体：一种是由于写得太快，正式的字体发生变化，变成新的字体；另一种是为了更快地书写，以一种更便于书写的正式字体取代之前的正式字体。这两种力量一直在相互角逐，直至今日。但是，在对罗马文字绘写的发展趋势做出概括性结论之前，我们应该认识到罗马书写系统在世界上的使用范围之广，时间跨度之长。

地中海是罗马世界的中心，也就是罗马人口中的"我们的海"。在向外扩张的过程中，罗马人的初衷并不是建立一个强大的帝国。他们最初是一众意大利城邦，通过征服邻邦，用附庸国来缓冲外敌入侵、保护自己。但是，新的领土被圈进来后，就需要新的外围缓冲区来保护那个区域。因此罗马的领土范围不断扩大。公元 100 年，它向北延伸到苏格兰边境，向南延伸到摩洛哥、阿尔及利亚、利比亚和埃及的撒哈拉沙漠边缘。从西向东，它横贯现在的西班牙、法国、阿尔卑斯山地区和巴尔干半岛、希腊、土耳其、叙利亚，一直延伸到阿拉伯半岛。希腊语仍然是帝国东半部的主要书面语言，但拉丁语是其行政语言。当帝国的疆域变得太大而难以有效运行时，它开始从内部崩溃。最耻辱的一天是 410 年 8 月 24 日，西哥特人攻入罗马，并将其洗劫一空。那一年，罗马军团也从不列颠等外围地区撤出，这些地方开始由本地军队负责防务。

罗马的文字和记录、修道院档案、文学圈子、税务机关和商业遍布整个帝国。在如此广袤的土地上，文字和书写习惯自然也多种多样。有一些地区似乎被阻隔在历史风云之外，以古老的方式抵御着外界的变化；而那些文明崩溃较早的地区，则是推动创新和改革的主要力量。尽管如此，一些大的趋势仍然显而易见。2世纪中叶，旧罗马草写体的书写已发展出更简省的方式，即规定书写一个字母所需的笔画数量、顺序和方向，书写速度因此大大加快。第一个重要变化是 E、D、H、L、M 等字母变得圆润。这种书写更快的书体后来被用作他途，它更精致和正式的版本则被用于图书。当时的人用笔画有粗细变化的笔书写，而非尖尖的刻蜡笔，由此发展出一种饱满圆润的书体。新书写体从普通书写中发展而来，后来在精心设计的书写工具的加持下，演变成一种正式书体。例如扁头笔，它出现在北非，在那里希腊的影响仍然很强，用扁头笔书写的希腊书面文字偏圆。这种书体后来发展成安色尔体，由圣杰尔姆（逝于420 年）在一篇反对大字号的激辩中为这个书体命名（安色尔源自罗马单词 uncia，意为"英寸"）。在他的时代，这种书体显得过于复杂，已经从工匠风格逐渐走向招摇卖弄（图 11）。但安色尔体有多种形式，帝国各地都在使用，它存在了大约 1000年，直至中世纪还在使用。在查理大帝时代，安色尔体用于书写黄金《圣经》。在 7 世纪末至 8 世纪初，英国著名的双子修道院维尔茅斯 - 雅罗修道院，用这种书体将三个版本的《圣经》合抄为一部单卷本，修士比德就是其中一名参与者。在中世纪鼎盛时代的精美手抄本中，这种书体的首字母带有华丽装饰，是风格独特的哥特体大写字母弯曲的源头。今天，我们习惯给字体取名，如 Palatino 字体或 Times Roman 字体。而在当时，没有明确的字形，只有一个个大致的样式，在不同地区，

NuNCUEROETUOSEO
CRUENTEMPIDAELUES
TRAETENOREMADq·

图 11　5 世纪早期塞浦路斯的书信中的安色尔书体

这些书写风格也有差别，例如安色尔体、帝国大写体、民间大写体及其他风格。

安色尔体起源于北非，希波主教奥古斯丁的著作最初用这种书体写成也是情理之中的事，我们甚至还有一些他在世时（354—430 年）的文献。这种书体的迅速风靡体现了文字历史上多次出现的现象——流行读物采用的排版形式和书体传播得很快。版式和书体不仅反映出当时文化青睐的风格，可观的图书销量也可以把这些风格带去更远的地方。

旧罗马草写体从安色尔体分离出来后继续发展，最终演变成另一种截然不同的草写体，人们称之为新罗马草写体，其笔画数、顺序、方向和书写速度进一步变化（图 12）。正是在新罗马草写体中，字母首次出现上伸部和下伸部，以及大量的连笔、连字。5 世纪，新罗马草写体开始与我们今天使用的小写字母一致，b 和 d 是直立且带有上伸部的，g 在基线下形成字环，m 和 n 也发展出了标志性的拱形。

无数人的书写构成了人类文化的传承。只要文字书写是一个活的系统，它的形式就会不断演变，就像单词和发音也在不断变化一样。所以，新罗马草写体最终演变成古典世界的最后

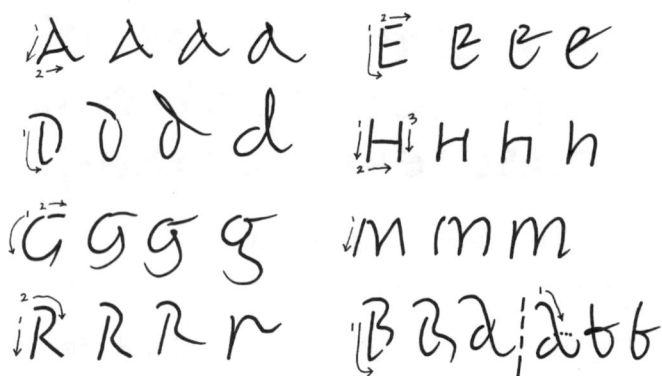

图 12　字母从旧罗马草写体到新罗马草写体的变化（新罗马草写体是现代小写字母的原型）

一种书体，即半安色尔体。最初，半安色尔体被用于法律文书，并作为半正式的书面书体。后来为了使它适合更正式的场合，笔尖做成了方形。书写时笔尖与书写线近乎平行，这样写出来的文字竖笔遒劲有力，横笔轻盈纤细。虽然这种书体与安色尔体并没有结构上或承继上的绝对联系，但在 18 世纪，法国两个本笃会修士还是首次对它们进行了分类，并将其命名为半安色尔体，这个名字一直沿用至今。罗马帝国分崩离析时，安色尔体、新罗马草写体和罗马半安色尔体（图 13）在各省保留了下来。

　　就像古老的拉丁语曾经与主流格格不入，后来却发展成法语、西班牙语、意大利语等浪漫语言一样，罗马的古老文字，特别是半安色尔体，也发展出了自己独特的区域变体。西班牙人称其为西哥特体，意大利人叫它贝内文托体（以贝内文托公爵命名），法国人叫它墨洛温体，不列颠群岛称其为岛国半安

图 13　6 世纪的罗马半安色尔体

色尔体。尽管人们把这一时期和后来的古代晚期，称为黑暗时
代，但它仍然留下了数量惊人的文献。其中一个主要原因是，
当时的文字保留在带封面的羊皮纸书上，而不是希腊、埃及时
代和罗马早期那样较为脆弱的卷轴中。书籍的装帧，从卷轴形
式变成册子形式，是西方书写史上最重要的事件之一。

第二章　便捷的册子本

图 14 《林迪斯芳福音书》内页中希腊语的基督名字花押字（XPI），内容是《马太福音》中基督诞生的故事。721 年

公元 14 年 8 月，罗马帝国的开国皇帝奥古斯都在弥留之际，写下了遗言。前面几页是奥古斯都的亲笔，后面由他的两位被释奴执笔。遗嘱随后被封缄，为了安全，供奉在维斯塔贞女院。遗嘱的装帧形式为册子本（拉丁语原意为"木块"），由多片蜡板组成，并在书脊处装订。公元 85—86 年，古罗马诗人马提亚尔曾写道，虽然那时的册子本已经使用羊皮纸，但是这种装订形式并不常见。[1] 在和平神庙旁一个叫塞昆德斯的被释奴的书店中，可以买到册子本图书。全罗马仅有四家书店卖马提亚尔的书，这家就是其中一个。另外，他还提到维吉尔、奥维德、西塞罗和李维的作品也有册子本，他写道：

[1] 参见苏维托尼乌斯《罗马十二帝王传》第一卷第 56 章关于尤利乌斯·恺撒的叙述："恺撒给元老院的个别信件，以备忘录的形式区分出多个页面，这样的形式前所未见。当时，执政官和指挥官的信件，通常一写到底，不会折叠或区分页面。" 参见 http://www.Gutenberg.org/files/6400/6400-h/6400-h.htm＃2H_4_0002。

吾之诗集，处处皆宜；

愿伴君侧，踏远而行？

购之买之，羊皮纸密密叠；

单手可携，卷子本家中留。[17]

　　羊皮纸双面均可书写，所以册子本内容紧凑，携带方便。它与犹太文化和希腊文化都有着不解之缘，羊皮纸（pergamenta）这个名字就源自希腊的帕加马王国。公元前190年，帕加马国王欧迈尼斯二世建立的图书馆发展迅速，后来居上，甚至可以和亚历山大城托勒密王朝的图书馆一较高下。于是埃及人一气之下，禁止向帕加马出口莎草纸。面对危机，帕加马的图书管理员受中东地区用皮革书写的传统启发，制造出了更耐用的新型纸张。羊皮纸由动物皮制成，通常是小牛皮或羊皮。皮革先在石灰水中浸泡数周，再用木框拉平晾干。拉伸可以让动物皮中的纤维变得整齐，形成坚韧平滑的表面，便于书写。另外还可通过刮擦，让纸张达到所需的厚度和净白度。

　　由于翻开就可以看，册子本比卷子本更加便于阅读。卷子本看之前需要展开，且需要双手捧读，看完还要卷起来，卷的时候可能还会很尴尬。马提亚尔在两首诗中都描写过，卷子本卷起来的时候，需要用下巴夹住卷轴的外沿，再绕着中心轴卷起来。

　　6世纪，羊皮纸册子本已经成为主流。因为这个时候，地中海地区局势动荡不安，影响了埃及莎草纸的稳定供应；另外芦苇地的过度开发，也影响了莎草纸的产量。但当时人们仍然用莎草纸来书写行政文书，后来才用莎草纸做书。9世纪，教皇的信件仍然写在莎草纸上，而最早使用羊皮纸册子本的是基督徒。

据 C. H. 罗伯茨和 T. C. 斯基特在《册子本起源考》(*The Birth of the Codex*, 1983) 中的统计，公元 400 年之前，基督教《圣经》抄本及残片，现存 172 部。其中，册子本 158 部，卷子本仅 14 部。同时期的非基督教文献，册子本只占 2%。[18] 这或许因为册子本便于牧师和教徒快速查阅，而且《圣经》需要常带在身边，更加结实的册子本远比脆弱的卷子本来得实际。

马提亚尔去世的年代在 102—104 年之间。他是一位诗人，活跃在罗马社会，得到了卡利古拉等一众臭名昭著的皇帝的青睐。他曾穷困潦倒，也曾是图密善皇帝的座上之宾。马提亚尔开创了隽语文体，并用该文体著书 12 本，几乎是每年一本，讽刺圈中的人和事。沿袭罗马和希腊的文学传统，他出书后也要向公众做演讲。那时的作者需要具备两种技能，一要能写，二要能绘声绘色地讲出书中的内容。著书不是退居屋舍闭门造车，而是要和民众交流，让作品走进人心。马提亚尔在他深爱的西班牙去世，但是他显然对罗马上流社会的流言蜚语和明争暗斗念念不忘。基督徒在当时饱受迫害，尼禄皇帝指责他们是公元 64 年罗马大火的罪魁祸首。马提亚尔死后不到一百年，基督徒团体就已发展成熟。基督徒最早使用和装饰册子本，与传统抄写员和作家不同的新式作者应运而生。

恺撒利亚和基督文本研究

基督文本研究发轫于一个离罗马很远的地方——恺撒利亚城。大希律王建立该城，以罗马开国皇帝恺撒·奥古斯都的名字命名。公元 70 年，耶路撒冷被毁。恺撒利亚继而成为罗马

帝国叙利亚 - 巴勒斯坦行省的首府。这里环境优美，以立柱装饰的宽阔街道、迦密山引来的淡水和利用潮汐的高效排污系统闻名于世。恺撒利亚位于地中海沿岸，在今天的海法和特拉维夫之间，处于罗马、希腊和犹太世界的交汇处。恺撒利亚的学术氛围对基督教学者并不友好，这使得基督教研究缺乏有力的文献支撑，学者们只好努力丰富基督教文献。奥利金、潘菲鲁斯、尤西比乌斯三位学者对此贡献巨大。奥利金的生卒年是184—254 年，于 234 年前后来到恺撒利亚；潘菲鲁斯于 310年在恺撒利亚殉难；尤西比乌斯生于 260 年，卒于 339 年。尤西比乌斯是潘菲鲁斯的学生和好友，后任恺撒利亚主教。他借助前人的研究成果，开创了全新的学术研究领域。虽然这三位先贤的大部分著作都是用希腊语写成的，但影响力遍及古代世界，甚至影响了早期现代文明。

奥利金来到叙利亚 - 巴勒斯坦行省之前，在亚历山大城教书，也到访过罗马、雅典和安提阿，这样的经历在罗马晚期文坛并不罕见。在恺撒利亚，奥利金得到了安布罗斯的资助。安布罗斯资金雄厚，为奥利金配了七位书记员，记录他的口述作品。抄写员将口述内容系统地整理好后，再由一些"经过专业训练、字迹优美"的年轻女性誊写成最终版本。[19] 安布罗斯和奥利金认为，用这种异教哲学家的工作方式来研究基督教的起源，是一种苦行。在给罗马城的主教法比安的一封信中，奥利金提到，安布罗斯对这项工作的投入甚至要远超于他："我们不认真讨论就不能吃饭，饭后也不能散步休息，甚至在研究文本、修改字句时也没有例外。我们经常熬夜研究文本，睡眠时间也没有保证。"[20]

奥利金作为学者、哲学家和基督教辩护者，在恺撒利亚的主要任务是编著《六经本合参》。那个时代，《旧约》有希腊语和希伯来语多种版本，他编纂的本子将主要的希腊语译本与希伯来语原著并列排版，方便对文本进行平行比较。这本书的大部分内容分六栏排版（因此书名为 Hexapla，希腊语中意为"六版"），而在《旧约·诗篇》中则将版式扩展为八栏或九栏。这项工作极为复杂且耗时耗力，首先需要将各种文本的可靠版本汇总，然后逐页排版，最终写成书卷。

奥利金是早期基督教最多产的学者之一。他在 254 年罗马迫害基督徒的运动中被折磨去世，所以他对这本著作产生的影响一无所知。本书成为后来学者研究《圣经》文本的重要参考资料，这些学者中包括哲罗姆。4 世纪，哲罗姆将《旧约》翻译成拉丁语后，前往恺撒利亚查阅奥利金的手抄本原件。直到今天，哲罗姆的译本仍是罗马天主教会《圣经》的官方文本。

奥利金去世后，崇拜者潘菲鲁斯继承了他的衣钵。潘菲鲁斯家境优渥，像奥利金一样，他也曾在亚历山大学习。他四处收集奥利金的作品，塞维利亚的伊西多尔称，潘菲鲁斯建立的图书馆藏书 3 万卷，是古代世界最大的基督教文献存放地。遗憾的是，这座图书馆在 7 世纪阿拉伯人入侵时被摧毁。潘菲鲁斯一生中最为突出的成就是协作式工作。他苦行僧式的自我约束极大地影响了共事的年轻学者和抄写员，以至于在 307 年最后一次对基督徒的大迫害中，他们自愿陪同潘菲鲁斯入狱，在狱中工作两年，直到 310 年 2 月 16 日所有人都被处死。而此时距帝国颁布《米兰敕令》，宣告宗教信仰自由，仅剩三年。潘菲鲁斯有着激发勇气的力量，这在波菲利身上表现得非常明显。他是个年轻且技艺精湛的书法家，在朋友们被处死后，勇敢地向法官索要尸体，不惜自己被判处死刑。他身穿由毛发制成的衣服，全身伤痕累累，最终被慢慢烧死，年仅 17 岁。这些殉道学者将抄录经文视为无私奉献，他们认为，为此而做出的任何牺牲都是值得的。他们死后几十年，出现了早期基督教修道院运动，激发该运动的精神与他们所践行的肉体苦行主义类似。

册子本的鼎盛时期

潘菲鲁斯被处决后，似乎一切都随之消失了，但他最有才华的学生幸存了下来。正如安东尼·格拉夫顿和梅根·威廉姆斯在《基督教和书的转型》中所说，恺撒利亚主教欧瑟比运用他从潘菲鲁斯那里学到的协作工作方法和文字技巧，开发出了新的书写风格和新的图书制作方法。[21] 324 年，罗马帝国在拜占庭设立新都，颁布法律，并且承认基督教的法律地位。基于此，欧瑟比的实践得以存续，且随着基督徒人数的增加，他作为主教也获得了更多的资源。当时的基督徒可能已超过 600 万，在欧瑟比生命中的最后 30 年，教徒人数还在迅速增加。

欧瑟比借鉴了奥利金的《六经本合参》，发现册子本可以用表格来呈现信息，还可贯通不同主题和来源的内容。他有两部这种形式的著作，一个是《编年史》，著于潘菲鲁斯身陷囹圄期间（当时欧瑟比也被短期监禁），另一个是《正典》。

《编年史》分为文字叙述和表格两个部分。表格统一整理了欧瑟比从罗马、希腊、犹太、埃及和亚述收集的史料，按照年代顺序分栏排列，时间上涵盖诸王时期和奥林匹亚统治时期，每列以数十年划分。这部作品不仅需要视觉想象力，还需要大量助手来摘录或追踪参考文献。此外，还需要技术纯熟的专业抄写团队来实现复杂的版式，这项工作涉及分割文本、使用彩墨进行编号和交叉引用、设计有注释和页眉的分栏版式等。欧瑟比重新构思了册子本可以支持的版式。

《正典》中，每个基督教福音都分为十个部分，表格里列出了各版本福音中有类似内容的段落。首先是四本福音书中都出现的内容，其次是在三本福音书中出现的内容，最后是在两本福音书中出现的内容。文本中嵌入的编号可以交叉引用其他福音书的相关内容。欧瑟比编纂的这本书不是四部独立作品，而是将四本书融为一本，并在各部分之间建立了复杂的链接架构，《正典》的表格成为整个中世纪《圣经》的标准辅文。通常，表格出现在前面，每列中间隔着精心绘制的圆柱和拱门图形。这是中世纪图书中最早出现的装饰华丽的手抄本。欧瑟比还撰写了一部教会历史书，被学者誉为"第一部引入证据的教会史"。中世纪晚期，只有那些收藏了他编著图书的图书馆才有资格声称拥有伟大的藏书。

4世纪前期，欧瑟比在生命的尽头收到了来自君士坦丁大帝的委托。当时基督教已经合法，君士坦丁堡陆续建了一些基督教教堂，君士坦丁大帝希望为这些教堂配备内容可靠的《圣经》。于是，这项任务落在了欧瑟比的肩上，他利用帝国的邮驿马车，将50本大抄本《圣经》每三本或四本分为一批，运送至王宫。其中一本一直保存到今天，里面包含了基督教的完整正典——《西奈抄本》。该抄本最初收藏于西奈山脚下的圣凯瑟琳修道院图书馆。大约在330年之后，来自英国的君士坦丁大帝之母海伦娜在这里修建了一座小教堂；大约 565 年之前，查士丁尼一世将其扩建为修道院。这本书极有可能自君士坦丁时代以来一直存放于此，直到 19 世纪后期，德国《圣经》学者康斯坦丁·蒂申多夫才以极低的价钱将它从修士手中"解放"出来，又将其献给俄国沙皇，他也因此被封为贵族。20世纪 30 年代，大英图书馆从苏联政府那里将这本书买了回来。1975 年，修缮圣凯瑟琳教堂时，人们在一间废弃的房间里发现了这本书缺失的一部分。如今，国际学术联合项目已将这本书数字化，使它能够更好地流传。[1]《西奈抄本》是现存最古老的，而且是内容几乎完整的《圣经》，内有完整《新约》的最早范本。抄本是用安色尔体书写的希腊文，简洁且不加修饰。文本布局宽敞，但并无明显的空间浪费，文字具有朴实的美感。纸张采用羊皮纸，每页四栏。因此打开书时，呈现在眼前的是八栏展开的横向矩形书页。这种版式与卷子本展开时并无二致，栏与栏之间的间距很小，顶部和底部的空白很大，可以保护文本。从这种布局可以看出，这本书在时间上应当接近卷子本盛行的时期。某些章节的尾注显示，潘菲鲁斯及其追随者修改了原始文本，个别部分可能直接从其改写内容抄录而来。

君士坦丁大帝委任编成的 50 卷基督教《圣经》，促使册子本成为新的流行形式。这基于几代学者的工作积累，包括书籍制作、文本编辑，也得益于抄写员的专业知识。同时，在制作欧瑟比其他复杂的书籍时，抄写员的专业技能也得到了进一步锻炼。

[1]　见 http://codexsinaiticus.org/en/。

《西奈抄本》曾被长期闲置在因战乱而关闭的修道院图书馆内。628年，穆罕默德的一份保护信，让这座修道院在伊斯兰教兴起运动中得以幸存。今天，它仍然像堡垒一样矗立在荒山之间。这座建筑横跨基督教和伊斯兰教的精神世界和学术世界，里面保存的文献是西方传承、复制和翻译古典文献及其知识的主要载体。

苦修主义的基础：《神学与世俗学习制度》与戒律

大约在225—250年，潘菲鲁斯开始了苦行僧式的工作；大约在同一时期，苦修主义作为一种生活方式在近东出现。基督教徒和少数妇女逃离古罗马晚期的城市，来到埃及沙漠。这些旷野之地不受当时的法律和习俗约束，他们在这里不会受迫害，可以开始新生活，向他们信奉的上帝致敬，由此他们开始不断地规范自己的思想和行为。有些修士独自生活，比如这项运动的发起人安东尼（251—356年）。其他人最初由帕科缪带领，他原是罗马军队中的一名百夫长，大家一起生活在自己建立的苦行之城中。他们遵循共同的生活作息，一起吃饭、祈祷，并选出自己的领袖。直到6世纪，这些地方作为读书和识字重要场所的作用才得以显现。这里家家户户都书盈四壁，滋养了几代读者和作家，但是它们周围的世界却慢慢陷入混乱。那些曾经支持西方文字演变的大环境，包括有组织的政治生活、有文化的人民、有秩序的法律、税收和会计制度逐渐消失了；直到基督教会在全欧洲促成一定的文化环境，文字才有了进一步发展。出现这样的趋势，有两件事至关重要。

第一件事，其实是一场"无心插柳"。卡西奥多罗斯出生于 485 年前后，他对罗马昔日的辉煌怀有浪漫的向往。他的父亲是古罗马禁卫长官，后来他也升任同一职位，这是罗马政府的最高职位。他的职位相当于哥特国王狄奥多里克的总理，狄奥多里克后来统治了意大利。卡西奥多罗斯帮助狄奥多里克复兴了罗马的政府体制和文化意识。526 年狄奥多里克去世后，卡西奥多罗斯继续辅佐他的继任者，直到查士丁尼一世重新征服意大利。535—536 年，拜占庭将军贝利萨留入侵意大利南部，卡西奥多罗斯毕生的成就毁于一旦，他在罗马建立神学学校的计划因暴力事件而破灭。而他被流放至君士坦丁堡，在那里待了几年，在 60 岁那年回到意大利南部卡拉布里亚的斯奎拉切，当时那里已建成一座修道院。

相传，这被称为维瓦里乌姆的地方，位置优越，靠近大海，因海水侵蚀留下的河道形成了众多鱼塘（拉丁语为 vivaria）而得名。这里还有浴场和修道院，修道院在不远处的山间，这都是供隐居者修行的绝佳场所。但维瓦里乌姆不仅指鱼塘，在拉丁文中，它还有"生命之地"的意思。在现代语境下，它可以用来指任何饲养动物、植物，并观察研究的场所。卡西奥多罗斯修道院就是这样一处场所，整体环境十分优越，文化生活主要集中在设施完善的图书馆和书房。这处简单的修士工作场所，与卡西奥多罗斯以前的古罗马禁军办公室形成鲜明对比。后者到处是象征性的标志——一个巨大的银色墨水台、金色芦苇笔盒和一个放在银三脚架上的银碗，碗里面放着请愿者的信。

在这里，卡西奥多罗斯与追随他的修士一同努力，为前来求学者提供古典基础教育，并将必修图书从希腊语翻译为拉丁语，这也标志着希腊文字逐渐在西方淡出。他将重要的知识加以提炼，编入两卷《神学与世俗学习制度》中。书中还有一些抄写书稿和保存书籍的建议。第一卷中的推荐书目和作者名单，后来成为修道院建立图书馆时搜罗藏书的依据。他的这部《神学与世俗学习制度》为基督教和修道院教育提供了理论依据和一些实操建议。卡西奥多罗斯去世几十年后，维瓦里乌姆也废弃了，但他在这里完成的著作却传到了教皇在罗马的寝宫拉特兰宫的图书馆。《神学与世俗学习制度》也成为中世纪传播和引用最广的图书之一。伟大的罗马政治家卡西奥多罗斯，其政治生涯开始于宽容、外交和妥协，却以军事入侵的暴力告终。而讽刺的是，他一生中最重要的成就，是他从政府高官位置上退下之后，以一个默默无闻的修士的身份，在一处偏远的修道院隐居时完成的。现在看来，这项工作对欧洲文化产生的深远影响，远远超过他96年生命中所有其他看似了不起的事情的总和。

第二件事，是与卡西奥多罗斯几乎处于同一时代的努尔西亚的本笃（约480—543年）创立了一个宗教团体，这个团体开辟了苦修文化的先河。本笃最初在罗马的修辞学校求学，随后独自一人隐居到罗马以东的苏比亚科山中，他很快吸引了一批追随者。他写了一本供初学者使用的修道院生活守则，供追随者学习使用。这就是大名鼎鼎的《本笃会规》。这个简单而实用的会规经受住了时间的考验，9世纪，查理大帝在修道院改革中，推广了《本笃会规》，为中世纪早期的大多数修道院提供了一种可行的生活方式，这个会规至今仍在使用。

《本笃会规》第八章规定，每位修士都必须在大斋节期间取一本书阅读。这个节日每年过一次，时间是复活节前的整整 40 天。落实这项规定，本笃会修道院需要图书馆。但修士的读书方式与我们的习惯不尽相同。如今本笃会的修士还保留着古老的阅读方式，即神圣的阅读（拉丁文为 lectio divina），这种阅读方式要求像牛反刍一样反复咀嚼文字。神圣的阅读需要花较长时间，慢慢阅读一小段文字，在脑海中反复回味，与文字缱绻相处，然后让文字击中心灵。我也做过几年的本笃会修士，我的经验是：这种冥想可以唤起各种各样的联想。这与要求速度的阅读方式截然不同，后者的目的是从文字中提取信息，这也是我们今天常见的做法。因为修士读一本非常缓慢，而且要多次阅读，故而这里的图书馆没有扩充的必要。他们认为比起浅尝辄止，智慧更应浸入头脑和心灵。

修道院书籍的另一种用途是在礼拜仪式中大声朗读，以及充当教堂礼仪指南。人们不断重复仪式流程，很快就会牢记文本，而其核心内容《诗篇》，则是年轻修士的第一项学习任务。

书写是一种奉献形式

"一个人在抄写耶和华的话时，他脑中会想着《圣经》的教条。经书上讲，耶和华用手指赋予人生命，武装他们，抵抗魔鬼的诱骗。当博古之人抄写基督的话语时，撒旦便会遍体鳞伤。他在牢房里写的东西将传播至遥远的省份，人们可以让天堂之音成倍增加。"

这段文字摘自卡西奥多罗斯的《神学与世俗学习制度》，它从不同角度诠释了抄写。抄写本身就是目的，抄写员不再是为主人抄书的奴隶，而是代表了一种尊严和使命。抄书让他形成品格，达成圣洁。这一时期，寓言成为解释《圣经》的手段，也逐渐成为写作的方法和素材。塞维利亚的伊西多尔认为羽毛笔的笔尖拥有神力，神力通过《旧约》《新约》表现出来，墨水则是为创造而倾泻出的基督之血。关于字母的寓言也有很多，如希腊字母 Y 有两只向上伸展的手臂，比喻人类成长过程中必须做出的生存选择。这种解释字母形状及特征的传统，至少可以追溯到柏拉图时期。在《克拉底鲁篇》中，柏拉图请苏格拉底描述字母代表的不同力量。苏格拉底说，字母 R 代表运动，字母 L 代表柔滑，尽管他在说的时候面带轻微的嘲笑。这种用寓言解读字母内涵的方式一直延续到中世纪早期，瑞士伯尔尼市图书馆中有一份 10 世纪的手抄本，展示了新修士如何将字母比作书中的神学真理，并以此学习字母的形状——A 的三个笔画代表三位一体，中间的横画连接着父子的圣灵；L 的下行书写让人联想到基督的诞生，他从天堂降入人间，谦卑地承担起仆人的职责。[22]

人们甚至将神迹归功于抄写员。在后来的盎格鲁－撒克逊英格兰，有一座名不见经传的林迪斯芳修道院，就因为创造神迹的爱尔兰抄写员乌尔坦而享有盛誉。从 6 世纪中叶开始，基督教圣像中就出现了珠宝装帧的经书。圣阿波利纳莱圣殿位于意大利拉韦纳的克拉赛城，其拱顶上方有一幅基督普世君王圣像，里面的耶稣基督手里握的正是这样一本书，祭坛后面的圣主教像也手持这种书。拉韦纳圣维塔莱教堂的查士丁尼大帝，及其皇后狄奥多拉的马赛克肖像，人物背景中的游行队伍里也有人拿着这样的书。圣阿波利纳莱圣殿和圣维塔莱教堂均在 550 年之前完工。亚历山大城的斐洛将神圣之力与创世秩序命名为"上帝之言"（希腊语为 logos），将希腊和犹太学问融为一体，对全新经本神学产生了重要影响。《圣约翰福音》开篇写道，"太初有道"（In the beginning was the word），这进一步拓展了基督教经文的内涵，以至于后来人们认为它可以体现神的存在。于是《圣经》备受尊崇，人们将其供奉在祭坛上或者在游行时拿在手中。在罗马早期，最接近超自然力量的书是著名的《西比尔预言书》，它被供奉在卡比托利欧山的朱庇特神庙中，在国家遭遇紧急状况时拿出来参阅。但《西比尔预言书》仅预言世界大事，并没有体现神灵的存在。

基督教徒将经书视为神学符号，这也改变了图书的装饰方式。教徒把书页涂成代表皇家的紫色，而且用银色、金色墨水书写。装帧上，欧瑟比《正典》的表格放在装饰精美的门廊图案里，排布在《福音书》之前。值得注意的是，文本本身也成了一种装饰性元素。罗马的书籍插图设计方式众多，这个传统由来已久。最早的插图出现在瓦罗（约公元前 113— 前 27 年）的《意象》中，书稿现已遗失。但据普林尼描述，该书成于公元前 39 年左右，书里详述了 700 位著名希腊人和罗马人的生平。书中的每幅名人肖像（是的，全部 700 个人！）都配有隽语和描述文字。维吉尔的作品也以封面印有作者肖像而为众人所知。梵蒂冈图书馆中保存了维吉尔两部成书于 5 世纪末的作品，即《梵蒂冈的维吉尔》（编号：Cod. Vat. Lat. 3225）和《罗马的维吉尔》（编号：Cod. Vat. Lat. 3867）。书中除了文字叙述之外，还饰有带边框的插图。中世纪的植物志和天文学图书，其样式更贴近早期的希腊和罗马图书。书中的图表无边框，文字随意排列在图表周围。维吉尔、恩尼乌斯、波菲利等罗马诗人，以及公元前 3 世纪早期的希腊先哲亚拉图和罗德斯的西米亚斯，还会用文字玩视觉游戏，他们发明了离合诗、回文和人形的文字版式。从六七世纪开始，在基督教的全新影响下，图书装帧师开始对文字本身进行装饰。不列颠群岛的做法尤其值得注意，它的灵感来源于递减的方式。罗马有一种特有的标记文本开头的方式，即把第一个字母写大，后面的字母逐渐缩小，直至正常大小。当时的图书还设计了精美的展示页，印有相互交织、饰有缎带的字母，旨在颂扬上帝圣言赋予生命的力量。7世纪初期，这种装帧方式以较为朴素的形式出现在圣科伦巴教堂的《诗篇》中，后来普遍出现在圣科伦巴众多修道院图书中，包括爱奥纳岛和林迪斯芳岛上的修道院。

从《林迪斯芳福音书》抄写员身上，我们可以看到，书写时的专注力和耐力已经登峰造极，虽然这在北欧早期的修道院抄本中并不罕见。这件抄本，整本书的抄写和装饰由一人完成，但是这位抄写员在完成之前就去世了，其他抄写员用红色书写了标题（图15）。《林迪斯芳福音书》很可能由林迪斯芳修道院的主教伊德弗里斯执笔，在720年之前完成。他的部分宗教生涯似乎在归隐中度过，而写这本书是一种类似斋戒和诵经的克己行为。

我曾在伊德弗里斯著书的林迪斯芳岛上度过16载春秋。我曾想象，他坐拥云深海阔，沙洲在夜晚传来海豹的嘶鸣，绒鸭在岸边和附近的岛屿啼唱，成群的海鸥鸣彻长空。所有这些意象都交织成精美的装饰页，开启《福音书》的每一章。这些元素会让他想起创作时那些活泼动人又充满声音的生动画面。

伊德弗里斯向他虔诚信仰的宗教和他在修道院的父亲卡斯伯特，完成了一次出色的致敬。卡斯伯特在687年去世。伊德

aabcdefghiłm

图 15 《林迪斯芳福音书》中主要的半安色尔体书法

弗里斯在设计这本书的时候，有意识地运用了新颖的排版和装帧方式。书的开头是哲罗姆对新译本的介绍，伊德弗里斯对前言进行了装饰，这在西方还是首次。"您让我用旧的东西创造出新的内容。"这句话精确概括了该书的创新之处。该书采用了新配色，发明了新书体，借鉴了新文本，使用了新图解，也采用了新装饰元素。这一切，构成了一幅蕴含他那遥远岛屿所有精华的图景。（类似的创新设计页面，见本章首图图 14）

对其他抄写员来说，伊德弗里斯的作品令人惊讶之处体现在敢于拥抱变化和差异，不惧怕，不忧虑，能在个人生活和艺术中建立全新的关系。只有好奇、谦卑、耐心、善于倾听和宽恕失败（首先是自己的，其次是他人的）的同情心，才能真正达到开放和热情。这是伊德弗里斯向他的精神领袖卡斯伯特致敬的本质。[23]

加洛林文艺复兴对书写的影响

在不列颠诸岛，罗马帝国晚期常见的草写体（即新罗马草写体）逐渐演化成 6 世纪和 7 世纪英国所使用的各种书体。410年，不列颠是第一个脱离罗马军团保护的省份。就像达尔文在加拉帕戈斯群岛发现的多种近缘的达尔文雀一样，这种简单的书体演化出了不同的样式，以适应多种用途——从正式而华丽的大字号书体（如《林迪斯法恩福音》和后来的《凯尔经》）到用于做笔记的小字号书体。在欧洲大陆，安色尔体、半安色尔体、民间大写体、罗马大写体等仍在使用，但古典主义末期的非正式书体也继续流行，且在不同地区还有不同变体。各个修道院也有自己的书写风格，从吕克瑟伊修道院（位于法国东部，在6世纪末由圣高隆邦修建）复杂紧凑的书体，到科尔宾修道院开放圆润的书体。吕克瑟伊修道院的书体是科尔宾修道院的原型，后者深受加洛林文艺复兴的影响，最终发展为一种全新的书写形式，也是我们现今使用的小写字母的前身。

阅读七八世纪的文献，我们可以发现拉丁文的书写、拼写、语法等越来越不严谨，不过当时人们基本的识字能力还是可以保证的。据地方大型修道院的档案馆（如建立于720年的瑞士圣加伦修道院、建立于744年的德国富尔达修道院）记载，普通教徒和神职人员均可书写法律文件，乡村牧师可以为想识字的人提供一定的基础教育。[24] 当时，人们通过熟背如《诗篇》等基本的宗教书籍来学习阅读，因此这类书是他们的启蒙读物。之后，有些人会继续学习书写，但这是一项更复杂的活动，涉及一些技艺：需要准备书写材料，打磨并剪裁羊皮纸，以羽毛或芦苇为原材料制作书写用笔，且当时可以选用的书体也颇为多样。

在之后的百余年间，识字率持续走低，直到768年9月，法兰克迎来历史转折点。这一年，加洛林王朝的开创者"矮子"丕平（丕平三世）去世，他的两个儿子卡洛曼和查理相继继位。771年卡洛曼去世后，查理统治了今天的法国、欧洲低地国家和德国的广阔土地。751年，丕平三世篡夺了墨洛温王朝的政权,墨洛温王朝是5世纪中期(也就是从罗马时期以来)法兰克王国的主宰。全新的加洛林王朝充满活力和远见,塑造了今日欧洲的许多方面,包括欧洲与基督教的关系、欧洲的文字,甚至一直以来不断被提议的欧洲统一。加洛林王朝的影响在丕平之子查理大帝统治时期尤盛。

查理的父亲被称为"矮子",但他的身高超过六英尺三英寸(约1.9米),超级魁梧,当时人的平均身高在五英尺(1.5米)左右。法兰克学者爱因哈德在查理大帝去世20年后撰写的回忆录中,描述了一幅生动的画面。查理圆脸金发,眼睛大而灵动。他虽然身材高大,脖颈粗壮,还有点啤酒肚,但声音却很是轻细。平时,他打扮得和普通人没什么两样,但每逢节假日,他就会穿上绣花斗篷和镶有珠宝的鞋子,戴上小皇冠。他喜欢打猎,晚年患上了关节炎,这也是他将宫殿修建在亚琛的原因。他在这里度过了生命的最后20年。在亚琛以及皇宫教堂等重要祭祀场所,后人发现了建在天然温泉上的罗马浴场遗迹。查理是游泳健将,很喜欢在浴场里上朝,邀请宾客、保镖等一同出席。爱因哈德的回忆录中,有"每次一百人"一同上朝的记载。[25]

查理致力于改善自己子民的生活,尤其追求提高教会纪律的标准。宗教对他的统治有很大帮助,教会关系网络遍及整个不断扩大的王国,宗教人员识文断字,且宗教可以提供统一的力量和有能力的管理队伍。780年初,国家开始搜集各类图书;781年,查理和皇后希尔迪加尔德委托教会写了一本新的《圣经》,以纪念当年罗马教皇在复活节为其子丕平洗礼。这本经书由抄写员歌德士加书写,是一本福音书选集。[26]它是四位福音传教士（福音作者）的读物，内容依照一年中的宗教活动顺序排列。这本书详细规定了国家需要遵守的宗教时间表。这是西方世界一个多世纪以来首次开展如此大规模的工作。手抄本足有170页犊皮纸，页面染成紫色，用金色和银色墨水分栏书写。书中还有六整页插图，包括福音传道者的肖像。手抄本的装饰风格融合了古老的罗马抄本文化、岛国交织纹样和拜占庭绘画元素，正文用安色尔体写成，文字为金色。歌德士加写在封底的献诗，则用了一种刚刚出现的小写书体，它与加洛林王朝永久地联系在了一起。这种书体最后发展成加洛林小写体，样式与同时期法国北部亚眠附近索姆河畔的科尔宾修道院的书体最为接近。该书体最初源自罗马半安色尔体，又融合了一些来自岛国的影响。各处修道院经过多年的探寻尝试，终于找到了新颖而清晰的书体。具有讽刺意味的是，这种书体清除了从古典时代晚期沿袭下来的草写体元素。草写体讲究连笔和个性化，无法统一规范，而当时政治和地理统一的新情况，则要求具有统一的书写标准。

加洛林小写体（图16）具有独特的棒状上伸部和积极开放、乐观向上的感染力。其字母的形状在今天也极易辨别，现在很多英文书的印刷字体就源于此。无须复杂的连笔或费时的古体，它像云彩掠过太阳般轻快明了。加洛林手写体发展至今并非一帆风顺，中世纪鼎盛时期，它是"过时"的，逐步被哥特体取代。到了文艺复兴时期，它因清晰明了的整体形象再次受到青睐。1464年，第一批印刷工到达意大利时，加洛林手写体正在经历一场复兴。这些印刷工与抄写员展开竞争，由于印刷机的输出天然比抄写员稳定（重新刻字和制版需要花钱，而

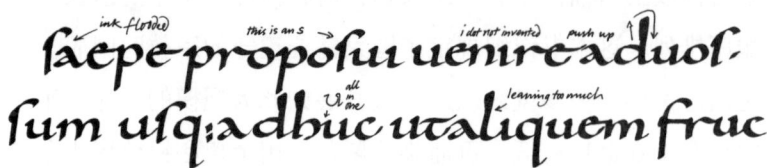

图 16　图尔圣马丁修道院《圣经》中的加洛林小写体。834—843 年（作者临摹作品）

抄写员可以在心血来潮时随时变更字体)，印刷的图书逐渐取代了手写本。

查理大帝从未推广过以他的王朝名字命名的书体，仅在颁布训令时例外。在严肃教会纪律运动中，他在第 789 号法令中建议："每个主教辖区和修道院都应教授圣咏、乐谱、颂歌、教堂日历和语法，并使用经过严格纠正的文本……圣咏和弥撒书应由勤勉的成年人抄写。"虽然查理大帝从未刻意鼓励书体变革，但这种趋势在帝国慢慢渗透，而且来自约克的受人尊敬的史学家阿尔昆也亲自做了示范。

796 年，阿尔昆从宫廷首席教师的职位上退休了。他来自英国，人生的前 40 年生活在约克大教堂的学校，并在 6 世纪后期应邀辅佐查理大帝。之后，他迅速成为一位极富人格魅力的老师，教授国王及贵族的后代神学、修辞学、语法、拼写、算术和天文学方面的知识。阿尔昆交友广泛，当时的诗歌描述他喜好饮酒；不过他骨子里仍有英国人的保守，不肯脱衣与查理大帝在亚琛的温泉共浴，以及在沐浴时探讨算术或天文学的精妙绝伦。

退休后，阿尔昆被任命为图尔圣马丁修道院的院长。他深感孤独，甚至一度借酒消愁（酒从英国不远千里运来），后来他开始抄写文书。在他生命的最后八年，他写出了大量作品。

他说那里有一"群"抄写员，以此来形容抄写员人数之多。阿尔昆的新版《圣经》成为那个时代的畅销书，这是一项了不起的成就，同时也能满足查理大帝为臣民提供准确经书版本的期望。可是阿尔昆离开王室后，宫廷学校制作的经书，又变回了用金色安色尔体书写的奢侈品。不过阿尔昆的努力也没有完全白费，图尔的修道院就仿照他效力王室前最新的《圣经》书写风格，用朴素的加洛林小写体和简单的装饰。这种风格突出文字的功能性，最早的扩展形式出现在《查理大帝反对宗教会议之书》中，这是一部关于图像神学的书。同时期另一份王室手抄本《达居勒圣咏》也用了这种小写书体，亦对后世产生了一定影响。这本书原本是为皇后希尔迪加尔德而制的圣诗集。

在接下来的 50 年里，在院长弗里杜吉苏斯的推动下，图尔圣马丁修道院的缮写室制作了多达 100 份阿尔昆《圣经》。弗里杜吉苏斯接替阿尔昆任院长，他曾跟阿尔昆学习英语，还做过皇家文书室的负责人，因此对阿尔昆图书的制作方法略知一二。在那个时代下，人们渴望文化融合，而不是发掘地方特色。正是这种权威性著作在法兰克王国的广泛发行，使得以加洛林小写体和以图尔《圣经》为代表的书得以传播，并形成了新趋势。

这种《圣经》首次使用了严格的书体划分。罗马大写体用于主要标题和首字母，其次是安色尔体，再次是半安色尔体和加洛林小写体，最后是民间大写体（用于文本旁注）。这些书平均每年制作两次，这意味着需要投入大量时间和资源。能看出来，有些书有多达 20 位抄写员参与抄写。这些书高 50 厘米多一点，打开时宽约 80 厘米。每本书最多 450 页，一张小牛皮可以做四页，用双叶线隔开，每本书需要 113 张动物皮。继欧瑟比为君士坦丁大帝制作的 50 本《圣经》之后，图尔的《圣经》是公认的中世纪早期最重要的图书。可惜这一切都成了历史的尘埃。

维京人入侵和盎格鲁 - 撒克逊文化的复兴

早在 793 年，维京人就开始威胁欧洲北部，在人们心里深埋下恐惧。他们通常乘着深色浅帮的长船，从挪威、瑞典、丹麦的峡湾和村庄驶出。位于诺森布里亚河畔的林迪斯芳修道院，很不幸地正对斯堪的纳维亚的西面，这里首先遭受了维京人的攻击。面对维京人，平和安静的修道院毫无抵抗之力。不久后，维京人开始南下。853 年，他们到达图尔，这里 50 年来精心培育的艺术和学术瑰宝因此或付之一炬，或珠残璧碎。此后，维京人分别在 862 年、869 年、877 年发动袭击，最终，图尔和林迪斯芳的缮写室彻底废弃。到 9 世纪后期，欧洲文化发展几乎停滞不前。任何临海和靠河的地方，都是维京人的掠夺地。查理大帝时期创造的图书制作艺术、王室管理和教堂治理等方面的成果摇摇欲坠。在之后两代人的时间里，欧洲人都处于拼尽全力维持现状，甚至只求保平安的忧惧中。

到 870 年，维京人占领了整个英格兰北部地区，仅有一个盎格鲁 - 撒克逊王国存活下来，那就是位于南部的威塞克斯王国。871 年 4 月，威塞克斯国王埃塞尔沃夫的四子阿尔弗雷德，在三个兄长去世后，登上王位。阿尔弗雷德曾数次访问罗马，甚至在"秃头"查理统治的法兰克王国住过一段时间（在维京人首次袭击图尔的后一年)。在阿尔弗雷德的领导下,局势开始扭转。入侵英格兰的丹麦人被击败,随后,阿尔弗雷德的继任者一步一步夺回了整个国家。在重建盎格鲁－撒克逊王国的过程中,他们还设立了修道院,修道院后来成为盎格鲁－撒克逊文化、宗教、文学和艺术中心。这些修道院还有一个作用,修士在这里祈祷,圣徒埋葬在这里,因此修道院被当成追随者的避难所。899 年,也就是阿尔弗雷德死后 70 年,修道院复兴运动席卷了英格兰。运动从格拉斯顿伯里开始,在修道院院长邓斯坦的推动下,这里成为复兴运动的精神家园,而且邓斯坦很快也成为坎特伯雷大主教。在埃德加国王的鼓励和帮助下(邓斯坦曾为其撰写国王加冕礼仪式的重要流程文稿,文稿沿用至今),英国修士重建了被损毁的修道院,还修建了新的修道院,并且住进教堂文员曾经居住的房间里。约 970 年,修士和教堂文员在宗教生活方面达成一致,新的修道院生活基本遵循本笃会规。新修道院的出现,意味着需要新的图书馆和新的书,但丹麦人入侵前的古老抄写传统几近失传。阿尔弗雷德回忆说,871 年他登上王位时,在泰晤士河以南几乎找不到会拉丁文的人,只能在英格兰以外的地方求学问道,因此,新书都是用加洛林小写体写成的。新的修道院根据这一书体调整了自己的书写方式,但仍然受到了以前盎格鲁－撒克逊半安色尔体的影响,具体体现在字重和提笔上。

因此,在英国,加洛林手写体字重变大(用较粗的笔书写而成),字号变大,字形有了更多的提笔(特别是 h、n、m、p、r 等字母字干连接字拱之处,即字母的拱形笔画),字脚衬线也有意识地呈现出圆形。从书法角度看,这种书写风格的最佳范式来自奥斯瓦尔德，他先是伍斯特的主教，后任约克主教。《拉姆齐圣咏》（大英图书馆，编号：Harley 2904）的匿名抄写员就是这种书写风格的一位大师（图17）。他笔下的加洛林小写体曲线柔和而有力量，起笔收笔从容笃定。这种风格与当时的修士精神本质十分契合，与强调自我意识的个人主义截然不同。这些字母还具有本笃会式建筑的风格，与早期的英国修道院相似。11世纪早期，英国坎特伯雷的字母书写风格出现瘦窄的新趋势：o由圆形变为椭圆形；n和m等字母的字拱需要略微摆动写成。这样的书写方式改变了笔尖与纸面的角度（变得更水平，与书写方向更趋向平行）笔画底部因此出现衬线，好像每个字母都穿着小拖鞋。这种变化意味着字母形状出现了新的发展趋势，两个世纪后，最终出现了窄哥特体棱形字脚。

经过和平年代里几代人的努力，书法艺术稳步发展并取得了一些成果。然而，10世纪末11世纪初，丹麦军队开始了第二次入侵，英国不幸陷入困境。就这样，在威塞克斯的老修道院和新的丹麦侵略者之间，英格兰王权没落了。1013年，王权由能力不足的埃塞尔雷德传到了"八字胡"斯韦恩手

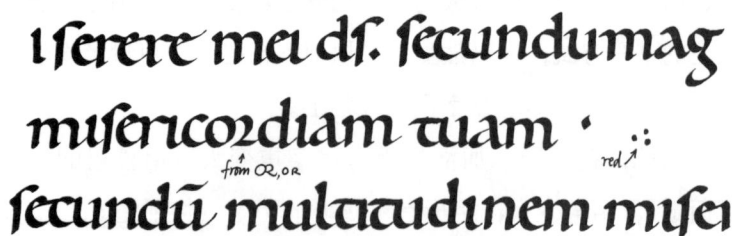

图17 《拉姆齐圣咏》中的书体。974—986年

中，第二年，埃塞尔雷德重新掌权，并在去世后传位给儿子埃德蒙。埃德蒙执政时间短暂，接着英国经历了三代丹麦君主26年（1016—1042年）的统治，这三名统治者分别为克努特大帝、"飞毛腿"哈罗德和哈德克努特。随后，埃塞尔雷德的儿子"忏悔者"爱德华领导撒克逊人复国。然后，在1066年，盎格鲁-撒克逊人的统治结束了。"忏悔者"爱德华没有子嗣，他死后，他的岳父威塞克斯伯爵戈德温觊觎王位。戈德温之子哈罗德登上英格兰王位，但是很快丧命。此后，英格兰一直在诺曼底公爵威廉代表的北方势力的统治之下。

第三章　书写与感官的表达

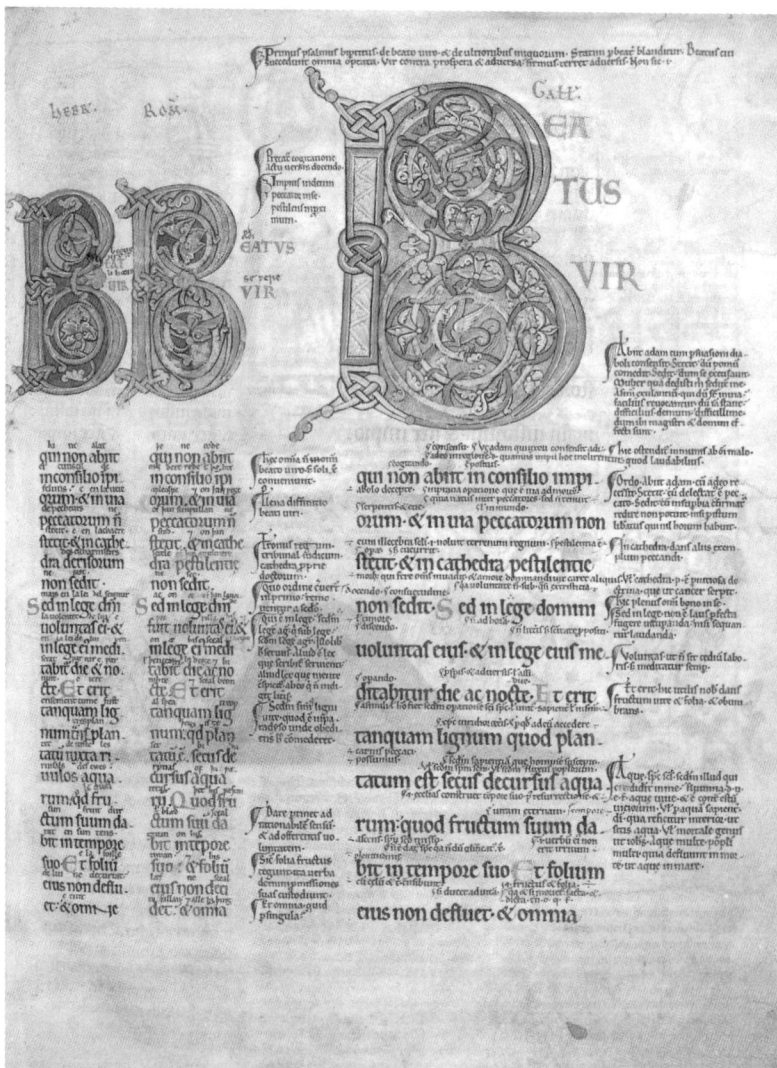

图 18　装饰华丽、流光溢彩的《埃德温圣咏》，书中包含五个版本的《诗篇》和一篇评论。它由十几位画家和抄写员共同完成，可以说是英国 12 世纪中期最复杂的一部手抄本

历史进入第 2 千纪，西方社会也翻开了崭新的一页。中世纪进入鼎盛时期，和英国苦修主义复兴、王朝复辟一样，这也是瓦解加洛林文艺复兴的一个因素。尽管查理大帝的帝国最终在继承人的混乱内斗中瓦解，但在与丹麦人的斗争中，卷入战事的小国却得到了巩固。缔结和平条约后，斯堪的纳维亚入侵者毫无悬念地要求英国转信基督教，这样就扩大了教会作为统一力量的影响力，这不仅体现在欧洲基督教之外的边缘地区，也包括入侵者的本国。

如何制作《圣经》：羊皮纸和墨水、泥金和装订

11 世纪后期，大开本《圣经》再次兴起。这种《圣经》用较大的字号书写，尺寸通常高 60 厘米，打开时宽 1 米，用金色和彩色的首字母以及小图案装饰得富丽堂皇。现在的欧洲各国，如意大利、德国、奥地利、瑞士、法国、比利时和英国等，保存下了众多 11 世纪末到 12 世纪初的大开本《圣经》。伦敦的斯塔夫洛特《圣经》共有两卷（大英图书馆，编号：MSS.28106-7），我们从脚注中知道，它是抄写员戈德兰努斯在弟弟埃内斯图斯的帮助下写成的，最初写于比利时，共耗时四年。[27]制作《圣经》的方法可能起源于罗马，那里保留了一本大开本图尔《圣经》，其他抄本可能都是参照这本书制作的。[28]当时，罗马教皇主张其权利，敦促主教对人民进行教育（1079 年，教皇格列高利七世要求主教在其教堂开设学校）。这种情况下，人们很难不将这些又大又华丽的书视作教会权威的刻意表达，它们既是教会权力的体现，也是教义的源头。这些书代表了手抄本制作的最高水平，它们与这一时期的其他图书一样，由专门的小牛皮制成，且花费巨大。两张双面犊皮纸，原料需要来自同一张小牛皮。斯塔夫洛特《圣经》有 468 页，页数与图尔的阿尔昆《圣经》差不多，需要 117 张动物皮。

动物皮毛剥下后，需要在石灰坑埋六个星期，使上面附着的毛发皮肉腐烂脱落。人们把残余毛发刮洗干净后，把它放在框架上拉平晾干。接着，羊皮纸匠将其刮至所需的厚度。羊皮等一些动物皮有脂肪层，若处理得当，可将脂肪剥离，把皮分成两层。这种经过分层处理的纸称为羊皮纸，那些没有将脂肪层剥离的全皮（小牛皮仅以这种形式出现）称为犊皮纸，通常用年幼动物的皮制成。羊皮纸和犊皮纸都有相当长的使用寿命，有些 6 世纪的文献在今天仍然完好无损。1999 年，英国众议院投票决定继续制作犊皮纸，用作存档副本。据连续的文献记载，犊皮纸的这种用途可追溯到 1497 年。

将皮纸切成一定大小后，就可以用浮石粉轻扑表面，接着进行敲打工序。透过显微镜观察犊皮纸，你可以发现纤维交织在一起，而且随机分布。敲打可以打断一部分纤维，使犊皮纸表面有类似天鹅绒的触感，而不是全然的光滑。哑光的表面不仅方便阅读，还能增加羽毛笔书写时的摩擦力，起到缓冲的作用，这样笔尖就可以较好地着力，不会到处打滑。于是抄写员写起字来得心应手，字的细节也非常清晰。敲打之后就是画线，最简单的方法是多张一起处理。在最上面一张纸上画线，线痕可以透到背面，再透到下面几张纸上。这道工序并不简单，因为皮纸不像普通纸张那样平坦，表面会有轻微的凸起和凹陷，且对空气湿度颇为敏感。这种画线方式只有在每页的版式完全一样时可行。

书写用笔方面，中世纪的抄写员通常用羽毛笔，而不是罗马末期的芦苇笔。[1] 羽毛笔极受欢迎，因为大小适中，握笔书写方便。其实不仅鹅毛，任何羽毛都可以用来制笔，比如乌鸦羽毛笔用于书写较小的书体，而天鹅羽毛笔则适合书写较大的书体。羽毛管或者羽毛杆的宽度（一般指笔杆较粗的一端）决定了笔尖的宽度。羽毛做笔不需要进一步加工，但人们后来想要更耐用的笔尖，就要强化笔杆的硬度。强化笔杆硬度的方法包括用热灰烫，用粗布摩擦，或用热砂加热。此外，这样做还会使羽毛根部轻微脱脂，有助于羽毛管上面的蜡膜脱落。经过这样加工的羽毛笔有两个好处，一方面，墨水更容易停留在笔尖；另一方面，这样更容易做出顺滑的笔尖缝隙，让墨水流畅地流到笔尖。羽毛笔笔尖充满弹性，可以带来愉悦的书写感受。

[1]　直到文艺复兴，有些学者仍在使用芦苇笔。卢浮宫收藏了一幅引人注目的画像，是 1523 年荷尔拜因画的伊拉斯谟肖像。画中伊拉斯谟握着的，正是芦苇笔。

人们通常用鹅和天鹅翅膀外侧的五根羽毛（飞羽）来制作羽毛笔，且左翼的外羽比右翼更受青睐，因为抄写员多用右手执笔，左翼羽毛弧度更贴合右手的手指和指关节。

削笔刀是抄写员必备的工具之一，要用它来削羽毛笔，刀越锋利越好。削笔刀还可以用来轻轻刮除书写错误，这也是犊皮纸的一个好处。抄写员可以刮掉大面积文本，重新书写。的确，在那个动荡的年代，犊皮纸是稀缺物品，而这些流传至今的整本古籍，可能是中世纪的抄写员刮去原先文字，重新书写而成的。当今的成像技术可以通过数字处理，跟踪残留在犊皮纸纤维中原版墨水的微小颗粒，读取那些被刮去的文本。2005年，研究人员使用X光技术从10世纪的手抄本中，成功识别出阿基米德的部分遗失作品，谷歌图书已将读出的图像发布在互联网上。

12世纪之前，人们在手稿上画线，通常用笔的钝头来画，在犊皮纸的一面画出凹线，背面相应地就产生了凸线。因为书页凹凸不平，所以抄写员总是在定位线上方或格线之间书写，定位线仅作为粗略的参考，无法代表字母的绝对高度。正因如此，写出的作品才活泼而有灵气，正如20世纪书法家爱德华·约翰斯顿所说："在定位线之间书写，就像在和自己一样高的房间里跳舞。"[29] 画线传统起源于阿拉伯和希伯来，今天仍在使用。画线时，在两边都有预钻孔的定位板上穿入细绳，将纸或薄犊皮纸页放在上面，通过按压或打磨的方式在纸上制出压痕。11世纪以后，改用铅垂和浅墨水结合的方法在手稿上画定位线（直到人们发现时间一长，墨水会洇开留下污点）。

不同地方的抄写员使用的墨水也不尽相同。有的是炭（用胶水混合的煤烟灰）制的，有的由铁盐与鞣酸混合而成，有的是前面两种墨水的混合物。颜料通常附着于犊皮纸表面（就像房屋涂料附着在墙壁上而不是渗透入内）。最常见的颜色是朱红色，通常混入少量蛋黄作黏合剂，使其更有光泽。最昂贵的颜料是群青，由来自阿富汗的青金石制成。如果将中世纪抄本中用群青写下的字母（通常是首字母）放在阳光下，你会发现它仍然闪着微光。光芒来自当时研磨留下的小颗晶体。

有史料记载，在修道院抄书是一项季节性活动。因为修士们经常在修道院连接室外的走廊里书写，走廊一侧敞开，光线很好。但是，到了寒冷的冬天，在室外根本无法书写。根据一位修士的记录，他一年中大多数时间都在书写，但不会在大雾中写！其实最主要的问题不是抄书的修士受冻，因为熙笃会（为复兴严格的本笃会规而成立的宗教组织。——编者注）修道院允许大家生火暖手，如果实在觉得冷，还可以穿几层厚衣服，戴帽子。问题出在墨水上。在寒冷潮湿的环境下，墨水不容易干，可能过了几天还是潮湿的。这不仅会降低书写速度，还可能因为剐蹭出现大面积污迹。11 世纪的诺曼底修士奥德里克·维塔利斯称，他写书时，会在旁边放一盆炭火。这种做法应该不是为了取暖，而是烘干墨水。

我们至今没有充分了解中世纪早期的泥金技术。盎格鲁－撒克逊和罗马式图书上的金装会闪光，而不是微微发光。图书表面颗粒感分明，这说明金粉是涂在胶或树脂上的。但似乎从 12 世纪开始，泥金变成了石膏底的。熟石膏灰加白铅，再加黏合剂（蛋白状黏液，由搅拌过的蛋清制成），然后将所有原料融合，做出可以抛光的表面。混合物会加入糖或蜂蜜，既有保湿的效果，又能使金箔具备更强的黏性。石膏中还会加入

图 b　比利时博普雷的《交替圣咏书》。这是一份用羽毛笔写就的羊皮纸手稿，大约写于 1290 年。左页是哥特式的匀织平足体，右页是匀织菱足体，书上的泥金就是石膏底的、烧制的金箔。现藏于巴尔的摩沃尔特斯艺术博物馆

少量颜料，通常是亚美尼亚红，这是一种粉质细腻的红色黏土。这样，抄写员可以在较白的犊皮纸上看清他们设计的文字造型。

图书由一叠装订在一起的书页组成，书页一般几页为一沓，一沓最多 16 页。装订时，将整理好的书页放在木制封面之间，合上扣子固定。封面由金属或皮革包覆，上面通常会有印压图案，甚至用珠宝装饰。装订好的书通常放在箱子里、壁柜里，或是诵经台上。这些书一般用于教堂礼拜，或者在修道院的餐厅用餐时大声朗读，私人亦可借阅。

建于 911 年的克吕尼修道院是苦修主义复兴的大本营，见证了苦修主义在 11—12 世纪的盛行。从诺曼征服（1066 年）到金雀花王朝亨利二世继位（1154 年），英格兰的修道院数量

从不到 50 个增加到 500 多个，修士和修女的数量也相应地增长了七八倍。这些变化意味着修道院需要设立大量图书馆，提供宗教仪式用书，获得土地所有权，以及建造修道院学校。熙笃会以抄写图书为主要工作，其成员住在修道院里，而且尽可能地保留隐士的生活方式。修道院改革运动带来了独特的书法审美。在克莱尔沃修道院的圣伯尔纳的影响下，熙笃会去除了罗马式图书的华丽多彩，将其恢复到质朴简洁的样式。1131 年，熙笃会规定，文章首字母不得饰有彩绘插图，而且仅用单色书写。这一变革带来的结果是，欧洲低地国家开始在文本中自信地展示纯粹的笔法，连大写首字母都包括在内。以广为流行的钢笔书写、装饰笔画的民间大写体为基础，这些大写字母进一步演变为哥特体大写字母，与一个世纪后的黑体小写字母（或泰克斯图拉体）搭配。[30]

对此，修道院抄写员持何态度？《本笃会规》或可代表他们的心声：

> 如果修道院中有手工艺者，则在得到院长批准的情况下，让他们保持谦卑，继续从事手艺工作。但如果他因此而自负（手艺显然能给修道院带来收益），那他就不能再从事手艺工作了。除非他端正态度，院长重新批准……收费忌贪婪；但任何东西的售价都应比普通教徒便宜些，"以使上帝于万事得荣耀"。

当代修士戴维·帕里在评论上述文字时写道：本笃提醒他的修士，"修士的本质是上帝的工人，如果这个品格受到影响，则必须暂停手艺工作"[31]。在11世纪，除修士外，越来越多的人开始识字。欧洲不同地区的行政机构在使用文字方面也更为系统。的确，在11—13世纪，西欧书写最重要的发展，就是将书写作为实现法律权威的工具，而不再只是修身养性的活动。

法律文本：《末日审判书》、约章、令状

和欧洲大陆一样，英国早在盎格鲁－撒克逊时代和墨洛温王朝时，国王就一直遵从罗马先例，用特许状授予土地和特权，用皇室信件来发布税收判决和行政命令。但《末日审判书》中使用的系统化信息编辑方法，在欧洲是前所未有的。经过前期调研和复杂的编纂，《末日审判书》在1085—1086年成书。这是一项了不起的成就。从某种程度上说，在英格兰新掌权的诺曼王朝编写这样一本书，是为了调查国家的基本情况，更是一项明确权利和义务的举措。之所以称之为"末日"，是因为书中对所有事物都做出了审判，没有上诉的空间。据《盎格鲁－撒克逊编年史》记载，在1085年冬天的格洛斯特，"征服者"威廉遣人前往英格兰各地，询问每个土地所有者拥有多少土地和牲畜，它们价值如何。"威廉让这些人严格调查，不得有丝毫隐瞒，哪怕一码土地，甚至（虽然说出来可耻，可是这样做并不可耻）一头公牛、一头奶牛、一头猪，都得记录在案。所有统计的细节都要呈报给他。"[32]

《末日审判书》包含两部分，分别是《小末日审判书》和《大末日审判书》。前者覆盖萨福克、埃塞克斯和诺福克地区；后者是书的主体部分，覆盖英格兰的其他地区，但不包括北部和一些主要城市（如伦敦和温切斯特）。调查人员深入到村，收集英格兰所有地区的信息。书中记录了 13418 个城镇和村庄，列出具体条目，记录谁住在哪里，租金、耕地、牧场、草场和公用土地的数量各几何，村庄或庄园所包含的磨坊、林地和渔场数目及其在诺曼征服之前和之后的价值。迈克尔·克兰奇在《从记忆书面到记录》（*From Memory to Written Record*）一书中，将《末日审判书》与文献记录进行了对比。[33]《末日审判书》成书两个世纪后（约 1300 年），在爱德华一世统治时期，国王敦促地方执行长官每年秋天做书面记录，列出"所有工具和马蹄铁以及庄园中大大小小的所属物"，如沃尔特·亨利的《畜牧业》等书中就有相关记载。到 14 世纪，书写已经普及至村庄，不再是国王和主教的专属。然而，这些文字或清单形式的记录是否有效，不单取决于收集到的信息是否真实，还在于它是否得到认可，以及作为一个可检索档案的便捷度。在《末日审判书》出现后的一个多世纪，皇家法院以其作为判决依据时，才意味着它正式成为可靠的可检索档案。

约章和令状是中世纪最普遍的文献，虽然整个盎格鲁－撒克逊时期，此类文献只有不到 2000 件保存至今。而在 13 世纪，林肯大教堂的一个登记册中就记录了 2980 件这类文献。据估计，13 世纪英格兰的约章总数为 800 万件，因为此时不仅国王和贵族，连普通农民和农奴都在用文书明确其财产权利和义务。[34] 他们甚至有自己的印章。当约章开始以特定的格式来公证所记录的事件时，它才真正成为一种记录形式。比如在赠予仪式上增加立书面凭据的环节，列出现场证人及其关系，如果将来某天对此事有争议，便可据此召集证人作证，解决争议。事实证明，这个方式是有效的，证人会到场，他们的证词也可信，因此有这样一份文件就足够了。这样，证据是否可靠就从证人的现场证词转移到了一份独立可信的文件上。不过在不同的地方，文件编制程序的严格性和稳定性是有差异的。瑞士的圣加仑修道院等历史悠久的大型修道院，广泛使用约章可追溯到 9 世纪。修道院档案中，920 年前的约章有 839 份。修道院有专门起草约章的人，有证人团队为文件作证，还有隆重的仪式赋予其效力。[35]

除通过证人验证生效，约章还可以通过书写多份副本的方式生效。这种正式文件通常一式两份，写在同一张羊皮纸上，中间用一行精心绘制的字母分开。然后文件从这行字母中间切开，出现争议需要核验时，只有两份可以完全对在一起的文件才是原件。文件上的签章也可以增加其真实性。随着历史的发展，教皇或国王等显贵之人创造出了自己独特而夸张的签名，使伪造更加困难。

不同类型的文件都受到口头证词转为书面证据的影响。中世纪中期之前，英格兰都是通过公告、街头公告员，或者皇家使者到地方法庭宣布法律的。普通民众并不识字，而且文件数量有限，不足以广泛传播。据记载，中世纪英国最早的公开供大众阅读的文件出现在 1279 年。当时佩克汉姆大主教下令将《大宪章》的副本张贴在每个主座教堂和学院教堂的门上，供民众阅读，每年春季都会贴上新的。但由于这种大规模宣发的影响格外大，王室很快要求将其摘下。

大学和学校

修道院里有数量庞大的抄写员，文字记录和著书活动很方便。修道院之外识文断字之士也越来越多，他们是哪里来的呢？在英格兰，1100年之前，就出现了修道院和贵族家庭之外的学校。1085—1087年，经坎特伯雷大主教兰弗朗克批准，坎特伯雷的格列高利教堂可以"在教堂内设立面向城区和村庄的文法和音乐学校"[36]。在其他地方，如格洛斯特、塞特福德、沃里克和科尔切斯特，也有允许设立学校的约章。从相对广泛的地理分布来看，学校的数量可能远比留存下来的学校创始约章数量要多。

在欧洲大陆，大学的出现得益于教皇格列高利七世的教会改革。1088年，博洛尼亚出现了大学；1119年前后，巴黎也有了最初的大学。牛津大学的历史可以追溯到1167年。除专修法律的博洛尼亚大学外，新式大学课程大纲早在大学成立前几十年，就在法国沙特尔、拉昂、欧塞尔、兰斯等地的主要天主教学校出现了。当时的学问来自古典世界，源自毕达哥拉斯的思想，分为三个初始主题和四个后续研究领域。文法、逻辑、修辞这"三学科"是基础，"四门学科"则是对算术、几何、音乐和天文学中数量、质量和比例的研究。最高学历出自哲学和神学领域。这些课程，是奥里亚克的热尔贝（即后来的教皇西尔维斯特二世，946—1003年）在法国兰斯首次教授的。热尔贝曾在西班牙学习，当时他的院长送他去学习数学，这段经历对他影响深刻。后来，他在西方引入阿拉伯数字，并将算盘和浑天仪从伊斯兰世界引入。正是与西班牙、西西里岛和中东阿拉伯世界的接触，使得他为大学提供了许多新的教育材料，包括西欧不太熟悉的古典时代晚期亚里士多德的著作和数学知识。来自比萨的列奥纳多·斐波那契（约1175—1250年）可能是中世纪欧洲最伟大的数学家，取得这样的成就，与他年轻时在阿尔及尔（他的父亲是总领事）的学习经历密不可分。

正如众多修道院的出现意味着需要更多的书，越来越多的大学对图书的需求量也是巨大的。为了方便生活拮据的学生使用，文字变小了，羊皮纸变薄了，书本尺寸也缩小了。

13 世纪，法国、意大利和英国的几所大学引入了独具特色的文本复制方法，即"散片"（拉丁语为 pecia）系统。文具商取得资格许可后，可持有一些经大学核验的图书副本。他们将这些副本拆成几组散页，方便学生或专业抄写员租借抄写。我们可以看到巴黎国家图书馆保存的托马斯·阿奎那的《哲学大全》副本（编号：Lat，3107）被拆分成了 57 个部分，可能由 57 个人同时抄写。如此，原本一个抄写员抄写一本书的时间，现在可以生产 57 本书。

由大学主导的学术观念的转变，其最深的影响体现在读者、抄书人和文本之间关系的改变方面。之前的读者主要是修士，他们一辈子只读一本书，完全将自己沉浸在书的智慧之中。但这时学界开始质疑文本的权威性，学者们在教堂规章和评论等不同文本中收集文献，来对比不同的观点。巴黎大学的老师彼得·阿伯拉尔（1079—1142 年）是个虔诚的基督徒，他曾写过一本《是与非》，书中列出了诸位教父的对立观点，一一排列在对页，没有任何注释。

读书的狂喜

提起学术时代，人们可能首先想到现代思想，但我们也应看到传统文化的丰富多彩。旧时代最后的教学材料之一是圣维克托的休格的《知识论》，写于 1128 年前后。圣维克多修道院是巴黎郊区的一个小修道院，那里的牧师遵循共同的生活准则。后来尚佩的威廉隐居于此，于是该修道院逐步发展壮大。威廉是一位极具天赋的老师，这座修道院也是巴黎大学的前身之一。休格坚称，《知识论》是一本关于阅读艺术的手册，其目标是智慧本身。在一个相信上帝统治一切的世界，当时的人认为智慧是最完美的善，智慧是上帝。人们可以踏上探寻智慧之路，也可以在智慧中徜徉，它具有充实和治愈的圆满感。书除了可以快速获取信息，还有更深层次的意义，盖源于此。

在当时，人们认为所有知识都起源于上帝，实践美德是学习过程中必不可少的部分，谦卑的美德是智慧的开始。伊凡·伊里奇撰写了一部《在文本的葡萄园》，评论休格的《知识论》。伊里奇总结了休格对新学者的建议：第一，严肃对待知识和写作；第二，请不要羞于向任何人学习；第三，一旦学习有了长进，不要看不起别人。[37] 休格鼓励学生将他们学到的知识存放在一个想象中的拱门里。那里有回廊一样两侧都是圆柱的通道，一直延伸到天际，读者可以在其中整理自己的知识。休格接受了古希腊和古罗马演说家开创的记忆艺术，他没有将其应用在公开演讲上，而是用在阅读、寻求真理和善良上。《知识论》敦促资深学生在脑海中建造一座三维建筑，存储他们所有的知识。这座建筑物的结构参考了休格所知道的最伟大的故事《创世纪》，上帝通过造物而永存，以及在时间尽头达到圆满。这是中世纪的"万物至理"，学生学到的任何东西，都必须通往救赎。

这听起来很难，做起来却没有那么难。想象一座像沙特尔大教堂一样的建筑，北门的拱券上描绘着《创世纪》，南面则是《末日审判》，窗户讲述着先知、国王和《新约》作者的故事。实际上，这是一部巨大的百科全书，由石头、玻璃、木材和颜料共同构建在时空之中。想一想，我们巨细无遗地了解喜爱的电子游戏里的结构，房间和走廊、地窖、连廊、秘密入口，游戏里的各种物体、奇异的居民及其层级，等等，我们的大脑可以牢记这些细节。但是在中世纪的思想中，这些"记忆宫殿"是有意建造的，学生学到的知识要以符号和语录、关系、故事以及从一部分到另一部分的顺序，小心地放入其中，使个体的微观世界经验随着对宏观宇宙创造的智慧而增进，个人便是这一切的创造者。这是一种所有人都知道并且使用的极其复杂的方式。休格认同教皇格列高利一世（540—604 年）的观点，描述了知识内化的三个阶段：最开始是学习文字和历史事实，然后按照"救赎的过程"（休格称其为教会）思考它们的寓意，最后在持续不断的日常活动中认清自己的位置。

书以简单的结构和发人深思的插图，引导读者体验一种喜悦的、有涟漪效应的意义，这是一种发自内心的燃烧，而不仅是发现知识、获得信息带来的简单满足。我们今天的阅读对象中，最接近于此的文学体裁可能是小说。看小说时，我们进入一个虚构的世界，发现自己与作者之间的共鸣，并且，借用甘地的话，"他们体验的真理"让我们作为读者感同身受。

伊凡·伊里奇对休格作品的评论，描述了这种阅读的时代背景。修士终日与某些文字为伴（主要是神父的手稿和著述），并且在一年中按照顺序每天阅读。修道院的唱诗班每日在仪式中咏唱《旧约·诗篇》，每周都会把这 150 篇完整地唱一遍。

阅读和吟唱内化为身体记忆，不仅像文字依附在书页上，而且无论是站在还是坐在唱诗队列里，还是在餐厅里，听到的歌、念的经文，都深深地渗入身体。人们会记住这些语句——或因为在某个季节吟唱；或因为某个具体的时刻，如初升太阳的光芒涌入教堂一扇特别的窗户；或在霜冻时听到教堂别样的回声；在燕子准备离开时；在盛宴或禁食期间……修士知道什么时候该进行什么样的"阅读"，守夜时愉悦的独处，和早餐之后晨祷之前的集体静默，是两种完全不同的"阅读"。阅读和吟诵过程中会有鞠躬或跪拜的动作，指引人们转向不同的方向，时而朝向祭坛，时而面对自己的教友，时而双膝跪地，时而稳稳就座。人们会听到页面在特定位置翻动时发出的声响，看到泥金和色彩在烛光下、阳光里、雪地中呈现的不同光芒。公开朗诵要用特定的吟诵语调，朗诵福音是一种语调，朗诵使徒书或者预言书是另一种语调。所有这一切都会在经年累月中渗入身体，帮助修士形成记忆，构建联想。他们或越发睿智，或越发困惑，或越发坦然。作为一名曾经的修士，我深刻地知道这一点，我经历过。这不是理论，这就是阅读的方式。将自己浸入有限的几本书，与广泛涉猎知识的经验截然相反。

但是休格生活在一个变革的时刻，他所熟知的世界正在消失，他本人也在尝试适应新的生活模式。他生活的修道院没有遵循《本笃会规》，而是遵循《奥古斯丁会规》——这是生活在城市中的普通神职人员的行为准则，最早出现于罗马晚期。休格生活的修道院位于巴黎市郊，而不是在孤立的山谷或人迹罕至的沙漠。他不仅教导新修士，也教导从欧洲各地蜂拥到巴黎的年轻人。讽刺的是，往往只有在这样的过渡时刻，当"既定"的东西开始让位于新事物时，人们才能更清晰、更明确地看到先前的秩序。

书页作为试验空间

临近 1100 年的时候，在法国拉昂的安瑟莫（卒于 1117 年）的影响下，出现一种新的书写文本——注疏。这类书以圣咏或者保罗书信（最早被添加注释的文本）为主要内容，然后在正文旁边，以较小文字写下对文本的注解和评论，注疏部分单独分栏。评论来自教父的著述（见本章首图图 18）。此外，行间也有可注释或评论的空间。实际上，同一页上会出现四到五位不同作者的文字。每一页都需要在符合抄写大原则的情况下，设计不同的布局。1135 年前后，所有《圣经》版本都有了评论；到 13 世纪中叶，哲学、法律和医学类图书也有了注疏。这类书会在版心外留出画着浅线的边栏，供后来的读者添加自己的见解。这时期，还出现了一种更为成熟的学术机制。

此时诸如《圣经》之类的图书，分设了标准章节，方便读者查阅。手抄本的页面顶部都带有页眉；也有关键词，方便预览下一页的经文；还有了突出引言的新方法，每节开头写着内容提要，学术作者如托马斯·阿奎那（必须相信，他可爱而犀利的笔迹，无疑是意在笔先的绝好例证），在作品中引入格式清晰的论证，这样就可以更方便地理解和整合论点。阅读方法上，比起修道院中的"反刍式阅读"，快速翻看和查阅越来越受到青睐。这时候，彩色首字母或彩绘图画已不足以突出新主题了。

12 世纪中叶，注疏中的原文书体出现了变扁的趋势。这种变化最早出现在 11 世纪早期坎特伯雷的手抄本中，而且也带来字形上的变化。像小写字母 m 和 n，顶部较粗的半圆形字拱开始发展为更加优美的尖拱；到 12 世纪末，字拱更加棱角分明；在 13 世纪，这些字母的曲线开始弱化，表现为突然改变方向的笔直笔画或弯曲极不明显的笔画，m 和 n 字拱下的内部空间（字腔）看起来不再像大教堂的哥特式拱门，更像普通城镇房屋的三角形屋顶（图 19）。最开始人们不知道为何会出现这样的变化，后来才意识到，书法作为外在的表现形式，体现的是经院哲学，它将体系分解为一个个定义明确的、有逻辑的组件，这也是这种书体明显有别于以往传统的地方。

这一时期全欧洲（因为书体被各国接受，而变得"国际化"）最精致的书体，字脚是用笔尖的一角勾勒出的，以达到与基线齐平的效果。这种书体被抄写员称为匀织平足体或断笔

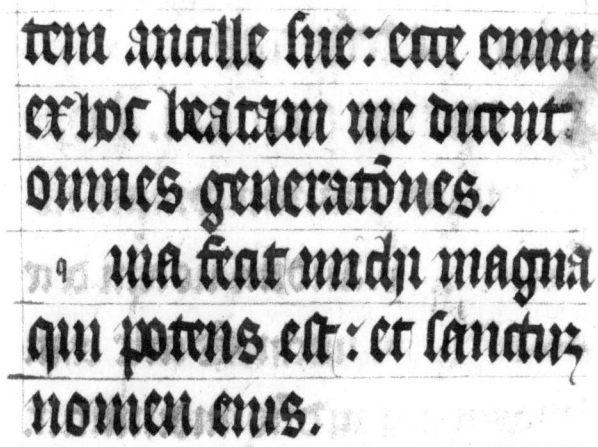

图 19 14 世纪的哥特式匀织菱足体书法。左侧中间小小的 q 不是最终的样子，而是示意彩饰师应该在此处彩绘一个 q

手写体，有时也称无脚字母。正文两边注释文字更接近草写体，这种书体在皇室文件以及账簿、清单和信件的日常书写中都可以看到。它最初的特点是字母形式简化，可以在小尺寸下快速书写，无须复杂的衬线。后来无论字母本身，还是字母之间，提笔越来越少，字母连在一起，有时单词缩略得词不达意。忽略几百年后，人们重拾对草写体的兴趣，这反映了商业的快速发展和书写的广泛使用，但同时也导致了书写风格的泛滥。不同的国家、地区和大学，以及其他机构，都有不同的草写体变体，这是一个欣赏试验、百花齐放的时代。此时芦苇笔已被淘汰，人们都用羽毛笔书写，所以中世纪的草写体和罗马时代的草写体不尽相同。羽毛笔可以写更小的字，其笔尖更灵活。中世纪的抄写员利用羽毛笔这个特性，让粗细笔画错落搭配，于是出现了长而鼓的字母 s 和弧笔加粗的字母 d。此外，犊皮纸比莎草纸（有轻微的纹理）更光滑，笔的移动范围也更大。

　　中世纪鼎盛时期的草写体和正式书体种类繁多，对它们进行分类是一个让人望而生畏的工程。关于书体的描述非常复杂，因为至少有三类人对书体命名感兴趣，他们是古文字学家、印刷商和书法家。中世纪一些书法家的广告单保留了下来，里面记载了他们如何区分某些书体体系。此时所有书体遵循大致相同的较窄的字母形式，仅在衬线上有所区别，即书写字母时的入笔和收笔（图 20）。哥特抄书体是有等级之分的。平足体是最正式、最尊贵的书体，尽管底部通常较平，但其字干顶部呈菱形，如字母 i。匀织菱足体则属下一个等级，字母的顶部和底部都是菱形的。半匀织菱足体有弧形的起笔，但底部为菱形。罗图恩达体受意大利和西班牙手抄本的影响，起笔是弧形

图 20 四种正式哥特抄书体中 n 的不同写法。

a 平足体；b 菱足体；c 半菱足体；d. 罗图恩达体

图 21 哥特草写体中的巴斯塔尔达草写体。布鲁日，1482 年

的，但底部与平足体一样。尽管这些字母是窄体的，但在字拱以及 c、d、e、g、o、p、q、s、u 这几个字母中还是保留了很多曲线。除此之外，还有被称为文书体、巴斯塔尔体或草写体的注疏用书体，是抄书用书体以及公证员和文书使用的书体的简化版本（图 21）。

彩饰和时祷书

中世纪的书，即使最简陋的那些也含有彩饰，可以一个是简单的红色大写字母，也可以是罕见的华丽金箔。中世纪鼎盛时期（13—15 世纪初）的彩饰师使用的材料，与大开本《圣经》时代，以及两个世纪前的注疏本相差无几，变化的是他们的装饰风格和工作方法。与字形一样，书籍制作此时发展出了一种国际风格。这种风格在 13 世纪头 25 年从法国传播出去，巴黎是它的中心。因为得益于贵族和王室的持续支持，这里有发达的贸易。彩饰不仅限于装饰首字母，文本四周也会环绕着扭结而且带尖的叶子装饰。人们用光影增强绘画感，用剧毒的白色铅颜料画出细线来展现层次感。人物的面部、垂坠的帐幔和风景的处理都显得更加自然。人们还在潮湿的石膏底上印上凸起的光亮烫金花纹，以增强表面的光泽感。

这一时期，首次留下了真实反映抄写员工作场景的图片。他们不再坐在四面透风的回廊中，而是在室内抄写。屋里的窗户上有玻璃，壁炉的炉膛里燃着火。尽管如此，还是可以从高领衣服、毛皮斗篷和围巾、头巾、帽子，以及可以挡风的高背椅上看出当时天气寒冷（这是在北方气候中从事久坐职业的人永远关心的问题）。抄写员脚下踩着草垫或木质的脚踏，这样有一个好处就是膝盖窝可以抬离椅子边缘，避免工作久了腿部酸痛。长凳方便抄写员从左到右抄写文件；写字桌倾斜角度在 40°—60°，工作时身体自然倾斜，抄写的区间在眼睛的高度，因此可防止背部疼痛和胃痉挛——一个人弯腰工作数小时后，很容易出现这些不适。抬起的桌板让笔几乎可以在水平角度书写，这是中世纪抄写员轻松工作的秘密，这样还可以让羽毛笔吸满墨水。因为笔杆水平时，重力就不再是问题，墨水不会一股脑地流到纸上，笔尖的宽边可以灵巧地扭转，不需要抬离纸面。这样就很容易写出哥特式平足书体。[38]

颜料盛在贝壳中，放在墨水旁边。墨水（通常只有黑色和红色）放在牛角做的墨水瓶中，瓶子可以自然地卡在写字桌上的孔内。最出色的中世纪抄写员工作肖像画是让·梅洛[39]的画像，他是勃艮第的"好人"菲利普[40]（1396—1467年）的抄写员和翻译。他的写字桌极为实用，1997年我首次访问日本时，曾在东京庆应义塾大学制造的复制品上书写过。将牛角墨水瓶卡在桌子上，抄写员在工作时就不用担心它被打翻。而且这样放置让它与书写方向完全处于同一水平，蘸墨对书写节奏的干扰很小。在写字桌上方，眼睛平视的位置，有一个放置经书的小台子，和上面提到的一样，可以让抄写更加轻松。铅坠可以上下移动，并压平书页。也就是说，抄写员不需移动位置。

14世纪中叶，人们发明了眼镜。在一幅表现布鲁日的佛兰芒彩饰师西蒙·本宁（1483—1561年）晚年抄写场景的画像中，他坐在写字桌前，左手拿着一副夹鼻眼镜。最早的眼镜可追溯到1352年，在威尼斯附近的特雷维索圣尼科洛修道院的修士会堂中，展示了三种阅读辅助工具，就包括带手柄的阅读镜（至少一个世纪前就为人所知）。还有一种摆在架子上的阅读镜，这个更接近于眼镜。人们最早使用的阅读辅助工具，是直接放在书页上的玻璃。将镜片放在转轴上，或者用一个注满水的球状透明玻璃罐，可以聚焦更多的光。[41]

抄写员走出工作间在外面工作时，会用倾斜角度小一些的便携式写字板。沙特尔主教座堂的皇家之门上毕达哥拉斯和文法学家多纳图斯的雕像中，他们就是把这种写字板放在腿上写字的。抄写员的必备工具如削笔刀、笔和墨水等，悬挂在腰带上的一个个小袋子中。便携的另一个极端是账簿台这样的家具。15世纪的《玫瑰传奇》（大英图书馆，编号：Harley 4425）手抄本中就出现过这种账簿台。结实的雕花写字桌立在抬离地面的整块木底座之上，一条宽沿横板在倾斜的桌面底部托住册子本，方便抄写员书写。收据挂在桌子上方的钉子上。这种桌子是为专门从事书写工作的机构设计的。抄写员用红色和黑色两种颜色书写。一支羽毛笔在手里，另一支（也许是用来沾另一种颜色墨水的）架在抄写员的耳后。

中世纪鼎盛时期，图书文化方面有两项引人注目的发展。首先，大学变多了，并且越来越多的普通人开始具备读写能力，在这双重因素的刺激下，图书数量大大增加。为应对这样的变化，抄书产业走出修道院，在镇上流行起来。反过来，这样也促进了非拉丁文的世俗图书的出现。当时出现了以吟诵一众浪漫传奇为生的行吟诗人，如亚瑟王和他的骑士、亚历山大的事迹和《玫瑰传奇》（一个年轻人爱上一朵玫瑰，最终突破了嫉妒之堡而赢得玫瑰的故事）等。

13 世纪初，书籍制造商和销售商开始聚集在一些城镇，这些地方也因为制书而闻名。在巴黎，他们集中在皇宫和巴黎圣母院之间的新圣母院路。在伦敦，书商集中在毗邻圣保罗大教堂的主祷文街道。相较巴黎，伦敦的规模要小得多。作坊间联系密切，订购的材料数量也很可观，这促进了图书产业分工的专业化。制造一本完整的书可以分成几道工序，在不同作坊间接替完成。一些作坊专门研究某项工艺，如彩绘首字母、微型绘画、抄写正文或制作日历等。书店变得更像一个指挥部，将一种产品拆分成几个部分，委托不同的人专门生产，再组装起来。随着家学渊源的藏书家的兴起，如法国国王约翰二世（1319—1364 年）和他的儿子查尔斯五世（1338—1380 年）、安茹公爵路易一世、那不勒斯国王（1339—1384 年）、勃艮第的"大胆菲利普"（1342—1404 年）和让·贝里公爵（1340—

1416 年）以及勃艮第的"好人"菲利普等，再加上出版业的繁荣，彩饰手抄本很快迎来了迄今为止书籍作为感官物品的巅峰。可惜它很快又没落了，作为一种奢侈品，彩饰手抄本的鼎盛时代至今都让人唏嘘。

图书数量的增加、彩饰的普及等变化，集中体现在 1240 年前后威廉·德·布莱斯在牛津制作的时祷书中。[42] 当时图书种类繁多，从独家豪华手稿（如 1411—1416 年间成书的贝里公爵的《豪华时祷书》，由彩饰画家林堡三兄弟保罗、赫尔曼和让进行全页彩饰设计）到欧洲作坊涌出的成千上万的普通手稿，应有尽有，但是，当时的富裕家庭都想有一本时祷书。虽然这类书在欧洲德语区从未受到广泛欢迎，但在法国、低地国家和英国极为流行，在西班牙和意大利也炙手可热。

13 世纪中叶，圣咏（赞美诗集）、包含弥撒仪式顺序的弥撒书，以及《罗兰之歌》《玫瑰传奇》等浪漫文学，书本上都出现了精致的装饰。这类书通常不会被束之高阁，而是在公共场合大声朗读或展示，所以书中包含精美的画作，饰有泥金叶子和花朵的彩色边框，还有珍禽异兽、精心绘制的首字母等。一些大型图书中此类元素数量惊人。1337 年，为年轻的约翰王子（后来的法国国王约翰二世）制作的四卷《历史宝鉴》复制本其中的一卷，内含 450 幅微型画；14 世纪中叶，为一位国王制作的道德化《圣经》[1] 包含 5122 幅微型画。[43] 剑桥大学圣体学院帕克图书馆的管理员克里斯托弗·德·哈梅尔称，"布锡

---

[1] 后来又名穷人的《圣经》（拉丁语为 Biblia Pauperum），是一部彩饰《圣经》，通过文字和图片教授教义。

考特的大师"(1405—1408 年他为布锡考特元帅彩绘时祷书而得此绰号；书现藏于雅克马尔·安德烈博物馆，编号 2）在巴黎的工作坊现存 32 份手抄本，时间跨度长达 15 年。这些手抄本包含 1800 多幅微型画，可以推测工坊每周至少要完成两幅，这样的工作量还是根据现存手稿量推测的，而不是所有手稿。

时祷书是用来祷告的书，而非学习用书。它是祈祷书的精简版，原本的厚书包含牧师、修士的祷告内容和修女背诵的小弥撒，这种仪式一天要做八次，每天都要做。对于普通教众来说，这是修道院的文化。时祷书与大厚书具有相同的仪式核心内容，但不随季节变化，也没有额外的阅读材料。教众可以自己在家中朗读，也可与朋友一起去教堂，念诵祈祷文。每个小弥撒的形式都是相同的，以赞美诗开头，之后是两三篇圣咏，每篇圣咏的开头和结尾都有一段简短的经文 (称为轮唱) 以凸显其重要性。然后是简短、反思性的《圣经》阅读。最后，人们通过祈祷满足他人的需求，回到了现实世界。书的后半部分通常有更凝重的祷文，可为死者吟诵祈祷，在某些特定场合 (如周年纪念日)，人们可以用它来为已故朋友和家人的亡灵祈祷。

从现存的绘画作品中可以看出，这些书通常包裹在四角有金属坠的布巾里，以便妥善携带。书的主人（从现存的题字中可以看出，很多是女性）在书上写下家人的生日和忌日，带有非常私人的情感印记。爱尔兰史学家埃蒙·达菲曾撰写有关此类"启蒙书"[1] 的研究报告《标记时间》，书中描述了翻阅日期表的那一刻 (通常是这些书的开篇)，11 月 27 日他看到一句手

[1] 以一天中第一个小弥撒 (Prime) 命名。

写题词"我的母亲回到上帝身边了"[1]。那时达菲的母亲刚刚去世，"有一刻，我和 15 世纪的书主之间跨越了时间隔阂，人类共有的失去挚爱的经历把我们联系在一起"44。

即使此类图书已经以商业化方式生产（就像十四五世纪的巴黎），但一些书仍然可以进行个性化定制。额外的祷文是用普通字体写成的，朋友也可能会把自己的祷文写在书中。这与我们今天在"脸书"（Facebook）上相互留言颇为相似。显然，一些藏书人已经开始结交有名望的"朋友"。

在图书贸易如日中天之时，巴黎遇上了英法百年战争。1414 年阿金库尔战役之后，法国爆发内战；1420 年，英国的亨利五世占领了巴黎。伟大的彩饰时代结束了，大多数彩饰师纷纷逃往外省。

虽然，这一时期布拉格、德国、奥地利、瑞士、意大利和西班牙的许多地区也制作彩饰手抄本，但这些地区的图书贸易并没有法国那样的工业规模。在这些国家，修道院制书的传统强劲地延续到了中世纪后期，也产生了一些有细微不同的设计。拜占庭的绘画传统在意大利和德国的部分地区仍旧有很强的影响力。意大利手抄本与众不同的品味，要归功于笔画更开放的哥特式罗图恩达体创造的版面肌理。在西班牙，希伯来文和阿拉伯文的图书艺术与拉丁文图书艺术并存；法国和意大利的传统也都颇具影响力。

时祷书在佛来芒作坊中延续最久，一直持续到 16 世纪以

---

[1] 我发现这一天也是我写下这一段文字的日期。我站起来在房间里点了一支蜡烛，烛光亮起时，我看到第一片雪花落下，时间再次静止。

后。这时彩饰风格再次发生变化，图饰有了立体视觉效果，金粉背景上错落有致地装饰着花朵、水果和昆虫。到15世纪，这类图书已有不少。1437年，古文字学家杰拉德·利夫廷克在莱顿大学（B. P. L. 138）手稿中，发现了一份书商发给抄写作坊首席抄写员的订单。书商订购了七篇忏悔诗共计200份，佛来芒语《加东格言集》200份，还有小祈祷书400份。订单数量与早期印刷版本数量相当。[45]

商业及银行文件

13世纪开始，不仅学术、文学和官僚政治生活蓬勃发展，商业书写形式和抄写文件也开始盛行。这一商业文件趋势率先出现在热那亚、威尼斯、佛罗伦萨和布鲁日等重要的贸易城市。13世纪末，出现了现代纸币的前身信用证，还有了简单的保险机制。为了开展业务，商人们会接受阅读和编写标准术语的指导，而这些术语通常在本地使用。银行也出现了，其英文单词Bank源于在佛罗伦萨市场上开展业务的木架桌和长椅。商业和金融的发展，使得簿记技术也越来越复杂。早在1300年，意大利许多早期银行就开始使用复式簿记，直到1497年，这种记账系统才最终完善和普及。那时，方济各会的修士卢卡·帕乔利，即莱昂纳多·达·芬奇的数学老师，在威尼斯出版了一本系统的簿记教科书《算术、几何、比与比例概要》。

随着企业、银行、大学和法院对文件的使用越来越多，人们发现需要一种更便捷的邮政服务。在整个中世纪，皇室、贵族家庭、市镇议会、大学、修道院和商人公司都有私人信使来往欧洲各地。信使在出发时就会得到报酬，此外，他还期望在交付信件时得到一些额外回报。当时送信的时间并没有长得不合理。1300 年，里卡迪银行世家从伦敦寄给卢卡的信大约花了5 个星期。1300 年 2 月 24 日，信件送出，4 月 5 日到达收信人手中；8 月 8 日写了第二封信，9 月 22 日送达。[46] 意大利的公司通常会为私人用户传递信件。除了这个渠道，还可以委托当地承运人或马车服务商送信。在英国，集市小镇之间平均相距 7 英里，前来集市交易的人可以形成一个全国性的交通网络。此外，还有人从更远的地方去参加年度集市，如温切斯特的圣吉尔斯集市或杜伦的圣卡斯伯特集市，都可以作为邮递系统的补充。13 世纪后期，巴黎大学有了自己发送信件和包裹的系统，该系统也向公众开放。欧洲一些统治者也重新引入了罗马的骑手和邮驿系统。大约从 1290 年开始，来自意大利贝加莫的塔克西斯（Taxis）家族就一直充当意大利各个城市之间的信使，他们还在 1489 年建立了遍布欧洲的服务网络。到 1500 年，他们在布鲁塞尔有超过 2.4 万名运送邮件的骑手。这项服务一直持续到 18 世纪。

在西欧曲折的书写历史中，意大利数次发挥了极其重要的作用。在关键时刻，意大利庞大的图书馆资源保住了文明的成果，而且那里幸存的行政系统、人民、贸易城市、建筑遗产和从北非到中东及其他地区的广泛联系，以及最重要的——想象力和创造力，这一切共同孕育了西欧文明（唯恐忘记，我们的文明扎根于希腊，并通过君士坦丁堡和阿拉伯学者的旅行向世界传播）。故事讲到这里，接下来意大利将迎来第二个高光时刻，但是，这要从一个悲剧说起。

第四章　新世界：手写和印刷

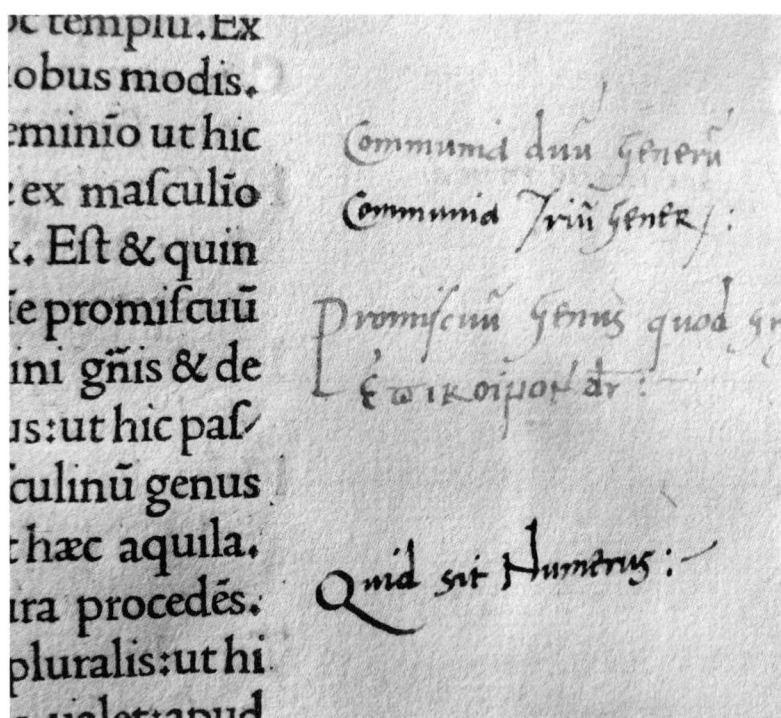

图 22　尼古拉斯·詹森在威尼斯印刷的《罗马语法》。1476 年

到处都是死尸，邻里处理死尸的方式也大致相同。他们担心腐烂的尸体会让他们感染，而非对死者怀有任何怜悯之心。他们会把尸体拖出家门（自己搬或者找搬运工帮忙，如果他们能找到搬运工的话），放在门外。早晨，路人可以看到大量的尸体……[47]

　　薄伽丘在《十日谈》的序言中如是写道。《十日谈》于1349年动笔，这一年是欧洲发生大瘟疫的第二年。当时他住在佛罗伦萨，整座城市有4万—6万人死于这场大瘟疫，占人口的60%。直到18世纪，这座城市的人口才再次达到这个数。学者们认为，第一波瘟疫造成了7500万人死亡。

　　彼特拉克在给他的兄弟盖拉尔多的信中写道："哦，未来幸福的人们，他们不知道这些苦难，也许会把我们的证言当作寓言。"盖拉尔多在普罗旺斯的莱蒙特里约，是卡尔特会修道院的一位修士。这家修道院有35人，只有盖拉尔多在瘟疫中幸存，疫后他和狗一起守护院里的财产。彼特拉克是一位著名的学者、诗人和外交家，大瘟疫时他在帕尔马。那时他已在欧洲即将到来的伟大文化时代——文艺复兴中，扮演了重要角色。

彼特拉克和人文主义

1304 年，弗兰齐斯科·彼特拉克出生在佛罗伦萨的阿雷佐附近。1323—1325 年，他在博洛尼亚大学攻读法律专业。父母去世后，彼特拉克放弃学习法律，回到了阿维尼翁附近的家中。他的父亲是佛罗伦萨的政治流亡者，在阿维尼翁定居是为了靠近教廷。随后，彼特拉克开始追逐他的真爱——图书、诗歌和历史，以及所有与罗马有关的事物。他在十几岁就对这些感兴趣，并开始疯狂地迷恋。彼特拉克在教会有荣誉职位，并且生活简朴，因此他有时间投入到这些个人的兴趣中。他的构想非常宏大，试图重塑古典世界。他在写给后人的信中说："我的思想在一定程度上是包罗万象和枕戈待旦的，而不是以力量见长。"[48] 他是一个热情的发起者，既有诗人的想象力，又有学者的严谨。这带来了如他自己所说的平衡智慧，后人很容易继续发展他的思想。他饱读诗书，但感情生活充满坎坷，与一位名叫劳拉的女子纠缠终生。1327 年 4 月 6 日下午，彼特拉克在阿维尼翁的受难节仪式上第一次见到她，那时她刚结婚不久。21年后，她在同一天的同一时间死于大瘟疫。彼特拉克在她生前和死后写下的情诗，从此广为传诵。十四行诗这种诗歌形式就是彼特拉克创立的。

对拉丁文经典的研究，让彼特拉克认识到自己所处的时代的知识是非常狭隘的。他因此致力于收集、整理和阅读古典文献，希望尽可能多地恢复它们。他写道："我一直在努力将自己置于其他时代的精神之中。"[49]他富有想象力地将经典再现，让所有与他见面或通信的人都能感受到过去的活力。对他来说，西塞罗、塞内加和奥古斯丁都是真实的人。当他发现西塞罗写给阿提库斯的信，信中透露出西塞罗在生命的最后几年一直将主要精力放在政治活动中时，他给西塞罗的亡魂写了一封信，后来又写了一封，哀叹他的选择。他终生随身携带《秘密》一书，在书中，他与奥古斯丁进行了关于探索问题的讨论。他通过自己的想象将古典世界活灵活现地展现出来，在新一代学者中传播对古典世界的热情。

彼特拉克并不孤单。13世纪末，曾有一群学者聚集在帕多瓦的洛瓦托·德·洛瓦蒂（1241—1309年）周围，那里也是彼特拉克晚年居住的地方。1350年后，作家和诗人薄伽丘成了彼特拉克最亲密的朋友，他在佛罗伦萨生活的几年，点燃了那里新一代学者对彼特拉克的著作和理想的热情。这无疑为1375年人文学者科卢乔·萨卢塔蒂当选佛罗伦萨的执政官铺平了道路。在他的倡导下，彼特拉克和其追随者的主张，深深扎根在获得新生的佛罗伦萨共和国的思想沃土中。

彼特拉克的思想主张实际上摆脱了一个多世纪以来主导欧洲学界的经院主义。他坚称，人类知识和智慧的总和比亚里士多德的逻辑学更重要；不仅通过辩论，通过学习以及艺术、情感、想象力、诗歌和其他文学的熏陶，同样可以赢得激辩，改变世界。所有感性的方面，都能改变人心和思想。实际上，彼特拉克认识到，古典世界可以让整个人类文化沉浸其中。一定程度上，他的想法在现代世界也适用。

彼特拉克的视力在60多岁时开始退化，所以他不得不戴眼镜。这时，他开始崇尚简单清晰的书写，也改变了自己的书写风格。他发现，12世纪之后意大利北部的手稿最容易阅读。确实，这种晚期的加洛林小写体，笔迹精致美观（图23）。在书法家眼里，是字母的内部空间（字腔），让它看起来如此易读。与后来较窄的意大利体（由加洛林手写体演变而来）相比，加洛林手写体的字母又宽又圆。12世纪意大利的手稿也保留了加洛林手写体特有的宽大的行间距；13世纪，图书版面肌理趋于紧密，这种特点也消失了。

　　萨卢塔蒂（他对自己的书法也进行了适度改变）以彼特拉克为榜样，以彼特拉克颇为欣赏的12世纪图书为基础，带领佛罗伦萨新一代的人文主义者制作出了书写更清晰、形式更简单、版面更开阔的书。他们之中，有两个人成了终生好友，二人对后世的影响也是相当大的。这两个人是当时20岁出头的波焦·布拉乔利尼和即将40岁的尼科洛·尼科利。

　　波焦在制作萨卢塔蒂委托的手抄本过程中，发明了人文主义小写体，这个名字与当时的哥特体形成鲜明对比。这种人文主义字母就是我们现在每天都在使用的小写罗马体，在当时，它的出现具有革命性意义。人文主义小写体消除了哥特体的所有痕迹，恢复到圆润宽大的加洛林手写体风格。这种书体中的d是竖直的，笔画顶部和底部有简单的圆形或弯曲的衬线。所有这些变化，都体现在比今天的手写体平均尺寸小得多的字母中。小字是中世纪的常态，大小与现代英文图书中的字母差不多。在前文提到的书中，《西奈抄本》的正文字母高约4毫米；《林迪斯芳福音书》中的字母主体高3毫米（不含上升部和下降部）；图尔《圣经》中的书体高约2.5毫米。波焦的小

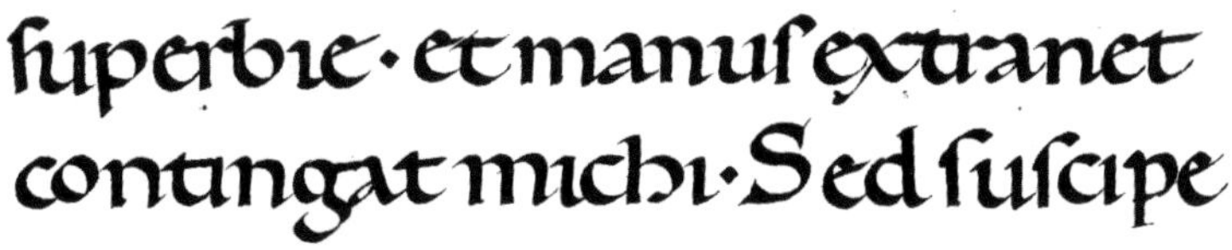

fuperbie · et manuf extranet contingat michi · Sed fuscipe

图 23 12 世纪上半叶意大利北部的加洛林手写体书法

写字母高约 2 毫米，页面上的基线间隔为 7 毫米。教堂或其他公共阅读场所使用的书，即祈祷书和《圣经》，书体可以大些，但 2 毫米是波焦等同时代的大多数人采用的标准。较之他们欣赏的 12 世纪的书，波焦他们放弃了双栏排版，而改用通栏排版，一行有 70 个字符，因为双栏需要频繁地拆词换行。这也是行与行之间空格较大的一个原因，因为每一行都很长，如果上下没有空间，阅读起来就很不方便。同时，他们还放弃了大量使用的缩写词，而是使用完整单词，因为缩写很容易让人不知所云。

这些早期人文主义者对图书设计要求非常严谨，有时甚至到了卖弄学问的地步。维罗纳的瓜里诺曾抨击尼科洛·尼科利：

> 他把注意力和材料都放在书稿的细枝末节上，而忽略了其他，简直是在搞花架子。还有每一行文字，他说要多么准确、多么繁复、多么优雅……当他不厌其烦地讨论该用铁制的笔而不是铅制的笔画线时，你会觉得自己在听狄奥多鲁斯或者托勒密的高论……至于纸张，那是书的面子，他更要展现自己的专业知识，无论是赞美还是批评都是滔

滔雄辩。如果最后的成果仅是字母的形状、纸张的颜色和墨水的品种，这些年他真是浪费光阴啊……[50]

但是瓜里诺没有抓住重点，这非常重要，就像20多年前在施乐帕克研究中心的一次演讲中，读到这段话时观众也没有理解我的意思一样。科学家们同情地笑了起来！他们从尼科利对细节的关注中看到了自己。这种坚持对当前实践和自己预先形成的假设进行精确批判的方法，是新思想产生的基础。从另一段批评他的文字中可以看出，尼科利的心怀远不止于制书，他想的是整个古典艺术的秩序。

这个人为了解释建筑法则，而撸起袖子探究古建筑。他勘察城墙，不遗余力地研究被摧毁城市的废墟和半坍塌的拱顶：废墟中的剧院有多少台阶，有多少柱子依然挺立在广场上而没有横七竖八地倒着；基座有多少英尺宽；方尖碑的最高点有多高……对此别人怎能忍住不笑呢？实际上，凡人都被蒙蔽了双眼。他以为自己会让别人会心一笑，却处处被人们偷偷取笑。[51]

作为科西莫·德·美第奇的密友，加之有一群认真讨论文学细节的年轻追随者，穿着红色长袍的尼科利（他爱穿红色）很容易成为人们攻击的对象。在现代观念中，尼科洛·尼科利是图书结构和设计发展的重要推动者，他使用人文主义小写体的实践，可比肩波焦创造它们的成就。

1403年，波焦搬到罗马，在教皇档案处任职，闲暇时会充作萨卢塔蒂和尼科利的抄写员。除了自己动手抄写，他还培训了众多抄写员来开展工作，多年来积累了大量财富。那时候有很多抄写的活计。乌尔比诺公爵弗雷德里克就雇用了三四十名专业抄写员；佛罗伦萨的书商韦斯帕夏诺·达比斯蒂奇在回忆录中吹嘘，他雇用了 45 名抄写员来抄写科西莫·德·美第奇委托的 200 多本书——他们只用了 22 个月就写完了。[52] 这可是顶级的大项目！然而，我们仔细检查账目就发现，达比斯蒂奇夸大了事实，很多书是他从其他书商那里买来的，有些还是二手的。[53]

尼科洛·尼科利一直住在佛罗伦萨。他父亲有一家规模可观的纺织厂，父亲去世后，尼科利将工厂的经营权让给了三个兄弟，自己只靠继承的财富度日。他对图书的狂热是出了名的，大家都不愿意借书给他，因为书一旦到了他手里，就很难要回来。他经常自己抄写手稿，有很多书需要快速抄完还给人家。快 60 岁的时候，他琢磨出了一种混合书体，即将新型人文主义小写体 [1]（及相关的"罗马"大写字母）与常见的轻盈的意大利哥特式草写体结合使用，后者是尼科利年轻时学过的书体。这种新的混合书体，写起来极其快速流畅。书写的基本节奏来自草写体——就像在写 m 和 n 时，笔尖不离开纸面，运笔连续，充满活力（图 24）。虽然小写字母的基本书写形式有来自加洛林手写体纤细的上伸部，但尖角笔画的 e 仍然表现出哥特式草写体的书写轨迹。尼科利的创新之处在于，将哥特草写体

---

[1] 用新书体抄写后不久，波焦就在书写中加入了一种大写字母体。这种字母杂糅了简单的罗马式大写体和 12 世纪手抄本中出现的民间大写体。

aedificatam euentus rebus

图 24　尼科洛·尼科利的书法 (本书作者临摹作品，这里作者的笔画比他常用的粗一些)

笔画与加洛林手写体的笔画按对角线连接。这样一来，在快速书写时，字母会出现自然的倾斜和轻微的压缩。这种书体很快流传开来，后来成为今天的意大利体。在手抄时代后期，尼科利是我们可以确定的为数不多的发明新书体的人，也许是唯一一个。[1]

重塑古典世界的人文主义愿景，在书本中萌发，然后很快在书本之外蔓延开来。就像它为彼特拉克开启了全新的生活视角一样，这种思想减少了对神学和教会的畏惧，使整个艺术领域更加开放。新思想渗入社会的各个层面，从着装到晚间在佛罗伦萨的多明尼加教堂一起学习拉丁文，它影响了画家、雕塑家、建筑师和收藏家的风格与习惯。

圣维托的文本发明

15 世纪中叶，在帕多瓦和维罗纳（深受威尼斯影响的意大利东北部城市），通过众多抄写员和彩饰师的创新实践，古典书体和图像大量出现在手抄本中。其中，最重要的一位是巴

[1]　另一位或为伊德弗里斯，他是《林迪斯芳福音书》的抄写员。他不但规范了岛屿半安色尔体在后期经典中的使用，还发明了一系列全新的展示用大写体。

尔托洛梅奥·圣维托（1433—1511 年）。这个时期，图书中的首字母开始模仿古典铭文中的书体。这种书体以帝国大写体为基础，而非罗马时期石刻的民间大写体或罗马共和国早期等线的书体。这种书体后来传到罗马、佛罗伦萨、那不勒斯和威尼斯等地，不仅影响了手抄本，也影响了石刻铭文。[54] 这种书体会用来抄写古典风格的书。像普林尼描述的罗马卷子本的边缘一样，这种书边缘也着色，精致的古典装饰细节仿佛边框环绕着文本。这种设计就像在墓碑或者骨灰瓮上看到的一样（图25）。页面边缘绘有钱币、勋章及其他古典艺术品纹饰。这一切都向读者表明，一个古代世界呼之欲出。

这里值得我们停顿片刻，探讨一下观念、行为和经验的微妙结合，以及它们如何共同促成了字形和装饰品味的变化。恩斯特·贡布里希指出，手抄本的发展不仅因为其实用功能，还在于书对人们的吸引力。人们不同的品味、梦想、友谊、自我价值和社会地位都可以体现在书中，所有这些都让我们兴奋不已。 15 世纪中叶的帕多瓦是个迷人的地方，画家弗朗西斯科·斯夸尔乔内（约 1397—1468 年）主导着城内的艺术生活。历史学家玛丽·伯格斯坦（Mary Bergstein）说他的画室（画家安德烈亚·曼特尼亚曾在此学习绘画）像"一个展示空间，供人们参观静物和交流思想"[55]。 帕多瓦的画室因此成为艺术家们创作灵感的来源，这里摆满了古典雕像、四肢和躯干的石膏模型、建筑细节模型、钱币、花瓶和古董珠宝。这些能激发灵感的静物组合，不仅出现在古典风格的书籍上，也出现在曼特尼亚的画作中。

这种静物、思想、新作和旧作的融合，似乎不仅是文艺复

图 25　巴尔托洛梅奥·圣维托抄写的《凯旋》中，首字母 N 和彼特拉克的肖像，都饰有"古典"装饰。15 世纪后期

兴时期艺术家和雕塑家工作室的特点，也是新一代学者和资助人家中摆设的风格。尼科利在佛罗伦萨的家中收藏了一众日常物品，包括细亚麻布、古董玻璃杯和水晶杯、青铜器和图书。曼特尼亚在他曼图亚的家中，建了一个考古博物馆。圣维托则收藏珠宝、古董和色彩丰富的织物。另外还有四位好友，他们对一切古典事物的热情，在去加尔达湖的发现之旅中体现得淋漓尽致。这四人分别是：最早在画中加入精细的古典铭文的画家安德烈亚·曼特尼亚（见他在汉普顿宫的《恺撒的胜利》系列）；编纂了最早的精心绘制的罗马碑文大写字母集的费利切·费利恰诺；最早委托符号学家编写了记录已知古典罗马铭文文本和版式设计图书的乔瓦尼·马尔卡诺瓦；以及他们的朋友萨穆埃莱·达泰特拉德。根据费利切·费利恰诺的记录，四位友人在 1464 年 9 月从托斯科拉诺出发，开始了这次发现之旅。他们在附近圣多米尼克教堂的古老礼拜堂里，发现了罗马皇帝马尔克·安东尼时期的铭文，后又在不远处发现了罗马皇帝安东尼·庇护时期的铭文。他们沿着加尔达湖畔漫步，花了一个周末的时间参观教堂和古代遗址，其中包括他们推测的戴安娜女神的圣祠，并记录下沿途发现的铭文。他们快乐地野餐，用树叶和鲜花为朋友萨穆埃莱加冕，使他成为他们的皇帝。然后，他们披着桃金娘和常春藤树枝，弹着鲁特琴，喝着美酒，乘船前往位于西尔苗内镇的圣彼得罗教堂。他们在那里发现了22 处铭文，尽兴而归。

在帕多瓦长大的圣维托，是一位长于书写古典字母的专家。他早期的作品僵硬无力，在 1459—1460 年间，可能去拜访了曼图亚的曼特尼亚。在之后的几年里，他的笔法精妙了许多，线条变得精巧而有力，衬线的角度是精心安排的，直笔画也有了微妙的曲线，如 E 最下面的一笔。[56] 他仿佛张开了心灵的眼睛，看到了字母更多的形态，对如何运用它们也有了更清晰的认识。后来，圣维托在罗马的曼图亚红衣主教弗朗西斯科·贡萨加的宫廷里混得风生水起。他创造的书体的影响力，主要体现在 1465 年之后，以安德烈亚·布雷尼奥为代表的雕塑流派的铭文中。[57]

罗马大写字母备受推崇，于是圣维托和其他抄写员开始调整他们的人文主义小写体，吸收罗马大写字母的优点。他们在字脚添加了短小而清晰锐利的衬线，对此古文字学家詹姆斯·沃德罗普说，"将字母紧紧连在一起，就像好的韵律让诗歌紧凑有力一样"[58]。这种调整小写字母使其与大写字母和谐统一的尝试，在早期威尼斯的金属活字中才最终实现。但在 15 世纪下半叶，意大利抄写员的作品中已见痕迹，罗马小写字母字重变得稍小，形状上更偏椭圆而不是正圆，并且字母间距稍微分开了一些。这些交叉影响表明，我们需要始终把书写文化作为一个整体来看待，铭文、手写文字和印刷字体都是这个整体的有机组成部分。无论是当下还是未来，来自不同书写流派和技术的影响，都在不断地跨界流动。直到 21 世纪，手写文字和绘制文字仍在影响印刷字体的变迁，而印刷字体也会反过来给手写文字的创作者播下视觉想象的种子。

加尔达湖铭文发现之旅背后，隐藏着另一位文艺复兴时期重要人士的影子。他叫奇里亚科，是一位来自安科纳的商人，费利恰诺和他的圈子都非常欣赏他。奇里亚科生于 1391 年，卒于 1452 年，生前足迹踏遍欧洲。他到访过亚历山大城，并通过希腊诸岛与土耳其和黎凡特进行贸易往来；他从外地带回了雕塑、纪念碑图纸，也分享他的冒险故事，还丰富了文艺复兴时期许多收藏家的藏品。他结合希腊和罗马元素，发明了一种有别于其他书体的草写体，这种书体表达了他对世界的认识，也表达了希腊和罗马在古典历史上的统一。在模仿希腊书体的过程中，他又在书写中引入了新的元素，包括许多不同寻常、大小不一的连字和字母。他的一些书写特色被其仰慕者接受，包括罗马学院院长蓬波尼奥·莱托，还有较温和地融入这种风格的圣维托本人。他还影响了威尼斯伟大的书法家塔利恩特，后来一些文艺复兴书法大师用彩色墨水书写，一定程度上也受了他的影响。奇里亚科是最早用绿色、紫色和黄色等彩色颜料和墨水书写大写字母的人，费利切·费利恰诺和圣维托发扬了这种风格。

在整个 15 世纪的大部分时间里，人文主义者并不是社会的主流。事实上，教会中比较保守的一派，是用怀疑的眼光看待他们的。在 15 世纪中叶，他们在罗马遭到了抵制。教皇保罗二世指控罗马学院的学员密谋害他性命，他下令解散了学院，并逮捕了主要成员。学院院长蓬波尼奥·莱托是那个时代最伟大的罗马文化专家，他被关进威尼斯的一所监狱，罪名是引诱两个年轻男学生。后来，他被移交给教皇，和"同伙"一起被拷问。巴尔托洛梅奥·普拉蒂纳（未来梵蒂冈图书馆的第一任馆长）记录了审讯的相关细节：莱托的四肢被拴住，审讯官坐在他旁边的绣花椅子上，用刀挑着他的指甲，他却还在与施刑人讨论他情妇送来的珠宝有多好。[59] 除了莱托，其他人都屈打成招。他的朋友们惊奇地发现，莱托的手还是很稳，字迹丝毫没有受到"暴力美甲"的影响。

　　处于学院边缘的巴尔托洛梅奥·圣维托没有被捕,余生悠长又安逸。他在生命的最后几年仍然没有放下羽毛笔,但他的手会因关节炎而微微颤抖。到了 15 世纪中后期,印刷术作为新发明开始影响手抄本。圣维托撰写了一部让印刷商望尘莫及又精美宏大的《欧瑟比编年史》,回击人们唱衰手抄本。书中收集了各种铭文,用银色和金色墨水在紫色犊皮纸上写成。他擅长用意大利体书写全书,晚年为古典著作创造了一种全新的小开本,即八开本。他为大学时代的朋友和资助人,威尼斯杰出的外交官贝尔纳多·本博制作了很多这样的书。1496 年,贝尔纳多的儿子彼得罗·本博写了《谈谈埃特纳》(关于西西里的埃特纳山探险故事)一书。这是威尼斯印刷商阿尔杜斯·马努蒂乌斯(1449—1515 年)最早印制的图书之一。[1] 该书采用的罗马字体,后成为 16 世纪的经典字体。第一本意大利体印刷的书也出自阿尔杜斯之手(1501 年,一本维吉尔的作品)。彼得罗的书出版时,阿尔杜斯对他坦白:"我从你的图书馆,或者说从你最慈祥的父亲的图书馆,得到了小开本、袖珍本的灵感。"⁰ 因此,直到圣维托生命的最后一刻,他仍影响着印刷业,给这个行业带来全新的元素。他的作品是新技术必须达到的标杆。

　　从圣维托作品中发展起来的全新袖珍本被人热捧,这让印刷图书变得越来越容易和低廉,这个事件的影响,甚至波及我们今天企鹅出版社的小版书和口袋书。然而,他本人是否知道自己在印刷业中举足轻重的地位,我们不得而知。但有些许迹

[1]　这是第五本。

象表明，他认为自己的作品具有重要意义。在生命最后的岁月里，他开始在手稿上签名，简单地写上首字母缩写 BS 和他喜欢的常春藤叶装饰的图案。

印刷改变了游戏规则？

15 世纪中叶，圣维托在帕多瓦声名鹊起之时，在北部几百公里外的德国，在纷争不断的美因茨，发生了一件非常戏剧性的影响深远的事——"不用笔就能印制字母的精巧发明"。欧洲最早的关于印刷术的记载，出现在未来的教皇庇护二世（当时还是教皇的外交官）埃尼亚斯·西尔维奥在 1455 年 3 月 12 日写的一封信中。在给他的朋友红衣主教胡安·德·卡瓦哈尔的信中，埃尼亚斯写道："这个了不起的人在法兰克福做的一切都如他所言。我还没有看到完整的《圣经》，但是我看到了很多书的书帖（每帖二十页），文字极其优雅准确，一个错误都没有，阁下不戴眼镜也能看清。"[61] 他还说，印刷厂当时正在印书，数量是 158—180 本，但现在——1455 年 3 月——印好的书已经售罄。他第一次看到这样的书是在法兰克福，当时正值法兰克福博览会，那是今天法兰克福书展的前身。

"这个了不起的人"就是约翰内斯·古腾堡（约 1398—1468 年），他是土生土长的美因茨人，其家族与大主教铸币厂有长期联系。他曾学过金器制作和宝石抛光，到 1455 年，他研究印刷术已经至少 15 年了。

从埃尼亚斯的信中，我们可以感受到，随着印刷图书的出现，销售模式也发生了改变。与手写不同，印刷可以保持整本书优雅准确，每个字母都一样精美，这种机械"抄写员"有一种近乎超人的耐力。在印刷之前，人们可以检查并修改书中的错误，所以文字异常准确。字号较大的书（以中世纪的标准来看是很大的）方便远距离阅读，可以放在诵经台上，既适合私人使用，也适合公共机构使用，供人们在牧师会礼堂和修道院餐厅阅读。宗教团体对这种书的需求相当大，当时仅在美因茨就有 300 家修道院。同时，当地的本笃会受到布尔斯费尔德修道院改革的启发，越来越强烈地意识到，自己需要准确、无差错的文本。古腾堡版本的《圣经》装订成两册，不仅文字准确，而且每一本的每个细节都一模一样，这是前所未有的。剑桥大学基督圣体学院图书馆管理员克里斯托弗·德·哈梅尔也指出，当时人们再次对大开本《圣经》感兴趣。[62] 许多罗马式《圣经》在 15 世纪中期也重新装订并进行修复，一些华丽的新式《圣经》被委托制成大开本。美因茨就有绝好的例证，两册本的美因茨大《圣经》，就是在 1452 年 4 月至 1453 年 7 月间完成的。

现在，我发现自己在两种明显矛盾的说法之间摇摆不定——既不能高估这一项发明对未来书写文字形态的影响，又想提醒大家谨慎对待这项技术，我们不应该过分强调它。从长远来看，这不过是书写和文献发展过程中的一个片段。印刷术受文化的限制，即使在某种文化中，也有其他重要的时刻，那些时刻同样惊天动地，对文化产生了重要改变。我们今天也正在经历一个这样的时刻。而且，虽然印刷术对图书领域产生的影响极为深刻，但图书也不是书写世界的全部。过去和现在都有很多手写的内容，如个人札记、日记、信件、清单和手札，商业文件和账目，法律文件，甚至还有一些特殊种类的书籍，再过 200 年也不会付梓。

此外，早在几百年前，人们就已经发明了各种印制方法。早期泥板上的字是压上去而不是写上去的，如公元前 1600 年左右克里特岛上的费斯托斯圆盘，上面的符号就是压印的。我们看到的贯穿古代世界的印章，也是一种印制工具。在中国，从 10 世纪开始，著名书法家的作品就被描摹、着色，然后转印到石碑表面，再在石碑上雕刻；人们还可以通过拓印石碑进行复制，这样得到的作品会是黑底白字。[63] 中国和日本就有用小纸条印刷的卷轴样符咒。据记载，764 年，日本女帝孝谦天皇订了一百万座微型宝塔，每座宝塔上都用 57 厘米（22.5 英寸）长的纸条印着符咒。中国、朝鲜和日本，都有雕版印书的历史。[1] 现存最早的有确切年代的印本来自中国，是 868 年的《金刚经》，用的是雕版印刷技术。1900 年，在中国敦煌藏经洞里，人们发现了这本《金刚经》，以及其他约 4 万卷卷轴和残片。该卷轴长 5 米，由 7 块雕版印刷而成。每块雕版一天可以印刷 1000 次。亨利·让·马丁引用过一段资料，据载日本在 1867 年开放港口之前，雕版印刷的图书有 60 万部，"这个数字比当时任何主要欧洲国家的印刷书数量总和都要多"[64]。他指出，雕版印刷可以非常方便地将图像和文字整合在同一块印刷版面上。在古腾堡印刷术出现前后，这种雕版印刷术在欧洲也有使用。

同样在中国，1045 年，毕昇发明了使用胶泥制字的活字印刷术。但汉字数量庞大，阻碍了这种技术的广泛应用。1407 年，朝鲜太宗李芳远命人制作了活字印刷设备，并在 1409 年投入

[1]　在欧洲，雕版印刷似乎比活字印刷出现得晚。

使用。他的继任者又下令开发新的文字系统，这就是由 18 个辅音和 10 个元音组成的谚文字母表。他们希望用它取代汉字，来书写朝鲜语。虽然谚文字母直到 20 世纪才广泛使用，但它提高了印刷的便捷性。

纸张的发展

印刷术在欧洲的成功，也依赖于其他技术的同步发展。如果没有廉价且充足的印刷介质，也就是纸，这项发明就无用武之地。造纸术是通过阿拉伯世界从中国传到欧洲的。造纸术起源于中国，时间大约是 105 年。8 世纪末，造纸术传入巴格达；1120 年，传入西班牙的卡迪瓦。1145 年，因为怀疑纸张的耐久性，西西里王国的罗杰二世要求将所有纸质图书都用犊皮纸印一次，并销毁纸质原件。1231 年，曾统治西西里的皇帝腓特烈二世下令，禁止在公共场合使用纸质书。那时，法国和意大利造纸业发达，是欧洲主要的制造国。

早期的贸易集中在意大利中东部的法布里亚诺附近，该地区以湍急纯净的水源和金属锻造闻名。在法布里亚诺，碾磨火麻、亚麻、旧绳和破布的造纸作坊用凸轮轴代替磨石，将水磨的旋转运动转化为杠杆式动作，这样就可以举起大木槌，将布锤成浆。木槌上有金属凸起和配件，对于一个金属加工重镇来说，做这种工具可谓得心应手。之前，造纸厂用植物纤维做成滤网，将纸浆从桶中提起沥干再倒出来，现在用薄金属丝网代替了这种滤网。压纸的时候，每两层之间都隔着羊毛毡，再用明胶单独定型，最后挂起来晾干。纯净的水以及充足的火麻或亚麻布，是造纸的基本条件。这些原料往往来自制作内衣的细布，所以当你拿起一张欧洲早期纸张时，很可能相当于拿着一件回收的中世纪内衣。

随着时间的推移，印刷业对纸张的需求越来越大，旧布供不应求。地方因此出台了法律，要求当地制造商优先选用本地区的旧布，甚至一度禁止人们穿着可以造纸的衣服下葬。

大量印好的纸页，也需要进行后期加工。古腾堡的工作室堆起来的印刷《圣经》的纸可能远超 10 万张。工人需要把它们按顺序整理好，然后装订成两卷。[65]

古腾堡

15 世纪前期，古腾堡从美因茨流亡到斯特拉斯堡，他在这里做了十几年的印刷实验。虽然《圣经》肯定是在 1455 年秋天完成印刷的，但我们怀疑，在 1448 年（古腾堡回到美因茨并借了一笔钱，在 1450 年又借了一笔钱，1452 年再次借了一笔钱），他的印刷实验就进入了最后阶段。或许早在 1452 年，他就印了一批赎罪券。这一年 5 月，来自库萨的教皇代表尼古拉斯，要求美因茨圣雅各布修道院院长在月底前准备好 2000 份赎罪券。如果手写，这是相当难办的事情。当然还有其他的证据，比如现存两份古腾堡印制的这种赎罪券，以及其他早期印刷品的残片。如一本西比尔的预言，书中记录了一位无名的神圣罗马皇帝的命运；一本多纳图斯写的 28 页的语法书，这是一本标准的拉丁文教科书；还有一本反对土耳其人的小册子，土耳其人在 1453 年攻占了君士坦丁堡，拜占庭帝国灭亡。

古腾堡《圣经》是一部公认的杰作，是有史以来最精美的印刷图书之一。这也是历史的一个警示，突破可能就发生在不经意间。

古腾堡《圣经》每卷高 405 毫米，宽 295 毫米。早期每页印 40 行，但很快就固定为 42 行，并且分为两栏，留出的空白用于印后手工添加标题和首字母，现存关于这项工作的 8 页说明书也是由古腾堡印刷的。古腾堡《圣经》的正文字号很大，乌尔里希·策尔在 1499 年写道，"就像现在弥撒书的字体一样大"（图 26）。弥撒书是在祭坛上使用的书，需要站在远处阅读。每一栏都是左右对齐的，在手写时代抄写员也会尝试对齐，但在印刷时代对齐就容易多了。印刷品每一行活字都可以先组装，再调整字间距，抄写员是不可能做到这一点的，因为他们是用肉眼实时进行判断，且仅有一次机会！

　　为印制《圣经》，古腾堡在各个方面都有创新。他肯定找到了铸造大量比例协调的字母的方法，也知道该怎么排版，如用铅条将上下两行文字隔开，以形成行距，使用木质条框和螺钉固定排好的版面，以备印刷。他用墨和纸张多次实验，以得到最佳的印刷效果。他发现，在墨水较为黏稠、纸张稍微湿润时着墨效果更好。接下来，他需要制造一台能固定印版 [1] 的印刷机，再用带滑轨的"小平板车"将印版和纸张从印刷机下滑入滑出，以提高效率，印刷大量纸张，最后装订成书。古腾堡在每个阶段似乎都有新的发明，在印制《圣经》时，他已经着手准备《诗篇》，这大大推进了技术发展。后者出现了红蓝双色的彩色首字母缩写，还有细线装饰的大写字母，以及两种新字体。[2]

---

[1]　　指固定在框架或版框中排好的印刷字块。

[2]　　1457 年 8 月，约翰·富斯特和他的合伙人彼得·舍费出版了这本书，当时富斯特与古腾堡的合作关系已经解除。

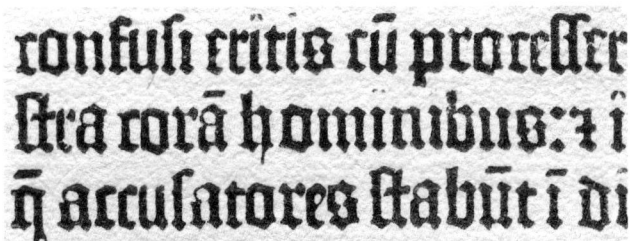

图 26 古腾堡四十二行《圣经》放大版，字母实际高度约 4 毫米。美因茨，1455 年

从书法到印刷：古腾堡印刷术的新发现

直到 2001 年，人们一直认为古腾堡制作《圣经》的工艺，与 20 世纪 50 年代引入照相排版之前几百年的制书方式别无二致，即活字是用雕刻刀、锉刀在小钢条上直接雕刻或者使用字冲冲压而成。后者需要先制作字腔字冲，把它敲击到钢条上，形成字母内部的字腔，然后雕刻字母的外轮廓形成凸版字，即钢质字冲，最后将字冲硬化并打入铜模（母型）。铜模锉成合适的尺寸后，去除因撞击产生的鼓胀变形，空出所需的字身、字面之间的空间，就可以铸字了。用熔化的铅、锡和锑的合金，在手摇铸字器中铸出一个个铅字，这就是金属活字。铅字可以瞬间冷却成型，然后取出，再铸造下一个。铜模是重复使用的，称为"母型"。一个字冲可以制作一个铜模，而一个铜模可以铸造出无数个相同的铅字。

2001 年，普林斯顿大学沙伊德图书馆的管理员保罗·尼达姆（Paul Needham）和普林斯顿物理系毕业的计算机科学家布莱斯·阿圭拉－阿尔卡斯（Blaise Agüera Arcas），发表了关于古腾堡早期活字的研究成果。这个课题最初的研究对象是早期印刷书籍书目。研究人员通过独特的标记（组版和拆版时造成的损坏）识别出了特定的活字，希望由此进一步了解早期印刷的流程。阿圭拉－阿尔卡斯开发了一个程序，可以将某一字母的所有字样进行比对，还可以过滤掉油墨扩散和刮擦的痕迹，以及胀墨或亏墨造成的不规则现象。但分析结果出来后，却让人大吃一惊。字母并没有根据字冲的数量分成相应的几组，而是一页中用到的每个活字都是独一无二的；日本研究人员随后也得出了同样的结论。但用阿圭拉－阿尔卡斯的话说，"重点不在于数量，而在于它的多样性"[66]。字母之间的差异并不是后来损坏造成的，差异在于字母的结构，具体表现为字母笔画的角度、位置和字母比例。这怎么可能呢？

还有另一个谜团。研究人员用光线从背面照射纸张，再从正面拍下字母。这样就可以看出字母的子结构，它出现了小的脊线和部分重叠。与页面接触的字面部分并不完全平整，如果是一个字冲敲击成型，就应该是平整的。对这两个意想不到的发现，研究人员的解释是，古腾堡并没有发明出今天这样的铜模，他们用的是其他东西。他的活字可能是用细沙模具铸造的，"像糖粉那样细的沙子，而不是砂糖那样的"[67]，尼达姆说。然后打碎模具取出活字。但无论使用何种材料，关键在于将字形打入铜模的方式。因为铜模是由字腔字冲逐一敲击制成的，每一下都小心翼翼地压在模具底部，最后铸成单个字母。这或许可以解释为何字母各不相同。作为一个书法家，我觉得这是很自然的：字母就是这样一笔一笔写出来的，由一小组笔画构成（图 27）。每个字母表都是由一系列精心安排、数量有限、互成比例的笔画组成的。笔尖固定的宽度和写字人对重复笔画的

图 27　组成哥特体字母 n 的六个笔画

整体把握，决定了书写时笔画要相互关联。这就是古腾堡这种做法背后可能存在的系统思考。

过去，钱币、印章或其他印制品上刻的字母只有一小串。而古腾堡《圣经》有 600 多页，近 200 万个单字，其面临的挑战是空前的。整本书的文字都要和谐统一，否则就会像洛伦佐·吉贝尔蒂说的那样，"除非字母的形状、大小、位置、顺序以及其他所有肉眼可见的方面都相称，各部分和谐统一，否则书体就不会漂亮"[68]。古腾堡的活字有 290 多个字符和 83 个连字，连字即字母连在一起铸成的字。刻出 373 个字，并做到字的高度和同组字的宽度（例如 h、n）都一致，所有笔画粗细一致并上下对齐，这是一项没人做过的事，也是一项艰巨的任务。新手可能会觉得，如果能刻出数量有限的几个笔画，然后再用这些笔画组成所有的字母，这样就会比较高效而且容易达成统一。如此一来，字重和字高自然会一致。这一点尤其重要，因为当时主流的泰克斯图拉体含有许多平行线条，所以笔画之间的任何差异都格外明显。解决办法建立在现有的技能之上，即借助书法家的手和眼，来判断笔画的数量和位置，以制作单个模具。这确实需要经验丰富的人士，实时准确地判断字腔所需的宽度，以及笔画需要重叠多少，才能让字干与曲线笔画，或者两个曲线笔画咬合相连。因此，正如古腾堡 1460 年出版的拉丁语《天主教词典》版权页语所言，"美妙和谐、比例协调的字冲和印版"造就了一本书。很多人认为，这样的书看起来更像是手写的，而不是我们从小看习惯的那种字母完全一致的印刷体。

古腾堡印刷术的美妙在于，我们可以清晰地看出，第一批印刷字母有明显的书法家风格，书写和印刷可能在一个有机的发展过程中结合在了一起。每个字母一个字冲是之后才有的。

古腾堡的一生，结局并不美好。他搞发明需要投入巨额成本，此外还有印制《圣经》预付活字、纸张和犊皮纸的费用等，这些花费导致了他的破产。在《圣经》终于印出来的时候，他把设备抵给了他的资助人约翰·富斯特。这位资助人在没有古腾堡参与的情况下继续发展业务，而且有条件经营下去。富斯特兼营雕版印刷书和手抄本，且与巴黎书商有大宗生意往来。他鼓动古腾堡招来了巴黎书法家彼得·舍费[1]做他的助手，与他一起做生意。1457 年，舍费娶了富斯特的女儿，彻底加入他的事业。富斯特在 1466 年去世，舍费活到了 1503 年，他四个儿子中有三个继续经营印刷生意，其中一个是专业的活字铸造师。古腾堡在 1468 年去世，此前他再次因内乱被逐出美因茨，而且失去了在那里拥有的一切。除了最初印制的四十二行《圣经》，他还参与了许多其他印刷项目。他不仅是印刷商，有时也是顾问。三十六行的班贝格《圣经》（1458—1460 年）可能就是在他的监督下完成的。1465 年，古腾堡受到美因茨大主教

---

[1]　可能是舍费制作活字的经验吸引了富斯特，而不仅仅是其印刷商的履历？

的认可，但是否真心欢迎值得怀疑。大主教的政治阴谋给这座城市带来了许多苦难，他的侍臣则继续占据古腾堡在美因茨历史悠久的家宅。因为发明了印刷术，古腾堡被提升为下层贵族，每年会收到实物养老金和一套新衣服。他死于 2 月 3 日，那天是圣布莱斯日，这很有讽刺意味。古腾堡的发明给予了欧洲人民发声的机会，而圣布莱斯是所有窒息者的守护神，他疗愈的是喉咙，是声音。

古腾堡葬于美因茨的赤足修道院，教堂和墓地现都无迹可寻。

古腾堡去世前，印刷业已进入发展期。1462 年的美因茨内乱，使他早期的一些学徒和其他有抱负的印刷商开始重新考虑自己的立场，他们随后流浪他乡。1464 年，康拉德·斯维赫伊姆和阿诺德·潘纳尔兹在意大利的苏比亚科建起了作坊，这里也是本笃曾经的修隐之处。他隐居在镇子附近的山洞里，并在这里建立了他的第一座修道院。苏比亚科位于罗马以东 70 千米处，斯维赫伊姆和潘纳尔兹在 1467 年搬到这里。约翰·冯·斯派尔和弟弟文德林则从美因茨前往威尼斯，他们在 1468 年短暂地垄断了当地的印刷业。1470 年，在威尼斯，印刷商尼古拉斯·让松首创了以人文主义书体为基础的具有辨识度的现代罗马字体。其大写字母以铭文为基础，小写字母则进行了调整，使其与大写字母风格相融。到 1480 年，欧洲各地都有了印刷机。德国有 30 座城市有印刷机，意大利有 50 座，法国有 9 座，荷兰和西班牙有 8 座，比利时和瑞士有 5 座，英国有 4 座，波希米亚有 2 座。到 1500 年，德国有 60 座城市有印刷机，仅斯特拉斯堡（今属法国）就有 50 家个体印坊。

印刷品的早期危机

然而，一切并非看起来那样美好。正如安德鲁·佩特格里（Andrew Pettegree）在他的调查作品《文艺复兴时期的书》（*The Book in the Renaissance*，2010）中所指出的那样，学者们对追溯印刷术迅速发展的重视，掩盖了早期的危机。[69] 15世纪中后期，这个时间让我们不可避免地联想到20世纪90年代的互联网热潮，当时对新媒体的热情与如何从这一行业中牟利的现实发生了激烈冲突。学术中心和大学所在的城市一直是图书交易的重镇，但这些地方并不能支撑起发达的印刷业。学者人数少到购买几百册书都成问题，也没有办法筹集到印刷业顺利运转所需的巨额资金，这一切都与手抄本时代依赖单个抄写员或小作坊截然不同。

1473年，斯维赫伊姆和潘纳尔兹关停了在罗马的业务。当时市场上图书过剩，他们的大部分存货都卖不出去。佩特格里说，1471年，靠近威尼斯的特雷维索开始有印刷书。1495年，先后来到镇上的11个印刷商全部离开，在之后的95年里，那里也没有再开一家印刷厂。[70] 在法国，在16世纪的前40年里，只有巴黎、里昂和鲁昂的印刷业能够维持运营。甚至在德国，印刷业也集中在主要城市。古腾堡本人债台高筑，他曾试图通过印刷快捷的单张赎罪券和日历来筹集资金——这对整个行业发展来说，像个预言。人们必须发展新的融资和分销机制。

15世纪末，印刷产业往合理化的方向发展，不过仍然集中在主要贸易城市，如巴黎、里昂、安特卫普、伦敦、巴塞尔、奥格斯堡、纽伦堡和威尼斯等。这些城市是商业活动的中心，可以为发展新产业提供土壤。这里有资金来源，也有掌握分销网络、了解整个欧洲市场的商人。当时拉丁语仍然是各个行业的通用语言，这是印刷业发展的一个有利条件。早期买书的人通常是律师、学者、贵族和基督徒。因此，拉丁语图书具有销往整个欧洲的潜力。在我们现在所知的 2.4 万种 16 世纪以前的印刷书中，77% 是用拉丁语出版的。[71]

销路不畅，印刷商不得不将产品多样化，印古腾堡已经尝试过的小巧而便宜的印刷品。印刷书的价格非常高昂，古腾堡印刷的纸质版《圣经》售价 20 荷兰盾，犊皮纸版 50 荷兰盾。当时美因茨一栋石头房子的成本也不过 80—100 荷兰盾，而一个工匠的年薪为 20—40 荷兰盾。[72] 价格较低的印刷品，让出版商能够撬动中产阶级的荷包：比如印刷的日历标注一年中的主要节日；年鉴中包含农事建议和星象信息；而朝圣卡和祈祷文，则可以粘贴在时祷书和各种小册子中。后两者通常由单页纸折成 8 页或 16 页的小册子。

阿尔丁活字

第一个成功的或者说关键的罗马字体设计出现在威尼斯，是尼古拉斯·让松在 1470 年设计的（图 28）。他在图尔学习过金器制造，还去法兰克福拜访过古腾堡。他可能也为冯·斯派尔兄弟（约翰和文德林）设计过字体。让松的字体设计具有突破性，他让小写字母与现在非常流行的书用大写字母保持一致，将小写字母的衬线改成了铭文式的对称衬线（奇怪的是，大写字母仍然是粗糙的铭文形式）。他的参照字体不详，但这是第一个具有辨识度的现代罗马字体设计。

在接下来的 100 年里，罗马体和意大利体的标准由印刷商

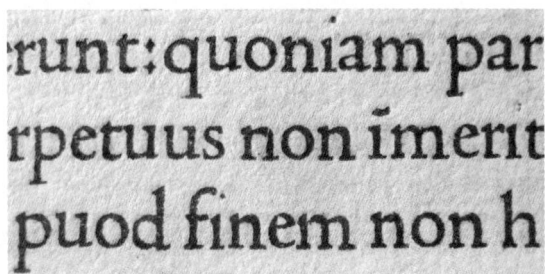

图 28 尼古拉斯·让松的罗马字体局部放大图，选自语法书《古语法》（拉丁语为 *Grammatici Veteres*）。威尼斯，1476 年

兼学者阿尔杜斯·马努蒂乌斯（Aldus Manutius）制定，当时他因用创新的方式印刷希腊文图书而为人所知。1496 年，如前文提到的，他出版了彼得罗·本博的一本小书，彼得罗·本博是巴尔托洛梅奥·圣维托的好朋友贝尔纳多之子。这本《谈谈埃特纳》因使用了全新的字体而引起了人们的注意（图 29）。书史学家哈利·卡特曾就这本书的字体写道："阿尔杜斯在本博的小书《谈谈埃特纳》中使用的罗马字体，在塑造印刷字体方面起到了决定性作用。"为了使小写字母与铭文式的大写字母协调，字母突出了"长而直的笔画和精细的衬线，采用和谐一致的弧度，通过将大写字母高参考线与小写字母上伸部衬线的底端对齐，实现了大写字母和小写字母字重的平衡，而不是像让松那样将大写字高与小写字母顶部对齐。这些字母实际上比让松的要宽，但因为短的字母更大了（意思是更高），所以看起来比让松的窄，这种较窄的视觉效果更适合八开页"[73]。

　　这种字体与 15 世纪最后几十年在威尼托流行的紧凑轻盈的人文主义小写体（如圣维托的字体）风格一致。笔画更细、

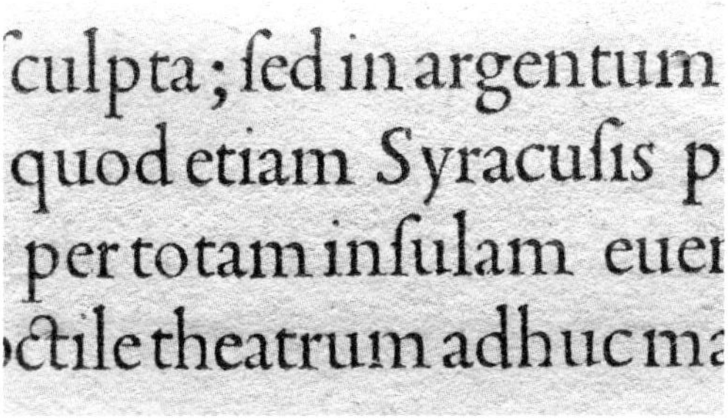
culpta; ſed in argentum
quod etiam Syracuſis p
per totam inſulam euer
ctile theatrum adhuc ma

图 29 彼得罗 · 本博《谈谈埃特纳》中的字体局部放大图。该书由阿尔杜斯 · 马努蒂乌斯印刷，威尼斯，1496 年

字母更高的大写字母晚些时候才出现（图 30）。[74]

1501 年，阿尔杜斯安排刻制了第一副意大利体字体，这很快成了他印刷拉丁文和意大利文图书的常用字体。他用的大写字母还是直立的，而非抄写员设计的斜大写字母（斜大写字母至少在 20 年后才有铅字）。1501 年，阿尔杜斯印制的八开本维吉尔著作通篇用意大利体排版，这其实是抄写员普遍采用的做法，即用草写体抄写整本书。圣维托在 15 世纪中期刚刚开始抄写生涯的时候，就这么做了。从技术上讲，印刷这种字体是一个挑战，因为意大利体字母之间经常出现连笔。尽管阿尔杜斯至少使用了 65 个连字，但印刷出来的字母还是不可避免地比书写的字母看起来距离更大、更孤立（图 31）。但这反过来又催生了一种新的视觉美学。在接下来的几十年里，抄写员在正式文本中使用意大利体时，也开始减少连笔。

为阿尔杜斯设计意大利体（以及他使用的其他字体）字体的字冲雕刻师，是博洛尼亚的弗朗切斯科 · 格里福。但是当阿尔杜斯这个人脉深厚的学者兼印刷商赢走这些字体的版权

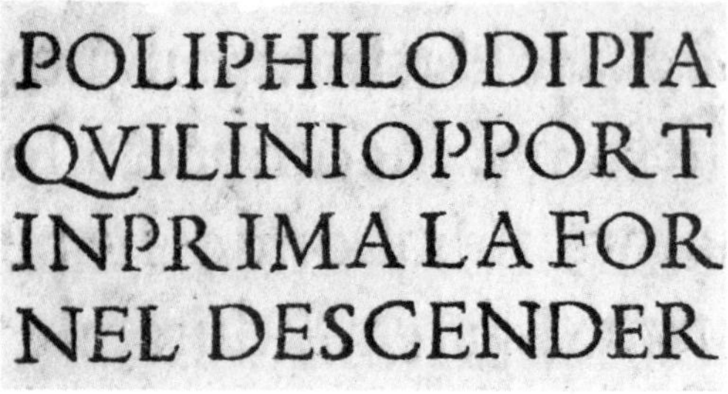
POLIPHILO DI PIA
QVILINI OPPORT
INPRIMA LA FOR
NEL DESCENDER

图 30 阿尔杜斯 · 马努蒂乌斯使用的大写字体局部放大图。选自《寻爱绮梦》，威尼斯，1499 年

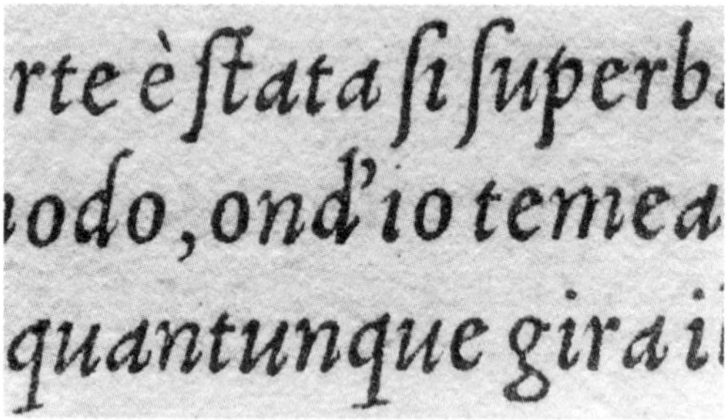
rte è ſtata ſi ſuperb
odo, ond'io temea
quantunque gira i

图 31 杰罗拉莫 · 松奇诺印刷彼特拉克的《歌集》中，弗朗切斯科 · 格里福为其设计的第二种意大利体字体。法诺，1503 年

时，两个人就闹翻了。谁是这种字体的拥有者？从阿尔杜斯的竞争对手之一，来自法诺的杰罗拉莫 · 松奇诺说的话中，我们能想到弗朗切斯科 · 格里福当时是如何为自己争辩的。“弗朗切斯科先生不仅知道如何刻制这些被称作草写体或教会体的字体，还是发明和设计这种字体的人。他为阿尔杜斯刻制了所有曾经使用过，以及现在正在使用的字体，其优雅和美丽不言而喻。而那个罗马佬，以及那些狡猾的试图用他人的羽翼装饰自

己的人，完全不知道这两种字体的制作方法。"[75] 格里福和阿尔杜斯分道扬镳后，松奇诺雇用了格里福。弗朗切斯科·格里福则对此事愤愤不平。事实上，直到今天，版权和字体设计的问题，仍然充满争议。不可否认，刻字师的贡献是至关重要的。

哈利·卡特写道："对字体特征最好的说明是雕刻师的名字。它集中体现了地点和时间、环境和关系等各种信息，而这些信息组合起来就是历史。"[76] 因为正是这个人（字冲雕刻师、书法家、绘字师、抄写人）赋予了字体形式语言的特点，激活其应有的协调感。

哥特式黑体的印刷体和手写体

人们非常重视罗马大写字母、小写字母和意大利体的发展，毕竟它们是我们现在使用的主要字体。然而，直到最近，欧洲德语区的情况还相当不同。古腾堡《圣经》印刷时采用的泰克斯图拉体及其相关的草写体，仍然占主导地位。拉丁文文本中使用罗马体和意大利体，让二者在欧洲北部具有了一定影响力。但在德国、奥地利、瑞士、斯堪的纳维亚半岛的部分地区、波罗的海和芬兰，一直到 20 世纪，仍然用哥特式黑体来印刷或书写。荷兰和英国将哥特体用到了 18 世纪。今天，在象征权威或传统的文件中，如钞票、报纸的刊头、法律文件等，仍在使用哥特体。

在印刷术发明后的几百年里，哥特式手写体仍在继续发展。波希米亚出现了巴斯塔尔达体，这是一种哥特式手写体的地方变体。从 16 世纪初开始，弗拉克图尔体（一种充满尖角和断折的书体）吸收了巴斯塔尔达体的风格（也叫施瓦巴赫体）[1]，演变出其日耳曼形式。

弗拉克图尔体注定要成为德语世界书写和印刷的主要书体之一，这种情况一直延续到第二次世界大战时期。在第三帝国时期，希特勒禁止使用这种书体，要求用罗马体，它才被淘汰。1941 年 1 月 3 日，马丁·鲍曼签署的官方法令称，"哥特式字体由所谓的施瓦巴赫 – 犹太字母组成"。这条法令的真正目的在最后一行，要求"已经在国外发行或希望在国外发行的报纸和杂志"[77]最先响应这个变化。在欧洲"被占领国"，弗拉克图尔体限制了德国文化的普及和宣传。

弗拉克图尔体保留了源自施瓦巴赫草写体中尖角的字母 o，但第一笔拉直且有一个转角，虽然字母 o 的弧线被打破了，但书体变得更加正式。在泰克斯图拉体中，字母 a 和 d 也会做同样的处理，m 和 n 的字脚保留了菱形。字母上伸部的末梢甚至会更加正式（泰克斯图拉体），并使用分叉或尖角收尾。传统的解释是，弗拉克图尔体起源于 1507 年，从奥格斯堡的圣乌尔里希修道院和圣阿夫拉修道院中的修士莱昂哈德·瓦格纳的书法中演化而来。他的形象，可以参考现存一幅荷尔拜因为他绘制的银点画：一位看起来有些严肃，长着朝天鼻的"塔克修士"。奥格斯堡的印刷商安东·顺斯佩格把他的手稿作为印刷《祈祷书》的制字范本，这是一本颇有影响力的新版祈祷书，由皇帝马克西米利安一世委托印制，在 1514 年发行。顺

[1]　名字来自《施瓦巴赫·卡斯滕》一书，该书于 1524 年在纽伦堡出版，这是巴斯塔尔达体第一次作为印刷体出现。

斯佩格印过的其他图书中也出现了这种书体的变体。1519年，纽伦堡的老诺伊德费尔用这种书体印了一本6页的样书，该书体由此流行开来。它甚至在17世纪传到了英国，成为法律书记员用来写正式标题的书体。在当时的书法指南里，它被称为"德语字体"。

就字形而言，在欧洲各国中，只有德国相对没有受到新意大利草写体的影响。宗教改革并不青睐这种书体。1545年，汉斯·吕夫特在维滕贝格出版路德的《圣经》翻译版时在版权页中说，大写字母在优雅和舒适的内容中会是弗拉克图尔体，而文本涉及惩罚和愤怒时则是罗马体。[78] 这一时期的书写史上，德国的重要性在于它既是新的印刷技术的摇篮，也是宗教改革的摇篮，宗教改革为这些印刷厂提供了许多新的文本。

两种书体系统就这样在欧洲北部的部分地区并存，而哥特体至今仍在德语区使用，虽然与当时的盛况已不可同日而语。正如上文提到的，哥特体之所以长盛不衰，是因为使用这种字体印制的文本在宗教改革的动荡时期所起的独特作用——现代德语也是在这一时期形成的。

第五章 翻开新一页：宗教改革与书写革新

Statua feu Scriptoris Forma.

Exemplum Q uomodo Calamum aut Pennam cum Ratione tenere Debemus.

图 32　羽毛笔的书写姿势示意图。图中是一个左撇子抄写员，或者是雕版师忘记反转图像了。西吉斯蒙多·凡蒂的书写手册《书写形式的理论与实践》中的木版画插图。威尼斯，1514 年

16 世纪初的印刷业生产规模扩大，开辟了全新的市场，与 15 世纪末的萎缩形成鲜明对比。发展的核心动力是宗教改革，这是一场神学和思想的觉醒。对宗教权威的质疑和对个人想象力的肯定，甚至个人有能力重新构想世界的想法，在人文主义圈子里早已根深蒂固。1517 年 10 月 31 日万圣节前夜，一位深受奥古斯丁影响的大学神学讲师在维滕贝格城堡教堂的门上张贴了 95 条抨击宗教腐败的论纲，基督教内部开始了一场新的改革运动。这个人就是马丁·路德（1483—1546 年），他贴的正是《九十五条论纲》。

维滕贝格是德国易北河畔的一个小镇，是萨克森选帝侯"智者"腓特烈的官邸所在地。这个小镇在 1502 年就建立了大学。把《九十五条论纲》钉在教堂的门上，就学术小镇进行辩论的传统来说，这是一个比较常见的宣传方式，但这颗火种点燃了蔓延整个欧洲的火焰。

路德的《九十五条论纲》很快就在纽伦堡、巴塞尔和莱比锡印刷，次年他的《论赎罪券与上帝恩赐》出版，他成为出版界高度关注的人物。路德的观点通过小册子、公告甚至是漫画广泛传播开来，这就意味着辩论不可能仅仅局限在学术界。随着路德的思想得到更广泛的传播，更大的社会变革已不可避免。据学者估计，在 1518—1525 年间，有多达 300 万份小册子在德国流通。[79]

这些宗教争议对欧洲的政治和社会生活产生了巨大影响。路德的宗教改革运动传播到瑞士、奥地利、法国和其他欧洲国家，使法国国王、哈布斯堡家族和教皇之间本来就存在分歧的局面变得更加复杂。在教育方面，宗教改革为新一代历史学家和神学家注入了活力，并提高了识字率，使广大民众能够更好地了解宗教问题。图书和小册子的市场发展起来了，这与 15 世纪末的市场大不相同，后者主要印制以前发行的作品，而宗教改革派学者既有新作，又译旧作。伊拉斯谟（1466—1536 年）、路德、茨温利（1484—1531 年）、加尔文（1509—1564 年）等人，都写了许多新书[80]；这些书和《圣经》的原始文献都需要翻译，而这些材料此时已经从拉丁文译成了欧洲各地的方言。路德花了 11 周的时间将《新约》译成德文，6 个月后就印好了，书于 1522 年在维滕贝格面世。在接下来的两年里，几乎每月重印一次。路德大约在 1530 年出版了《旧约》，在之后的 50 年里，它重印了 410 次。数十万册的单行本在这一时期供给了新成长起来的不断扩张的读者群体。

书写手册的黄金时代

路德孜孜不倦地倡导教育。天主教教育从教堂、修道院和女修道院撤出后，留下了教育空白，他敦促地方政府尽快解决此事。他鼓励整合教会资产，重新建立教育基础。乡村设有单室学校，教授基本的阅读和写作技能，辅以城镇的分级教育机构。对《圣经》的解读和倡导过上美好生活的教育，是改革运动成功的基础，所以无论公共生活还是在家中，人们都鼓励学习读写。这样的趋势有赖于年轻一代及其父母形成普遍认知，即识字是一项非常重要的职业技能，而这样的想法又进一步促进了人们学习读写。

宗教改革也给英国带来了相应的变化。在高等教育方面，牛津大学、剑桥大学和律师学院蓬勃发展。从 15 世纪中期开始，英国很多富有的商人、神职人员和自耕农，就在当地捐赠学校，承担教师的工资，有时还支付学生的学费。不过，1540年之前，修道院和修道院学校的解散，以及教会小礼拜堂的关闭（牧师常常兼任校长），使王室对教育产生了全新的责任感。其结果之一是在国王亨利八世的要求下，英国于 1540 年确定了一部权威语法书。其他同类教科书被禁，只有这本书可以使用。亨利的教科书从 ABC 开始，然后是简单的拉丁文和英文教义问答，接着是详细的语法。在随后的 300 年里，它一直是英国学校教科书的基础。[81]

法国当时受新教的影响比受意大利文艺复兴时期的人文主义影响要小。新的市立文法学校会教授人文主义课程。学习内容包括拉丁文和希腊文文法，以及西塞罗、维吉尔和奥维德等学者的新作品。

然而，当时教育的核心是阅读而不是书写，这种情况一直持续到 19 世纪。如果说学校教育的最初几年教授书写，那也只是最基本的水平，而且只在儿童学会阅读之后教授。要想写得完整而精致，需要学习专门的课程，通常由教师巡回授课，课程为期几个月，也可能只有几个星期。进修课程可以在之后的任何时候参加。

16世纪，书写教学的风向标是意大利。正是在这里，书写世界迎来了新的变化，即出现印刷习字手册，或者说书写手册。这些手册的大量印刷和传播，让更多的人知道如何书写。我们今天使用的草写体，正是得益于第一批意大利字帖中的书体。

编写这些全新书写指南的意大利书法家，主要是从就职于当时不断发展的官僚机构的学者和抄写员中挑选出来的。他们或在教皇文书室工作，或在市政机构工作，如总督府或威尼斯市政厅。书写手册教授的是他们在书信和政府文件中使用的整洁、细致、实用的书体，而不是一直以来手抄本中使用的繁复而正式的书体。

在中世纪，除了对周围的人，教授书写的教师几乎没有什么影响力。来自德国施瓦本地区罗伊特林根市的教师雨果·施本茨萨德，在1346年写了一本诗歌书写指南《书写形式》，但他的手稿仅存两份，而且似乎从未被广泛传播。像罗马教育家昆体良这样的通俗作家的作品传播范围就要大得多。直到文艺复兴时期，昆体良的著作仍是唯一一部深入探讨学习书写方法的书。他是教育和修辞学方面的古典权威，因此他的观点能够广泛传播。昆体良没有举出字母形状的具体例子，而是倾向于把美学问题留给其他人。他注重实用的教学方法，教授对象是罗马上层社会的儿童。他建议孩子们从玩镂空字母板开始学习文字。

我非常赞同……给孩子们玩象牙字母，来刺激他们学习……当孩子开始认识各种字母的形状时，教师可以尽量精确地在木板上镂刻出字母，让孩子用笔顺着槽勾勒，这不是一件坏事。这样做可以克服蜡板书的弊端，因为笔会被限制在字母的镂空笔画之间，不会乱跑。此外，勾勒这些线条次数越多，速度越快，孩子写字的手就越稳。教师没有必要手把手地教。[82]

与昆体良宽泛的建议不同，文艺复兴时期的书写手册都是关于特定书体的。因为它们是印刷品，所以这种书写指导手册能够广泛传播。这些手册代表了书写风格习得方式的重大转变。除了普及书写作为一门技能，它们还引发了一场运动，即用整个欧洲通用的书写方式、书体和技巧来取代当地的书写。

文艺复兴时期最早的书写手册只教授大写字母。手册在艺术家、建筑师、数学家和其他知识分子中流传，它们不是为学生学习而印制的。1463 年，费利切·费利恰诺在一篇关于罗马体字母[83] 几何比例的手写论文中，将大写字母放进了一个画有圆和对角线的矩形里。这些字母笔画像雕刻的一般，还有 V 形缺口。有的字母形状相当笨拙，弧线笔画（如 D 和 B）没能自然地与字干衔接。其他字母（又如 D，还有 N）则显得非常宽大。这些字母似乎是借着尺子和圆规写出来的。这种几何结构确立了经典的解读字母方式，当时的人们也与之有深刻的共鸣，因为他们认为音乐或几何比例与宇宙本身的物理结构同源而出。

1480 年前后，第一本探讨大写字母的印刷图书出版。作者是来自帕尔马的达米亚诺·达莫伊莱，他是一位抄写员和彩饰师，后来成了印刷商。书中字母插图的尺寸为 6.5 厘米 ×6.5 厘米，和所有早期的指导手册一样，使用雕版木活字制作。在一段时间内，雕版木活字字母尺寸较小，不足以展示出足够的细节，所以早期手册中再现这些设计时，大都放大了尺寸。1509 年，卢卡·帕乔利在威尼斯出版了《论神圣比例》（拉丁文为 De divina proportione）一书。他是我们前文提到的现代会计之父，同时也是意大利几所大学的数学教授，是一位了不起的几何学家。该书（1497 年就出现了手抄本）探讨了几何学与建筑及其他实体结构的关系，还有讨论罗马大写字母结构的部分（图 33）。[84] 帕乔利的论点是，涵盖几何学的数学，是一切事物的基础，包括绘写字母。"抄写员和彩饰师的所有工作，归根结底不过两种基本形式的线条，即直线和曲线，这个事实不容分辩。鉴于此，我当着他们的面画了这些方和圆，而不是用他们的水笔或者铅笔。同样地，我这样做是为了让他们可以很清楚地看到，一切都来自数学。"[85]

《论神圣比例》流传广泛，书中的插图毫无疑问借鉴了达·芬奇的画稿。[1] 达·芬奇是帕乔利的好友和学生，他自己是不是也绘制了字母的结构图，我们不得而知；但可以确定的是，他绘制过几何体的结构图。[2]

[1]　达·芬奇为 1497 年的三份手抄本绘制了插图。纽约大都会艺术博物馆使用的 M 标志，即取自帕乔利的书。

[2]　达·芬奇的笔记本中没有字母的画稿，但在他为本博家族的吉内佛拉·班其画的肖像画（1479/1480 年）背面的飘带中，有一些绘制精美的字母。

图 33　卢卡·帕乔利《论神圣比例》中的字母 A。威尼斯，1509 年

《论神圣比例》名声大噪，催生了大量的通俗书写手册。这些手册不仅涉及大写字母，还涉及小写字母。这些手册的读者不是艺术家和建筑师，而是越来越多的有文化的年轻人，他们希望掌握时髦的书写风格，并提高自己作为书记员、学者或者商人的技能。[86] 第二波书写手册热潮使用的书体，是尼科洛·尼科利开创的意大利体。但现在要讲的是一个世纪后，在教廷文书中使用的版本。当时这款手写体有一个宗教化的名字——秘书处手写体。普通学校不教这种书体，当时它已成为社会地位和学识的标志。心怀壮志的年轻人如米开朗琪罗·博那罗蒂，也改用这种时髦的书体书写。米开朗琪罗在佛罗伦萨的学校里学习了一种当地的哥特草写体，即商人体。1497 年（他 20 岁左右）到 1502 年之间，他学会了这种新的秘书处手写体，之后一直用其书写。

　　1508 年 4 月，25 岁的画家拉斐尔在佛罗伦萨写信给他在乌尔比诺的叔叔，从信中可以看出他也学会了一手优美的意大利体，而且比米开朗琪罗写得更加流畅。因为当时没有印刷的书写手册，所以这两位年轻人应该是跟着老师学习的，老师为他们写出书体的范例。书写手册可以看作这种形式的延伸，正如一位早期作者所言，"靠我一个人写范例肯定不够用，所以我决定研究这种书体，并将它印刷出来"[87]。

由于外交官和学者在通信中使用意大利体，很快整个欧洲都需要这种书写手册。在英国，亨利七世（1457—1509 年）的拉丁文书记员彼得罗·卡梅利亚诺将意大利体引入宫廷。亨利八世让他所有的孩子都学写这种书体。未来的国王爱德华六世（1537—1553 年）八岁时，笔迹就已经惊人得成熟。伊丽莎白一世（1533—1603 年）的意大利体是由她的教师罗杰·阿谢姆教授的。她是所有英国君主中字迹最为优美的一位，在大英图书馆一本手写的祈祷书中可以看到她的字迹。

1514 年，第一本秘书处手写体图书在威尼斯印刷出版，是西吉斯蒙多·凡蒂的《书写形式的理论与实践》（拉丁文为 *Theorica et practica de modo scribendi fabrican-dique omnes litterarum species*，见本章首图图 32），它是之后相关图书的样板。这本书不仅囊括罗马大写字母和小写字母，还给出了关于书写材料和工具的实用建议，如纸张、墨水、书写不同书体的羽毛笔和芦苇笔的制作方法，抄写员的身体姿势和握笔姿势等。[1] 虽然书中的罗马大写字母和哥特体小写字母都采用木活字，但书中留出的空白部分是本该出现秘书处手写体的地方。据推测，这些部分是打算用手写的，但没有完整的手写本存世。

第一本面向大众的书写手册，在凡蒂的《书写形式的理论

---

[1] 罗图恩达体用的笔笔尖不需有缝隙，人文主义小写体用笔尖缝隙很短的笔，商人体用的笔看起来像鹰嘴。对于写较大的字母，他主张用金属笔或骨质笔。

与实践》出版十年后问世。这就是 1524 年在罗马出版的《小品》，作者是卢多维科·文森特·德利·阿里吉。他是一位教廷简报书记员，失业不久后转投印刷业。阿里吉的书采用雕版印刷，书中示例的秘书处手写体字母与实际书写的大小一致，高度在 2.5 毫米 —3 毫米之间。这是一本 32 页的杰作，其中有 16 页是关于书写小写字母的说明，只有 2 页是关于大写字母的说明，其余部分是关于字母连笔和笔画结构的建议。里面还有之后 400 年里书法大师们练习得最多的几句谚语："有福之人持中庸之道"（The blessed held a middle way），"知己之人，力导己行"（Powerful indeed is a man to direct his own actions if he really knows himself）。[88] 在此前的中世纪，书法练习的标准文本一直取自《旧约·诗篇》。

　　阿里吉的方法是，画一个长条的平行四边形，仅在四角各点一个点来标记，让书写者在四边形中写出字母。此外，他还将字母表分为两组，一组字母"横向起笔然后转回来"，如 a、b、c、d、f、g、h、k、l、o、q、s、x、y、z；另一组字母，起笔是斜而细的一笔，如 i、e、m、n、p、r、t、u、j（图 34）。[1]

　　他写道，意大利体的风格已经有所进步，甚至比世纪之交盛行时还要好。字母整体风格更加统一，连字更少，完全没有了哥特式草写体的影子。事实上，这种书体的创立者尼科洛·尼科利深受哥特式草写体影响。有史料表明，这本书出版得快，是为了击败竞争对手，成为市场第一。其对手是乔瓦

---

[1]　尽管阿里吉的字母 v 有时会用现代的形状，但词头通常带有花饰，为了美观。他正常的 v 与 u 写法一样，这是当时的习惯。

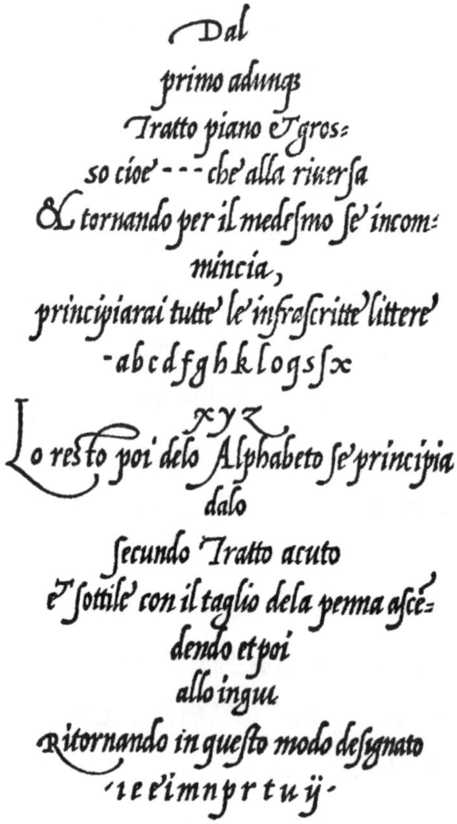
Dal
primo adunq3
Tratto piano & gros=
so cioe' - - - che' alla riuersa
& tornando per il medesmo se' incom=
mincia,
principiarai tutte' le' infrascritte' littere'
-a b c d f g h k l o g s ſ x
x y z
Lo resto poi delo Alphabeto se' principia
dalo
secundo Tratto acuto
& sottile' con il taglio dela penna ascé=
dendo et poi
allo ingiu
Ritornando in questo modo designato
·ı e e' i m n p r t u ij·

图 34　木雕版印刷的阿里吉《小品》内页之一。罗马，1524 年

尼·安东尼奥·塔利恩特，他在 1491 年和家人一起来到威尼斯生活和工作。他将教授书写 32 年的经验凝合成一部著作《当下》（1524 年），书中展示了自己纯熟的书写艺术。塔利恩特的风格比阿里吉更为华丽，有时连字非常多，交错在一起的大写字母很难辨认。书中有一种东方的气息，是典型的威尼斯风格，即多种字形交替使用，这在某种程度上要归功于安科纳的

古文物学家西里亚科。他的书中包含阿拉伯文、希腊文和希伯来文的字母表。他还列出了令人惊叹的各种书体，如几种秘书处手写体的变体、教皇诏书体（用于教皇诏书的书体）、帝国约章体，以及六种商人体。商人体是由不同贸易城市（如佛罗伦萨、热那亚、威尼斯等）的商人和公证人发展出来的地区性哥特式草写体。塔利恩特还著有关于数学和阅读的作品，并为蕾丝工人编写了一本图案书。1528年，他在威尼斯去世，同年，威尼斯爆发了严重的斑疹伤寒。

阿里吉遭受了更残酷的命运。在经历了疯狂著书后（1522—1524年间，他用自己的书体印刷了27种图书），1527年，也就是查理五世的帝国军队野蛮洗劫罗马城的那一年，他的书变得无人问津。厌倦了哈布斯堡王朝皇帝们无休止要求的教皇克雷芒七世，试图联合教皇辖境、意大利城邦和法国，来制衡皇帝在意大利的影响。1527年，帝国军队打败了法国人。但军队拿不到军饷，于是发生了兵变，士兵向罗马进军，决心攻城略地。他们于5月6日攻破城墙，3万大军横扫4000民兵和教皇168人的瑞士卫队。卫兵们倒在圣彼得大教堂的台阶上，但他们抵挡了足够长的时间，让克雷芒从一条防御走廊逃到了旁边的圣天使堡，这里曾是罗马皇帝哈德良的陵墓，但这时是一座坚不可摧的城堡。目睹这一事件的塞巴斯蒂安·舍特林写道："我们瞬间攻陷了罗马，杀了对方6000多人，夺走了我们在教堂及其他地方能找到的所有东西，烧毁了城市的大部分地区，撕毁了所有抄写员的作品、所有的登记簿、信件和国家文件。"[89] 士兵在街头肆意折磨城中居民，逼问他们财物的藏匿地点，甚至为了寻找金银珠宝，坟墓也被掘开。人们在这场浩劫后纷纷逃离罗马，一座 5.5 万人口的城市，只剩下 1 万人。这就是罗马文艺复兴的终结，米开朗琪罗、拉斐尔和布拉曼特的创作黄金时代结束了。此后，这里的气氛变得肃穆起来。

1527 年 6 月 6 日，克雷芒在圣天使堡匆匆给英国红衣主教沃尔西写了一封信。信中使用的也是意大利体，从字母形状可以看出当时写得很用力，尖长的上伸部和下伸部有不同程度的倾斜。英国亨利八世向教皇要求与亚拉贡的凯瑟琳离婚，但她是查理五世的姑姑，而查理五世掌控着教皇的生死。克雷芒在信中为自己的悲惨处境进行了申辩。[90]

在罗马被洗劫之后 13 年，才有另一位罗马书法大师的著作问世。那时，这座城市已经重建，人口也比灾难前稍有增加。但是，此前的严肃气氛影响了焦万·巴蒂斯塔·帕拉蒂诺的书法风格。1540 年，他出版的《学习各种书体的新著》扉页上，印着他面色肃穆的肖像。他留着满脸的胡须，类似克雷芒七世在哀悼罗马被洗劫时蓄的长胡；此外还有歌颂这位书法家的十四行诗。帕拉蒂诺的秘书处手写体已经变得又长又窄，字母的高度是宽度的两倍，看起来紧凑而尖锐。斯坦利·莫里森将其描述为阿里吉和塔利恩特自由灵性书体的"结晶和石化"版本，是对"乱世事事禁止"的反应。[91]他还引用詹姆斯·沃德罗普对这种严肃书写体系的描述，"它其实是重构的哥特式黑体"。

一个半世纪之前，彼特拉克和萨卢塔蒂反对书中字形局促难辨的哥特体，引发了书写的改革。哥特体虽然漂亮，但这样的书体不便阅读，而且与人文主义者试图恢复的流畅的古典语言格格不入。因此，彼特拉克和萨卢塔蒂创造了一种清晰可辨的新书体，这样的尝试启发了波焦·布拉乔利尼和尼科洛·尼科利在抄写工作中对书体做出改变，促进了人文主义小写体和意大利秘书处手写体的全面繁荣。书体的变化此时已完成了一圈循环，优雅的意大利体也变得正式而拘谨。帕拉蒂诺对书体的控制力让他的同侪钦佩不已，同时也为他们确立了一个几乎不可能达到的标准。

塔利恩特开启的商人体，出现在帕拉蒂诺的《习字新帖》中，此后流行起来。1524年，阿里吉在他的第二本书《调笔法》中也引入了商人体。帕拉蒂诺使用了米兰、罗马、威尼斯、佛罗伦萨、锡耶纳、热那亚和贝加莫的本地书体，以及其他更正式的书体，如那不勒斯体、公证书体、法式书体、西班牙式书体、伦巴第正式体、草写体、德式书体（同时引用了施瓦巴赫体的字例）等。《习字新帖》中还包含阿拉伯文、印度文、叙利亚文和西里尔文。然而，这里有一个不容忽视的事实，不仅每个国家都有自己的书写风格（对于手写而言，今天也是如此），意大利不同城邦的商人也都有自己独特的书体。16世纪晚期是地方书体变体的高峰期，之后印制书写手册的广泛传播，以及秘书处手写体的流行，使整个欧洲的书写风格更加统一。

书法遗产：克雷希的《各书体范例》

1560年，焦万·弗朗切斯科·克雷希在罗马出版了最后一本影响深远的书写手册。这本手册是16世纪的同类书中最具影响力的（图35）。克雷希为展示罗马大写字母（他摒弃了几何画法，采用手绘）和草写体开辟了一条新的道路。1535年前后，克雷希出生于米兰，是梵蒂冈图书馆的一名抄写员。在他

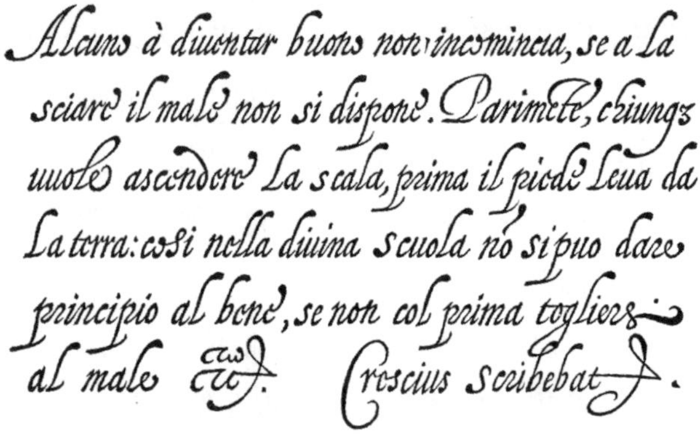

图 35 《书法人天堂》中的钱塞里草写体。G. F. 克雷希，罗马，1570 年

的书出版的那一年，他被任命为"西斯廷教堂的抄写员"，在那里抄写弥撒书、仪式书和唱诗书。[92] 他的《各书体范例》（拉丁语为 *Essemplare di Piu Sorti Lettere*）一书，塑造了欧洲（甚至美国）的书写风格，其影响一直延续到 20 世纪初。克雷希被称为保守的革命者。[93] 虽然他没有指名道姓，但他抨击了帕拉蒂诺的秘书处手写体，认为它是"全是点和角的东西"，狭窄字形不便连笔，使用的笔太粗太方，执笔角度过大，字母不够倾斜。

克雷希提出了一种写起来更快、更实用的用于书信和记账的书体（他对商人体也持批评态度），其字母略微圆润，使用的笔尖较窄，执笔角度较平，字母向右倾斜（10°—15°而不是 5°—8°），字高变低。为了提高书写速度，他对某些字母的形状也进行了修改。他在草写体中重新使用圆润的 r；h 第一笔字干的字脚变短，第二笔形成一个向内弯曲的字碗；d 变圆了；大写字母 L 的字脚变短；像 i、m、n 和 h 等字母的出笔笔画是弯曲的，而不再是尖锐的角；b、d、h 等字母上伸部的顶部，起笔有环形的运笔，呈水滴状。书中除了教导世人的妙语警句，还展示了汇票等实例，并减少了替换字母的数量。他的做法是务实的。

学者兼书法家阿瑟·奥斯利曾描述过这些新式字母形式对书写技艺的影响：

> 这些变化带来的物理影响是，手的旋转运动取代了钱塞里意大利体的笔画往复运动。同时，书写者站在离桌子更远的位置，更多地用手腕的力量控制更细的笔（配合更稀薄的墨水），而不是像之前书写意大利体那样，让笔来完成工作，书写者的手既要轻盈……又要稳定灵活。这时候，意大利书写能手从痴迷字母的几何建构，转为对书写敏捷度的痴迷。[94]

这预示了下个世纪极其重大的文化转变。部分原因是，现在有了可以替代手写的活字和机械印刷技术，可以翻印欧洲主流文献。书写可以自由发展，不再受抄书体，也就是书籍用书体的限制。同时，远航美洲和远东让经济扩张的步伐加快，这意味着是商业而不是政府、宗教或古典学术，注定要成为运用抄写技能和新形式文献的主要领域。

克雷希实用快速的书写方式，以及使用较细的笔尖，满足了他那个时代的需求，法国、荷兰和英国的书写能手纷纷效仿。全新的铜版蚀刻法更加突出他书体的精巧，这种印刷技术和活字印刷一样，也起源于德国。而且这种印刷方式让字母看起来更加清晰，你第一次看清了小尺寸书写每个字母的细节。1571 年（或 1572 年），意大利第一本整本由铜版印刷的书《当前各种皇室御用秘书处手写体的一些范例》（拉丁语为 *Essemplare Utile di Tutte le Sorti di L're Cancelleresche Correntis-sime*）问世，作者是与克雷希同时代的朱利安托尼·赫科拉尼。但早在 1538 年的纽伦堡，了不起的书法大师老约翰·诺伊德费尔（1497—1563 年）[1] 就开始使用这种印刷方式了。他的《书写良序》（德语为 *Ein gute Ordnung*）一书，源源不断地为后世的书法家提供灵感。20 世纪的字体设计巨匠赫尔曼·察普夫，通过一本书法研究的铜版书《钢笔和刻刀》[95]，开启了他的文字生涯，这本书的灵感就来自纽伦堡的书法大师们。老诺伊德费尔的书主要使用德国哥特式字体，开创性地采用半透明纸张制作部分印版，或将文字直接印在正面，这样一方面让他可以从正面直接雕刻，字不需要转镜像；另一方面读者可以直接在纸的背面描画字母。赫科拉尼在他的书中还引入了全新巧思，即使用一页横线纸，横线的高度与小尺寸字母的高度相同。在横线中间画有一系列虚线，标出上伸部和下伸部的位置。横线颜色很深，可以衬在薄纸下面，方便沿线条书写。

在西班牙，弗朗切斯科·卢卡的作品影响深远。在 1571 年于托莱多出版的《书写艺术》中，卢卡主要教授了两种书体，一种是商人圆体，书体精简、直立、圆润；另一种是巴斯塔尔达体，即他个人风格的秘书处手写体。他测量了字母的高度和宽度，沿袭阿拉伯先例，用笔尖的宽度作为衡量标准。他字母

[1]　还有 18 岁的布鲁塞尔书法家克雷芒·佩雷特 1569 年的《字母表练习》。

的宽度比帕拉蒂诺使用的双正方形构成的长方形更宽，高度和宽度更接近三比二的比例。字母比较圆润，没有那么多棱角，"结果是一个漂亮易读的字母，这样的书写方式在西班牙至少延续到 19 世纪"[96]。

米开朗琪罗：古典主义的危机？

伟大的艺术家米开朗琪罗写字用什么书体呢？站在当今，回望历史，我们可以用他的艺术感受力作为晴雨表，发现文艺复兴鼎盛时期书写的变迁，了解他对铭文大写字母和新式书体作何感想，以及他如何预测这些书体的未来变化。

古文字学家阿曼多·彼得鲁奇（Armando Petrucci）在其篇幅不长却颇为经典的著作《公共文字：书体、权力和文化》（*Public Lettering: Script, Power, and Culture*，1980）中指出，米开朗琪罗早年深受时代的影响。我们知道，他早年被送到佛罗伦萨的学校学习经商。在学校里，他学会了佛罗伦萨通用的商人体。之后在某一阶段，他自学了意大利秘书处手写体，书写时饱含力量和激情。在他现存的书信和诗歌中，我们可以看到羽毛笔在纸上留下的深深划痕，甚至戳进纸面。在书写中，他仿佛需要以一种略带侵略性的方式，实实在在地感受书写工具和书写面之间的真实接触。他的字母有着长长的出笔，如 p 向后弯曲的尾巴，是曲线与突角的有力融合，仿佛笔是凿子，一笔下去就会有碎片飞出纸面。早期写意大利体的书写者仅在特殊场合用这种书体，日常仍以哥特草写体为主，米开朗琪罗则不同，他全部的文字内容都是用意大利体。他用这种书体为画作写注解、写信，甚至在赞美朋友托马索·卡瓦列里的十四行诗的精美誊写版中，也小心翼翼地用这种书体抄写。由此可见，他预见了从意大利斜体中发展而来的书体将成为欧洲大部分地区手写体的标准。

在米开朗琪罗的雕塑作品中，他很少使用铭文大写字母。即使用了，也总是有一些创新。但最引人注目的是，在很多完全合适的场景（如果不是必须的话）中，他都没有使用这种书体。因此，位于威克里圣彼得罗的罗马教堂中的教皇尤利乌斯二世墓没有碑文，佛罗伦萨圣洛伦佐大教堂中的美第奇小教堂也没有碑文。佛罗伦萨的洛伦佐图书馆，实际上为铭文创造了完美的建筑框架，却因为没有铭文显得突兀。这就好比一个当代艺术家，为一个先进的多媒体设备安装了所有软件，然后故意让屏幕空白，扬声器无声。彼得鲁奇认为，米开朗琪罗可能对罗马式的仿古典书体并不感冒。

> 这种无动于衷让他能够感受到，仿古典书体在固定的框架中，扁平而毫无生气，字看起来一板一眼、僵硬呆滞，与他赋予雕塑和建筑澎湃的生命气息格格不入。相反，另一种创新的建筑元素的使用，对他来说似乎更有表现力：铭文板空无一字，返璞归真，成为一块纯朴的石板。[97]

彼得鲁奇接着引用了法国小说家和散文家米歇尔·布托尔的一句话，这句话原本是在其他语境下说的，但在这里却很合适。"书写消失在已为它准备好的去处，这是对消失事物的一种怀念，是一种表达空白的方式，也是我们语言的无能，因此也是对全新解读和全新文本的邀请。"[98]

后者的观点应该正是米开朗琪罗的想法。古典书体发展仿佛进入休止期。铭文已经成为城市环境的一部分，与建筑融为一体，如阿尔伯蒂在里米尼的马拉泰斯塔教堂[1]和佛罗伦萨的新圣母大殿的外墙上的作品。铭文也会出现在教皇的坟墓中（第一个使用这种书体的是 1471 年的保罗二世）。雅各布·贝利尼（约 1400—1470 年）在他的素描本中复刻了古典碑文。古典书体在曼特尼亚、佩鲁吉诺、秦梯利、基尔兰达约、拉斐尔等一众艺术家的画作中都有所体现。此时，除了向一个全新方向，一个让米开朗琪罗陷入沉默的发展方向，书体还能往哪里发展？古典书体不仅无法表达他个人的感情，还体现了时代的撕裂，充斥着残酷而不协调的力量。这不仅仅是眼前的战争和动荡，而是可以感觉到的未来几个世纪里宗教的动荡、冲突和变化。事实上，以一种全新的、反古典主义的方式看待文字，并结合当下时代冲突和充满活力的不和谐，这种方式直到 20 世纪才被接受。但米开朗琪罗仿佛那时就感觉到了什么。至少对我来说，这一点在他的最后一件作品中得到了证实，那就是罗马庇亚门内上方的石碑（图 36）。他活了 88 岁，1564 年去世之前，正在创作这件作品。作品大胆而戏剧化的抽象设计令人惊叹。文字只是简单地刻在一整块大理石上，没有凸起的线脚或边框。石板体量很大，下方有纤细的垂挂装饰，石板一部分贴在后面较窄的斜面上，这增加了坚固性，既强调了石板下方的空间，又强调了它的坚固，让石板像是冲进垂挂装饰上方的

[1] "我唯一知道的文艺复兴书体似乎是发源于罗马共和时期的书体。"Nicolete Gray, *A History of Lettering*, Phaidon, 1986, p. 133.

图 36　罗马庇亚门内侧墙壁细节，建于 1561—1565 年

空间，好像将光明从黑暗中分离出来。字母很轻盈，几乎是等线的，字母纤细的结构与它们所在的纯朴厚重的石板既互补又对比鲜明。若非石板存在感强，加之字间距宽大，字母定会被周围浓重的阴影淹没。铭文石板的两侧各有一个涡形花样，巨大的涡纹形状和螺旋动感与石板形成鲜明对比。书体本身并没有什么创新，但这种呈现方式却是完全新鲜的。在 20 世纪之前，这种预言般简单明了的风格，是没有人敢尝试的。

　　米开朗琪罗的其他较小的铭文，成为他后继者遵循的范本，比如 1499 年圣彼得大教堂《圣殇》雕塑中圣母披风缎带上的雕刻签名，或 1538 年他为马可·奥勒留雕像底座留出的加铭文的位置。马可·奥勒留雕像（现藏于罗马的卡比托利欧博物馆）底座上的铭文是刻在弧面上的。弯曲的字母线条刻在惟妙惟肖的布或者盾牌上，用青铜铸造，然后镀金，再用黑色沥青填充，这就是巴洛克铭文刻制师的拿手绝活。这样的铭文纪念雕塑最开始出现在意大利各处教堂的墙壁和过道上，然后逐步向北部扩展。但米开朗琪罗的遗作影响了此后的几个世纪，仿佛在地下撕开了一条通往20世纪的黑暗狭长的隧道；而在地面上，巴洛克和洛可可风格的书体旖旎而来，铺开了一路繁花似锦。

黄金罗盘初现：欧洲北部的印刷业

到米开朗琪罗去世时，印刷书已经有一百多年的历史了。16世纪中叶，成功的印刷商资金充裕，并有覆盖全欧洲的销售网络。

在16世纪30年代，法国取代意大利成为欧洲印刷厂的主要活字供应商。事实上，字体历史学家亨里克·维尔维略特认为，"今天大多数正文字体，无论是罗马的、意大利的、希腊的，还是希伯来的，都直接或间接地来自16世纪法国设计或者完善的字体。它们在1540年左右，也就是法国国王弗朗索瓦一世统治末期，成为统一的欧洲标准"[99]。弗朗索瓦一世（1516—1547年）曾邀请达·芬奇在王室度过自己最后的岁月，也最先派遣法国探险队前往印度，还殖民了加拿大（1541年）。他是第一个与苏莱曼大帝和正在崛起的奥斯曼帝国达成和解的欧洲君主。此时，文学和艺术的重心正在北移。

巴黎字冲雕刻师西蒙·德·科利纳（Simon de Colines，约1490—1546年）是第一个在意大利以外引入风格连贯一致的罗马体和意大利体的印刷商。他的继子罗伯特·艾蒂安以及字冲雕刻师和印刷商安托万·奥热罗紧随其后。奥热罗在1534年圣诞节前夕因异端邪说被勒死后焚尸。但在此之前，他将自己的技术传给了年轻的克劳德·加拉蒙和罗贝尔·格郎容，加拉蒙是 16 世纪中期最杰出的字冲雕刻师（图 37）。

西蒙·德·科利纳的意大利体字体，既借鉴了格里福的阿尔丁意大利体，也借鉴了阿里吉后来更正式的风格。阿里吉很有可能创造了两种字体，第一种带有强烈的个人书法风格烙印，第二种字体则没有那么冗长弯曲的上伸部，且衬线长度适中，略微有点像罗马体。科利纳将这两种趋势引入法国文字设计后，加拉蒙和格朗容二人将这两种趋势融合成一种更易读和流畅的风格。但是，安特卫普的印刷商弗朗索瓦·居约似乎是第一个刻意将罗马体和意大利体当作一套字体的人，他没有把二者当作两种单独的正文字体，而是混排使用。其结果是，意大利体更趋向罗马体，正如哈利·卡特所说，它的特点是"更严肃、更宽广、更圆润"[100]。

安特卫普的印刷商克里斯托弗·普朗坦是当时欧洲北部后起之秀中的佼佼者。之所以能在历史上占据一席之地，是因为他的业务一直延续到 19 世纪，由家族几代人继承。这意味着

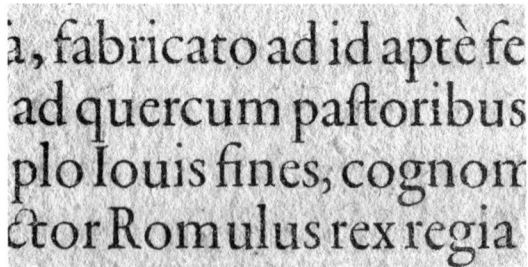

图 37　格朗容在 1566 年设计的大罗马体字体（约 16.5 点）。选自李维《罗马史》，法兰克福，1568 年

普朗坦的档案库保存了下来。这些档案包括他的业务记录、信件、账目，甚至他从同时代人（包括克劳德·加拉蒙和罗贝尔·格朗容）那里订购的铜模和字冲。直到20世纪50年代，我们才意识到他的收藏之广。作为一个字体历史学家，看到这些包裹里面仔细标注了标签的活字、字冲和铜模，我感到无比高兴。而且它们是大师们亲手打造的16世纪的原件！普朗坦的档案库向我们展示了一幅印刷术发明一个世纪后印刷商生活的画卷。[1]

普朗坦出生于1520年前后，住在法国图尔附近。1548年，他与妻子让娜在繁荣的港市安特卫普定居。当时的安特卫普是一个正在崛起的贸易中心，现在是阿尔卑斯山以北最重要的贸易中心。它的繁荣建立在欣欣向荣的纺织业和不断增长的银器、香料贸易上，这得益于15世纪末西班牙和葡萄牙前往美洲和远东的探险。

到1555年，普朗坦拥有了自己的印刷厂，而且建立了当时覆盖最广泛的销售网络。他的书商遍及苏格兰、英格兰、西班牙、法国、德国、意大利、瑞士、波兰和葡萄牙，他的希伯来《圣经》在北非都很畅销。在法国的许多城镇，受他的出版社供应的书店多达十几家。他一年给法兰克福博览会寄两次书，数量多达几千本。这些书和当时运输的大多数书一样，裹着稻草放在木桶里，通过陆路运到科隆，然后乘船沿莱茵河而下。普朗坦在法兰克福有一个存储图书的仓库，那里还保存着普朗

---

[1] 这些档案保存在普朗坦在安特卫普的故居里，即现在的普朗坦－莫雷图斯博物馆。博物馆已被列入联合国教科文组织世界遗产名录。

坦订制的活字铜模，可能是为了租给其他印刷商。

这是一门家族生意。普朗坦的大女儿玛格丽特嫁给了首席校对员弗朗斯·拉菲朗吉斯。他曾在巴黎接受教育，并在剑桥任教，懂拉丁语、希腊语和几种东方语言。二女儿玛蒂娜嫁给了让·莫雷图斯，他是公司的办事员，也是公司运营的商务智囊，而且他经常和普朗坦一起去法兰克福博览会。在安特卫普博览会期间，两个女儿在圣玛丽圣母教堂旁经营了一个书摊，安特卫普博览会每年举办四次。另一个女婿吉勒·艾迪吉斯·贝曾在巴黎做过一段时间的出版社代理。莫雷图斯的一个堂兄是法兰克福的常驻代表。

但是，16 世纪中叶印刷商面临的问题，已不仅仅是物流。印刷书已大量涌入市场，随着图书数量的增加，其他问题也随之而来。此时，世俗和宗教权威开始提防出版界对有阅读能力的公众的影响力。

图书出版的审查制度

图书出版审查制度的历史颇为复杂，不仅因国家而异，有时也因城市而异。宗教和世俗权威因出现大量读物而受到了威胁。据当时的估计，到 15 世纪初，有 1500 万到 2000 万册单行本图书在市面上流通。到 15 世纪 70 年代，大多数图书都会印制 300—400 册。但在 16 世纪初，这一数字开始上升。1587年，英国排字工人和英国书商工会之间的一份协议，明确规定了这个数字的上限，即最大发行量为 1500 册。这大致相当于一天内可以印刷的张数（双面）。这表明此时的生产水平相较一个抄写员一天抄写一两页大开本《圣经》的时代，已经大大提高了。在 16 世纪早期，一些实权人物想要重新控制出版内容，但是他们仅对图书装帧产生了微乎其微的影响，短期内对书体和书写没有任何影响。

1515 年，在第五次拉特兰大公会议上，教皇利奥十世将科隆、美因茨、特里尔和马格德堡管辖区的一项地方规定推广到了整个基督教世界，即出版图书必须事先得到许可，否则出版人将被逐出教会。今天，你拿起任何一本罗马天主教的祈祷书，仍然会看到教皇的许可，也就是谁准许印刷和何时印刷的细节。

在法国，1551 年 7 月 27 日颁布的《夏多布里昂敕令》规定了印刷商应遵循的规则，以便能够追溯作品的来源。规定如下：

> 所有印刷商必须在稳定的城市和秩序井然的工厂进行作业，不得秘密进行。印刷须在有经验的印刷师的领导下进行，他的名字、住所和标记，须体现在所印刷的书中，并注明印刷时间和作者姓名。印刷师将对他或以他的名义和命令所犯下的过失和错误负责。[101]

当权者还试图以其他方式控制出版界。在英国，亨利八世授予个别印刷商出版特定类型文献的皇家垄断权，比如只有一家印刷商可以出版《圣经》、教义问答书或普通法书籍。

然而，此时控制图书源头的力量也有其局限性。因为一本书可以在附近没有这种规定的地区印刷，比如一本在巴黎被禁的书可以从里昂引进。因此，在 16 世纪中期，出现了一种新的控制形式。在某些城市，私藏禁书是一种犯罪行为。巴黎大学和鲁汶大学每年都会编制一份相关书单。1554 年，威尼斯效仿他们的做法，名单中列出了所有作品被列为禁书的人名。教皇保罗四世于 1559 年推出了《教皇禁书索引》[1]，其中包括一些印刷商的名字。这些印刷商的书，即使是世俗性质的，也会因印刷商的"异端"身份而被禁。

不断变化的图书外观

图书外观和文本呈现方式的根本性变化出现在 16 世纪。尽管克里斯托弗·普朗坦在他的礼拜书中仍然使用红色，但此时大多数书都变成了白纸黑字，彩色文字和彩饰已经成为过去。书的开本也变小了，页边距减少了，页边注释也基本取消了。这些变化是为了技术上的简单化和商业上的可行性。纸张是印刷商要承担的所有成本中最高的一项。图书开始有扉页，印着印刷日期、作者和印刷商的名字以及印刷商的标志。早期，这类信息出现在书的末尾，如抄写员的版权页或尾页。书名长度的延长（有时甚至是长句子）仍然能说明，命名的修辞传统胜过了行长和移行断词的排版考虑。

此时，早期字体中用的特殊字形数量已大大减少，这简化了排字的工序。排字时，工人要从他面前的字盘（称为一副铅字）里拣出一个个单独的铅字，然后将单独的铅字按顺序排列在用单手擎着的手盘中。排好的铅字再转移到版框中，这种边框可以固定铅字版面，便于印刷。一页印完后，拆散铅字，将其放回字盘的格子里。大写字母放在字盘上半部分，小写字母

---

[1]　直到 1967 年才被保罗六世废除。

放在下半部分。要替换的替用字形越多，这个过程就越复杂、越耗时。在印刷页面上精简呈现文本，也加快了阅读速度，而缜密的文本结构也让论证思路更加清晰。《圣经》和古典著作都引入了章节编号。原本以一整块的方式呈现的文本，开始拆分成段落。由于同一版印出来的印刷品都是相同的，故而出现了新的文献著录方式。带有页码的索引、脚注和约定俗成的标点符号，都使印刷书籍更容易查阅。

索引的出现至关重要，因为它使图书能够以新的方式阅读。16 世纪最广为流传的植物学出版物，是锡耶纳的医生彼得罗·安德烈亚·马蒂奥利对迪奥斯科里季斯（Dioscorides）[1] 的著作《药理》的所做的评论《药理评论集》（意大利语为 Discorsi）。该书于 1544 年首次出版，并随着美洲、非洲和远东地区新植物的发现而不断更新。16 世纪中期，书中增加了索引，这样人们不仅可以根据植物的名称，还可以根据医疗问题及其解决方法来查阅。[102] 这本书因此成为一部实用的医学著作和植物百科全书。

16 世纪晚期，印刷业彻底站稳了脚跟，这大大促进了欧洲文化的发展。

[1]　迪奥斯科里季斯（约 40—90 年）是一位希腊医生和药学家。

图 c　工作中的印刷工人。窗边的两个人在排字，印刷机旁边的纸堆上，放着一张印好的纸。另一旁，工人正在给铅字上墨，准备下一次印刷。左边的工人正在把准备印刷的纸张打湿。亚伯拉罕·冯·韦尔特的木刻版画，1676 年

第六章　手写回归

Hearing that an Excellent Astronomer of my
acquaintance had oftentimes measur'd the
hight of Cloudy, I enquir'd of him, what highth
he had observ'd them to have, & was answer'd
that though he had measur'd 18 or 20, eun
of white Clouds in fair weather, yet he searce
observ'd any one to be higher then tree quarters
of a mile, & few of them he found to exceed
half a mile.

Twenty shillings & somew above 3/4 of ster-
-ling silling being refin'd to a pound of Lead
(w.ch weighs near 4 times as much) weigh'd after
the Operaton ended but 4 ounces wanting a drachm.

A very Learned & fully creduble acquaintance
of mine inform'd me divers years agoe (& lately
avow'd y.e same thing to me) that in a place
in Wiltshire (he nam'd he seen a Cyons of
an Apletree grafted upon a Willow in bore very
faire fruite, but in he came to tast of y.e Apple
tho it seem'd ripe enough yet it was almost
insipid, & by litle tast it had it seemed to have
borrow'd fro y.e sap of y.e stock not will assimilate
or alter'd: This Exp.t is y.e more considerable bec:
it doe not only show upon how unpromiseing
stocks a Graft may prosper, but that by
Incision a Tree may be made to bare fruite
y.t naturally bares none at all, at least if we
may beleive husbandmen & others, who affirme
y.t here in England y.e Willow-tree bares a kind
of Blossoms but noe fruite, & something (I.A
(I remember not) to y.e same purpose is observ'd by
virgel of y.e same Tree in Italy.

About 3 months before y.e late great Plague
began in London (in the year 1665) there came to
be m.e a Patient of his to desire his advice for
her Husband, & y.e D.r haveing enquir'd w.t ail'd
him, she answer'd that his cheef distemper was a

虽然印刷术已经出现，但手写也在十六七世纪有了进一步发展。新形式的手写文件开始出现，直到 18 世纪初，手写书仍然是文学界的一种特色。这时候，手写体和印刷字体都已简化，书写教育更加普及。这时还出现了教授如何通信的书，欧洲的邮政服务亦得到了发展。最后，文艺复兴激发的知识觉醒，让人们开始重视收集关于可观察世界的第一手资料，而手写满足了这一需求。同时，系统化的笔记和国际通信也为 17 世纪的科学革命提供了支撑。但让人惊讶的是，在印刷术发明 150 年后，手写竟达到了前所未有的流行和普及程度。

通报：时事简报和报纸

16 世纪中叶，一种被称作"通报"（avvisi）的手写小册子开始在威尼斯和罗马流行。通报汇编了新闻和八卦内容，是报纸的前身，由抄写员团队根据从两座城市的大使等候室和政治网络中收集的信息写成。通报作为普通市民的娱乐读物在街上售卖，用词经常很粗鄙。保罗·亚历山德罗·马菲是 18 世纪的教皇庇护五世的传记作者，他曾试图禁止通报，他写道：

> 一方面，他们总是用宿怨作为噱头，文风粗野不受控制；另一方面，充斥着贪婪和私利：凡事都涉及恶意，伴随着谎言，他们既不讲清楚，也不报道真实的情况，这足以传播丑闻并使人名誉扫地。他们无非就是想为这些毫无价值的纸片找来更多读者，从这样的勾当中获取更大的利润。[103]

在欧洲不同的地区，通报被称为公报（*gazette*）、简报（*raggualgli*）、新闻（*nouvelles*）、见闻（*courantes*）、时报（*Zeitungen*）等，一直存续到 17 世纪后期。

在英国，新闻报道没有这么多争议。在伊丽莎白一世时期以及后继的斯图亚特王朝，由通信员向宫廷之外的贵族通报事务。到了 17 世纪 30 年代，这种服务已经专业化，通信员开始收费。如 1631—1632 年间，约翰·波里每年从斯丘达莫尔勋爵处收取 20 英镑，作为每周的通信费用。[104] 1660 年，英格兰共和国结束，君主制恢复，新闻简报发行方有时每周发行几百份手写简报（订阅用户的数量与此相当），订阅者需要每年支付 3—6 英镑的周报费用。有一段时间，早期的印刷报纸与这些手写新闻和通报同时销售。

印刷时代的手写出版

令人惊讶的是，手抄本也一直延续到 17 世纪。在英国，"玄学派"诗人如约翰·邓恩（1572—1631 年）、安德鲁·马维尔（1621—1678 年）、托马斯·特拉赫恩（1636—1674 年）等，其著作主要以手写书的形式流传。18世纪初，亚历山大·蒲柏甚至亲自用精美的书法抄写了他的《田园诗集》（1709年），并使之流传于世。这些手写书可以为诗人带来丰厚的稿酬。自希腊和罗马时代起就有这样的传统，赞助人给予作者赞助，而作者会将作品献给赞助人，赞助人出于感谢会给予作者报酬。手抄本每本都能以不同赞助人的名字作题献，但印刷本则只能有一位。

在17世纪初，印刷书仍不是学者的优先选择，因为他们能从出版自己作品的印刷商那里得到报酬就已经很幸运了。大多数学者在自己的作品印刷出版之后，只能免费得到几本书。人们期望他们写作不是为了盈利，而是为了某种更崇高的目的，无论是学术、宗教、哲学还是政治目的。学者们依靠私人收入或担任公职谋生。英格兰共和国国务委员会的拉丁文秘书约翰·弥尔顿，其名著《失乐园》（1667年）印刷出版后，他只得到5英镑的报酬。1300册售罄后，他又得到5英镑。乔纳森·斯威夫特在亚历山大·蒲柏的劝说下才接受了出版《格列佛游记》（1726年）的报酬。到了1765年，伏尔泰还在痛斥"以写作为生的可悲物种"[105]。手抄本有其不可避免的弊端，即文中可能会有错误。1677年，德莱顿在其《天真时代》（改编自弥尔顿的《失乐园》）印刷版的序言中抱怨道："在我不知情或未经我同意的情况下，几百本书流传到了国外，每一本都有不同的错误，最后损害的都是我的名誉。"[1]这几百本都是手抄的。

[1] Harold Love, *Scribal Publication in Seventeenth-Century England*, Oxford University Press, 1993.

在伦敦，议会辩论记录和其他有新闻价值的公告都以手写的形式迅速传播。相当数量的抄写员（有时多达 50 人）同时工作，根据口述新闻或演讲稿（通常只有一页纸的长度）迅速将文件写好。抄写员还会抄写有争议的小册子，让印刷商免于因诽谤罪被起诉。1601 年 2 月 25 日，英国女王伊丽莎白一世将她的宠臣埃塞克斯伯爵处死，之后匿名的手写小册子流传开来，抗议此事。1601 年 4 月，伦敦市长转交给枢密院一份匿名"控诉书"，是在伦敦交易所的地板上发现的。[106] 把手写的抗议书留在公共场所，是常见的"出版"方式。有人还会把抗议书绑在著名雕像的手上，钉在律师学院或下议院的门上，甚至绑在皇家寝殿的门上。这些张扬的行为可以让（就像路德把他的《九十五条论纲》钉在维滕贝格教堂的门上一样）作品迅速传播开来，之后其他人可能也会想寻一份来看。

1675 年，在给上议院提交的一份报告中，查理二世狂热的保皇派出版许可人和新闻调查员罗杰·莱斯特兰奇爵士明确指出，当时手写的控诉书仍然和图书一样，在伦敦的文具店出售。"控诉书，（我认为）手写的形式比印刷的形式更加危险。它们如此尖刻而犀利。按照出版许可规则，40 份里面应当一份都出版不了。但是若用手抄的方式（不需要许可），它们却可以面世，人们就可以用这种方法来表达自己的观点。"[107]

写信和邮政服务

15 世纪末以来，欧洲各地的邮政服务不断改进，简报和报纸的流通变得便捷起来。1476 年，法国国王路易十一在全国范围内建立了用马递送的邮政系统，每隔 7 里格设置一个备有接力马匹的中继站。[1]自 1489 年起，来自贝加莫的冯·塔克西斯家族就一直为皇帝腓特烈三世递送信件，其范围从意大利远至奥地利。1500 年，递送服务扩展到比利时和低地国家。1516 年，新任神圣罗马帝国皇帝查理五世允许了冯·塔克西斯家族递送私人商务信函和政府简报。该家族的邮政线路因此扩展到西班牙、德国、奥地利、意大利、匈牙利和法国。一封信从布鲁塞尔寄到巴黎需要 36—40 小时，从布鲁塞尔到罗马只需要十天半。[108]

英国的皇家邮政一直在消耗皇家资源。1635 年，英国采取了一些措施来修正这种情况。这时候，可以付费寄送私人信件。费用是：80 英里以内 2 克朗，80—140 英里 4 克朗，140 英里以上 6 克朗，到苏格兰 8 克朗。此前，据推测皇家邮政每年的成本是 3400 英镑。如果一封信平均收费 3 克朗，那么每年运送 27 万封私人信件就可以收回成本。

这种邮政系统不是特别高效，所有信件必须先送到伦敦进行分类，而且每封信只能放一张纸，需要将其折好放妥。[2]工作人员如果怀疑信中超过一页纸，就会对着烛光进行核验，且送到时要收取双倍的费用。信件从伦敦寄出之前，将邮费计算好写在邮包上，邮包上还盖有日期戳。应付的金额被记入信件簿，并注明当地邮政局的名称，邮差必须在送到时收取费用。

所有信件都要从伦敦发出，这带来了意想不到的后果。在英格兰共和国时期，克伦威尔的国务秘书约翰·瑟洛利用这一

[1] 按古制，1 法国里格为 3.248 千米或 2.018 英里。

[2] 送到伦敦会增加很多费用，因为邮费是按信件的运送距离，而不是按邮递地址和投递地址之间的距离来计算的。

便利，在主教门的总信署隔壁开了一间密室，在那里拆开并复制信件，伪造笔迹，复制印章。这些事通常都是在夜里进行的，从晚上十一点到第二天凌晨三四点。[109] 伊丽莎白一世的情报工作则由弗朗西斯·沃尔辛厄姆爵士负责。众所周知，他也曾使用类似见不得光的手段，但此时这种做法已经在邮政部门内部常态化了。至少在 19 世纪之前，邮局总部都有一间这样的专门办公室。

1657 年，克伦威尔成立了邮政总局，这是一个面向整个不列颠的机构。1660 年，斯图亚特王朝复辟后也承认这个机构。因为贸易的压力促进了邮政的扩张，越来越多的人需要使用邮政服务。1650—1714 年间，邮政服务的雇员人数增长了四倍。[110]

大约在这个时候，欧洲各个城市也建立了自己的邮政服务系统。1653 年，伦瓦尔·德·维利埃在巴黎组织了"小邮政"。他在街上设立邮箱，只要交纳 1 索尔的费用，当天就可以将信件送到城市的任何地方。投递前，邮费收据会附在邮包上，这就是现代邮票的前身。尽管许多城市也在借鉴这种做法，但这种特殊的服务亏损严重，不久便破产了。据说，有一个诡计多端的竞争对手试图通过往邮箱里放活老鼠来搞破坏。

到 1680 年，伦敦又多了一个邮政系统，即便士邮政。每次交一便士的费用，就可以收发信件。邮差每隔一小时去邮亭（全市有 500 个邮亭）收一次信，并在两小时内就可以带着回信回来，这相当于我们说的"骑车专程递送"。通信作为一种习惯，越来越流行。1698 年，伦敦的便士邮政共投递了 79.2 万封市内信，另外还有约 7.8 万封信被寄往英国其他地方。[111]

画中的信札

17世纪30年代之后，荷兰风俗画家创作了许多以邮政寄信为主题的作品，我们可以从中了解17世纪书信的样式，以及写信和读信的室内环境。这类作品的题材很特别，即男人和女人（但多数是女人）在读信或写信。当时，绘画已经从刻画神明和达官显贵转向描绘普通家庭生活，从刻画高度戏剧性和有丰富动作的故事转向描绘凝神专注的瞬间。当我们看到维米尔《穿黄裙子的女人》停笔抬头（即图1《写信的女士》），又或者，当我们看到其《穿蓝大衣的女人》中女人怀着身孕站在敞开的窗边，身后墙上挂着一幅大地图，她脸上映着信纸反射的光时，他想表达的内容便呼之欲出。维米尔的小幅作品有近五分之一描绘的是女性读信或者写信的画面。

维米尔的手迹是哥特草写体，直到43岁快要去世时，才改为较大的罗马体，仿佛在宣告自己的艺术地位。在其他文件中，如1655年他和妻子担保的一笔贷款，他的签名小而朴实。在同一份文件上，他妻子（可能是他的许多信件画的模特）的签名冷静熟练，还有带花饰的首字母。很明显，她对自己的笔法相当自豪（图39）[112]。

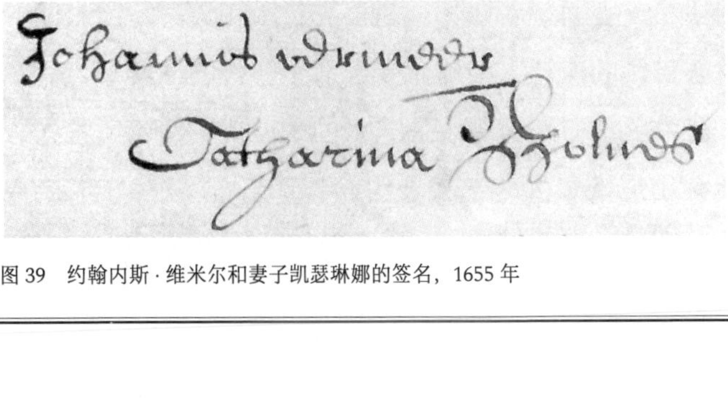

图39 约翰内斯·维米尔和妻子凯瑟琳娜的签名，1655年

1672 年，约伯·贝克海德在《律师或公证人与一位农民客户在他的办公室》中，为我们展示了一个专业的工作环境（图 40）。办公室有很多文件，成捆的信件放在包裹严密的羊毛袋中等待寄送（有时是存放），墙上挂着 8 个这样的袋子，还有其他几个纸捆，信架上有双排信件格，门边有一个书架，书架上放着零星的小文件，沿墙摆着很多皮装书。

　　1532 年，荷尔拜因在伦敦为 34 岁的汉萨商人格奥尔格·吉斯画了一幅肖像。跟这幅画比较，我们可以清楚地看出，在过去的一个半世纪里，写信的材料几乎没有变化。羽毛笔（鹅毛笔是最流行的）和铁胆墨水、封蜡和锡制墨水瓶依然放在手边。到了 17 世纪，相比羊皮纸，普通纸张更加常用，而此时犊皮纸通常只限于律师办公室使用。荷兰风俗画中的纸张尺寸比我们今天使用的标准尺寸稍大一些。人们通常用对折的纸写信，一张信纸至少可以横向折三次，让一端可以塞进另一端，形成一个信封。地址写在信封外面。普通纸张比犊皮纸更易折叠，而且更薄，所以折叠后的信件尺寸比吉斯画像中的要小。我们看到的挂在吉斯办公室墙上的带子和羊皮纸扎带，是用来捆绑较厚的犊皮纸文件的。[1] 他办公的地方很温馨，有一张铺着桌布的桌子，木杆横在墙边作为信架，还有两个雕刻精美的架子，上面放着账簿、量器、货币和天平。所有的一切都是精心布置的，让人能够感受到那个时代的从容悠然。

　　荷兰欣赏一切有关书信艺术的东西，书法备受推崇。经济史学家和维米尔的传记作者约翰·迈克尔·蒙蒂亚斯研究了代

---

[1]　据推测，这些捆绑信件的带子可以循环使用。

图 40 《律师或公证人与一位农民客户在他的办公室》。约伯·阿德里安斯·贝克海德，1672 年

尔夫特 17 世纪住宅中的物品清单，发现人们会在家中展示精美的书法（荷兰语为 schoonscrift，意为"美丽的文字"）和绘画。[113] 1617 年，荷兰书法大师扬·范德费尔得给他的儿子寄了一本《书写艺术之鉴》（荷兰语为 *Spieghel der Schrijfkonste*），这也是他最著名的一部作品。他告诉儿子，这本书可以要价

100 荷兰盾，如果把书拆成单页（有 100 页），每页就是 3—4 荷兰盾。当时一个木匠或熟练砖匠的年薪是 250 荷兰盾。[114] 精美的文字既是昂贵的商品，也是一项让人骄傲的成就。

图 d　汉萨商人格奥尔格·吉斯和他所有的贸易工具。汉斯·荷尔拜因，1532 年。华盛顿国家艺术馆提供

走向英式圆手写体

17 世纪初，对欧洲书法影响最显著的是荷兰的书法大师。

1588 年从西属尼德兰分裂出来的低地国家七个北方省份组成了荷兰共和国，这是一个蒸蒸日上的商业和政治强国。西班牙人在该国南部的严酷统治，使得知识分子和金融精英都逃到了北部，增加了这里的文化活力。至少在墨卡托（生于 1512 年）时期，荷兰北部就盛产书法大师。在普朗坦位于安特卫普的店中，他制作的地图和地球仪，与图书、美酒等产品一起销售（普朗坦贩卖的是一种生活方式）。1540 年，墨卡托制作了一本简明扼要的书写手册，做这个册子实际上是为了帮助那些制作地图的人。当时荷兰的航海事业不断壮大，地图制作师是一个前途光明的职业。墨卡托提倡使用意大利体，而不是哥特草写体，因为它在紧凑的空间中非常容易辨识，而且更方便在地图的空白处进行笔画装饰，可以呈现出很好的视觉效果。这一时期的其他大师，如克雷芒·佩雷特，在 1569 年出版了他的第一本书写手册，当时他只有 18 岁；1571 年，由普朗坦印刷了第二本。约肯德斯·洪迪厄斯的《书写艺术剧院》（荷兰语为 *Theatrum artis scribendi*）是一本书法大师作品汇编集，出版于 1593 年，集子中包括他的妹妹雅克敏、卡斯帕·贝克及其女儿代尔夫特的玛利亚·斯特里克的作品。此外，集子中还收录了贝克一位助手的书法作品，他就是贝克最得意的门生扬·范德费尔得。我们前面已经提过他了，他把自己书的散页寄给儿子。这本书是出版于 1605 年的《书写艺术之鉴》，是他的第四本著作，也是他的代表作。该书多次重印，并被译成法文和拉丁文。他对执笔之手的掌控出色而稳定。为了写出流畅的曲线花饰和结饰（也是他最为人所知之处），他主张用最小的力气握笔，用最硬的羽毛笔来写；下笔前笔先在墨水中浸泡一会儿，笔尖泡软后再起笔。

有几位大师，如墨卡托和洪迪厄斯，在伦敦生活了很长时间。1565 年，法国胡格诺派教徒约翰·德·博谢纳也逃往伦敦。他在 1570 年与约翰·贝尔斯一起编写了第一本英文书写手册《各式书体书》。[1]

简洁、实用是 17 世纪初的书写大师们推崇的特点。然而，当时欧洲北部各国的日常商务书体仍然是各种形式的哥特草写体。扬·范德费尔得确定了低地国家现行的四种书体。

第一种书体与法国人所说的圆体相似。书体比例方正，沉静优美，是其他书体的基础。学生在学习书写时，会最先学习这种书体……其他三种风格则被称为流行书体或快速书体。第一种是直立的，另外两种是倾斜的，其中一种向前倾斜，一种向后倾斜。后两者受德国书体的影响。流行书体中的第一种，是字形最完美的书体，当然也是最漂亮的书体，被法务官、律师和秘书用来书写专利信、请愿书、合同和收据。至于另外两种书体，则适合商人和抄写员快速做笔记或抄写口述文件。115

正如范德费尔得所说，圆体是法国使用的主要正式书体，在正式文件中一直用到 20 世纪初。它也是当代法国手写风格的基础。圆体有两个竞争对手，一个是流线体，由被称为“金融家体”的小字号圆体和简化的巴斯塔尔达意大利体混合而来；另一个是巴斯塔尔达意大利体本身，由克雷希的意大利体发展而来，并由教皇的抄写员卢卡斯·马特罗推广开来。1608年，他的《卢卡斯·马特罗作品集》在阿维尼翁出版。马特罗

[1] 必须提到另一位胡格诺教派的流亡者埃斯泰·英格利斯，她的家人在爱丁堡得到了庇护。她的微型书非常有名，其赞助人包括伊丽莎白一世。

的巴斯塔尔达意大利体（图41）在英国很有影响力，最终演变成了英式圆手写体，在17世纪末和18世纪是欧洲和北美的主流书体。1609年，扬·范德费尔得在重新出版的《书写艺术之鉴》中，使用了这种圆体。英国人马丁·比林斯利1618年的《笔的美德或秘书之乐》中的罗马体，也出现了类似的朴素简洁的风格。英式圆手写体出现在1645年，在理查德·格辛的《笔迹》中，被称为巴斯塔尔达意大利体。他的学生彼得·格里的英式圆手写体优美而直接，在其1667年的《现行各式书体》（拉丁语为 Gerii viri in arte scriptoria）一书中出现了这种书体。格辛的另一个学生托马斯·托拍姆，疑将这种书体传授给了他的学生约翰·阿尔斯，因为它出现在后者1697年或1698年的《笔法指导》中。到18世纪初，人们公认阿尔斯开创了这种书体。书法家约翰·莫尔在1716年的《书法示例》

图41 《卢卡斯·马特罗作品集》中的巴斯塔尔达意大利体，它是英式圆手写体的前身。阿维尼翁，1608年

中写道："已故的阿尔斯上校（托拍姆先生的学生）为我们带来了巴斯塔尔达意大利体，而该手写体已被最杰出的书法大师接受、归化和改进。"人们将这样的伟绩归在阿尔斯身上，这毫不奇怪。他是一个具有传奇色彩的人物，起初只是一位普通的男仆，后任伦敦市长，人们也称他为"少校"或"上校"。像这个时代的许多书法家一样，他对自己的职业高度推崇。他在圣保罗教堂附近开办了名为"手与笔"的书写学校。书写手册和书法作品收藏家塞缪尔·皮普斯对他评价颇高。

实际上，英式圆手写体的出现是各方面合力作用的结果。当时的书法大师认为，这种简明的书体满足了时代的需要。在这个时代，对许多机构来说，迅速而准确的书面记录是至关重要的。其他对塑造书体做出贡献的人包括查尔斯·斯内尔（《打开书法家的宝库》，1694 年）和乔治·谢利（《自然书写》，1709 年）。书法大师和雕刻家乔治·比卡姆（1684—1758 年），在 1733—1741 年间分批出版了《通用书写手册》，帮助普及这种书体。该作品中包含了他亲手雕刻的 25 位当世书法大家笔迹的 210 块雕版（图 42）。

这才是"官方"的历史。然而，当我们在本章后面研究当时的普通书信和记事本时，我们不得不怀疑，那个时代的书法大师到底是引领了潮流还是顺应了潮流。或许因为书写量巨大，这一时期许多知识分子的笔迹，如艾萨克·牛顿和罗伯特·波义耳，都出现了简化的倾向。这不像是他们学写了一种简单的书体，更像是出于实际需要，他们书写时形成了这样的风格。书信众多的英国国王查理二世和他的弟弟约克公爵（也就是未来的詹姆斯二世），在他们的私人书信中也能看出使用了简化

Round Hand.

abbcddefoghhijkkllmnnoppqrsfstuvwxyz.

ABCDEFGHIJKLMMM

NNOPQRSTUVWXXYYZ.

图 42　乔治·比卡姆《通用书写手册》中的英式圆手写体。伦敦，1733—1741 年

的字形。查理的字整洁、舒展、流畅，詹姆斯的字大而有棱角，极具冲击力且占满整个页面，一直写到页面的边缘。

　　以我们今天的标准来判断，书写大师的态度可谓极度傲慢。马丁·比林斯利在《笔的美德或秘书之乐》（1618 年）一书中明确指出，简化的意大利体是英式圆手写体的前身。在 17 世纪初，它是一种女性书体。他写道，人们认为罗马体"是用笔书写的最简单的书体，而且用最短的时间就能学会。因此，通常是妇女才学这种字体，因为她们（除了异想天开和反复无常的态度，她们没有耐心下苦功）只能学会一下就能掌握的东西"[116]。比林斯利这些"异想天开"的言论是超越时代的，至少他认为女性应该学习书写。

　　而尴尬的是，一种据说是为女性设计的书体，同时也为新式商业用书体提供了范本。这使得人们试图将"女性化"的意大利体和"商界人士使用的朴素、有力、整洁的书体，更加明显地区分开来。对他们来说，所有做作的花笔和怪异的鸟纹角饰都须摒弃，就像照直行走不走任何弯路一样"[117]。随着时间的推移，意大利体不断变窄，最后变成我们在比卡姆的书写手册中看到的非常细长的样子。这时候，英式圆手写体的字宽有所增加。

在约翰·阿尔斯的《笔法指导》中，书页末尾的相关字母形状图显示，字母高约 15 个笔尖宽度，宽约 12 个笔尖宽度。[1] 书写英式圆手写体所用笔尖的宽度，是根据想要的字干粗细选择的。

17 世纪末和 18 世纪初的文本中，可以看出英式圆手写体笔画的粗细是怎么来的。今天的普遍观点是，是用尖头笔写出来的，而且施力方面有一定的技巧。但在 17 和 18 世纪的大部分时间里，情况并非如此。当然，这一时期的某些书体，如个别字母的一些元素和花饰（特别是意大利体夸张的首字母）、字高不足 1.5 毫米的小字，或是快速书写的文字，都是通过尖头笔和运笔技巧来实现的。[2] 但是，在 17 世纪末和 18 世纪初，对于巴斯塔尔达意大利体和英式圆手写体来说，笔尖是正方形的，且笔尖的缝开在一侧而不是在中间。阿莱·德·博利厄的《书写的艺术》（1680 年首次在巴黎印刷）指出，笔尖的拇指一侧比四指一侧宽得多（图 43）。写字时，细长的上扬笔画是用宽边（因此较硬）也就是拇指的一侧写出来的，是向右伸展的纤细笔画。写由上至下的笔画时，整个笔尖横铺在纸上，写出一竖条粗重的线。这样就可以写出方形的字脚，这是使用宽尖笔的正常效果。阿莱还用解析图拆解展示了这种书写技巧，使用的例子是小写的 n 和 u。他还解释说，虽然这些字母看起来是相互连接的，实际上并不是，它们是分开的，因为上一个字母的出笔有一定延伸，而下一个字母的字干落在了上面。笔

[1] 大字彼此有重叠，且没有格子，这也是 18 世纪习字手册常见的格式。

[2] 在 1608 年的《卢卡斯·马特罗作品集》中，已经可以看出这种使用非常细尖的笔的趋势。

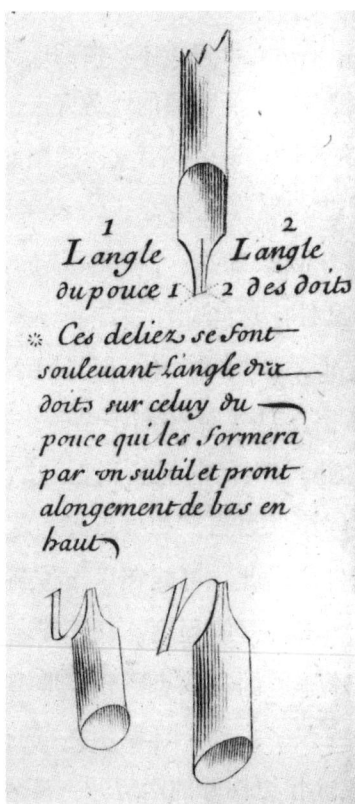

图 43 阿莱·德·博利厄《书写的艺术》中，20 号雕版页边处的拆解图局部放大。巴黎，1680 年

画是重叠的，而不是相互连接的。

识字率提高

同时使用多种书体，阻碍了识字率的提高。当时，识字就是指具备某些领域的读写能力，开始是地域上的，后来是职业上的。不同的职业有不同的要求。法律文件的形式总是最保守

的，也是最一成不变的，因而法律从业者仍然必须学习特定形式的哥特草写体和正式的哥特黑体。他们还得学习如何准备犊皮纸并在上面进行书写，而普通的商务人士已经不需要掌握这些东西了。识字在不同环境中的意义不尽相同。

众所周知，进入现代社会之前，识字率是很难确定的。主要问题是，以什么来衡量？学者关注的是婚姻登记、遗嘱或忠诚宣誓等文件，这些文件会涉及一大部分人口的签名。这些文件可以作为识字率的参考，但我们不知道签署人是不是除了自己的名字，其实什么都不会写。我们还必须认识到，读写能力可能随着时间的推移而变化。就像 20 世纪的儿童在学校里学习的第二语言，如果不勤加练习，就会变得生疏，书写的能力也是如此。可能在早年达到顶峰，然后因疏于使用，退化到无法书写的程度。基于签名得来的数据必然低估了女性的识字率，因为效忠宣誓等典型文件，主要涉及男性。欧洲各地的识字率也不是稳步提高的，有些时候（如16 世纪下半叶至 18 世纪中叶的西班牙）甚至是倒退的。[118] 进步也并非稳步前进，因为政治局势时常动荡。17 世纪初，天主教和新教之间的三十年战争（1618—1648 年），摧毁了欧洲中部的大部分城市，再加上瘟疫的影响，德国和波希米亚地区的人口下降了 30%—60%。[119] 1690—1730 年，欧洲很多地区也经历了长时间的经济衰退，东欧地区直到 20 世纪才有所改善。再者，不同人群掌握书写技能的程度也不尽相同，很难统一进行比较。1666 年，卡昂的一次人口普查显示，该市 90%的熟练纺织工人都会写字（这次普查只统计有连笔的流畅签名），裁缝和鞋匠的数据为 60%，面包师为 55%，石匠和木匠为 40%，织布工为 25%，力工和搬运工为 12%。伊丽莎白时代英格兰的数据显示，贵族中识字是常态，到 1600 年，全国 50% 的商人和手艺人会写字。[120] 但要真正理解这些数据，我们需要不同城市的可比性数据、同一城市同一职业在不同时期的数据，以及一个人一生中不同阶段的数据。

不过，一些大趋势是显而易见的。17 世纪末，欧洲许多人口密集城市的识字率开始上升，这个趋势在 18 世纪下半叶尤其明显。不过有证据表明，在英国，随着工业革命步伐的加快，识字率在 18 世纪末有所放缓。[121] 男性和女性之间的识字率差距略有缩小。一项关于法国婚姻登记簿的研究显示，在 1686—1690 年，29% 的男性和 14% 的女性能够签署文件。而在 1786—1798 年，47% 的男性和 27% 的女性能够签署。一个世纪后，这两个数据分别为 75% 和 61%。[122]

至于英国，我们可以看到托马斯·莫尔 1533 年《道歉书》中的论断，即每 10 个英国人中就有 6 个能够阅读。[123] 但后来有多少人学会了写字？大卫·克雷希没有单纯从需要签名的文件数量中推测，他用的是伊丽莎白一世统治初期全国人口的文盲率，男性为 80%，女性为 95%。内战前后的数据分别为 80% 和 90%；到了斯图亚特时期（1714 年），男性不会签名的比例为 55%，女性为 75%。从 1754 年开始，英国所有的新娘和新郎都必须在官方婚姻登记簿上签字。从这些文献我们看出，到 18 世纪中叶，只有 40% 的男性和 60% 的女性不会签字。[124] 这表明在 100 年的时间里，男性的识字率提高了 40%，女性提高了 30%。

数据的地理分布也很重要。英国的数据来自 1642 年以来所有 18 岁以上的男性在维护《真正的改革新教》的宣誓书上的签名。我们由此得出，至少有 60% 的城镇男性可以签名；在伦敦周边的农村，大约 40% 的男性可以签名；比较偏远的地区，这个数字下降到 30%。

然而，直到现代，我们才有了足够详细的数据，可以在不同区域、国家、社会经济和性别之间进行有效比较。也许更有意义的是，我们可以看看人们都用读写能力做了什么。

教人写信

从 16 世纪中叶开始，法国就出现了印刷的书信写作指南，并很快翻译成荷兰语和英语，为写信人提供参考范本。17 世纪最受欢迎的手册是 1630 年让·皮热·德拉塞尔的《秘书时尚》，该书至少重印了 30 次。在英国，这类早期手册的标题都很有特色，如威廉·富尔伍德的《懒惰的敌人》(1568 年)、亚伯拉罕·弗莱明的《书信集》(1576 年) 和安吉尔·戴的《英语文秘学》(1586 年)。

进入 17 世纪，信件的种类越来越多。让·皮热的《秘书时尚》里有一些求职、保护、提供建议或帮助，以及反驳虚假谣言和请求赦免的信函模板。[125] 此外，还有贺信、感谢信或慰问信，该书最后五分之一的篇幅都是情书。1696 年，在鹿特丹出版的 B. 哈克沃特的《普通信件》以及其他同类手册，其内容更多的是普通函件，如收租信、借据、合同、证言、婚前协议，甚至一年中重大节日的诗意问候等。17 世纪的一些手册，开始有意识地将书信范本作为一种娱乐形式，出现了一系列包含故事情节的书信。1648 年，皮埃尔·德拉尚布尔在哈勒姆（法国和荷兰交界处）出版了《学校用信函范例》，用诙谐的语调讲述了一位送儿子上学的家长的痛苦经历。该书最后一封信的内容是校长要求支付学费。

这些手册对指导人们写信很有帮助，同样地，家庭成员之间的建议和相互通信对此也很有助益。苏珊·怀曼发现，许多家庭的孩子正是通过这种方式真正学会写信的。[126] 日记作家约翰·伊夫林（1620—1706 年）在 15 岁时，因为他父亲"对其烂字非常不满"，所以"把他送进习字学校学习了一两个月"。[127] 他通过与家人的书信往来，让家里几代人都学会了他的书写风格。怀曼研究地方档案，发现赫尔、纽卡斯尔、德比、曼彻斯特和兰开夏的柯克姆等地的商人家庭都是如此。焦虑的父母会收藏孩子们的信件，因为他们明白，写信不仅有助于家庭内部的沟通，还是孩子们在外打拼的重要技能。家长会与朋友分享孩子们寄来的精美信件，并充满爱意地做注释。伊夫林在儿子杰克写的一封信的背面，潦草地写道："杰克写这封信时只有 12 岁。"[128]

观察和注释

正如我们在文艺复兴时期所看到的那样，人类精神运动、想象力的微妙影响和新的经验，往往能够引起字形和文字内容的变化。正如古文字学家詹姆斯·沃德罗普所见，文字"变成那样"，"并不是因为它们本身的潜在性，而是因为它们背后的目的；因为（用最简单的方式说）所有时代的人和物，都是受特定的知识、社会和经济背景限制的；因为人们（原文或特指男性）追求这样或那样的理想、幻想、欲望，并在这个过程中创造或迷失自己。因此，学生可能会被引向一个结论，一个足够老套但常常被忽略的结论——古文字学（研究古代文字的学科）的最终价值，如同任何人文研究一样，就在于它能告诉我们关于人和物的事情"。[129] 16 世纪末和 17 世纪的欧洲文化，对手写愈加重视，这标志着对第一手经验的记录价值和交流价值的全新关注。实际上，这种趋势自黑死病流行的黑暗时期和人文主义诞生以来，一直非常明显。当时，它带来了文学、神学、艺术和建筑，以及对古典世界的鉴赏等领域的新发展；现在，它将带来一场科学革命和一个"启蒙时代"。

早在 1543 年，来自帕多瓦的解剖学家安德烈·维萨里（1514—1564 年）就出版了一本开创性的著作《人体构造》（拉丁语为 De corporis fabrica）。书中有详细的关于解剖的木版画，确立了准确描绘人体的新标准。这本书绘图极其精准，因为这是维萨里亲自进行解剖的，并且一边解剖一边做笔记和绘图，这彻底打破了之前的传统。当时的正常程序是，理发师 — 外科医生（在中世纪，理发师和外科医生通常是同一个人。——编者注）要按照一位内科医生制定的说明进行解剖。这位内科医生就是罗马时期的盖伦（129—199 年），他是一位无可争议的医学权威。甚至达·芬奇一些未公开的解剖报告，也是按照盖伦的解剖说明进行的。维萨里指出，盖伦的著作在许多方面都有不足之处。[130] 他还发现，盖伦从来没有解剖过人类的尸体，只解剖过地中海猕猴。在他那个时代，罗马不允许解剖人的尸体。

同样，直接观察的方法也从根本上改变了药用植物学。1530 年，奥托·布伦费尔斯出版了《本草写生图谱》（拉丁文为 Herbarum vivae icones）。书中的 260 幅木刻图，是由阿尔布雷特·丢勒的学生汉斯·魏迪茨创作的。这些木刻图都是通过观察活的植物画出来的，而不是单纯复制之前书中的图画。魏迪茨还画出了叶子上虫子咬过的痕迹，甚至还有耷拉枯萎的花朵。他的绘画非常精确，以木刻版画的形式广泛传播，这使得植物学家第一次有可能就所描绘的植物达成一致。欧洲各地的植物名称各不相同，但此时却有了共同的术语。

　　严谨的观察和注释也促进了其他领域的发展。伽利略·伽利雷依靠直接观察，证实了波兰牧师也是天文学家的哥白尼和德国人约翰内斯·开普勒的发现，即地球是一颗围绕太阳运行的行星。为了证明这一理论，伽利略使用了透镜和望远镜，在笔记本上用图片非常详细地记录了他的观察结果。1610 年 1 月，他观测到卫星围绕木星旋转的现象。一个天体围绕另外一个天体旋转，是对托勒密式宇宙理解的致命打击。托勒密的"地心说"认为所有天体都围绕地球运动。但是伽利略后来不得不放弃他的观点，因为教会认为他在挑战基督教的教义。伽利略在 1615 年给克里斯蒂娜·德·美第奇的信中说出了问题的关键："我认为，在讨论物理问题时，我们不应该从经文的权威性出发，而应该从感官经验和必要的证明出发。"[131] 值得注意的是，他给克里斯蒂娜的信在公开后的前 20 年里，只以手稿的形式流传。在英国，哲学家和政客弗朗西斯·培根（1561—1626 年）也主张，对世界的认识应建立在经验和观察的推理结果之上。此后，如 1575 年奥兰治亲王威廉建立的荷兰莱顿大学等新式大学，不仅有讲堂和图书馆，还有解剖室、植物园、实验室、天文台和博物馆。从这个角度来说，书本学习的权威性正在减弱。虽然在文艺复兴开始的时候，博学多识意味着收藏并饱读所有已知古典作品、《圣经》及其主要评论集，但此时这样已经不够了。人们已经证实，世界上存在这些早期权威所不知道的知识。

医学、植物学、天文学和地理学等新科学的基础是直接观察、演示和实验，而这种方法的核心是完整地保存原始记录，即学者的笔记和草图本。手写记录不再只是国家或统计所的工具，这些纸张如同铁砧，将个人对物质世界的理解锤炼为知识。之后，这些发现并不是通过书本，而是通过信件（通常是用拉丁文写的书信），传达给其他人。

当时，人们通过手写文件、通信、公众集会和宣读作品的形式，整合不同的观点，并将各种观点系统而完整地记录下来，这催生了很多重大成就。详细的文件记录越来越重要，它使更大范围的合作和跨地理区域的项目成为可能。英国在 1611 年出版了钦定版《圣经》（*King James Bible*），国王召集了 40 位学者，让他们共同完成这项学术研究工作。英语中许多常用语的生动表达和措辞，都是这样形成的。1623 年，威廉·莎士比亚的搭档演员，也是他的好友约翰·海明和亨利·康德尔制作了莎士比亚作品集《第一对开本》，他们在书中认真整理并对比了所有能得到的资料，包含精美的手抄本、提词本、早期印刷的四开本和莎士比亚的亲笔草稿（即原始手稿），第一本莎士比亚的权威戏剧作品集就这样诞生了。

编纂莎士比亚《第一对开本》使用了各种来源的版本，可以看出，当时在无数工作场所、家庭和社区里，有五花八门的手稿、个人日记、普通图书和地区性小型书写指导手册，这些文件或许从未见过天日。自亨利八世解散修道院以来，英国本笃会的修士和修女们一直过着流亡的生活。本笃会有个特别的宝藏，即他们 17 世纪最伟大的精神导师、威尔士修士奥古斯丁·贝克神父（1575—1641 年）的众多手稿。这些作品包括 100

多本手稿形式的书，但这些资料，我们只能通过 1657 年出版的经过大量改编和系统化汇编的《圣索菲亚》(Sancta Sophia)稍做了解。[132] 17 世纪早期的手稿直到现在才出版。[133]

手写与科学时代

精心编纂的手写文献，让 17 世纪成为欧洲历史上最具创造力的时期，但是这些文献中的字并不精美。这些司空见惯的文件一般都不是出自写作大师的妙手，只是一些快速写成的手稿，久而久之，这就形成了个人独特的书写风格。这样的文件看起来平平无奇，其重要意义很容易被忽略。

2006 年 1 月，汉普郡一栋不知房主的房子里，一位估价师在评估一部破旧得像《哈利·波特》电影道具一样的手抄本，本子长达 500 页，写得密密麻麻。手抄本的样子是主人事后向人们展示的，这时候估价师已经穿上大衣准备离开了。在过去 50 年里，这本书一直被放在柜子深处的盒子里，和一些旧戏单及其他文件放在一起。费利克斯·普赖尔（邦瀚斯拍卖行的手抄本顾问）后来说："我看到的第一页第一行写着'克里斯托弗·雷恩爵士作为主席'，我知道眼前的是之前消失的皇家学会的会议记录……然后我看到了下面这些名字：雷恩、莱布尼茨、奥布里、伊夫林、牛顿，接着我认出了罗伯特·胡克的字迹。那是一个神奇的时刻。"[1]

---

[1] 见 2006 年 2 月《卫报》。也见 R. Adams and L. Jardine, "The Return of the Hooke Folio", *Notes and Records of the Royal Society*, 2006, 60, pp. 235—239, published online 8 September 2006。

伦敦皇家学会是世界上第一个有研究基金的科学院，标榜"提倡通过实验、观察和国际通信进行的全新学习方式"。皇家学会大约出现在 17 世纪 40 年代末，由朋友之间的非正式集会和通信逐渐演变而来。科学家朋友们每周聚会一次，观察实验并讨论结果，其会训是"不随他人之言"（拉丁文为 Nullius in verba）。1660 年英国恢复了君主制，他们决定正式成立机构，并在两年后获得了皇家特许。

学会致力于分享知识，欢迎海外科学家参加会议。学会的秘书亨利·奥尔登伯格（原籍不来梅）扮演了欧洲各地科学家信件交换员的角色。他把牛顿的信转交给德国的莱布尼茨，让他知道在会议上对他信件的反馈，然后征求他的答复。从这些信中摘录的内容会发表在学会的《哲学汇刊》上，这实际上是最早的同行评议期刊之一。

对于研究书法的历史学家而言，17 世纪经常被一笔带过。也许我们会因书法大师不可思议的装腔作势感到难堪，艾萨克·迪斯雷利则对那些自负之人嗤之以鼻，称他们"将羽毛笔当成万岁爷"，他们写的东西华而不实。但是，在皇家学会那些刚崭露头角的科学家、化学家和哲学家以及他们通信员的文件和笔记本中，我们可以看到第一批可识别的现代笔迹。笛卡儿谦逊的环形草写体，天文学家埃德蒙·哈雷、化学家波义耳以及牛顿流畅的手迹，看起来与上个世纪任何时候的字迹都别无二致。他们的书体也不是一直这么"与时俱进"，也会有所倒退，这时候的书写还处于过渡时期。罗伯特·波义耳（1627—1691 年）一生中笔迹变化极大。在他的第 21 号笔记本的某一页上（见本章首图图 38），我们可以看到页面顶部（第 201 条）的笔迹流畅自然，而下方的笔迹就偏僵硬夸张，让人想起比林斯利的笔迹，与第 201 条形成了鲜明的对比。[134]在这页的左侧页边处，在笔迹发生变化的位置，他写下了"抄录"二字。似乎抄录这一行为让他有了某种社会层面的自觉，让他觉得自己必须要炫一下技，展示自己精美的笔法。

牛顿出生于 1643 年 1 月 4 日，在林肯郡长大。他的父母都不识字，他的父亲在他出生前就去世了。12 岁时，他被送去格兰瑟姆上学。他用母亲给的两个半便士买了一个犊皮纸封面的小笔记本。他用很小的字在本子上写下了"这本书属于艾萨克·牛顿"，这行字之后是他的笔记：

……绘画工具。

乌鸦羽毛笔

又厚又光滑的纸

和浅色薄纸

特细羊皮纸

一把平而细的铜尺

一把圆规

一根羽毛笔

和各式铅坠

和用来绘画的各色粉蜡笔

牛顿在毕业时就绘出了一年的太阳高度图，他的信件被当作书信范本，他还发明了基于声音的密码。1661 年他去剑桥学习时，把这本笔记本也带到了那里。笔记本记满后，他又买了一本 90 毫米 × 140 毫米（3.5 英寸 × 5.5 英寸）的皮面笔记本。就是在这个小本子中，他首次写下了关于光学和动量的革命性观点。他在剑桥学习期间的笔记本，现有四本存世。

这个小本子上写满了细小的文字，颇像艺术家的速写本，有一种自由的感觉。这与那个时期的欧洲历史是契合的，那时候，某些书体要去掉娇饰。弗朗西斯·培根曾说过，任何科学努力的第一要务都是清除可能影响一个人判断力的歪曲思想。他列举了四种情况，即社群、书房、市场和剧院。换句话说，我们必须远离社会从众性和象牙塔，不将想法强加于人，不要只关注自己（以一种戏剧性的姿态），才能真正地了解世界。写字上也是如此，这种全新的探索最好远离精美的书法、打格的页面和古典田园诗，在写作材料和形式上也要更加灵活，把修改和删除作为书写过程的一部分。这让我想起了苏珊·伯诺夫斯基，在评论现代主义作家罗伯特·瓦尔泽（1878—1956 年）使用的微型字缘起时说道，他那时手部受心理影响而痉挛，书写受限，"因此，他采用了一种全新的书写方式，放弃了具有悠久而令人生畏书法历史的钢笔，转而使用低级的铅笔，一种为儿童准备的工具，并且用小得无法辨认的潦草文字写满一页又一页。他从根本上打破了曾经追求的、书写要优雅漂亮的美学理想"。于是他的作品重新焕发了生机。17 世纪中叶也是很多欧洲人不再追求笔迹优美的时期，也许这就是字体历史家总是觉得这一时期很难描述的原因。这并不只是因为此时印刷书承担了传承主流知识的责任，以及由此对易读性产生的所有要求，还因为某些手写体开始用于不同的场合。现在，不完美、缺乏知识、晦涩难懂的东西都成了探索的领域，而这些怀疑和试探的时刻，必须和我们无比确定的高光时刻一样载入史册。具有讽刺意味的是，在启蒙运动时期，除了书法大师的书写手册以及账房和律师办公室里一丝不苟的文件，书写的地位实际上降低了，变得家常、细碎而疲倦。正如奥维德在他的《变形记》中所言，这是可以安全地在不经意间让众神一笑的唯一方式。[1]

牛顿笔迹的现代感来自其奔涌的流动感，而这种流动感是基于自由流动的思想。我又想起了瓦尔泽。南非剧作家 J. M. 库切在 2000 年 11 月 2 日的《纽约书评》上撰文，强调瓦尔泽铅笔法的益处。"瓦尔泽需要先让手稳定而有节奏地动起来，然后才能文思涌动，让手和思想一起流动起来。在 1926—1927 年的《铅笔草图》这篇文章中，他提到了铅笔法让他感受到'独特的幸福感'。他还在别的地方道：'它让我平静下来，也让我开心起来。'瓦尔泽的文字既不是由逻辑驱动，也不是由叙事驱动，而是由心情、幻想和联想驱动——在气质上，与其说他是一个思想家或讲故事的人，不如说是一个散文家。铅笔和自创的速记文字（以德国聚特林书写体为基础），让他有目的的、不间断但又如梦幻般的手部运动，成为创作不可或缺的一部分。"书写和思想本身都流入了新的渠道。

也许皇家学会及其所代表的文化，还有其他一些东西促进了手写体的简洁化。1667 年，皇家学会的第一位历史学家斯普拉特主教，研究了成员们的语言使用情况。他写道：

成员们有始终如一的决心，拒绝所有夸张、离谱和浮

---

[1] 见奥维德《变形记》最后一节，他对费莱蒙和鲍西斯的描述。

夸的风格，回到原始的纯洁和精干的状态，当时人们几乎用同样的字数来表达更多的东西。成员们还提炼了一种严谨、精简、自然的说话方式，积极的表达方式和清楚的感官，这是本质上的轻松。他们使所有的事物都尽可能地接近数学的朴素，他们更喜欢工匠、乡下人和商人的语言，而不是智者或学者的语言。[135]

商业的可信度

英国皇家学会鼓励说和写都简单明了，其他机构也在为商业中手写文字的使用制定更精确的标准。早在 16 世纪，卢卡·帕乔利（1446—1517 年）和老约翰·诺伊德费尔（1497—1563 年）等前辈在教授书写和字母结构的时候，就已经在教授算术和记账了。但是，当时新的私立学校如雨后春笋般出现，为繁荣商业国家的商店、办公室、仓库和账房培养文员和会计，这些学校规模都很大。这一时期最成功的一家私立写作和会计学院，是伦敦小塔街托马斯·瓦茨的学校。学校雇用了四位书法教师、一名全职法语教师和几名兼职教师。这种学校有自己的宿舍，其课业可以延续几年，因此要求文员的笔迹要有很高的可读性和准确性。筹集资本和从商之人最重要的资源是信誉，而企业的可信度在于其账簿。正如威廉·莱基在《论笔的使用》（1766 年）中写道："书写应该一气呵成，之后的修改让信件不再是写出来的，而是画出来的，或者说用补丁打出来的。而那些额外的修补，会让书写失去应有的意义。"账目应"保持整洁干净"，"没有涂改、污迹或错行"。[136] 此时，书写人笼罩着为国家的财富和海外冒险做出了贡献的光环。乔治·比卡姆在《英国君主制》（1743 年）中用地图、图片和散文的形式，展示了属于大不列颠国王的领土范围，他写道："所有这些用英式圆手写体标示的国家、岛屿、堡垒和定居点，都属于国王。"[137] 这里，笔法对帝国产生了影响。

英国东印度公司的官员和职员，对国家财富的贡献就是一个特别好的例子。1600 年 12 月 31 日，该公司由皇家特许成立。到 17 世纪末，公司与印度的贸易从西海岸的苏拉特延续到次大陆东侧科罗曼德海岸的圣乔治堡，下设很多向他们汇报的分中心。1675 年，也就是牛顿第一次出席皇家学会的那一年，新的行政长官斯金沙·马斯特来到了圣乔治堡。他负责"规范和整理"贸易点或工厂。在迈尔斯·奥格本引人入胜的《墨汁》[138] 一书中，他向我们展示了这家公司如何凭借强大的记录来处理复杂的业务。对公司来说，在印度任职的个别官员利用职务之便进行个人交易，而不是为公司谋利，一直是最大的危险。公司打算通过认真记录和密切监督所有交易和决策的流程，来避免这种情况。这就是将科学家的仔细观察和系统记录方法应用于商业的实例。

该公司曾在 1667 年向其官员印发开展业务的规定，但这些规定后来并未推行。斯金沙·马斯特建立的制度，明确了办事程序和区域划分，维护了公司利益。最终，该公司因组织严密，在印度和伦敦两地分别保留了档案，这使其贸易点在两个世纪的时间里不断扩大和发展，成为一股强大的商业和政治力量，对印度次大陆的历史产生了决定性的影响。

公司在印度的日常运营中，开会和会议记录簿是非常重要的。马斯特要求每周召开两次会议，分别在周一和周四，早上八点开始。只有特定的官员才可以参加，而且如果没有得到伦敦的批准，任何人都不得缺席，只有极端情况才可以请假。所有的决定都要经过自由公开的讨论，然后进行表决。即使没有做出决定，讨论情况也要记录在会议记录簿上。不同的意见也要记录在案，最重要的是，所有与会者都要在每一条记录或修正案上签字，以确认它是真实的记录。这样一来，公司事务就是由大家讨论决定的，杜绝了一言堂。各分处的会议记录簿也需逐级上报，以备审查。分处每年都要将记录副本全部寄往伦敦，也由全体理事会成员签字。会议记录簿本身也会供公众阅览，任何"公司商人、代理商、记录员和学徒"都不得"被禁止或不允许看到我们的会议记录簿和相关事务"。因为，正如公司官员在 1662 年审查一名雇员时所言，"公平和诚实的交易不怕见光"。在培训职员的时候，会议记录簿也会被用作案例，人们可以从中总结出一些智慧。记录簿的所有权归公司所有，并一直保存在记录办公室，这是马斯特的另一个创新之处。所有工作都必须在办公室进行，办公室主管也在那里办公。这为书记员们明确了纪律，他们不得再私下处理事务。所有的账簿和账目都必须保存在这个房间里，决不能带走。

在 17 世纪末的伦敦，海军委员会秘书塞缪尔·佩皮斯对皇家海军的文件程序进行了类似的全面改革。他要求船长们记日记，并将所有在海上发出或收到的命令都记在一本记录簿上。等返回伦敦后，所有的日记本和命令簿都要交给他检查。在外国港口时，船长和领事有义务定期提供有关议事程序的报告，并附上日记中的摘录。佩皮斯的目的是"彻底了解每艘执行外派任务的船只的状况、服役情况和流程"[139]。

现代社会学家安东尼·吉本斯把这种材料和社会过程环环相扣的做法称为"结构化",指做一件事的过程、最终结果和所遵行的制度本身是相互成就的,每一个环节都帮助催生另一个。

决策过程的结构化及其对相关文件的考量,说明了17世纪书写世界的一个重要特点。此时,学术界和民间社会的各种文件,对欧洲社会的运行越来越重要。文件的各个部分以及文件如何运作,逐渐成为人们密切关注的问题。17世纪末,书面文件的问题主要是一致性。我们如何确保文件与其意图相符?我们如何才能保证记录准确有效?谁在何时写了这份文件?书写者有什么权利?

这里与哲学家和科学家提出的问题不谋而合。牛顿和他同时代的科学家在寻求自然界运作的真相,他们想知道宇宙如何运行。洛克和霍布斯等哲学家提出了关于人类个体及其身份和权利的问题,人与财产、自身和国家的关系如何?在自然科学领域,显微镜出现了,人们可以借助它研究事物的构成、工作部件和秩序。1665年,罗伯特·胡克的《显微图谱》(即用放大镜对微小物体进行一些生理学描述)问世,这本书也是皇家学会的第一份出版物。分析思维在当时非常流行,也应用于写作和文件中。

第七章　确立书写世界秩序

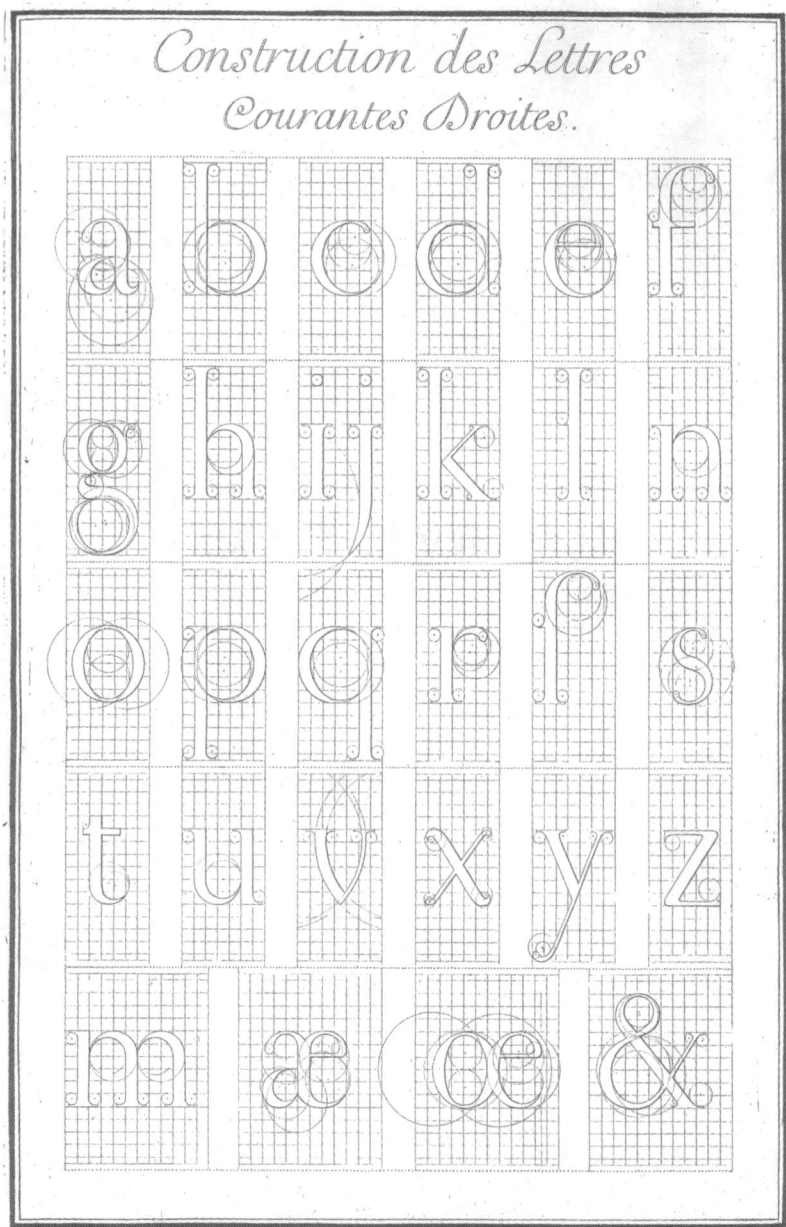

图 44　写在栅格中的小写罗马字母。路易·西莫诺雕刻，1695 年

这一时期，如同人们将注意力转向书信、科学文献、贸易关系和贸易活动等有关文件的精心撰写，历史文献的撰写和地位也迎来了全新的、研究性的探索。

1675 年，也就是斯金沙·马斯特启航前往印度那年，荷兰耶稣会学者丹尼尔·范·帕彭布鲁克（1628—1714 年）出版了《圣徒行传》的第二卷，这也是他一生中的主要著作。这部作品是帕彭布鲁克的同侪黑里贝特·罗斯韦德（1569—1629 年）和他的助手让·博兰德（1596—1665 年）心血的结晶，后者也是"博兰德学派"的创立者。他们出版了一部完整的关于基督教圣徒生活的书。通过梳理欧洲修道院图书馆的资料，他们积累了大量的故事素材。他们为每本书都写了一篇序言，其中包括对作者的说明以及他们所收集的著作的历史价值。这项工作体量浩繁到一个人穷尽一生都无法完成，这部巨著的编纂一直持续到 1915 年。帕彭布鲁克是参与此事的第三代学者。

前辈学者对原始资料的历史评估，让帕彭布鲁克在第二卷的序言部分加入一些关于辨别真伪文献的内容。丹尼尔·范·帕彭布鲁克是现代历史批评方法的奠基人之一，他用这种方法来评估文本的构成和所引文献的贡献。19 世纪后期，人们用这种方法解读基督教经文，产生了相当大的影响。但当时，这种方法只是提高了人们对文献规范性的关注程度。今天我们可能将其归入考古学，具体内容包括研究印章、书写风格、语言使用等方面。

在第二卷的序言中，帕彭布鲁克提到一件事。据说，646 年，墨洛温王朝国王达戈贝尔特一世给圣丹尼斯修士的特许状是一份伪造的文件。这份文件是确定修士们对其修道院权利的产权契约。法国本笃会修道院的许多土地权利都是由类似的地契证明的，因此这件事引起了广泛的不安。刚刚经历改革的圣莫尔本笃会成员中有许多学者，他们请让·马比雍神父（1632—1707 年）验证帕彭布鲁克的说法。马比雍没有立刻反驳，而是决定根据学术和科学原则进行辩护。经过六年的深入研究，他出版了研究成果《古文书学六卷》（拉丁语为 De re diplomatica）。该书不仅讨论了受质疑的约章（马比雍同意其为伪造，同时也鉴定了帕彭布鲁克质疑的其他约章），更重要的是，马比雍讨论了他所谓的"公文研究"这一更广泛的话题。这里的公文指与公务活动有关的东西，也是中世纪代表特许状的另一种表述。他这样做，就把文献的历史研究带入了现实。

马比雍对公文研究的定义是，涉及所有历史文件及其相关附件（印章、签名、题字，甚至是已擦除的内容）的年代、语言、材料和书写风格的研究。梵蒂冈图书馆馆长波义尔神父（1923—1999 年）也是这方面的专家，还是一个作风大胆、嗜烟如命的爱尔兰裔加拿大人，他将这门学问总结为五个 W（who, what, when, where, why），即文献的人物、内容、时间、地点和原因。[140]

马比雍的著作分析了不同种类的特许状，证明皇家特许状很早就出现了，另外还研究了用于书写的材料，以及抄写员使用的墨水、书体。第二卷研究了这些文件所使用的语言、特许状的不同部分、时间落款和印章的不同风格，第三卷重点研究了帕彭布鲁克质疑的特许状，第四卷列出了起草特许状的法国国王的居所，第五卷介绍了不同风格的古代笔迹的雕版插图，第六卷则包含 200 多份被认为是真迹的文件的注释文本。这绝对是一部力作。

后来，帕彭布鲁克致信祝贺马比雍的研究成果。他的贺信值得我们引用：

> 诚然，在初读您的著作时，我感到有些痛苦，觉得面对您的驳斥，毫无反击之力。但最后，看到这部珍贵的作品既有实用价值，又行文优美，我很快就走出了这种不适。并且，我看到了真理最清晰的光芒，内心充满了喜悦。我也邀请了我的同伴拜读，分享我的钦佩之情。因此，只要有机会，请毫不犹豫地公开说，我完全同意您的观点。我希望能得到您的垂爱，我并不是一个有学问的人，而是一个渴望学习的人。

马比雍回复了帕彭布鲁克，表示他热情洋溢的赞誉才是闪耀着人性光辉的更大成就，比自己写的任何东西都更值得赞誉。[141]

马比雍的研究启发了他的晚辈伯纳德·德蒙福孔（1655—

1741 年），后者后来完成了关于希腊文字的类似著作。他 1708 年出版的《古希腊文字学》（拉丁语为 *Paleographica graeca*）在接下来的两个世纪里，一直是这个领域的标杆。他还发明了"古文字学"一词来概括对古代文字和图书制作的学术研究。正如 1709 年《古文书学六卷》遗版的编辑蒂埃里·鲁纳特所言，马比雍的作品对法国、德国、西班牙、意大利和英国的学者都产生了广泛影响。在同时代的学者眼中，马比雍证实了编写的历史是一门科学，它有一个可以追溯的故事线。

然而，马比雍的研究有一处谬误，在他死后五年才被发现。在叙述不同风格的笔迹时，他认为我们看到的许多罗马时代末期出现的书体，是由不同的野蛮人入侵者带来，这些野蛮人的入侵导致了罗马帝国的崩溃。1712 年，真相浮出水面，维罗纳的希皮奥内·马费伊侯爵发起了一场寻找城内大教堂图书馆遗失图书的行动。这些古典主义晚期的书在文艺复兴时期出现过，但后来不知所终。他在一个清晨得到了找到这些书的消息。他异常兴奋，直接穿着睡衣穿过街道跑到了大教堂。这些书是在一个大柜子上面找到的，放在那里是为了防止水淹，结果后来被遗忘了。马费伊开始研究这些早期的书卷，他意识到，令马比雍感到困惑的各种书体，其实是由标准的罗马大写字母和小写字母的草写体自然演化而来，而不是在野蛮人部落中独立产生的，它是由早期的罗马体经过漫长而耐心的进化产生的。这是书写史的达尔文时刻。至此，欧洲文字不仅年代可考，而且整理出一个从未间断的连续演化过程，从希腊和罗马时代一直延续到马费伊的年代。古文字学家也学到了宝贵的一课——在发表意见之前，必须查阅所有证据。马比雍虽然到过意大利，但没有收集到足够的罗马晚期的证据。

科学的字体设计：国王罗马体

现在看来，1675 年是 17 世纪书写史上具有开创性意义的一年。那一年斯金沙·马斯特启程前往印度；帕彭布鲁克出版了他的第二卷《圣徒行传》；巴黎成立了一个小委员会，研究现代工艺。这个委员会是在法国国王路易十四的财政大臣让-巴蒂斯特·科尔贝（1619—1683 年）的倡议下成立的。他一直负责改善法国经济福利的工作。科尔贝从改革税收制度开始，然后转向工业领域。1675 年，他命法国科学院研究工艺技术，以便通过应用新的科学知识来改进提高技术水平。九年前，在科尔贝的建议下，路易十四成立了法国科学院。

就精美字体的起源而言，法国已有一段辉煌的历史。16 世纪中叶，不断涌现的娴熟刻字师让法国风光无限。但现在情况发生了变化，法国的字体设计已经变得呆板而无新意。17 世纪中叶，像克里斯托弗·范迪克（1601—1670 年）这样的荷兰设计师才是当世翘楚。这也是英国印刷商和皇家水文地理学家约瑟夫·莫克森的观点。他在《全面印刷技术机械训练》（1683—1684 年）一书中，对其大加赞美："人们普遍认为晚期的荷兰字体，是当之无愧的最佳字体……字母比其他字体更为丰满，便于阅读和辨认。粗笔画和倾斜笔画错落有致，完美地融合在一起。"[142]

此时的法国由"太阳王"路易十四统治，华丽感和仪式感已经成为皇权的表现方式。尽管路易十四规定他凡尔赛宫的个人图书馆只接受手写的书稿，但我们还是要重新审视一下法式印刷字体设计的品质。

1693 年，法国科学院终于开始了字体设计工作，成立了一个研究印刷字体的委员会，"因为这是一门记录所有其他艺术的艺术"[1]。委员会收集了来自书法家、活版排印师和历史学家的字形，其中包括约瑟夫·莫克森和让·马比雍神父的作品，后者将《古文书学六卷》献给了科尔贝。随后，委员会比较了这些样本，并决定在绘制新字体时遵循两个指导原则。首先，构建字母时可使用几何法；其次，字母形状需具有一致性。第一个原则标志着人们对罗马字母设计的基本原理进行了显著的修改。正如莫克森所言，传统的方法是字母必须近似于几何图形，并通过"笔画路线和书写"进行完善。[143] 这个关键步骤没有出现在字体研究委员会的文献中。从古腾堡制造出第一个印刷活字开始，笔的影响就无处不在。即使最看不上罗马大写体几何结构的文艺复兴时期的艺术家，写字时也是以书法碑文为基础，而不是以纯粹的几何学为基础，因为字母是复杂的。委员会的建议打破了字母形状和笔的几何形状之间的关系，以一种更激进的直线和曲线取而代之。他们这样做，为罗马字体的发展开辟了全新的可能性。

笔的几何形状意思很简单。让我们想象一下像字母 I 这样的竖线，当我用平尖笔书写时，I 的字干宽度与笔尖的宽度一致；笔尖的左角确定了笔画左侧的边缘，笔尖的右角确定了笔画右侧的边缘。因为我的笔尖是固定的，所以这个距离和对齐方式永远不会改变。我运笔时，笔画的左右两个边缘会同时写

[1]　委员会在 1693 年 1 月开始工作。

成。但是，如果我现在用一个点状笔尖，比如铅笔的笔尖，分别画出字母的边缘（这也是用到几何法的地方），那么笔画两侧就不会保持固定的距离，我可以随意移动铅笔。一个字母的字干左边缘与右边缘之间的固定几何关系，此时就会发生变化。以笔为本的原则被打破，字形由此生发出许多微妙的变化。例如，当笔尖的宽边略微向右上倾斜时，写起来会更容易（图45）。在圆形字母中，这会让字腔（字母内部的空间）稍微倾斜。你看一下所有的小写字母 o（以及所有带有曲线笔画的字母如 a、b、c、d、e、f、g、h、j、m、n、p、q、s、t、u），它们都有轻微的倾斜，且因受力而不平衡。它们的字重存在不同程度的变化。

从感官上，我们认为字母会受到引力的影响。如果 P 的字碗太大，我们就觉得它好像要倒。如果用牛顿的方式来解释，就是一个字母视觉上的质量，以及它笔画的分布，似乎在字母中设置了一个隐含的速度、移动和力的关系。因此，e 可能会出现向后翻滚或向前倾倒的情况。一个字母可能会让人感觉头

图 45　我用平尖笔在描图纸上依照阿尔杜斯印刷的《谈谈埃特纳》放大字体描的字，没有任何修饰和修改。可以看出，笔尖自然倾斜而产生的笔画粗细变化，给早期活字笔画的设计提供了依据

重脚轻摇摇欲坠，也可以稳如磐石牢不可破。几个世纪以来，在我们用眼睛和手塑造字母的过程中，这些感觉起到了一定的作用。系统地运用平尖笔的几何特点，可以实现直观而和谐的重量和平衡。不用这样的笔就意味着要为这些关系寻找新的法则，或者说是一种恒定性。不要忘了，委员会的第二项原则是"字母形状需具有一致性"，这意味着和谐与平衡，而不是任意或随机。

委员会成员通过在网格上构建字母，实现了一套全新的规则（见本章首图图44）。对于某些大写字母而言，网格是一些成列的正方形。1695—1716年，路易·西莫诺出版了字母表的雕版范例。

法国科学院在字体方面也有了新发展，他们提出了在罗马字母大写和小写的基础上增加第三种设计，即意大利体。这种字体并非字拱低矮的意大利秘书处手写体，而是倾斜的罗马体。然而，这种字体与手写还是有千丝万缕的联系，因为这是用书法大师让-巴蒂斯特·阿莱的作品为最初范例的。再往前追溯，克雷希在《书法人天堂》（1570年）中已经开始了这种书体的实验。他用五幅黑底白字的版画展示了一种非常优美的斜罗马体，其中o和g的替换字形有垂直字轴。

法国科学院的研究影响了国王罗马体。[144] 1702年，这种专门为皇家设计的字体首次出现在一本奢华的书中。该书记录了路易十四统治期间为纪念事件而发的奖章。这种字体经过了若干年的完善，菲利普·格朗让和其他人不断地为其添砖加瓦。[145] 18世纪中期，印刷商和制版师皮埃尔-西蒙·富尼耶（1712—1768年）经常批评这些早期几何设计不实用，但法国科学院的全新探索确实标志着罗马印刷字体进入了新阶段。弧形字母有了直立的而不是倾斜的轴线；所有字母的笔画粗细对比更加明显；衬线与字干之间的连接极短，大写字母的衬线尤其如此。根据这些原则设计的字体在纸面上的呈现效果，更加炫目且清晰。事实上，委员会查阅的书法大师的铜版印刷书写手册，也给出了类似的美学建议。[1] 但这对于铅字来说还是头一次，愈加直立的字轴是字母的一个关键变化（如 e、o、c、d、b 等字母）。这一趋势在 18 世纪最后几十年达到顶峰，以法国和意大利的菲尔曼·迪多和詹巴蒂斯塔·博多尼的作品为典型。他们的字体设计更加符合几何规律，粗细笔画之间的对比度很高，并且由更加统一的且似乎可以相互替换的部分构成。

皮埃尔 - 西蒙·富尼耶采纳了委员会的另一项建议，它是由加尔默罗会的塞巴斯蒂安·特吕谢神父提出的。特吕谢是一位经验丰富的机械制造师，曾为路易十四凡尔赛的新式花园设计供水系统。他建议应该按照标准尺寸生产铅字，用法国银匠的莱尼（原意为"线"）作为测量单位，即一寸的十二分之一，向下再分成十二份（约 0.188 毫米）。[146] 他还提到，不同字号的字体应按几何级数相应增加，以形成一个环环相扣的系统。[147]

[1]　这种大写字母常见于金属铸件上的铭文。荷兰和英国的布雷达和平勋章（1667 年）上的字母字重相仿，几代英国硬币上的字形也是如此，这可以追溯到 1553—1558 年玛丽·都铎刚刚引入罗马大写字母之时。可以说，这种字形的发展有赖于雕刻技术，在字干底部刻简洁的线条，比刻衬线与字干之间的细微弧线更容易。在一幅由阿姆斯特丹的赫拉德·瓦尔克绘制的约 1680 年的世界地图（现藏于大英图书馆）中，标题上使用了笔画对比强烈的罗马大写字母。

字冲雕刻师和铸字师可能已经有了一套自己的系统，但是特吕谢提出了一个可以通用的测量方式。[148] 1742 年，富尼耶成为第一个主张使用印刷字体标准测量单位"点"的铸字师，并在其《字模》（法语为 *Modèles des Caractères*）一书中列了一张标准铅字测量表。测量系统将一寸的十二分之一（即十二莱尼），作为六点。弗朗索瓦 - 安布鲁瓦兹·迪多（菲尔曼的父亲）进一步发展了这一系统，并在 1783 年确定了标准法寸。一个多世纪后，该系统在法国和德国被改编为公制，其尺寸也被英美铸字业改成了稍小的英寸。这种点制也是早期计算机打印机和显示器每英寸 72 像素的原因。

法国科学院这种用绘图仪器、圆规和网格仔细测量书写相关尺寸的方法，代表了全新的科学时代。这是一种启蒙时代的理性字体观。

作者与文本

17 世纪，书面文字世界秩序稳步发展，最后一个尚未解决的实质性问题，是一篇文字的所有权归属——归于书商、印刷商还是原作者？这似乎让人非常惊讶，在印刷术发明 250 年后，作者竟仍然不能自然地拥有他或她所写的文本所有权。

1695 年，英国的《许可证法》失效。尽管当时仍有很多方式可以对出版界进行管制（如《亵渎法》和《煽动性诽谤法》，以及对印刷品征税），但出版已不需要事先许可。1709 年，《鼓励学习法》或者说我们今天熟悉的《版权法》（文字全部用哥特黑体印刷，每一个名词和许多"实质性"词语都大写），引入了一项新的制度。[149] 正如该法最初的名称一样，此时图书出版的重点已从控制转向教育公众阅读。高昂的书价受到限制，每一本出版的图书都必须配给国王图书馆，以及牛津和剑桥的图书馆，以便向公众开放。

该法首次维护了作者对自己作品的权利。权利的期限为14年，如果作者在期限结束时仍在世，则可再续14年（前提是该书已在书籍出版业公会登记）。对于1709年之前已经印刷的书，书商可再获得21年的印刷权。

一个多世纪以来，英国和欧洲大陆的出版业要求变革的呼声持续增加。从作者的角度来看，印刷商从不同领域的权威那里获得了印刷作者著作的专有权，这是一种不公正的报酬制度。在印刷时代之前，人们只要得到一本书，就可以随意抄写这本书。作家的报酬以赠礼的形式获得，通常来自艺术圈子中欣赏其作品的赞助人，而不是来自图书销售。手抄书的数量是有限的（做好一本书常常需要数周甚至数月的时间），而且抄书的人在书中投入了大量的劳动，所以他们应该得到回报。但是，当图书可以排版印刷，抄一卷书的时间可以生产100本书，且售卖这100本印刷书的收益都属于印刷商时，印刷商和书的原作者各自的报酬就与所涉劳动不相称了。几个世纪以来，图书生产都是本着共同的智力劳动精神进行的，现在却成了生产链中的一方进行商业盘剥的勾当。作者不高兴，印刷商也不高兴。盗版书日渐猖獗。

印刷商对新作品的投资，可能会因为竞争对手参照他印的书，自己印一个廉价的版本而受到损害。原书本来需要花费大量时间进行编辑、设计和排版，现在却简简单单就可以进行仿印。盗版书使用的纸张比较便宜，印刷成本也比较低，因此能薄利多销，然后扰乱市场。印刷商要求获得个别书目的专有权。但谁能授予这样的权利呢？起初，这是宗教和世俗权威的权利。然而，盗版没有国界，比如在法国获得许可的东西可以合法地在低地国家印刷并出口。这种情况充满了矛盾，作者和书商陷入了权利混乱，印刷商陷入恶性竞争。此外，作者也对无法很好地控制作品的展示和销售感到不满。由于书商有权出版他们所获得的任何手稿，一些作者就陷入了进退两难之地。例如，17 世纪法国喜剧作家莫里哀发现，书商里布获得了他的戏剧《可笑的女才子》（1659 年首次演出）的文本，并在未经他同意的情况下出版。书商甚至获得了一种特权，在法律上禁止作者出版该剧本。莫里哀只能通过亲自打官司来推翻这一点。

最后，出版商和书商都认为，要想保证他们的印刷许可有效，他们自己就必须维护作者对其文本的最终所有权。于是，作者（而不是各种世俗或宗教权威）可以在一定时期内把自己的权利转让给出版商，这样出版商就拥有了专有权。讽刺的是，曾经无情地剥削作者权利的书商和出版商，此时却作为作者权利的捍卫者出现。

1731 年，英国安妮女王最初颁布的法案实施 21 年后，法案实施前就出版的书版权到期了，出版商和书商开始游说延长版权。弥尔顿、莎士比亚等人的作品一直是稳定的摇钱树，而"拥有"这些作品版权的出版商此时就要失去这块肥肉了。30 年间，出版商和书商不断上诉，要求延长其版权，但每一次都被拖延或驳斥。这一时期，即人们所熟知的"书商之战"期间，有三种作家在"厮杀"，争取法律的认可。在这一过程中，作家的概念经历了微妙但实质性的发展。在伦敦出现了大量漫画中所描绘的"蹩脚作家"，他们通常以写作为生，住在格拉勃街上的阁楼里，为解除新闻管制后的期刊和杂志的稿源秉烛奋笔。与这些作家不同，拥有私人收入或公职的文士将写作视为一种自由的追求。弥尔顿和马维尔就是此类作家的代表，他们在创作诗歌作品的时候，还保有政府雇员的身份。第三种作家是第一部英语词典的编纂者塞缪尔·约翰逊及其支持者定义的，具有创作力和原创性的作家。1751 年，约翰逊在《漫步者》期刊专栏中发表了《小作家不应该被鄙视》一文，文章提出，作家的原创性在于表达和构思"一系列不寻常的图像和事件的语境"[150]。

1761—1762 年，出版商"汤森诉柯林斯案"开庭时，约翰逊关于作家原创性的观点被牛津大学讲授英国法的维纳教席教授威廉·布莱克斯通（1723—1780 年）引用。布莱克斯通在为出版商论证作者的永久版权时，引用了哲学家约翰·洛克的著作，使得这一观点有了坚实的基础。洛克在 1690 年的《政府论两篇》（第二部分第五章）中表示，既然"每个人都有拥有自己的权利"（一个人有权拥有自己），那么人们也必须有权拥有自己的劳动和劳动成果。洛克还认为，财产权的自然基础在于在创造（头脑）或劳动（身体）中改善自然。布莱克斯通认为，书面作品的原创性使作者成为创造的主体，而劳动体现在创作过程中。

1774 年 2 月 22 日，"唐纳森诉贝克特案"在上议院接受审理，紧要关头，布莱克斯通的立场成了经典妥协案例的一部分。唐纳森是爱丁堡的一个书商，专门经营经典作家作品的廉价再版。1763 年，他在伦敦开了一家书店，这家书店将书价压低了 30%—50%。他自然反对一些出版商仍在争取的永久版权，之前所有悬而未决的案件现在都被卷入这次最终上诉。当时上议院作为最高法院，审理案件的方式与今天常见的方式不同。法官向全体议员陈述案情，然后由全体议员对结果进行辩论和表决。辩论和随后的表决承认作者拥有版权，但公众也必须拥有获取知识的权利。作者实际对其作品享有所有权，但只是在一定时间内，之后作品将转入公共领域。这样一来，思想可以自由交流，作者的生计也得到了保障。这实际上是 1709 年最初法案的折中方案。现在，它已是一个毫无争议的判例。但是，在思想的较量中，作者已不仅仅是一个对其劳动成果享有权利的劳动者，也不仅仅是一个抄写员或受雇于人的奉承者，而是作为一个有原创性的思想家，一个创造性的"天才"，能够表达自己独特的思想和情感。一部作品必然带有作者想象力的印记。这也是 18 世纪 70 年代末，法国版权法在通过一系列皇家法令引入时的主要观点。

笔迹的个性化

在字体方面，书法的个性化在上个世纪的大部分时间里一直跃跃欲试。1622 年，苏格兰书法家大卫·布朗在圣安德鲁斯印刷的《书法》一书中，放弃了所谓的"华丽字体"，使用了"普通或现行书法中的不规范或不规则的方式，因为这样既简省又快速"。在他看来，这迎来了"少数书写能手厚颜无耻的时代，在他们的书写中，甚至上帝都有了一丝民俗气息"[151]。这使得书写的规范性减弱，也不再拘谨，个人痕迹加重了。此外，塔马拉·普拉金·桑顿在《美国书写：一部文化历史》一书中指出，1695 年，印刷术摆脱了 1662 年《许可证法》的限制后，英国公众对书写的看法发生了重大转变。[152] 18 世纪初，印刷术在英国流行开来，印刷品终于成为日常生活中的必需品。印刷品视觉呈现上的整齐划一，反而让手写笔迹成为更能体现个性的载体，此前没有人认识到这一点。

　　1726 年，英国第一次在法律上承认笔迹的个体差异，当时英国法官杰弗里·吉尔伯特在一篇关于法律证据的论文中指出，"一个人的笔迹可以和面孔一样具有区别于他人的功能，因为笔迹的个体差异甚至比身体的个体差异还要大"[153]。他接着说，由此可见，伪造笔迹可以与真迹区分开来。这意味着法律接受笔迹作为身份认证的证据。在此之前，人们一直认为，除了社会阶层或性别的大类之外，个人笔迹不足以作为鉴别的证据。证人会发誓某笔迹是他们自己的（或不是），但并不能在技术层面上验证。然而法律承认笔迹的绝对独特性还有一段路要走。在接下来的半个世纪里，要证明某字迹属于某人，该证人必须亲眼看见其书写过程。证人可以在过去的任何时候（有一个案例是 65 年前）看到当事人书写任何文件，但必须看到其亲手执笔，然后他们鉴定放在自己面前的文件是否属于当事人。特殊情况下，伪造的笔迹可以从名字的不同拼法中看出，更罕见的是从首字母的不同形状中看出。第一份证人证词来自英国中央刑事法院 1729 年 1 月 16 日的一份记录，证人鉴别了某笔迹，并说他以前见过这个人写字，以此来支持他的说法。当时，威廉·黑尔斯和托马斯·金纳斯莱（一位牧师）因伪造了一张 1260 英镑的票据被起诉，该票据的收款人是塞缪尔·爱德华兹。[154]

笔迹和性格

笔迹学是一门通过分析笔迹来研究书写者性格的科学，这个时期也有所发展。在罗马时代，名人的手稿是不可多得的资源。老普林尼（23—79 年）说过，他自己曾在诗人蓬波尼乌斯·塞昆杜斯（当时手稿已有近 200 年的历史）的收藏中，看过改革派提贝里乌斯和盖约·格拉古的手迹，"至于西塞罗、奥古斯都和维吉尔的手迹，我们今天经常可以看到"[155]。苏维托尼乌斯在其《罗马十二帝王传》中，评论了几位皇帝的笔迹。奥古斯都从不行间分字，而是把写不下的字母写在下方，并画一个圈。[156] 尼禄（苏维托尼乌斯有几本他的口袋书和莎草纸文件）在创作诗歌时经常勾去或者添加一些词语。[157] 但在中世纪，除了属于某些手稿或绘图的文件会添加文字，几乎没有其他文件会这样书写。比如，"通过圣邓斯坦之手"将 14 世纪的读者加进《智者耶稣》（也被称为 10 世纪的"圣邓斯坦经典书"）的画像中（博德利图书馆，编号：Ms Auct.F.4.32）。

近代欧洲历史上第一篇关注笔迹特征的文章，是博洛尼亚哲学和医学博士卡米洛·巴尔迪的一篇论文《如何从一封信中看出一个作家的性格和特点》（1622 年）。[158] 虽然这是现代笔迹学的经典文献，但直到 19 世纪晚期，它才被法国笔迹学家阿贝·米雄发现。可以肯定的是，在 18 世纪的头几十年里，人们认为一手好字和一个人的举止和性格有一定联系。1733—1741 年，在乔治·比卡姆的《通用书写手册》向订阅者发放期间，他鼓励"把我们所欣赏的优秀绅士的品质放诸书写，比如怡然自得的姿态和超脱的气质，这是不知不觉从经常与有礼貌和有教养的人交谈中捕捉到的"。

比卡姆的时代再往前推半个多世纪，哲学家和数学家戈特弗里德·莱布尼茨（1646—1716 年）曾写道："笔迹也几乎总是以某种方式自然地表现出个人气质，除非是笔迹有固定模式的书法大师，即便如此，大师的笔迹有时也会流露出他的气质。"[159] 瑞士面相学家约翰·卡斯帕·拉瓦特（1741—1801年）在他流传广泛的《相面絮语》[160]（1775—1788 年出版）明确指出了这种联系。在第二版中，他增加了"笔迹中的性格"一章。歌德还为这本书写了一篇序言，但拉瓦特未能提供任何实用的分析方法。不过他的论点很明确，"我们每个人都有自己的笔迹，且极有可能是独一无二、无法模仿的"。他问道："这种无可争辩的千人千迹，不应该建立在道德品质的本质差异上吗？"[161]

直到 20 世纪，笔迹、签名和记号作为一种表现个人特点的图形行为的价值，才充分释放出来。

图 e　蓬巴杜夫人肖像。她身边是羽毛笔、封蜡（用蜡烛熔化）和用于通信的火漆印章。弗朗索瓦·布歇，1756 年。现藏于巴伐利亚国家绘画收藏馆

第八章　从传统向现代的转变

图 46　测量师 G.赫特森绘制的犊皮纸地图上的漩涡纹饰，1788 年。哥特体、罗马体和意大利体，是 18 世纪书法能手常用的书体

18 世纪中期是欧洲历史上的特殊时刻，人们在理性主义和科学进步破土之前，采撷了感性和情感。在上个世纪，书写的组织、历史、结构、所有权和特征已经历了细致的拆解。但现在的基调又有所不同。字体不断发展，形态更加微妙精致，笔画粗细对比突出。尖头笔对力道的变化更为敏感，逐渐取代了平头笔，成为最受欢迎的书写工具。到了 18 世纪末 19 世纪初，空气中弥漫着呼之欲出的感性气息。这是浪漫主义、美国和法国革命，以及欧洲战争肆虐的时代。

精进精神

　　18 世纪上半叶的时代精神，实质是一种精进精神。在欧洲大陆，这种精神体现在《百科全书》的大获成功上，全书涵盖农业、历史、新科学等方方面面。该书由丹尼·狄德罗主编，他与让·勒朗·达朗贝尔合作，委托当时最杰出的学者撰写文章。《百科全书》最终成书 11 卷，另有 10 卷插图。其包含的科学、哲学和技术内容定义了那个时代。法国、意大利、瑞士和西班牙都出了这本书的便携版。

英国的印刷商约翰·巴斯克维尔（Baskerville, 1707—1775年），也践行着这种精神。[162] 他重新审视了印刷工艺的各个方面，出版了前工业时代最后的杰出印刷品。他早年是书法大师和碑文雕刻师，1726 年搬到伯明翰，之后一直在这里生活。当时的伯明翰已经是一个生活节奏明快的城市。巴斯克维尔的早期传记作者威廉·赫顿写道，他在 1741 年到达伯明翰时，就被这座城市的特殊精神打动了。"这个地方让我感到惊讶，但更令我惊讶的是这里的人。我从未见过这样的人，他们拥有我从未见过的活力。之前我身边的都是混沌之人，现在我眼见之处都是觉醒之人。他们走在街上，每一步都异常敏捷。好像每个人都知道自己要做什么，而且知道怎么做。城市很大，居民很多，而且他们都很勤劳。"1774 年，詹姆斯·米勒为巴斯克维尔画了一幅肖像，画中的他看起来也雄心勃勃。巴斯克维尔坐在一张红色高背椅上，身穿一件饰有金色锦缎的绿色大衣，大衣的扣子很大，袖口有轮状褶皱，整体看起来干净利落。他的头微微偏向一侧，双手轻轻握在身前，手指纤长，姿态自信，眼睛炯炯有神且有笑意。

1738 年，巴斯克维尔的父亲去世前后，他进入伯明翰最受欢迎的行业之一——涂漆业，工作内容是为金属面板、框架和工艺品涂上油漆或清漆。1742 年，他为轧制和打磨金属板或饰面板的机器申请了专利。直到 18 世纪中叶，他才开始从事印刷工作。凭借多年从事涂漆行业的经验（事实上，他从未完全放弃），以及作为书法大师的专业眼光，他可以很好地评估印刷所涉及的不同材料和操作流程。1759 年，巴斯克维尔为书商汤森印刷了一版弥尔顿的《失乐园》，他在序言中分享了自己的雄心壮志。"我很早就欣赏文字的美，我不由自主地想为它们的日臻完美做出贡献。我自己创造了一套比以往更精确的体系，并努力按照我设想的真实比例制作了一套字体……同时改进了纸张制造、颜色和油墨的牢固度，此外也考虑了常规工艺的准确性。"巴斯克维尔知道如何准确地控制他的印刷工具。他改进了印刷机的铁板，以便能更好地对齐。他设计的新字体（图47）借鉴了书法大师的作品，如乔治·谢利的法式正典手写体。巴斯克维尔独特的印刷油墨配方使用了煤黑（伯明翰有充足的供应）和煮沸的亚麻籽油，并在其中添加了少量松香，这样可以带来柔和的光泽感。油墨需储存三年再使用，这样印出来的文字颜色浓重，且有光泽，其他印刷商都无法达到这样的效果。他还与老詹姆斯·惠特曼合作，研发了一种直纹纸，这种纸表面更为光滑，印出来的图像更加清晰。[1] 制作直纹纸时，需要在原模具上铺上非常精细的金属丝网，以消除其金属丝和水印的痕迹。印刷完成后，巴斯克维尔还会用热铜辊再把纸张压一遍，这样不仅可以让纸面充满光泽，还能烘干油

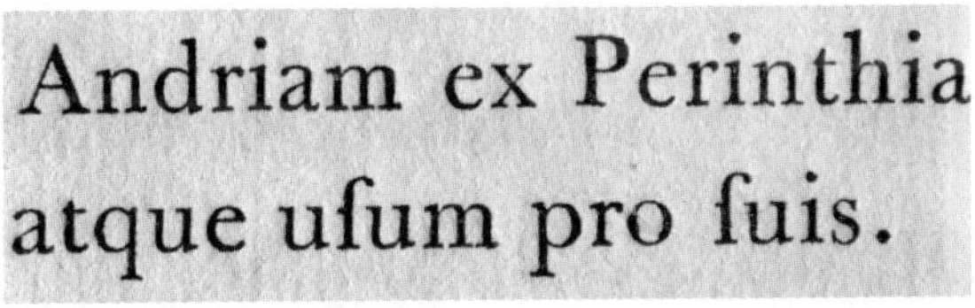

图47　巴斯克维尔的18点罗马字体放大图。摘自《特伦斯的喜剧》，伯明翰，1772年

[1]　纸张是在惠特曼的土耳其作坊生产的。

墨。这种"热压"工艺让人想到涂漆的最后一步——火烧定漆技术。

在巴斯克维尔成为剑桥大学的印刷商后,他印的书也成为英国历史上最杰出的印刷品,如 1757 年的《维吉尔》和 1763 年的《圣经》。这些书墨迹均匀,排版开阔,页边距宽大。他对空间的敏锐判断也延伸到了字母本身的设计上。仔细观察他的遗孀萨拉在 1777 年印制的法式正典体样张,你会发现巴斯克维尔对曲线笔画的粗细变化极其敏感。如大写字母 B 和 D,笔画向字碗底部逐渐变细。小写字母 n 的字干和字拱笔画连接处非常平滑,这样的处理方式创造了流畅的字腔。早期模仿巴斯克维尔的人,重点在于模仿这种精致的顺滑感,还有粗细笔画之间的强烈对比。[1] 巴斯克维尔回忆说,在他研究字体时,有很多年每天都要用显微镜,虽然大部分的字冲雕刻和印刷工作似乎都是由他可靠的助手约翰·汉迪完成的。[163] 与巴斯克维尔同时代的法国字体设计师皮埃尔-西蒙·富尼耶曾评论他的书说:"不可否认,这些书是迄今最精美的书。"[164] 他的书每一个细节都是感性而动人的,其效果与同在英国的强劲对手威廉·卡斯隆的字体完全不同。

卡斯隆在什罗普郡长大,最初是一名枪械师和金属打磨师。在伦敦奇斯维尔街工作期间,他设计了一种粗细对比较小的荷兰式字体,这也是当时最受欢迎的字体。卡斯隆的字体(之后家族几代人都跟随他从事印刷行业)既稳固又大方,给人熟悉又可靠的感觉。他是第一个铸造自己设计的铅字的英国人。事实证

---

[1]　见弗赖伊的巴斯克维尔字体,艾萨克·莫尔雕刻(1763 年)。

明，这些铅字经久耐用，在 19 世纪和 20 世纪都曾复刻使用。

阿尔丁字体最早见于本博的《谈谈埃特纳》（1496 年），由西蒙·德科利纳引入法国，后来克劳德·加拉蒙、罗贝尔·格朗容等人不断对其进行改造，16 世纪末传入荷兰。克里斯托弗·范·迪克（1601—1672 年）和匈牙利裔荷兰人尼古拉斯·基什（1650—1702 年）等字冲雕刻师，让这种字变得更为坚实有力（基什的处理是更加紧凑）。17 世纪晚期的字体略粗，与巴斯克维尔的字体设计和整书设计形成了鲜明对比。实际上，正如字体学者比阿特丽斯·沃德所说，"巴斯克维尔是第一个将在门外至少喧嚣了半个世纪的字体引进铸字厂大门的人"[165]。在硬币和奖章、纪念碑、绘制字体，以及书法大师书写手册的雕版上，我们看到无论用钢笔、毛笔，还是雕刻工具做出的字母，其形状都是笔画粗细对比更为鲜明，轮廓更加平滑自然。在某种意义上，这种与传统的连续性，比沃德说的还要强烈，甚至可以追溯到手抄本时代。字母有锐利的边缘，一直都是手工字体和字冲雕刻制作字体的传统。不过有时候，这种锐利边缘可能会消失，比如使用木版或者工人不懂印刷时。在铜版雕刻日渐兴起之时，我们可以看到字母的锐利笔锋再现，甚至强化了粗细笔画的对比，因为铜版雕刻可以描摹细如发丝的线条。这种效果在巴斯克维尔时代之前 150 年的书写手册中就已出现。1608 年，卢卡斯·马特罗那本影响深远的书写手册的清晰度就已非常惊人了。此外，在扬·范德费尔得[166]、约翰·阿尔斯[167]、查尔斯·斯内尔[168]、乔治·谢利[169]等人的书写手册中，我们看到了这些书法大师自己专门开发的罗马体，其比例和结构与当时的字体截然不同。巴斯克维尔也是一位书法大家，他深知，也坚定地实践着这种由来已久的"鲜明的"书写和雕刻罗马字母的传统。他家中摆满了装裱在画框中的书写手册中的样张。巴斯克维尔在活版排印上的创新，似乎是为了将这一传统融入印刷业，而重新设计了印刷工艺流程。我们可能因印刷业没有更早地拥抱这些变化，而认为它比较保守。但从技术上讲，其实需要其他方面就绪，才会出现这样的结果。巴斯克维尔有涂漆和金属加工方面的专业知识，他周围全是雄心勃勃的匠人，迫切寻求改进印刷工艺，这一切终于使得创新的时机和条件成熟了。[170]

巴斯克维尔对印刷各方面的关注，包括字体、墨水、纸张、印刷机，以及准确而细致的工艺，是时代所赋予的，但也是领先那个时代的。因为，印刷艺术很快就会被工业革命席卷，被劳动分工、巨大的规模经济和快速的生产线取代。但尘埃落定之后，在 20 世纪引起共鸣的，还是巴斯克维尔的方式、工艺和对印刷的整体看法。下一个在英国印刷界具有类似地位的人物是威廉·莫里斯（William Morris, 1834—1896 年）。巴斯克维尔和莫里斯构成了我们下面要讨论的时代。

小说

作为印刷商，巴斯克维尔一生所印的书，除了三部诗歌作品外，清一色都是非小说作品或宗教类作品。小说类作品的缺席非常惹眼。巴斯克维尔自称只对"严肃"的作品感兴趣，但他在伦敦的生意伙伴、印刷商和书商罗伯特·多兹利，对这种新型作品却并不忌讳。1759 年，多兹利和他的弟弟詹姆斯主持出版了整个 18 世纪最不寻常的图书之一（从文字设计上来说）

的前两卷，即英国教会牧师劳伦斯·斯特恩创作的拉伯雷式漫画小说《项狄传》。18世纪，小说在发展过程中对文本的视觉化提出了新的挑战。

　　小说作为一种文学体裁，在乔治亚时代的英国赢得了越来越多的读者。虽然小说脱胎于法国和西班牙文学，如弗朗西斯·拉伯雷（1494—1553年）的《巨人传》系列（1532—1564年）、米格尔·塞万提斯（1547—1616年）的两段式喜剧叙事《堂吉诃德》（1605年和1615年），但它更深的根源在于中世纪骑士的浪漫故事、古典讽刺小说（如阿普列尤斯的《金驴记》[1]）和梦幻般的神话。因此，它的文本总是有些松散，甚至是探索性的，在幻想的边缘摇摆不定。在英国，继1719年丹尼尔·笛福的《鲁滨孙漂流记》和1726年乔纳森·斯威夫特的讽刺小说《格列佛游记》出版之后，这种体裁从虚构的生活故事转变为书信体小说，即主要人物之间通过书信进行交流。1740年，塞缪尔·理查森的《帕梅拉》开创了这一文学流派。一年前，理查森受商业书商约翰·奥斯本和查尔斯·里温顿的委托，撰写了一本书信写作手册，即《在最重要场合致特别的朋友的书信》，这本书在1741年出版。在理查森所写的书信范本中，有一封是写给一个女仆的，一位多情的主人向她发起了爱情攻势。正是这封信给了他写小说的灵感，他用两个月的时间写成了《帕梅拉》。这部小说续写了女仆的虚构书信，她努力维护自己的名誉和美德，最终，她得到了一场幸福向上的婚姻。

[1]　卢修斯·阿普列尤斯，约125—180年。

笛福、斯威夫特和理查森的小说都获得了成功。《鲁滨孙漂流记》和《格列佛游记》此后不停地再版；多兹利兄弟印刷的《帕梅拉》，被翻译成当时欧洲所有的主要语言。而且这种小说分册出版，广大读者都能负担得起。理查森贩卖自己的作品很有一套，他不仅出版了续集，还在卖书的同时搭售扇子和其他纪念品，并在后来的版本中填补了"缺失"的段落。

　　理查森的第二部小说《克拉丽莎》（1748 年）和最后一部小说《查尔斯·格兰德森爵士的历史》（1753—1754 年）也沿用了书信的形式。书信形式可以让作者探索其主要人物的见解和感情，这是心理小说的开端。书信体小说如此流行，以至于到了 18 世纪 70 年代，70% 的英语小说都是以这种形式写成的。[171]

　　然而，这些早期的小说都没有像斯特恩的《项狄传》那样，将文学的视觉语言发展到如此地步。斯特恩藐视正常的句子结构，他会肢解情节发展，融入复杂的思想，而不是像流水般顺畅地写作。他的书图文并茂，以此推动情节的发展。他大量使用破折号（当时称为省略号[172]），而不是用逗号和句号，来表现主人公"思想和感情的突然中断和波动"[173]。

　　和巴斯克维尔一样，斯特恩也试图控制他小说创作的各个方面。他会写信给出版商，要求格式、纸张质量、字体、排版等细节。某个时期，《项狄传》有一页是全黑的。还有的时候，书中夹有一页样式繁杂的大理石花纹纸。标点符号之外还有星号、空白和手指符号；有的页面甚至四分之一都是破折号，另一页用波浪线代表小说此前的情节；文中使用了意大利体、罗马体和哥特体三种字体。"例如，意大利体强调读出来时的重点——提高的声音、私密的耳语或眨眼；罗马大写体和哥特体则在道德反思、学术参考或感人情节中出现；星号和空白同样会引发我们的积极思考，让我们问自己它们代表什么，或自己想起些什么，但答案是否正确我们往往不太清楚……" [174] 以前从来没有一部小说在文字设计上如此冒险。

当时困扰小说排字的问题，是如何给直接引语加标点。到 18 世纪 80 年代（法国还要晚一些），这种标点符号还没有固定形式。在《鲁滨孙漂流记》中，笛福曾用过一种可以追溯到罗马时代的解决办法，即用人名做标题（如戏剧中），但他也采用了不同的字体加以区别。"星期五"说的话用意大利体，"鲁滨孙"的话用罗马体。在法国，书名号（即斜引号）是由字冲雕刻师纪尧姆·勒贝（1525—1598 年）在 1546 年前后，在中世纪晚期的实践基础上发展出来的。但法国人在 18 世纪 60 年代，才慢慢开始用破折号来表示语气变化，这很可能是受理查森小说的影响。[175] 直到 19 世纪，将角色对话按行分开才成为共识。

自 16 世纪宗教改革以来，小说以前所未有的方式吸引着读者。有人认为它发起了 18 世纪后期的"阅读革命"。当时，一位来巴黎的德国游客写道："人人都在读书……每个人，尤其是妇女，口袋里都揣着一本书。人们在乘坐马车或散步时读书；在剧院中场休息时、在咖啡馆里，甚至洗澡时也在读书。妇女、儿童、工匠和学徒在商店里读书。星期天，人们坐在屋前读书，侍从在后座上读书，马车夫在箱子上读书，守卫的士兵也在读书。" [176]

通信与社会生活

书信体小说作为一种体裁，在 18 世纪最后十年逐渐消失，不过书信本身对整个社会的重要性却在不断增加。因工业革命而天各一方的亲人们，会通过写信保持联系。对一些人来说，他们的书信反映了生活的变化；对另一些人来说，书信是支持政治行动的工具。

正如苏珊·怀曼（Susan Whyman）在她的著作《笔与人：1660—1800 年的英文书写》（*The Pen and the People: English Letter Writers 1660-1800*，2009）一书中所述，在 18 世纪后期，不仅中产阶级会写信，农民、轮匠和家仆也会写信。一些之前人们以为不曾写信的阶层确实有通信活动，并从写信活动中获得了力量，将他们的生活编织成在变革时代具有意义和激情的故事。[177] 来自德比的杰迪戴亚·斯特拉特（1726—1797 年）是一位改良机械针织机的制造商，惠特曼研究了他的书信。为了孩子们的自我提高，他坚持让五个孩子给他写信。他仅仅在乡村学校接受了有限的教育，因此终其一生都不能适应上流社会。尽管如此，写信对他的作用还是很大。他写了七年的信来追求未来的妻子伊丽莎白，她是伦敦一位不信国教的大臣的管家。伊丽莎白的回信虽然满是自信，但字词常按发音拼写，多有错误。这说明，在这个时期，大多数人十几岁就离开了学校，没有进一步学习的机会，一个女人要想得到继续教育是多么困难。尽管如此，她和杰迪戴亚还是互相引用莎士比亚和弥尔顿的名言，他们所表达的情感部分受到了当时小说中新的"敏感"和"感情"的影响。此外，杰迪戴亚的书信也充分反映出他从乡下轮匠变为有权有势的工厂主的思想变化。

在 1789 年法国大革命后的动荡岁月里，刚刚兴起的对个人情感和权利的关注转化为革命运动时，书信也在促进工匠、商人、店员等广大民众的政治觉醒中找到了一席之地。英国各地成立了劳动者通讯社，以辩论议会改革，并与志同道合的团体通信。1792 年 3 月，伦敦通讯社开始与谢菲尔德的一个团体进行联系，此时在曼彻斯特和德比也已经有了其他社团。会员每周向协会的基金捐献一便士，以支付纸张费用和邮资。他们写信的目的是讨论、澄清和宣传各种思想，并团结参加每周学会会议的忠实会员。该运动迅速蔓延，震惊了当局。这很有可能让当局想起了 18 世纪 70 年代中期，美国通信委员组织的抵抗英国殖民势力的反击，这已成为革命行动的温床。

1792 年，法国国王被处死，随后巴黎发生了恐怖事件；次年，改革的阻力越来越大了。1794 年，当局对通讯社采取行动，逮捕了他们的领导人。托马斯·阿迪是一位鞋匠，也是伦敦通讯社的创始秘书，他被捕了。逮捕他的官员（一名国王使节、两名弓街捕快和内政大臣的私人秘书）把他家翻了个底朝天，搜出了四包大丝帕包着的信件和一大玉米袋传单、手稿和小册子。在庭审时，阿迪被无罪释放。他被起诉的罪名是掉脑袋的叛国罪，宣布"无罪"时，陪审团主席当庭晕倒了。阿迪则被他的支持者拉着游街庆祝胜利。但在几年后的 1799 年，通讯社被禁了。这种最早用通信组织的群众性政治运动也转成了其他方式。

再度保守

大约在同一时间，一种全新的、更保守的习字教学方法出现了。它要求人们在书写时更好地控制身体和精神，但矛盾的是，这使得人们需要花费更多的时间才能学会写有用和有意义的信件。

美国人约翰·詹金斯（1755—1822 年）在其《书写艺术》（1791 年）中，将圆手写体的要素简化为六种基本运笔方法，即"简单易行的系统"。他将字母分解成不同的部分，然后再将这些笔画重新组合。这成为 19 世纪早期书写手册中常见的做法。这种方法让人想起工厂车间的机械操作，也让人想起当时的巴黎印刷商菲尔曼·迪多和意大利人詹巴蒂斯塔·博多尼在字体设计中所采用的方法，后者坚信他的字体是由可更换的部件组成的。[178] 这使得 19 世纪早期很多接受过书写训练的人的笔迹，与前人相比缺乏个性。

詹金斯还相当重视正确的坐姿和书写的桌椅。他为学生准备了一个对话录，也就是关于书写的问答集，让学生以问答的方式背诵基本笔画的名称，了解如何构建字母，以及字母的比例。以 n 为例，字干的宽度是字宽的六分之一。练字时，学生应该每天时不时地花上五到六分钟的时间练习正确的握笔和坐姿。将基本笔画和规则熟记于心后，就可以书写了。许多 19 世纪的书写手册都对字体和坐姿进行了类似的详细书面指导。

18 世纪和 19 世纪笔法的另一个区别是速度，詹姆斯·亨利·刘易斯 1806 年的《疾书》一书的标题就说明了一切。书写时笔几乎不离开纸面，笔迹的特点是更多的圈圈和连续性更强的线条。从历史小说先驱玛丽亚·埃奇沃斯与她的崇拜者沃尔特·斯科特爵士之间的信件可以看出，他们书写单词时，一笔到底，不间断。字母几乎是等线的，像电报线一样从一个柱子拉到另一个柱子，每一封信都是如此。运笔的力道很轻，笔头又尖又细。刘易斯是"一个聪明的伦敦人"[179]（沃尔特·斯科特爵士的描述），他提倡一种新的书写方式，即依靠肩部运动而非仅仅依靠手部运动。

他书的副标题是"通过线条和角度来教授写作艺术的新方法"，书中以科学原理为噱头，提出了这一理论。笔握在拇指和食指之间，但手是翻过来的，手腕几乎是平的，整个手轻轻支撑在小指上。后来的教授者建议将手支撑在第三指和第四指的指甲处（如詹金斯）。在时髦的伦敦西区，约瑟夫·卡斯泰尔斯就是以这种方式教学的。1816 年，在卡斯泰尔斯的书（也叫《疾书》）出版两年后，在一系列宣誓书中（在伦敦市长面前宣誓），我们可以看到刘易斯对对手卡斯泰尔斯的成功感到不满。但同时，我们也准确地了解到后者是如何自学的。卡斯泰尔斯原本是桑德兰的一个裁缝，他师从来自爱丁堡的詹姆斯·莫厄特，而莫厄特又师从巡教各处的书法大师查尔斯·利斯特，利斯特本人是刘易斯的学生（三人都提交了宣誓书）。在英国，卡斯泰尔斯的教学方式逐渐消失了，但这种方式经美国人本杰明·富兰克林·福斯特修改后，在欧美产生了相当大的影响。到 19 世纪 30 年代，福斯特的字帖共印制了 200 万册，并被翻译成法语和德语。

肩部自由运动是卡斯泰尔斯运动练习的第一阶段，非常值得尝试。一直以来，这种方式都是荷兰书法装饰笔形的基础。[1] 他主张，每天在两英尺见方的纸上，书写至少四英寸高的字母。他认为，手部运动应覆盖纸面所有区域，从一角到另一角，并鼓励书写一串连续的字母，一行一行的字母自笔尖流出，流畅的书写贯穿整个页面。当人们实践卡斯泰尔斯的方法时，发现这样做掌控感高得惊人。在 19 世纪初，这种书写方式还有一则跟刘易斯有关的趣闻。这种笔法似乎非常自由，但运笔的成功取决于书写者的身体，书写者需要构建一个由发力肌肉和支撑臂组成的坚固平台，进而进行肩部运动。只有上半身足够牢固且握笔的手也相对稳定，甚至当手臂带动手和笔在纸面移动时也不动摇，肩部的自由运动才有可能实现。为了提高这种稳定性，刘易斯、卡斯泰尔斯和福斯特都主张使用捆绑物（图 48），即使用精心制作的丝带，将手以正确的姿势绑在笔上。甚至为了保证坐姿正确，书写者可能需要被绑在椅子上。这些束缚实际上都没有必要，但这种克制与时代精神吻合，与想要控制身体，抑或控制书写本身的诉求相吻合。当时的女性时尚，是用鲸骨支架和束带紧身衣，将腰部"解放成自然的形状"。随后，时尚追捧硬挺上浆的衬衫和领子。在不远的将来，手写"训练"也会在节拍声中进行。文化历史学家塔玛拉·普拉金斯·桑顿评论道，现在书写被概念化为"书写者的意志对

[1] "若以荷兰书法的方式写装饰笔形，书写人需保持手臂与身体分离，并能轻松移动或挥舞手臂，否则他的书写就是僵硬的，而且失去了自由感。自由感是其天赐的特色……支撑手部的两根手指需抬起来一点，不碰到任何东西。" A. Serle, *The Art of Writing*, G. Keith, 1782, p. 59.
"抓人眼球的核心动作在于肩部运动"。H. Dean, *Dean's Recently Improved Analytical Guide to the Art of Penmanship*, 1808.

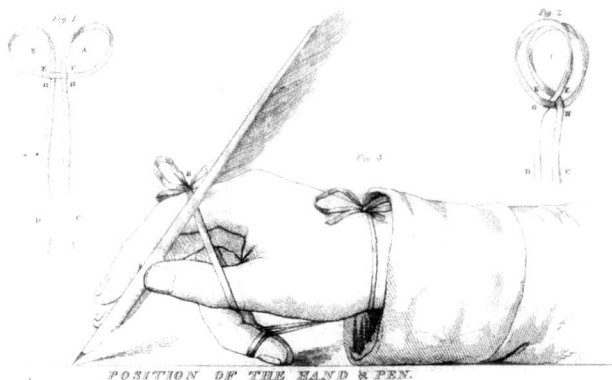

图 48　指缚示意图。本杰明·富兰克林·福斯特的《由卡斯泰尔斯方法发展的实用笔法》中的一个折页（整页插图 3）。奥尔巴尼，1832 年

身体的胜利……总之，人们学习的远远不止一种特定技能。它的真正产出不是笔迹，而是人，是与新的社会秩序相适应的一种人"[180]。

工业革命的影响

尽管在最初的几十年，工业革命就对后世产生了不可估量的影响，但那几十年对书写文字的影响微乎其微。可以肯定的是，工业革命的发生并不依赖于普通民众读写能力的提高。18世纪末和 19 世纪初，英格兰中部和北部是新兴的采煤业、冶铁业、棉纺业和织布业的核心地区。在第一次工业革命达到顶峰的几十年间，那里的识字率不升反降。[181] 工业化对儿童的影响尤其严重，一些早期工厂的工人，几乎全是来自贫民窟的童工。他们工作异常辛苦，却没有报酬。直到 1819 年，议会法案才将儿童的工作时间减少到每周最多 72 小时。一些制造商

和慈善机构设立了夜校，但多数童工无法参加，因为他们实在是太累了。18世纪90年代，在兰开夏郡乔利集镇，每周只有一次晚间写字课，来上课的主日学校的学生几乎不到总人数的六分之一。[182] 主日学校教授的课程仅限于阅读。1833年，一位曼彻斯特的牧师在出席工厂委员会会议时说，许多向学校捐款的人反对教学生写字。新教会的汉娜·莫尔在谈到其门迪普慈善学校时说："我不允许教授写字。我的目标不是教授道理和观点，而是让低阶层养成勤劳的习惯和美德。"[183]

机械干预

那些能读会写的人承受的压力也越来越大。早在17世纪中叶，荷兰数学家和天文学家克里斯蒂安·惠更斯（1629—1696年）在法国，英国皇家学会的胡克和雷恩在英国，就分别进行了使用模板制作多份手写文件的实验。[184] 惠更斯是法国皇家科学院的创始人之一，他将文字蚀刻在薄薄的金属板上，然后用圆压平印刷机印制。17世纪上半叶，法国和德国的大型宗教图书也开始使用模板字母和记号，如花押，甚至是名片。[185] 18世纪中叶开始，单个字母的模板广泛应用于公共文字。但惠更斯的文字版面模板从未在印刷过程中跟进，都是一次性开发的，就像1714年获得专利的第一台打字机一样。打字机的发明者英国人亨利·密尔将其描述为"一种人工机器或方法，用于单个打字、连续打字或抄录字母。如书写一样，所有的文字都可以整洁精确地呈现在纸张或羊皮纸上，与印刷品没有任何区别"。但是，他并没有留下任何关于这台机器的图纸。尽管他去世时，人们在他的遗物中找到了"一些印刷字母和印刷工具"[1]，但我们实际上并不知道他是否真的造出过一台可以打字的机器。

1780 年，改良蒸汽机的发明者詹姆斯·瓦特（1736—1819年）申请了一台复印机的专利。他的复印机包括一个铁制的圆压平印刷机，可以将文件夹在两片金属板之间；还有一个像旧式拧干机一样的双辊，将文件压住进行复印。他还开发了一种类似木箱的便携式印刷机。它们的原理大同小异，都是在文件写好后的一天内，将一张湿润的薄绉纸压在原稿上，薄绉纸就会印上相反的字迹，但由于纸是半透明的，所以可以从另一面得到原本的字迹。这是自 17 世纪中期以来，伦敦邮政总局隔壁的密室使用的秘密技术之一，在瓦特的时代已经可以公开使用，并且可以用机械来做这件事。凸版印刷书就是这样制作的，先用空白薄绉纸装订成书，然后在页面之间夹复印的内容。在美国，乔治·华盛顿和托马斯·杰斐逊都使用了瓦特的公司提供的螺旋式文字复印机。本杰明·富兰克林在 1781 年被派往巴黎担任美国专员时，还带了三台设备过去。杰斐逊还试验了一种复写机，这种设备可以在书写原稿的同时复写好另外一份。书写者的笔通过杠杆把它的运动轨迹转移到另一支笔上，而另一支笔则在另一张纸上与它同步书写。因为需要经常调整，这些机器从来没有充分发挥作用，也就未能流行起来。

---

[1] 密尔是新河公司的首席测绘师，曾负责将赫特福德郡查德威尔泉的水引到伦敦的项目。这些遗物见拍卖会第二天的 80 号拍品。S. 派特森："亨利·密尔真品家用家具、哲学和数学仪器、各种改良机械、艺术和贸易器具、盘子、手表、书籍、各种奇珍异宝和其他物品的目录……1771 年 4 月 18 日拍卖出售。"

18 世纪，所有书写者的痛苦之源是羽毛笔。羽毛笔虽然是令人愉悦、灵活敏捷的书写工具，但它们需要悉心切削和保养，且并不太适合快速大量的书写（图49）。1810 年前后，用于建筑绘图的精美乌鸦羽毛笔，每百支售价 9 先令；律师用的坚硬耐用的火鸡羽毛笔 7 先令；家鹅羽毛笔 15 先令；而哈德逊湾的天鹅羽毛笔和鹅毛笔，每百支售价高达 63 先令。这些都是高档货。[186] 大多数羽毛笔都因为不耐用而被视作一次性的笔。1807 年，英国财政大臣的抄写员每季度可以用 100—300 支羽毛笔，或者每天最多 3 支。1835 年，化学家迈克尔·法拉第（1791—1867 年）在英国皇家学会发表了一篇关于制笔业的演讲。他计算了一下，大众使用的羽毛笔，每三支中大概仅有一支会被重新削割，继续使用，其他的写完就直接扔掉了。[187] 18 世纪末和 19 世纪初，英国进口的鹅毛笔数量惊人。19 世纪 30 年代，即使已经有了金属笔尖，英国每年也从俄国、波兰和北美（哈德逊湾）进口近 2000 万根鹅毛[1]，这还不包括国内生产的 800 万只鹅毛（1812 年数字）。[188] 伦敦东区用"达奇法"制作羽毛笔，人们先将羽毛浸泡在水中，加热后刮去脂肪层。一位制笔师每天可以切削 1200 根羽毛。伦敦鞋街的一家制笔商每年可生产 600 万支笔。

1804 年，锁匠和机械工具的先驱约瑟夫·布喇马申请了一

---

[1]　1774 年 12 月，伦敦开始从哈德逊湾进口羽毛笔和天鹅毛笔。哈德逊湾公司的报表显示，其贸易量从 1799 年的 5.8 万根，上升到 1837 年的 125.9 万根。直到 19 世纪 90 年代初，英国平均每年仍从该地区进口 50 万根。1912 年，该公司还在继续出口羽毛笔。C. S. Houston, T. Ball, M. Houston, *Eighteenth-Century Naturalists of the Hudson Bay*, McGill-Queens, 2003, pp. 197—198.

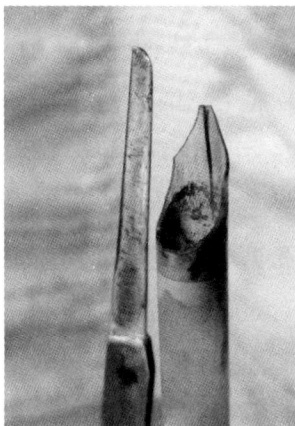

图 49　用窄刃削笔刀削出来的羽毛笔尖。刀刃是向一侧倾斜的，以便能挖削出凹面

项羽毛笔钳专利。他的机器使用夹子和冲压，用一支羽毛可以削出 6 个笔尖。这样的笔尖作为便携式笔出售，可以装在小盒子里，也可以套在笔杆上使用，每周产量高达 6 万个。这种笔尖是工业化生产的钢笔尖的前身，很快就被数以百万计的钢笔尖淘汰，钢笔彻底改变了普通人的书写体验。书写者终于不需要再与这种墨水飞溅、容易变钝断裂、需要经常修补的羽毛笔做斗争了。

　　在罗马时代，金属笔尖就有零星的使用了。工匠们曾用过青铜、黄铜、铜、银和金制成的笔。18 世纪初，钢制笔尖已经问世。1701 年 3 月 8 日，理查德·诺斯给他的妹妹写信说："你绝对不敢相信，我是用钢笔在写字。这是一种从法国来的笔，原版写起来感觉棒极了，但我这只是一个复制品，做工粗糙。等他们掌握了准确制作的诀窍，我坚信羽毛笔的时代就要终结了，因为一旦用过钢笔，就看不上别的笔了。"法国确实是钢笔的开创者。在巴黎西南的皇家港口，修女们做出了黄铜笔。诗人亚历山大·蒲柏提到过一个姓伯特兰的人制造的金质和钢质的笔。

1819 年，曼彻斯特的詹姆斯·佩里开始在英国进行钢笔尖的工业化生产。1824 年，他的公司搬到了伦敦。佩里的笔尖有侧缝和开孔，克服了金属笔尖缺乏弹性的问题。到 1835 年，佩里的公司每周生产 10 万支笔尖，每年生产 520 万支。伯明翰的吉洛特公司拥有 300 名员工，每年使用 40 吨钢材。一吨钢可以生产 100 万支笔尖，也就是每年大约生产 4000 万支笔尖，送往从南美到印度世界各地的办公室和教室。[189] 尽管金属笔的耐用性极佳，但令人惊讶的是，"羽毛笔时代"并未完全结束。1898 年，有一家公司向英国的印度办事处提供了 200 万支羽毛笔。

"现代"字体

在手写体方面，此时，英式圆手写体已是整个欧洲商业领域的主要书体；在印刷字体方面，情况却大不相同。1775 年，约翰·巴斯克维尔去世后，字体设计的创新中心（暂时）回到了法国。1783 年，美国独立战争结束，这一年，一位年轻的巴黎字冲雕刻师正在设计一种新的罗马字体。

菲尔曼·迪多（1764—1836 年）出身印刷世家。他的父亲、祖父和哥哥皮埃尔都从事印刷生意。菲尔曼的字体灵感主要来源于两个方面，一个是国王罗马体的几何结构（以及那些受其影响的法国字冲雕刻师的作品），另一个是约翰·巴斯克维尔开发的字体。巴斯克维尔在欧洲大陆比在英国更出名，其字体风格与霍安·迈克尔·弗莱施曼（1701—1768 年）粗细对比明显的趋势一致。18 世纪中叶，弗莱施曼在荷兰哈勒姆市的恩斯赫德铸字厂工作。但巴斯克维尔的字体和印刷技术却在法国引起了特别的共鸣，字体明显的现代感和出众的工艺非常吸引人。在巴斯克维尔去世后，戏剧家和政治家博马舍买下了他所有的印刷设备，就是这种吸引力的缩影。前者用它印制了法国启蒙运动标志性人物伏尔泰作品全集的精装版。

1784 年，菲尔曼·迪多推出了一系列设计中的第一种字体，进一步将字母笔画的粗细对比推向极致（图 50）。实际上，他发明了所谓的"现代"字体，每一个字母的轴线都是垂直的。字体有加长的上伸部和下伸部，较粗的字干和极细的衬线呈直角，两者的连接处没有曲线。这种看起来很严谨的字体，采用的是极简主义结构。

有人认为迪多的字体不符合钢笔的书写习惯，认为它更像画出来的或者说几何构建出来的国王罗马体。这种说法不完全正确，迪多的意大利体以钢笔书写的字母为蓝本。在处理带衬线的罗马字体时，他确实遵循了国王罗马体的传统。皮埃尔 - 西蒙·富尼耶在其 1764 年的《印刷术手册》中指出："我最近对大写字母进行了修改，将其字干与衬线相接处调整为直角，让其更加轻盈。以前的角度有些内弯，让字母看起来比较粗壮。对于小写字母，他们也进行了同样的处理。"[190] 换句话说，在 1764 年之前，法国的审美已经转向无曲度的衬线了，而迪多

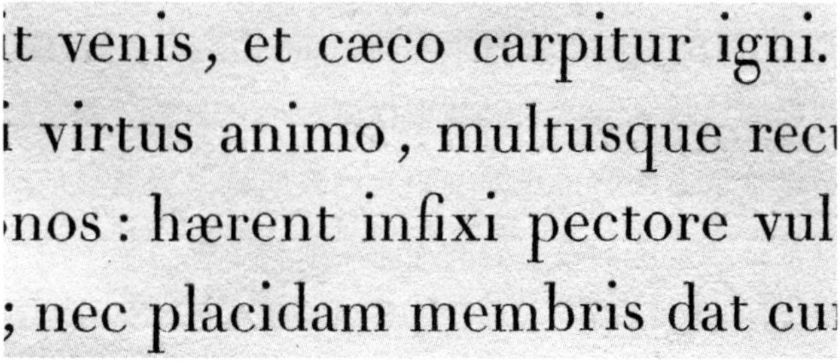

t venis, et cæco carpitur igni.

i virtus animo, multusque rec

nos : hærent infixi pectore vul

; nec placidam membris dat cu

图 50　菲尔曼·迪多在维吉尔《诗集》中使用的罗马体，作品由其兄长皮埃尔于 1791
年在巴黎印刷

延续了这一做法。[1] 不过，迪多的衬线处理让人耳目一新，不仅字干没有任何曲度，还以巴斯克维尔字体为灵感设计了强烈的笔画粗细对比，如细笔画会处理得极细。如前所述，巴斯克维尔在字体上实现的这种明显的笔画粗细对比，以及迪多后来的效仿，本身就受到了书法大师使用平头笔和尖头笔的启发（以及相应的字形雕刻经验）。事实上，正如迪多的劲敌意大利排版商和印刷商詹巴蒂斯塔·博多尼（1740—1813 年）在其《印刷术手册》的序言中所说，字母的清晰度、整洁度和完成度都是可取的，它们反映了"光影之间的美妙对比，以正确的姿势握住一支制作精良的笔，在书写间会自然得到这种对比"。

[1]　除上一章提到的证据，还有其他英文文献证据。乔治·谢利《格式书体字母表》（1710 年？）的整页插图图 7 中，所有小写字母的衬线都如发丝般纤细且没有曲度。此外，詹姆斯·莫斯利在其博客文章《重现卡斯隆的旧式字体》中，展示了一张 18 世纪卡斯隆 48 点字母 m 的原始字冲照片，m 的衬线没有曲度。参见 http://typefoundry.blogspot.com/2009/01/recasting-caslon-old-face.html。

像菲尔曼·迪多一样，博多尼也通过多种细致的变化，为字体带来了现代感。

博多尼早期从皮埃尔-西蒙·富尼耶的字体中获得了灵感，最终创造了更窄的"现代"字母，这种字体可与迪多的字体相媲美。从他的《印刷术手册》中，人们可以看出博多尼是个完美主义者。他认为印刷商应该拥有各种字号的活字，甚至肉眼几乎分辨不出来大小区别的字号。该书共两卷，有538页全是字体样本，可以看出他为此愿景刻制了大量的活字。书中共有22种不同字号的字体，而每种字号都有无数字重、字宽和x高的变化组合。1789年，英国农业改革家亚瑟·杨到帕尔马的公爵出版社拜访博多尼，他说博多尼拥有多达3万个他自己制作的字冲和铜模。[1]

标题字体

18世纪末至19世纪初，广告专用字体有所发展。工业革命初期，广告已不可或缺。商家须说服广大人民来购买和消费他们日常所需之外的商品，而且当时产品大量过剩。早期的排版师在制作海报和传单时，用的是当时最大字号的正文字体。早期的广告版式就像图书，有大段大段的文字。1803年，在圣莱热·迪多、迪多的妹夫约翰·甘布尔（英国人）和文具商富德里尼耶兄弟（亨利和西利）的共同努力下，英国开发出了造

---

[1] 他的遗孀在1840年的一份清单中，列出了25491个字冲和50283个铜模。

纸机。[1] 纸张变得更加便宜，尺寸也更大了。之前的造纸厂通常每天生产 60—100 磅纸，新式机器每天可生产 1000 磅，产量增加了十倍。[191] 再加上手扳架印刷机（1799 年）的出现，大幅印刷受力更加均匀，更大尺寸的海报和醒目的印刷品也应运而生。

1765 年前后，卡斯隆的学徒托马斯·科特雷尔（卒于 1785 年）首次创造出一种专用于广告而非图书的字体，这是一种"体积和尺寸都很大的用于宣告或公告的字体"[192]。这款 144 点的活字有 2 英寸（5 厘米）高。来自范恩街铸字厂的罗伯特·索恩是科特雷尔的学徒，他创造了一种字面更宽大的字体。这种"笔画粗细强对比"的字体出现在 1803 年，字干的宽度可能是字高的三分之一。这种设计是基于 18 世纪英国民间绘制文字的结构比例发展出来的，字母通常是绘制出来的，都很宽大。例如，E 的下字臂突出，C 非常圆润，O 和其他曲线字母的字轴是垂直的，跟巴克斯维尔的字体一样。随着时间的推移，在招牌书写者、字母雕刻师和其他制作木头、金属和陶瓷文字的人手中，这种绘制文字的规模和影响越来越大。[193] 笔画粗细强对比是这种字体的极致表现，后来，像摄政时期讽刺画中的政客一样，它们变成了对自己大方的戏谑。

这些字母浓重的黑色吸引了人们的视线，简直让人移不开眼睛（图 51）。较大号的字是黄铜材质的，其他字号是木质的，然后在砂床模具中铸成活字。1827 年，美国发明了机械铣刀，

[1] 1789 年，尼古拉斯-路易斯·罗伯特在皮埃尔-弗朗索瓦·迪多（圣莱热的父亲、菲尔曼的哥哥）一家位于埃松的造纸厂中，最先发明了造纸机。

图 51　约翰·帕里在 1835 年创作的《海报人》。多才多艺的帕里将这幅画作为礼物送给了妻子，画中包含了许多他对自己职业的诙谐调侃

这样就可以做大号的木质活字了。

宽字面字体的字腔很小，这迫使刻字师简化了字母轮廓，衬线和字干之间连接的弧线也突然消失了，就如迪多和博多尼的字体那样。笔画粗细强对比字体作为一种标题字体大获成功，也使得哥特式黑体以同样的用途回潮。这种进展仅仅发生在英国，这并不奇怪，因为英国是欧洲第一个感受到工业革命带来的商业压力的国家。

此时，法国人皮埃尔 - 西蒙·富尼耶开始认真研究装饰性字体。他模仿雕刻镀金字形，创造了大尺寸字母，其笔画内有很细的白线，就像字母的高光。[1] 他创造了由花丝、镶板和花卉图案组成的字母，并恢复了使用排版装饰的传统。那些用富尼耶字体印刷的书，会用布歇（1703—1770 年）和弗拉戈纳尔（1732—1806 年）的绘画，以及法国革命前的沙龙和光鲜亮丽的洛可可风格图片做插画。富尼耶的书是 18 世纪最先让字形有了一丝自由感的书。194 尽管革命时代很快到来，他的众多作品只产生了短暂的影响，但他打开了潘多拉的盒子，从此一切皆有可能。遥不可及的新灵感也可以影响字体设计，一旦世纪末的严酷时代过去，他的这部分遗产就会开花结果。

18 世纪晚期，另一个伟大的复兴是严肃的无衬线体，这个过程就像古罗马共和体那样。这种等线字体最终让所有对手黯然失色，成为 20 世纪新字体设计中最受欢迎的字体之一。它的起源极其平常，无衬线体一直在民间使用。在英国，它被刻在伊丽莎白时代的讲坛和室内家具上，然后沿着雅各宾时代的栏杆，被刻在萨塞克斯最后一位铁匠的铁质墓碑上。

1763 年，伦敦市测绘师老乔治·丹斯的儿子小乔治·丹斯（1741—1825 年）在欧洲游学期间，绘制了罗马郊外的古罗马废墟蒂沃利拱门上的无衬线字形，这座神庙的历史可以追溯到公元前 1 世纪。字体历史学家詹姆斯·莫斯利对无衬线体的起源进行了专门研究。195 他让我们知道，几年后，当小乔

[1] 技术上称为双线字母或空心字母，常见于雕刻字体。蚀刻画《殖民地缩减》（1767 年）就是一个很好的例子。这篇文章参见 J. Almon, *The Political Register and London Museum* Vol. 3, London, 1768, p. 321；也参见 http://www.loc.gov/pictures/resource/ppmsca.31019/。

治·丹斯追随父亲的脚步成为伦敦市的测绘员时，他年轻的学徒约翰·索恩是如何仔细复制这些图纸的。1779 年，索恩将无衬线体用于他在皇家学院展出的《英国参议院》设计图中的铭文，也用在了英格兰银行和上议院的铭文上。索恩将这种风格用于建筑图纸后，其他建筑师纷纷效仿，因此它也传到了大众文化中。

虽然这种书体来自古罗马，但奇怪的是，人们称它为"埃及体"。拿破仑征服了埃及，让那里的古老遗产重现于欧洲人的视野，欧洲城市中出现了埃及风格的建筑。1804 年，伦敦出现了第一座这种风格的建筑，是河岸街的《信使报》办公室。1805 年 8 月，《欧洲杂志》刊登了一篇关于伦敦街头出现奇怪文字的评论，作者对其存在颇有微词。"我发现除了写字工，没有其他人可从中获利，因为他们可以在这偌大都市的好些地方涂写标语谋取钱财，而且大可遣学徒去写这种简单的书体，但是以前需要更有能力也更昂贵的工人去写……这些字母，最热情的拥趸都不得不承认，它们极其笨拙，除了老到掉渣之外，没有任何值得一提的特点。"因此，正如詹姆斯·莫斯利观察到的那样，到 1805 年，"埃及体出现在伦敦的大街上，被标牌书写者写成牌匾或者写在墙上。这种书体让公众惊讶不已，他们从未见过这样的字，也不确定他们是否愿意看到"[196]。这是昙花一现的流行，还是字体设计师应该严肃对待的事？直到 1819 年前后，威廉·卡斯隆的第四代后人才铸造出英国第一款无衬线字体。19 世纪 30 年代，市面上出现了更多的无衬线字体，是由文森特·菲金斯和威廉·索罗古德（范恩街铸字厂的索恩的继任者）推出的。菲金斯（1830 年）称他的字体为无衬线体，索罗古德（1832 年）称他的字体为怪诞体（grotesque，来自意大利语 grottesco，意为"石窟或洞穴"），这两个术语至今仍在使用。索罗古德的怪诞体是第一款大小写字母都无衬线的商业字体。

我们今天所说的埃及体与古罗马共和时期的无衬线体有相当大的区别。今天的埃及体是一种粗衬线体，目前见到的最早实物是 1810 年的一张彩票账单。这些字母是木版印刷的，而不是铅字排版的。[1] 木版印刷的彩票账单为我们保留了这一时期幸存下来的一些最大胆的绘写文字。

旅行之乐

1815 年拿破仑战争结束后，欧洲再次成为旅行的热土。此时，人们扩大了视野，也开始寻找新的灵感来源。虽然在过去几年里经济环境非常严峻，但有钱人又开始了奢华的旅行。在布莱顿的摄政王、圣彼得堡的俄国沙皇和巴黎的罗斯柴尔德家族的宴会桌上，法国大厨安托南·卡汉姆设计的华丽糖霜甜点被放在餐桌中心，做成埃及纪念碑、古典寺庙、乡村别墅和托斯卡纳遗址的样子，闪闪发光。经过再设计的字形以类似的方式融合了抓人眼球的古典气息和似是而非的乡野气。

1817 年前后，粗衬线体（见图 51，右上角"vote for"字样）终于在文森特·菲金斯的字体目录里隆重登场。他将其称

---

[1]　这是书法和字体历史学家贾斯汀·豪斯的发现，可惜他英年早逝。后来，詹姆斯·莫斯利在自己的博客文章《仙女与石洞》中记录了这一发现。参见 http://typefoundry.blogspot.com/2007/01/nymph-and-grot-update.html。

为"古体"。19 世纪上半叶出现了大量埃及体新字形，确定它们出现的日期是个问题。第一种已知的风格，出现在托马斯·特尔福德的铸铁滑铁卢桥（1815 年）上，这种风格后来被称为伊奥尼亚体，字干和粗衬线之间有弧形过渡。不久，文森特·菲金斯又在同一时期创造了带阴影的版本。布莱克和史蒂芬森的铸字厂在 1833 年推出了空心伊奥尼亚字体。卡斯隆的铸字厂在 1842 年推出了第一个立体的伊奥尼亚字体，一年后小写字母也随之出现。然而，正如无衬线体的历史预示的那样，伊奥尼亚体很有可能是在滑铁卢桥铭文出现之前几年，以手绘形式首次出现的。

1817 年，托斯卡纳体以铅字形式出现，而且带有复杂的分叉衬线。这里有富尼耶的装饰字体的影子，但这种风格早在 4 世纪就已在罗马出现，比如教皇达马苏斯（约 305—384 年）墓碑的碑文，碑文由他的朋友、抄写员和书法家福利乌斯·狄奥尼修斯·菲洛卡勒斯雕刻。对 19 世纪的字体设计师来说，托斯卡纳体笔画末端的分支代表叶子，这种形式是那个时期最典型的装饰字体风格之一。

意大利的卡斯隆和利弗莫尔字体出现在 1825 年，也借鉴了古典书体。今天，我们可以从美国西部的通缉令上看到其后续变体（它们被称为"法式克拉伦登体"，有点让人迷惑）。这种风格的笔画粗细对比是颠倒的，有着罗马民间大写体常见的横粗竖细特点。1748 年，人们在庞贝和赫库兰尼姆刚出土的墙壁上发现了类似风格的字母，两城很快成为权贵人士奢华旅行的热门目的地。

这一时期最后一种大获成功的字体，在结构上与伊奥尼亚体一脉相承，但设计初衷却大相径庭。它就是由本杰明·福克斯刻字、罗伯特·贝斯利在1845年推出的克拉伦登字体。后来，贝斯利成为伦敦市长，他也是范恩街铸字厂的联合所有者。该铸字厂曾推出了一系列衬线明显而粗重的字体。克拉伦登字体是略窄而笔画略细版的伊奥尼亚体。詹姆斯·莫斯利说"这是英国最成功的字体设计之一"[197]，因为终于有一种可以与对应的罗马体一并用在图书印刷中的标题字体。博多尼1818年出版的《印刷术手册》中公爵体字体的样张，展示了三种字重的设计，其中一种是粗体。范恩街铸字厂字体样张中给出了克拉伦登体背后的设计原理，从中可以看出这是一种独立开发的字体：

> 对于印刷商最有用的字体是克拉伦登体。它们在传单或标题页中能突出词或行，而且不会盖过其他文字。字体是精心设计的，因此，在保证字母鲜明醒目的同时，还可以有优美的轮廓。这一方面避免了古体或埃及体的笨拙不雅；另一方面，它们又避免了出现因长期使用而变粗大的普通罗马体的样子。[198]

贝斯利的"粗体"一经推出就大获成功，受到广泛的欢迎。字体当然可以用于标题，但此时，正如字体样张建议的那样，它也用于字体历史学家迈克尔·特怀曼所说的"非线性阅读"，或用于强调性文本。粗体字可以用来突出文本中的单词，帮助人们理解文中的信息。

人们不禁要问，为什么到现在还没有粗体的书面字体呢？

诚然，在手抄本时代，人们使用了一众不同字号和字重的绘写文字。1100 年之前，文本中不同层次的内容，通常直接用完全不同的书体来表示。人们用大写字母和其书体来突出标题或关键词，如罗马大写体、安色尔体和民间大写体。1100 年后，我们今天在文本中可能加粗的地方（如标题、关键词和词尾），其用笔和书体都与正文相同，但会使用不同颜色的墨水，常常是红色、蓝色或金色。后来，颜色差异从印刷文本中慢慢消失，这种内容层次的区别也随之消失，取而代之的是意大利体的使用。[1] 然后，又开始用大写字母和小型大写字母，再后来是哥特式黑体。直到 19 世纪，在法律文件中，关键词仍以较大的粗体字书写，有时是正式的弗拉克图尔体字母。上述这些做法，以及教育工作者在复杂的表格中突出信息的一些做法，与 19 世纪 40 年代使用粗体字的目的非常相近。[199] 广告带来了笔画粗细强对比字体，海报和传单中的文字也变得更加简练，以便能够逐行分开。此时，文本段落本身的文字设计性也有所加强。

19 世纪中叶，卡斯隆的旧式字体复兴，出现在奇西克出版社的出版物中。这预示了一种更温和的环境，一个让当下与过去怡然自洽的社会。这种风格集中体现在亚历山大·费米斯特为苏格兰的米勒和理查德铅字铸字厂设计的字体中。该铸字厂 1860 年的字体样张包含了一系列由费米斯特设计和刻制的旧式字体，但它们仍带有现代字体曲线字母的垂直字轴，饰有倾斜的衬线，笔画没有强烈的粗细对比。这些字母呈现在纸面上，有一种轻盈明亮的效果。字母 a 像巴克斯维尔的字体那样

---

[1]　1520 年前后，由罗伯特·艾蒂安和其他法国人发起。

宽大，c 和 e 的下半部有向前倾斜的可爱曲线。字母的间距也很大。第二年，费米斯特移民美国。在那里，他设计了富兰克林旧体，这是一种米勒和理查德铸字厂字体的变体。这次是为了"新世界"的铸字厂设计的，那是一家位于波士顿的迪金森铸字厂。波士顿是他的第二故乡。

*

在这个世纪末，故事开始向两个方向发展。一方面，商业和个人信件的文件数量大大增加，有可能超过其他文件种类；另一方面，一种全新的感性意识已经被唤起。对浪漫的前工业世界、英雄个体和手工艺的怀念，在浓烟缭绕的空气中徘徊，经久不去。

第九章　工业时代

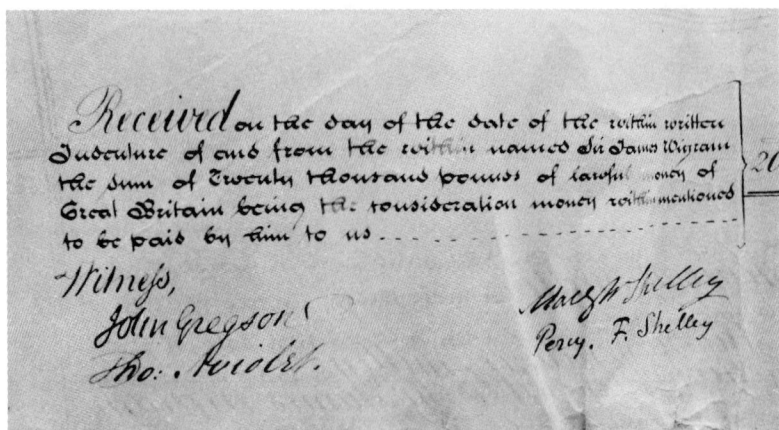

图 52　印刷业进入工业时代，但英国的法律从业人员仍用哥特体在羊皮纸上书写文件。此抵押文件起草于 1845 年，属于珀西·比希·雪莱的父亲（抵押人）和他遗孀玛丽·沃斯通克拉夫特·雪莱

此刻，我们即将进入第二个大变革时代，而且今天我们仍处在这个时代。初等教育的普及大大增加了有读写能力的人数，从每个国家只有几十万人到今天的几百万人。书面文字产品的数量和种类也在不断增加。

不眠不休的印刷机

印刷机出现后，其机械结构几乎没有变化。从 15 世纪到 18 世纪，那些展示印刷机如何工作的版画，内容几乎是一样的。只是工作环境更气派了，印刷机数量更多了，当然背景中埋首于铅字盘前的排字工人的数量也变多了，但印刷机的设计却没有变化。1799 年，斯坦诺普伯爵和他的工程师罗伯特·沃克制造了第一台使用复合杠杆系统的手扳架印刷机。从这时起，印刷的变革走上了快车道。1814 年 11 月 29 日，弗里德里希·柯尼希（1774—1833 年）和制表师安德烈亚·鲍尔（1783—1860 年）发明的高速蒸汽动力印刷机，开始印制伦敦的《泰晤士报》。使用多边形轮鼓印刷机，每小时的印数从

1814 年的 1100 份增加到 1848 年的 1.2 万份。

19 世纪 40 年代末，人们发明了更高效的轮转印刷机。远隔大洋的两个人分别推动了轮转印刷机的研发，他们是纽约人理查德·玛奇·霍（1812—1886 年）和巴黎人伊波利特·奥古斯特·玛里诺尼（1823—1904 年）。霍的设计使用了楔子和螺钉来固定铅字的位置，而玛里诺尼用的是"浇铸铅版"（stereotyping，这个名字是菲尔曼·迪多起的）。为了适应轮转印刷机，他用混凝纸浆制成更柔韧的纸型，然后再用这些可以弯曲的纸型浇铸出有弧度的铅版。1869 年，伦敦的《泰晤士报》就是用轮转印刷机印出来的，不再是一页一页印的了。[1] 这种印刷机每小时可印 1.2 万份报纸。1895 年，《泰晤士报》使用了一种新的印刷机，不仅能在一小时内印 2.4 万份整整 12 页的报纸，还能将它们折叠起来。200

在这种快节奏的环境中，排字工越来越难以跟上印刷业的需求。18 世纪最后几年，《泰晤士报》的排字工曾尝试用一种使用音节而非单个铅字的字体。[2] 不过，让整个印刷流程完全机械化的重大突破，是美国发明的一种机器。这种机器让操作员可以用键盘在安装于机器里的铜质字盘上选择和铸造铅字，选出来的时候排版也完成了。鉴于排字工的需求，1884—1886 年，奥特马尔·默根特勒（1854—1899 年）发明了莱诺整行铸

[1] 纸张税是按张数缴纳的，1861 年取消。在这之前，印刷纸卷的推广一直受到限制。

[2] 这种"语素法"是亨利·约翰逊在 1778 年发明的。约翰·沃尔特购买了这项专利，后者创办了《世鉴报》，即后来的《泰晤士报》。1792 年之前，《泰晤士报》一直用语素法印刷。

排机，机器用键盘打字调出一个个铜模，这些铜模按顺序排列在一起，再用熔化的金属浇铸在这些铜模上，一次可以铸出一整行文字。1885—1897 年，默根特勒的对手托尔伯特·兰斯顿（1844—1913 年）研发了蒙纳单字铸排机。这种机器可以用来铸造单个铅字，字间距有了微妙的变化，铅字用完后会熔化重复使用。

新技术的出现，带来了更快的印刷速度和更大的版面，其中获益的不仅仅是报纸。19 世纪中叶，各种类型的文件开始大量涌现，尤其是广告。1861 年圣诞节前夕，伦敦河岸街的新阿德菲剧院经理威廉·史密斯，记录了一次从泰晤士河南边的象堡站到东北方向的史密斯菲尔德俱乐部年度牛展的徒步活动。他为那次活动做了周详的计划，也许那时他就在构思他的《何时、何地、如何做广告？》（1863 年）。

在这次徒步活动中，对于路上散发的所有免费宣传品，史密斯照单全收。一天下来，他收到了 250 份传单、图书和小册子。他估算，如果当天走同一条路线的人中，只有一半的人（2 万人）拿了一半数量的宣传资料，那么，在 9 个小时里，商家就发放了 230 万份广告。[201]他还发现，广告的形式不仅有传单和人形立牌，人们还制造各种噱头（在火车站外向空中撒一把传单），还有彩绘服装以及精心制作的物品（剪纸、卡片和贴纸）、商店橱窗的对折卡片、六联张或更大的海报等。他说："最近两三年，所有公路旁的房子、铁路拱门或临时围墙（连烟囱也没能逃过）的任意一面，都贴满了各种类型的海报和传单，从不起眼的单张到无所顾忌、自以为是的八联张，到二十联张。"[202]他还说："在法国，有的广告商把一幢房子的整个侧面都占满了，广告上的字母有几英尺长，这绝不是稀奇的事。"这是与之前截然不同的时代。史密斯称上一个世纪是"半睡半醒的 18 世纪"，那个时候，广告柱子将弗利特街以及河岸街的人行道和行车道隔开了。这些广告柱正是剧院张贴宣传单的地方（从 1745 年左右开始），这也是伦敦张贴宣传单常态化的开始。[203]

威廉·史密斯将广告的成功概括为"在全国发行的廉价印刷品，人人都能负担得起的免税纸。我敢说就连大字不识的跑腿工也负担得起"[204]。广告覆盖的读者数量是惊人的。

尽管如此，英格兰和威尔士在教育改革方面仍然落后于许多欧洲国家。当法国已经开始革命后的社会改革，实行普遍初等教育，但 1807 年相同的教育动议却在英国上议院折戟。在上议院的辩论中，皇家学会主席吉迪勋爵认为，"让穷困的劳动阶级接受教育会有损他们的道德和幸福。教育会让他们看不起自己，进而无法成为农业和其他劳动行业的忠仆……教育不仅不会让他们顺从，反而会使他们变得顽固，变得偏激，就像我们在工业较发达的地区看到的那样"[205]。在 1839 年和 1843 年，有几项关于由纳税人资助教育的建议，但英国圣公会和非国教派在谁来办学的问题上争论不休，最终建议落空。在教育改革的领头羊普鲁士，1864 年的入学率估计为 85%。[206] 在英国，直到 1870 年《教育法》生效，才普及了初等教育。19 世纪 80 年代，10 岁以下的教育成为义务教育，1891 年后变为免费教育。

与 18 世纪的教育相比，19 世纪教育的最大变化是，书写终于变得与阅读同样重要。"从今以后，所有上小学的孩子都不仅能读懂课文，还能拿笔写上几个字。"[207] 到 1900 年，法国、英国和德国的人口普查数字显示，这三国的文盲率只有10%，比利时为12%，奥匈帝国为22%（各民族的数字差异很大）；1900年后不久，俄国的文盲率为50%。

各国人口也在不断增长。1850—1900年，英国的人口增长了66%，奥匈帝国也增长了66%。同时期德国的人口增长了96%。1800年，欧洲人口数量在10万以上的城市只有22个，在1850年增加到47个，1914年已达182个。[208]人口、教育和商业广告等的不断发展，都会导致文字材料的激增。

化学印刷

随着时间的推移，印刷技术不断发展。这一时期，人们发现使用化学工艺比简单的机械改进更具意义。平版印刷，或其发明者阿罗斯·塞尼菲尔德（1771—1834年）所称的"化学印刷"，是19世纪初最具突破性的创新。塞尼菲尔德发现，用油性化合物在石灰石等多孔石材上写字，然后将其弄湿，印刷油墨就会粘在蜡笔划过的地方，但不会粘在被水浸透的表层，因为油不溶于水。[1]塞尼菲尔德在《平版印刷全书》中发表了他毕生的研究成果，该书在1818—1819年间用多种语言出版。他的发明大大拓展了可印刷材料的种类：笔迹和图画可以直接复制，不用再借助雕版。因此，平版印刷也为当时雕版印刷无法处理的过于复杂的文字开辟了一条道路。这些复杂的

---

[1]　后来人们改进了这一流程。在石板上画出图像后，用阿拉伯胶和弱硝酸的水溶液清洗石头，这层胶和盐在石头上沉淀，可以让水分更充分地附着在石头表面。

文字包括阿拉伯文、乌尔都文、波斯文等，文字有很多局部穿插现象，很多字母相连，还有很多替换字符。[1] 平版印刷还可呈现彩色效果。彩色平版印刷术中，每个石块可印一种颜色（与木版套印一样）。19 世纪中叶，法国艺术家朱尔·谢雷（1836—1932 年）对平版印刷进行了改进，让平版印刷的海报有了色彩，呈现出前所未有的油墨透明感和美妙的线条。谢雷为"美好年代"的剧院和包装设计的作品，以及土鲁斯 - 劳特累克（1864—1901 年）的带有文字的手绘海报，都是 19 世纪最令人难忘的平版印刷作品。现在，印刷字体的形状可以像手写的一样有灵魂，并能很好地与其媒介匹配。

19 世纪中叶，印刷地图的价格也因平版印刷术的发展变得低廉。

便士邮政

19 世纪初，英国出现了促进手写文字交流的两大重要事件：全新的运输系统和便士邮政。

1825 年，斯托克顿至达灵顿的铁路开通，这是第一条收费客运线路。1829 年，史蒂芬森的"火箭"号以前所未有的速度从利物浦开往曼彻斯特，时速高达每小时 30 英里。铁路热潮就此拉开序幕。在不到 25 年的时间里，铁轨已经铺设到欧洲、美洲、澳大利亚、印度和埃及的许多地方。

铁路缩短了运送信件的时间，降低了成本，催生了便士邮

---

[1] 一直到 20 世纪 90 年代，巴基斯坦和印度部分地区的报纸还在用根据照片转印的书法大师的手迹进行平版印刷。

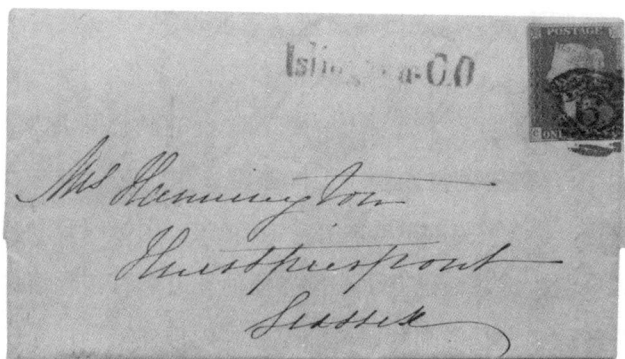

图 f　一封 1847 年便士邮政的信件。信纸直接折叠成信封，寄给苏塞克斯郡赫斯特皮尔波因特的汉宁夫人。邮递员知道村子里每个人的住处，所以不需要街道名称或门牌号

政。1837 年，罗兰·希尔（1795—1879 年）在《邮政制度改革：它的重要性与实用性》小册子中主张，在整个英国实行 1 便士的统一邮政费。[209] 将他提议的 1 便士收费（在英国境内，无论一封信送到多远的地方）与 1840 年之前的收费进行比较，我们就能看出他的想法有多激进了。在 19 世纪 30 年代，寄一封信到 15 英里远的地方，费用是 4 便士；到 300—400 英里远的地方，费用是 1 先令零 1 便士。

虽然希尔认真讨论了每个细节的数据，但他的改革从根本上讲，是出于人道主义。他是一个边沁主义者，受到杰里米·边沁的影响，相信为最多人享受的幸福就是最大的幸福。边沁的思想源自希尔父亲的朋友——化学家和自然哲学家约瑟夫-普里斯特里（1733—1804 年）。在 1837 年出版的这本小册子中，希尔还把邮局描绘成"文明的强大引擎，能够在伟大的国家教育工作中发挥独特的作用"[210]。

1840 年 10 月，英国邮政开始实行 1 便士标准收费。次年，

英国皇家邮政局寄送的信件量，从之前每年 7900 万封上升到 1.69 亿封。在之后的 20 年，信件量增加了 3 倍。一共用了 23 年，邮局才实现了盈利。廉价的统一邮资的概念很快传播开来，在不到 10 年的时间，欧洲主要国家都采用了这个办法（不过巴西是第一个，在 1843 年采用）。1874 年，国际邮政联盟（或称总邮联盟）成立，确立了在世界任何地方邮寄国际信件都统一收费的原则，且各邮政局对外国和国内信件需一视同仁。信件的发出国收取信件产生的国际邮资，作为本国收入。

不同风格的笔法

19 世纪初，欧洲和美国的笔法开始向不同的方向发展。在 1815 年之后那段严酷而焦虑的岁月里，卡斯泰尔斯及其追随者创造出了更加严谨的笔法，扼杀了英国刚刚出现的个性化笔迹的萌芽。但在美国，独立战争之后，社会和政治制度已经大不相同，笔法也摆脱了英国的束缚。19 世纪上半叶，美国有 100 多位书法专家在教授自己的书法并出版作品，书写世界的重心仿佛跨越大西洋来到了美国。[211] 我们也可粗略认为，美国是浪漫主义书法蓬勃发展的摇篮。有一个人准确预言了这种新趋势，他的名字叫普拉特·罗杰斯·斯宾塞。1800 年，他出生在纽约波基普西附近。在学校里，他的字就写得很好，12 岁就开始教同学写字。

十岁时，斯宾塞寡居的母亲搬到俄亥俄州东北部的乡下生活，但那里并不太平。那时斯宾塞就已经对书写着迷，没有足够的纸，他就在自己能找到的任何能写字的东西上练习，如桦树皮、雪地、沙子、当地鞋匠的皮革边角料等。这段经历对他的笔法有深刻影响。他在自然界中寻求美丽的事物，并从自然界的色彩和多样性中得到了诸多乐趣。他形容自己字母的基本形状是一个略微倾斜的椭圆形，就像湖岸上的一颗鹅卵石。他觉得，上伸部和下伸部的环状笔形应该长度不一，因为大自然的所有事物都不尽相同。羽毛笔或金属笔写出的细线，也应该通过时不时地对笔尖施加压力而形成粗细变化，使之生动起来。与英式圆手写体不同的是，这种粗细变化可以随书写者的意愿出现，毕竟他的大多数字母都是用一条细细的流动的线条写成的。至于书写动作本身，和卡斯泰尔斯一样，斯宾塞提倡以一种放松的姿态书写。其书写动作涉及整个手臂、手腕和手部的多处肌肉，手的支撑点在第三和第四根手指的指甲处。

直到 48 岁，斯宾塞才受之前的一位学生的鼓励，出版了自己的作品。在这之前，他都是亲自在纸条上写下范例，供学生临摹。这位鼓励他的学生叫维克多·M. 赖斯，主管布法罗地区的学校，后来管理整个纽约州的学校。斯宾塞的第一本书写手册是装在信封里的一些印好的范例纸条。书出版后不到两年，一家人就从一幢木屋搬进了一栋更气派的房子里。他还创立了一种教学模式，冬天开办集中课程，美国各地的年轻书法家可以到他的小木屋学习，夏天就在各个城市巡回教学。他的书写教程被布莱恩特和斯特拉顿商学院（1852 年在俄亥俄州的克利夫兰成立）采纳，很快就推广到纽约、奥尔巴尼、布法罗、费城、底特律和芝加哥。在 19 世纪 60 年代，他影响了整个美国的书法。

公司出现

19 世纪 40 年代之后，随着铁路网、高效的邮政系统，以及采用铁制船身、配有螺旋桨的新式蒸汽动力远洋船（还有越来越多的电报，稍后再谈）的出现，人们建立起了前所未有的大型复杂工业组织（和官僚机构）。这些组织的规模和地理分布，刺激了新的管理形式的发展。在这些公司内部，正式的书面沟通变得越来越重要。铁路是其中一项重要因素。铁路的实时性和巨大的交通量，极大地缩减了运营中可接受的误差。

在工业革命初期，许多公司的管理方式与工匠作坊的管理方式基本相同。除了在记账和简单的记录保存方面略有进步外，口口相传仍然足以满足日常运作的需要。但在 1841 年，美国发生了一系列灾难性的火车相撞事故后（西部铁路公司运营的马萨诸塞州伍斯特到西斯托克布里奇段），美国铁路系统开始使用书面线路管理方式，加强运营控制。[212]

到了 19 世纪 80 年代，以定期报告、指令、时间表和业务手册等形式，让书面信息在组织内上下传递的"系统化管理"，已经扩展到了其他类型的企业。但是，一些公司意识到，规模扩大并没有带来预期的利润增长，因为规模扩大并不会自动产生规模经济。如果不能很好地把握和管理企业，还可能带来新的混乱。这就要求公司管理人员建立起新的沟通渠道，来贯穿整个公司。公司内部典型的沟通行为，如订购文具或其他用品，此时都需要填写表格，也出现了表格、图表和报告形式的统计资料。公司内部的口头沟通，也需在管理会议上正式化，并且记录在案。[1] 公司内部有系统的书面沟通方式，以规避业务规模较大和复杂程度较高可能带来的不利后果。不过，这样也让某些事情变得千篇一律。公司通过手册和指南建立起自己的内部智慧库，并要求员工对纸质流程负责，于是那些曾经被喻为知识宝库的下层经理和工匠发现，他们的权威性、主动性和权力都在流失。办公室文员也是如此，曾经，他们一丝不苟的笔迹是一个公司诚实守信的骄傲证明。19 世纪 70 年代，新技术层出不穷，其目的都是提高文员的工作效率。

新的书写机器

雷明顿打字机于 1872 年问世。撇开亨利·密尔 1714 年获得的书写机专利，以及发明家佩莱格里诺·图里在 1808 年为他的情人（一位失明的伯爵夫人）发明的打字机不谈，到 19 世纪中叶，已经有相当多的发明家在书写机器方面跃跃欲试。丹麦拉斯姆斯·梅灵-汉森牧师的球型打字机是第一台投入商业生产的机器（1870 年），这是那时最漂亮的书写机器之一。它看起来像一个铜球或放大的蒲公英花，布满了可以按动的按钮和活塞。213 汉森是一位牧师，管理着哥本哈根的皇家聋哑人学院，他想让学生们通过手语来表达。这种机器一直使用到 20 世纪初。德国哲学家弗里德里希·尼采（1844—1900 年）发现自己视力下降时，为了能继续写作，他就买了一台汉森球型打字机。

---

[1]　1876 年，贝尔发明了电话，不久之后，许多工作场所都安装了电话。但它无法满足记录需求，因为它既没有录音功能来提高效率，也无法保证行动和责任的相关性。

雷明顿的打字机是其他制造商争相赶超的标杆。这台机器诞生于威斯康星州的密尔沃基市，是报社编辑克里斯托弗·肖尔斯（1819—1890年）和他的两位朋友及同事塞缪尔·苏尔、卡洛斯·格利登斯三个人心血的结晶。最初，肖尔斯和苏尔一直在研究一种给彩票和页面编号的机器；而他们的朋友格利登斯，当地一位律师和业余发明家，建议说这台机器也可以用来打字。他们在将专利卖给纽约伊利昂的步枪和缝纫机制造商 E. 雷明顿有限公司之前，把第一台机器卖给了一所培训电报员的学校。雷明顿公司的第一台打字机是在铸铁缝纫机底座上生产出来的，镶有镀金和彩绘的镶板，以此来吸引目标客户，即女性打字员。这时候，越来越多的妇女终于因接受教育而受益，她们开始从事办公室工作，而且撼动了男性从事这方面工作的传统。

　　打字机的核心优势是提高了文件书写的速度（每分钟约150个字，手写只有30个字），并且能够制作多份碳素副本。复写纸是陶艺家约西亚的堂兄拉尔夫·韦奇伍德在1804年发明的，最初是为了帮助盲人书写。它可以省去用笔蘸墨水的步骤，只用一支尖头触控笔就可以写字。打字机问世后，复写纸可同时产出多份副本的潜力很快被开发出来。用特殊的单面复写纸，一次最多可打十份。

　　打字机键盘的顺序，也是肖尔斯和他的同事开发出来的。不过正如京都大学的安冈孝一教授所述，这样的布局更多的是一种巧合，而不是严密逻辑的产物。[214]诚然，这种设计确实考虑到将高频字母分开安放，防止出现打字机机械臂卡住的情况，但键盘字母之所以如此排布，更多的是个人偏好，以及出于与其他设计版权有所区别的考虑。从此，打字机用语进入日常的文字处理语言，退格、回车、换挡键、制表键等，都源于对机器机械操作的描述。这些早期机器上的字母看起来就像铅字，是一种糅合了粗衬线的埃及体和流行的克拉伦登体的字体。

1876 年前后，一些可以高效制作镂空版的机器问世，其中比较奇特的是托马斯·爱迪生的印刷机和电笔。抄写员写字的时候，电笔会在纸上留下一个个的小短线，形成镂空版，人们可以用油墨滚过镂空版进行印刷，而镂空版牢牢地固定在一台小型印刷机上。为电动笔提供动力的是敞口硫酸湿电池，需要秘书不断地加硫酸。

另一种镂空版印刷机——油印机的制造商宣称，他们可以用一张母版印制 1500 份副本。还有一种明胶复制机或称酒精复制机，这种印刷机每次工作之前，都要将母版上墨并保持湿润。保持湿润的办法，可以让墨水浮在明胶基上，也可以涂上酒精。1876 年，使用明胶和苯胺油墨的胶版印刷机投入市场。在 19 世纪 80 年代后期，镂空版既可以用铅字制作，也可以手写，印刷过程也更加清晰有序。

此时还出现了几种使用感光纸的文件复印机。到了 19 世纪 70 年代，可以复印大型平面图和图纸的"蓝图"已经广泛使用。人们在蜡纸或半透明纸上用黑色墨水绘制原图，然后将其放在感光纸上，当感光纸曝光时，纸面上没有墨水的地方会变成蓝色，在纸上留下白色线条。这一时期照相复印机（约 1907 年）是一个突破，因为这是一种无须在书写时做特别准备，就可以复制任意文件的设备。有了它，人们就可以把原稿的图像打印到感光纸卷上。第一次打印的图像是黑底白字的，但它可以再次拍照，变成白底黑字。

纸张的弱点

为了满足不断增长的需求（扩大的商业、广告商的需求和更快的印刷速度），造纸厂只能在使用棉麻纤维之外，也使用西班牙草和木浆。19世纪40年代末，德国和加拿大同时出现了木浆造纸法，当时纤维是通过机械方法分解的；19世纪70年代，引入了使用硫酸和盐的化学方法。这种方法有一些隐性的缺点，后来才逐渐显露出来。它会使纸张呈酸性，1840年之后，纸张浆料的变化充分说明了这一事实。人们经常用明矾和松香来替代明胶，不幸的是，这两种物质在反应中会产生硫酸，而且因为施胶是在制浆桶中进行的，所以酸会遍布整张纸，而不仅仅是表面。马尔坦表示，法国国家图书馆馆藏的1875年以后出版的200万册图书，有7.5万册因腐坏而永久消失了，58万册在短期内有危险，60万册很快就会有危险。[215] 在制造过程中留下的化学物质会让纸张变脆，让纸碎成渣。这种腐坏正在影响报纸、乐谱、地图和文件等文献，潜在的损失是灾难性的。据估计，仅美国就有8000万册图书处于脆弱状态，其中1200万册是"需要高度优先保护的独特书目"。[216] 如果不进行大规模的保护工作，几代人的记录和文献将会永久消失。为了保存文献，人们在几十年前就开始使用微缩胶卷，今天这种数字化工作仍在继续——尽管胶卷也存在保存难题。

肌肉笔法

19世纪70年代末，斯宾塞体主要在美国发展，而它在工

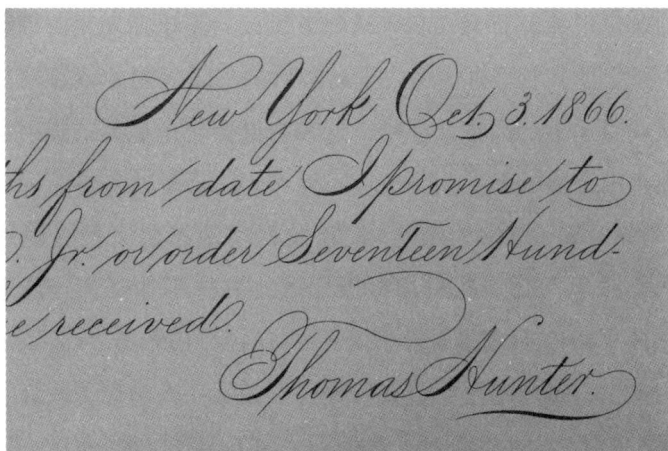

图 g　1866 年一本书写手册里的斯宾塞体

业背景下的发展并不那么顺利。虽然斯宾塞的书体从一开始就关注字母的自然状态，将其描述为"将书法从纯机械的技艺中解放出来"，但服务于工业系统的文员却逐渐被视为机器的齿轮，他们仅仅是"推钢笔的人"和"执羽毛笔的人"。书法教学的方法也在发生变化。南北战争后，美国的教学方法越来越多地强调书法是一种体育科目。书法课改名为"手写操练"。上课时，班上的学生按照口令，齐刷刷地拿起笔，所有学生在同一时间写出相同的字。有的手册建议学生按照教室节拍器的节奏写出笔画（或字母的不同部分），"每一个动作都要计数，要求最绝对的迅速和服从。你把班级变成一台机器，这台机器的每一只右手，都要绝对按照你计数的方向从左到右移动"[217]。

在英国，现代商业实践所涉及的大量文书工作也增加了变革的压力。人们倾向更简单的草写体，到 19 世纪末，英式圆手写体成了装饰性书体。快节奏的商业活动牺牲了精细的线条，印刷业也已将其背弃。有人认为，可以从无粗细变化的等线书体中，发展出书写更快速、更易辨认的书体，而非依靠书写人不断调整运笔的力道。但是，这种力量变化正是英式圆手写体笔画粗细错落的源头。

1865 年，英国的维尔·福斯特习字簿推出了符合时代要求的简化手写体。整书用平版印刷，书体不加修饰，连笔简单，几乎没有粗细变化。福斯特（1819—1900 年）是爱尔兰人，出生于哥本哈根，曾在伊顿公学和牛津大学接受教育。他曾是一名英国外交官，一生都致力于改善同胞的命运，1848 年爱尔兰大饥荒，他提前从外交部门退休。他相信唯一能解决爱尔兰贫困问题的办法就是移民，其书法指导旨在帮助移民在美国和其他国家找到工作，同时提高国内的教育水平。福斯特本人并不是书法大师，但他的书法在英国、美国和欧洲大陆影响广泛。他的书体更加竖直，而当时流行的风格是大约有 15°的倾斜。他完全取消了圆体中上行笔画纤细、下行笔画粗重的写法。细如发丝的连笔线是当时的英国外交大臣和后来的首相帕默斯顿子爵的特殊禁忌（他是福斯特的亲戚，曾提倡这种做法），福斯特请他为自己的习字簿背书时，删去了所有他认为太细的线条。维尔·福斯特的习字簿在英国和北美都很流行。19 世纪 80 年代末，报纸报道其年销量为 300 万册。[218] 这种字体后改名为"公务员手写体"（1870 年开始，公务员考试包含书写考核）。事实证明，它经得住时间的考验，在英国一直使用到 20 世纪 60 年代。

与此同时，在美国的广袤大地上，出现了一种全新的"肌肉笔法"，它主张每一笔书写都要用到整个手臂的肌肉。倡导者是奥斯汀·诺曼·帕默（1860—1927 年），他曾在新罕布什尔州曼彻斯特市一所教授斯宾塞笔法的学校学习，师从乔治·A. 盖斯凯尔（1844—1885 年）。盖斯凯尔曾是斯宾塞"木屋研习所"的成员。最开始，帕默的学费是通过在教室扫地抵的。在正宗的斯宾塞传统中，书写者可以自由地挥洒自己的风格。这一点盖斯凯尔做到了，后来的帕默也做到了。就像维尔·福斯特的书写方式一样，他取消了笔画的粗细变化。

塔玛拉·普拉金斯·桑顿在她的《美国书法》一书中指出，因为商业世界本身正在经历变化，曾经与男性主导的商业世界紧密联系在一起的书写技能，也将发生变化。随着公司的发展，员工逐渐失去了自主性和主动性，晋升空间有限；在打字机问世后，现代女性也进入了办公场所。桑顿认为世纪末的新笔法——帕默笔法，是对男性肌肉力量的重新肯定。她写道："它解释了许多现象，从自行车热潮到苏萨游行，历史学家约翰·海厄姆认为这是 19 世纪 90 年代男性活力和狂热的表征。这种狂热又与同年出现的性别认同危机有关。"[219]

帕默书写摒弃了意志力和性格养成，也不承认任何"哲学思想"对写一手好字的作用。他认为，要用重复运动的简单力量来写字。手臂固定，力量从肩部传来；习字从动作练习开始，在笔画之间的空隙，笔也要在空中画圆，保持不间断的运动。书写必须成为不问可知、自动自发、不假思索的机械反应。

帕默的书写体系是在 19 世纪 80 年代发展起来的。1894 年，他出版了一系列图书中的第一本《帕默商业写作指南》，该系列图书后来大获成功。到 1928 年，四分之三的美国学童都在用他的方法学习。

电报的发展

19 世纪 60 年代，维多利亚时代的通信系统又多了一员，电报出现了。这是第一个在远距离传输信息方面能与书写媲美的系统。1861 年，人们建起了从美国东海岸到西海岸的陆路连接。1866 年，第一条横贯大西洋的商业电缆开通了。

电报（telegraph，英文的字面意思是"从远处来的字"）这个词可以追溯到希腊时代。历史学家波利比乌斯在公元前150 年描述了一个系统，它可以用两个火把作为标志物，在5×5 的正方形网格中定义字母，复杂的信息可在相当远的距离内以光的形式发送。长期以来，船只一直使用旗帜传递信号；皇家海军的第一份信号指示可追溯到 1673 年，由约克公爵（即后来的詹姆斯二世）发出。在拿破仑战争期间，法国和英国都开发了带有信号臂和旋转百叶窗塔台的视觉通信系统。当时，每隔 30 千米（20 英里）就有一个塔台，从伦敦泰晤士河畔的海军上将大楼到皇家海军的朴次茅斯基地，用望远镜传递信息，只需 5 分钟。这比 1588 年用来预警西班牙舰队靠近的连环烽火台可进步多了。

19 世纪 30 年代，人们已经开始进行电报实验。从长远来看，电报用电这一本质特点是至关重要的，为我们今天享受的全球通信系统奠定了基础。卡尔·弗赖德里希·高斯（1777—1855 年）和威廉·韦伯（1804—1891 年）建立了第一条定期通信线路。线路仅 1 千米长，连接了哥廷根的天文台与附近的物理所。1837 年，威廉·福瑟吉尔·库克（1806—1879 年）和查尔斯·惠特斯顿（1802—1875 年）在英国申请了专利，在1839 年为大西部铁路公司安装了第一条长 13.5 英里的电缆。电缆沿帕丁顿和西德雷顿车站之间的轨道铺设，终点是布里斯托。

同样在 1837 年，塞缪尔·莫尔斯（1791—1872 年）和他的助手阿尔弗雷德·韦尔（1807—1859 年）在美国申请了电报系统的专利。莫尔斯开发的代码后来成为标准的通信方法，而且这套代码非常简单。通过按下杠杆来形成电路，用一连串的点或较长的划（点三个点所需的时间）来代表字母表中的字母。起初，人们用机器将代码打印在纸条上；但很快操作者就发现，可以从机器发出的声音中读出信息。

在 19 世纪 70 年代，电报网络进一步扩大。1870 年，英国建立了到印度的电报线；1872 年，建立了到澳大利亚的电报线。1902 年，随着太平洋电缆的铺设，终于实现了电缆绕地球一圈。同时，在 1896 年，年轻的意大利人古列尔莫·马可尼（1874—1937 年）开始了无线电报的实验。1901 年，他成功地将一条信息从康沃尔郡利泽德半岛的波尔德胡，跨越大西洋发送到纽芬兰圣约翰斯的信号山。

维多利亚时代晚期，由铁路、远洋航线和电缆连接的国家邮政和电报服务，已经成为全球性的通信系统。或许有人会说这是互联网的前身。曾经，从新西兰往英国发一条信息，需要七八个星期；到了 20 世纪初，电报内容先通过太平洋海底电缆发送到加拿大，然后通过陆路到达新斯科舍省的哈利法克斯，在那里横跨大西洋传送到伦敦，在几分钟内就可以到达英国邮局的中央电报室。这座圣保罗大教堂荫翳下的建筑，始建于 1874 年，有按地区排列的巨大长廊，长廊由 5 英里长的充气信息管道连接起来。这里可以处理所有发来英国和在英国境内发送的电报。20世纪 20 年代末，该中心每周处理的电报超过 150 万封。

归档

虽然书写和印刷材料的数量不断增加，但自中世纪晚期以来，办公室文书工作的存储系统基本上没有变化。19 世纪早期的办公室照片显示，文件格里堆满了文件，办公桌上也堆满了乱七八糟的文件。为了存放大量文件，办公桌上的隔间变多了。亚伯拉罕·林肯在伊利诺伊州斯普林菲尔德的办公桌上，有 40 多个文件格，10 个高高的细格在办公桌后面一字排开，像餐边橱柜一样。1874 年获得专利的"伍藤办公柜"是那个时代办公家具中的宠儿，它的柜门可以向两边打开，内有 80 个文件格。工业巨头约翰·洛克菲勒也因拥有这样的柜子而骄傲。

这时候，大多数书记员还是站在直立的办公桌前工作。对

图 h 伍藤办公柜，它是阿根廷总统多明戈·F. 萨米恩托的办公桌。美国印第安纳波利斯制造，1868—1874 年。照片由布宜诺斯艾利斯玫瑰园博物馆提供

于收到的信件，他们会将其粘在书上或折起来放进文件格里，进行归档。19世纪70年代，人们发明了档案盒和文件夹。文件夹可以放在大抽屉里，将信件平展归档，不需要为它们做摘要。但这样仍有一些不便，要找一封信，就得把整堆信从抽屉里抬出来，然后再拣选。如果抽屉太满，文件就很容易被卡住，开合时会被撕坏或压皱。

最终，一位叫梅尔维尔·杜威的图书馆员解决了这个问题。本着整洁和节约的精神，杜威将自己的名字从梅尔维尔勒（Melville）缩写为梅尔维尔（Melvil），因为他认为最后的"le"纯属浪费空间（他也是美式"thru"拼写发起人）。梅尔维尔·杜威有强迫症，这让他周围的人甚至是自己都饱受困扰。但他的这种性格在设计文件存储柜时却大有助益。他将空间利用发挥到极致，成功地用最小的空间来储存最多的文件。他发明了可悬挂文件的文件柜，这个柜子在1900年首次出现在他的公司"图书馆局"的目录册中。[220]

图书馆难题

这一时期，图书也在大量增加。自古典时代以来，在大型图书馆中找本书一直不是件容易的事。在公元前295年左右建成的亚历山大图书馆中，第一任馆长泽诺多托斯按亚里士多德发明的分类方式，存放了49万卷书。房间和书架按主题分类；在主题内，卷轴按字母顺序排列。后来，昔兰尼的卡利马科斯以自己的《卷录》为基础，编制了一份目录。这是一份希腊作家及其作品的清单，共120卷，分为散文和诗歌两类。他参考《卷录》中的作者及其作品表，让作品与书架清单可以交叉查阅。这种为特定作品指定房间或书架的排列方式，一直沿用到 19 世纪。1759 年 1 月 15 日，伦敦大英博物馆的图书馆首次开放时，藏书的排列方式与罗伯特·科顿爵士和牛津伯爵的两位创始人藏书的排列方式一样。科顿图书馆的书架上有不同罗马皇帝的半身像，这让人想起公元前 27 年阿西尼厄斯·波利奥在罗马建造的图书馆中的罗马作家雕像。《林迪斯芳福音书》是科顿遗赠给博物馆藏品的一部分，当时的目录号 Cotton MS Nero D, iv 沿用至今，即这部手抄本可以在顶部放有尼禄肖像的书架上找到，是 D 层的第四册。

很明显，在一座有海量藏书的巨大图书馆里，找书不是件容易的事。这不仅因为图书馆藏书量巨大，还因为这么大的建筑中，各个地方看起来都很像，不容易一下找到要去的地方。从某种程度上来说，这个时候找书就像在一个没有具体路名和门牌号的城市里找路一样，你要通过当地的地标来确认方向。在 15 世纪的伦敦，卡克斯顿出版社在"红色管制区"（用红条纹白盾纹章代表）的标志处，宣传自己"在威斯敏斯特，在施赈所"。1769 年颁布《印花税法》之后，在英国，根据地名找到一个特定的地方变得容易。这部法律要求，一个城镇或城市特定街道的每一栋房子，都要有一个编号。1876 年，梅尔维尔·杜威也用类似的编号方法解决了图书馆找书的问题。这项工作让他名利双收。杜威十进分类系统的基本结构，来自英国知识渊博的学者弗朗西斯·培根（1561—1626 年）。他首创了一种极具有影响力的人类知识分类，杜威在此基础上又加了十个基本类别。然后，再进行细分，最终让每本书都有一个独特的名称（一旦添加了作者或书名的字母），这个系统简单得让人着迷。随着图书馆的发展，人们只需在系统中增加新书就可以了，不需要重新编目。

笔迹的精神

文字书写在 19 世纪发生的许多变化，源于技术的改进和机构层面更好的组织，这进而带来了更好的印刷、运输和通信系统，以及更有条理的办公程序和图书馆系统。教育也经历了改革，公立学校和商业学校都会开设书法课程，但不再像之前一样每个班都由书法教师一对一地辅导。这些变化迫使笔迹趋于整齐划一，书写者的身份和笔迹的关系，变成了问题的焦点。19 世纪，浪漫主义运动兴起，它强调重视个人经验和感觉，对音乐、文学、艺术和建筑都产生了影响，人们不可避免地开始追求笔迹的个性和真实。然而，这种风气迟迟没有影响到教学方法和书法体系（斯宾塞式除外）。相反，对线条所承载的意义进行新的解读时，却显出了个人自由和独创性的渴望对书写的影响。当时的人认为，书写是从未知的自然界深处涌出的能量流，揭示了人类独特的隐藏品质。

16 世纪末，人们开始收集朋友的签名和字迹，这一趋势似乎始于德国和低地国家的大学。这些"友谊之书"，有时是用白纸订成的，有时夹装在印刷书中，是一个人在这世上留下的痕迹。它让人联想到都铎王朝早期，英国的朝臣和皇室成员在时祷书中写下的个人祈祷词，但现在书写的内容更加广泛和世俗。"友谊之书"中会附上老师和同学推荐阅读的信，也有图画、纹章，后来还有发绺、压干的花草等物品。英国的查理一世就是一个特别狂热的收藏家。今天的留言簿也许是与之最接近的东西。

18 世纪末，在欧洲和北美，人们追捧亲笔手迹还有一个原因，就是认为亲笔手迹带有个人的灵韵。1788 年，威廉·布莱克出版了他的首批包含文字的浮雕蚀刻版画（《众教归一》和 20 幅《没有自然宗教》的版画）。约翰·泰恩（1748—1818 年）也在他位于鲁伯特街的商店里出版了《英国自传：皇家和杰出人物带真实肖像传记》，这里距离布莱克在波兰街的家只有五分钟的步行路程。泰恩是钱币、图画和印刷品的主要交易商，书中，他在 269 人的肖像下面附了人物的笔迹和签名，仿佛这也是对名人的描绘。德语世界也有相似的趋势。人们用全新的方式来解读文学，把它当作通向作者内在精神世界的窗户。哲学家约翰·哥特弗雷德·赫尔德在 1778 年写道："在值得费心的地方，这种生动的阅读，这种对作者灵魂的占卜，是唯一的阅读方式，也是自我发展最深刻的方式。"[221]

卢梭是最先反思启蒙时代的理性主义，重新审视人类经验中被忽视方面的人。在他们眼中，"自然"不再是可拆解的被动物质，而是有生命的，是一种滋养万物的强大力量。苏格兰的高地和岛屿、威尔士的山川、莱茵河谷、瑞士阿尔卑斯山等之前被忽视的自然风光，现在变成了观光目的地。人们对贝多芬、柏辽兹、勃拉姆斯、罗西尼等音乐天才推崇备至。贝多芬同时代的作曲家和作家 E. T. A. 霍夫曼写道："音乐为人类打开了一个未知领域，一个与周遭外在感性世界完全分离的世界。在这个世界里，人们抛开一切被智力所限的感情，拥抱不能用言语表达的情感。"[222]

此时，笔迹已成为这种更大的文化转变的一部分，被重新定义，在颂扬声中成为一种风景。最狂放不羁、最具个人色彩、最不经意为之的签名（图 53），最让人赞叹。

我们很难确切知道签名何时成为人们认真研究和欣赏的焦点，可能在 19 世纪初。1806 年，巴黎医学院教授雅克 - 路易·莫罗博士翻译了拉瓦特的著作（第 202 页），扩展了关于笔迹的部分。从英国作家约翰·霍尔特·斯库林 1892 年的文章中，我们得知"根据莫罗先生的观察，从 1806 年开始，少数人开始认真地从事笔迹学研究"[223]。

1812 年，翻译了拉瓦特作品的比利时人爱德华·奥卡尔，

图 53　拿破仑·波拿巴各个时期的签名。约翰·斯库林《笔迹与表达》的插图，1892 年

在巴黎出版了《从男性和女性笔迹判断心智和性格的艺术》（法语为 *L'Art de juger de l'esprit et du caractère des hommes et des femmes, sur leur écriture*）。这是自 18 世纪 70 年代拉瓦特的作品出版后，第一本涉及这一主题的实质性著作，书中有 24 位名人的签名。

英国人托马斯·菲利普斯爵士（1792—1872 年）声称，他是第一个收藏签名的人。1807 年，他在就读哈罗公学不久，就开始了自己的收藏。[1] 他一生的收藏数量非常可观，直至去世 50 年后才慢慢散佚。不过，另外一位收藏家伦敦学院的书商和图书管理员威廉·厄普科特（1779—1845 年）开始收藏签名的时间也不晚于托马斯，甚至可能更早。他的收藏不是从零开始的，他从父亲留下的信件中积累了很多签名。他在伊斯灵顿的住所被称为"签名小舍"，里面装满了手稿、版画和图画。他去世后，有 3.2 万份亲笔手稿被售卖，今天，这些手稿存放在博德莱恩博物馆和大英博物馆。美国的收藏家中也有类似的大型收藏。纽约州奥尔巴尼的威廉·B. 斯普拉格（1795—1876年）在 1814 年开始收藏，他一共收藏了 3 万多份亲笔手稿。他的雇主劳伦斯·刘易斯少校和夫人曾经送给他一封乔治·华盛顿的亲笔信，刘易斯夫人是华盛顿的养女。

1816 年，奥卡尔的作品再版，他对书中的思想分析部分做了重要的修改。奥卡尔没有使用拉瓦特提出的传统"四气"理论，而是提出了"能量和想象力"这两个方面。有了能量和

---

[1]　1839 年 9 月 28 日的《海盗船》上登出了托马斯自称是第一个收藏家的声明，紧跟在帕丁顿和西德雷顿之间，第一台电报机运行的新闻下面。

想象力，一个人就能感受和体验到他周遭会发生的事情，就能采取全新的行动，这二者也是浪漫想象的驱动力。例如，正是阿尔卑斯山的雄伟景观，触发了感受和想象力，才让阿尔卑斯山变得浪漫，让它神秘莫测。[224] 同样，也正是贝多芬的音乐营造的感觉，让音符变得浪漫。"贝多芬的音乐营造了敬畏、恐惧、恐怖、痛苦等不同情感，唤醒了无限的渴望，而这正是浪漫主义的精髓。"[225] 1810 年《第五交响曲》演出时，E. T. A. 霍夫曼在莱比锡《音乐总评》上如是评论。

人们认为，笔迹是能量和想象力的产物。记者托马斯·拜尔利在 1823 年写道："一个人（用笔的）无意识的动作，就像他的血液维持着生命一样。在那里，任何时候，天性都在无拘无束且自由自在地流淌。"[226] 当时的人坚信，已经定型的笔迹是独一无二的，它非常重要，而且不受书写者本人的控制。它不会有任何欺骗性，原原本本地展示着一个人的性格。这种书写形式，用奥卡尔的话来说，"带有真理的印记"，因为它们从自然本身和我们每个人内心不可知的深处倾泻而出。

在伦敦，第一份含亲笔签名（指个人文件和签名）的文件出售记录，可见于 1820 年托马斯·索普的目录。索普是河岸街的一位书商。19 世纪 30 年代，他的目录中经常有这类物品的布告，而且据纽约的报纸记录，收集和鉴定亲笔签名是当时的潮流。[1] 但是，直到 19 世纪 70 年代中期，研究笔迹和性格才披上了科学的外衣。

---

[1]　1829 年 9 月 12 日，《纽约镜报》报道："现在确实有勘验和收集签名的热潮。那些自认非常敏锐的人，假装他们能从勘验签名中，公允地了解一个人的性格。"

1875 年，阿贝·让 - 伊波利特·米琼（1806—1881 年）在精研该领域近 30 年后，在巴黎出版了《笔迹学体系》（法语为 *Système de graphologie*）一书。[227] 1878 年他又发表了《笔迹学原理》（法语为 *Méthode pratique de graphologie*）。[228] 18 世纪后期，瑞士的面相学家拉瓦特曾写过关于性格、笔迹和姿态之间关系的文章，但他从未做过系统的分析。米琼对罗马天主教会倡导的现代主义感到失望，于是转而研究笔迹，并将其作为一个新的科学领域。他创造了"笔迹学"一词，而且于 1875 年在蒙彼利埃医学院发现了失传的 17 世纪卡米洛·巴尔迪的作品，该作品是一部彼得鲁斯·维利乌斯的译本。他想把笔迹学从"靠直觉的猜测或愚蠢的占卜，提升为对真实数据进行仔细检查和比较的理性研究"[229]。尽管他的研究需要基于实证，但他还是用充满浪漫色彩的词语，阐释了其理论的基本前提。"当儿童、青少年或接受过书法指导的成年人，进入自主生活，想快速地表达自己对他人的想法和感情时，他不需要努力，不需要学习，也丝毫不关心字写得好坏，他会本能地放弃自己的书法习惯，转向一种具有独特特征的书写……"[230]

有趣的是，19 世纪的欧洲知识分子期望在即兴而为的书写中找到个性的真实表达，而非东方那种完全磨炼成熟的书法表达。这种想法让笔迹研究在 20 世纪成为欧洲和北美艺术家的探索领域。

这一时期，米琼的追随者朱尔斯·克雷皮厄 - 杰明（1859—1940 年）也对笔迹进行了严格的分析。1888 年，他的著作《书写与性格》（法语为 *L'écriture et le caractère*）出版。用他著作的英译者约翰·霍尔特·斯库林的话说，克雷皮厄 -

杰明的作品强调了"笔迹符号的相对价值，与过去赋予它们的绝对意义形成对比"[231]。他的180个"一般和特殊的图形符号"表格包含了一些相当具体的指导，但是注解里仍然鼓励读者要自己分析，而不是把它看作绝对的准则（图54）。[232] 关于签名他写道，签名最后是一个小圆点的人性格谨慎，最后是一条线和一个小圆点的人性格多疑，下面画一条直线的人对自己的名字很自豪，下面画一条波浪线的人自满，从右到左写一条花饰的人戒备心强（他的书中第88页有埃米尔·左拉签名的解释）。他的作品被翻译成丹麦语、意大利语和英语，但它在德语世界的影响最大。欧洲新一代的笔迹学家就来自德语世界。

早在19世纪30年代，不同地区人们对笔迹的态度就相当不同，英法两国法律制度的对比很能说明问题。英国法院远不像法国（毕竟法国是马比雍和笔迹学的故乡）那样热衷于接受专家对笔迹的分析，他们通常不接受专家的意见。1836年，约翰·泰勒·柯勒律治法官（诗人柯勒律治的侄子）在一个具有里程碑意义的判决中，对主流意见进行了很好的总结。这项判决今天仍然作为经典案例引用。在"无名氏诉苏克莫尔"一案的判决中，他写道："检验真伪的标准应该是字母的相似性，不是与其他文本中的字母写成的方式相似，而是与书写的一般特征相似。这种相似性是由体质、习惯或其他永久性原因造成的非自愿和无意识的结果，因此本身就是永久性的。我们若想获得对这种特性的认识，最好的办法就是在个人的书写不成问题的时候看到他的书写，或者与他进行书信往来。无论哪一种假设，我们都有理由相信，他当时不是拘谨地书写，而是以他的自然的方式书写。"[233] 这种证明方式在今天看来，可能是有

笔迹符号		普通意义	与个人特点相关的意义 (优势) (劣势)		附加意义
点	轻重不一	活泼			神秘（?）
	位置很高	宗教精神			感官活跃、活泼
	在字母前	随意性			
	在字母后	渴望激情			
	很轻	精致	精致	虚弱	胆小
	很重	物质			坚定
	在签名后	审慎	审慎	多疑	
	经常出现在不必要的地方	有呼吸障碍、肥胖			哮喘、气短
	出现在不必要的地方，轻浅且分散	有呼吸障碍			措辞挑剔
	出现在不必要的地方，如句子开端	迟疑			
表示误用	（误用）感叹词、询问词、疑问词	夸张	热情		想象力、兴奋、疯癫
下划线	频繁使用	夸张	热情		想象力、兴奋、疯癫
页边距	没有	没有品位			节省
	正常	有品位			
	左右皆有	品位很好			
签名	无附加物	简洁			艺术感

图 54　约翰·斯库林《笔迹与表达》中的部分表格。1892 年

悖直觉的，因为我们倾向于把书写看作一种视觉现象，它们是页面上的标记。彼时，人们认为书写是一种技艺，是刻意为之的产物。

但是，这里我们能确定的是，如果我们看到了某人书写的过程，我们就能辨认他的笔迹，也就是他的作品。因此，我们对一个人写作的印象，是通过观察他的书写过程形成的。观察一个人书写的时候，我们不仅要看书写者的书体、下墨、笔画连接等方面，还要看他如何将这些片段联合成一个有机体。首先，书写者写字前，需要选纸和铺纸，检查笔尖，将其浸入墨水。这一切，或者进行得很匆忙，或者进行得很从容。然后观察书写者，第一下如何触纸，如何下笔。这项工作就像锯木板一样。工匠（书写者）的工作在特定的节奏中展开，这种节奏是运笔与调整、上行笔画及下行笔画速度的变化，以及声音和心态，信心满满或紧张异常，所有这些都被观察者尽收眼底。若书写者不断地进行微小的调整，则说明他此时在熟练地书写。[234] 英国法律文书中的措辞，也将书写者从手艺人（craftsman）改成了工匠（craftsperson）。对于工业革命带来的对印刷和手写方面的去个性化，英国人这些变化的反应仅停留在技术层面，也许这种心态就是原因。正是因为在更深层次上重新构建过程，英国人才会在 19 世纪书写世界发生的一众变化中，给出独特的回应。

第十章 艺术和印刷领域的革命

图 55　用于海报印刷的木活字，这是爱德华·约翰斯顿带有圆圈标志的伦敦地铁字体

1888 年 11 月 15 日晚，在伦敦摄政街 121 号的新画廊举办了一场关于"活版印刷和插图"的讲座。演讲者埃默里·沃克是一家制作照相蚀刻公司的老板。这次活动是工艺美术展览协会第一次展览日程中的一部分。同年，这个画廊开业的时候，展出了拉斐尔前派的艺术作品。这天晚上，在电灯的照耀下，活动一直持续到晚上 11 点，以便人们能尽情看展。奥斯卡·王尔德出席了这次讲座，并在第二天早晨的《帕尔默尔报》上写道：

　　　　埃默里·沃克先生的讲座，精彩绝伦，无出其右……一系列极有趣的旧印刷书和手抄本通过幻灯打在屏幕上，沃克先生的解释和他的建议一样清晰简单，令人钦佩……他指出了印刷和书写之间的密切联系。

　　作为专业摄影师，沃克拍下了早期放大版的印刷品的照片，并专注于观察其设计细节。他的一些图片是从朋友威廉·莫里斯的图书馆借出来的。

美书

莫里斯是英国工艺美术运动的奠基人之一，他在牛津大学读书时，就对书写和彩饰产生了兴趣。也是在牛津，他开始手抄图书，并将这个习惯保持了一生。他的生活哲学受到约翰·拉斯金（1819—1900 年）和托马斯·卡莱尔（1795—1881年）的影响，他们是英国工艺美术运动的代言人，这场运动从一开始就强烈质疑工业化对英国的影响。他们不仅反对工业化对乡村的"蹂躏"、工业城市的发展和简陋的工作条件，还反对劳动分工对人本身的影响。

> 我们近来对分工这一伟大的文明发明，进行了大量的研究和完善。只是我们给它起了一个错误的名字。真正说来，分工的对象不是劳动，而是人。人被分成若干群体，被打碎成生活的碎片和细渣。这样，单个人身上所剩的那一小点智慧，都不足以制造一根针或一枚钉子了，而且还要在制造针尖或钉子尖的过程中将其耗尽。[235]

拉斯金认为，工业化让一个人在工作中再也无法发挥其全部人性，将头、心、手三者合一。在工业体系中，工作不再为实现个人天性而存在，工作也不再是一种天职（这也是一种理想化的说法），因为现在的条件让工人无法在所从事的工作中遵从自己的内心。劳动者成了工厂的"手"，被剥夺了责任和发挥其全部天性智慧的机会。在莫里斯看来，亲手制作一本书是一份宣言，即劳动的快乐本身就值得追求。这是一个创造性的过程，它将设计和制作统一在一个革命性的行为中，无论它的形式看起来多么怀旧。

19世纪70年代末，莫里斯的书法已登峰造极。他早期临摹习字册，册子里有文艺复兴时期名作的原版，如阿里吉的《小品》和《当代笔法风尚》、塔利恩特的《当下》和西吉斯蒙多·凡蒂的《书法宝库》。在1888年的讲座中，沃克展示了阿里吉的一页作品。王尔德记述了当时的情况，这种意大利体一放出来，就赢得了观众的热烈掌声。沃克传达的信息是，现在是重新评估图书制作和设计的时候了，因为用莫里斯的话说，"如果我们愿意，实用性的作品也可以是艺术作品"。沃克在讲座中强调，早期图书制作的标准之所以如此，是因为它们仍然与鲜活的手抄本传统相联系，而手抄本的书法为新字形的发展提供了"鲜活而不竭的原型"[236]。

沃克的讲座是一个转折点。讲座结束后，在从伦敦市中心步行回哈默史密斯的路上，莫里斯被当天的所见所闻鼓舞，他转身对沃克说："我们得做个字体。"凯姆斯科特出版社就这样萌芽了。一直到1896年他去世，莫里斯与印刷界合作了八年。这家位于哈默史密斯的出版社最终在1898年歇业时，它出版了53种书，共69卷。

凯姆斯科特出版社的第一款字体是"黄金字体"，是根据15世纪威尼斯印刷品的照片放大图（实际尺寸的五倍）创造的。莫里斯买了两本书来仔细研究字体，一本是尼古拉斯·让松1476年印刷的《普林尼》；另一本是阿雷佐的莱纳德的《佛罗伦萨史》，由雅各布斯·鲁贝斯在1476年在威尼斯印刷。[237]

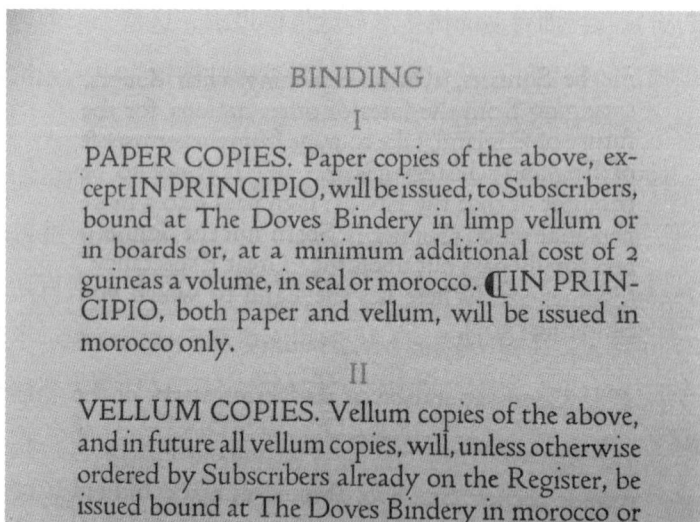

BINDING

I

PAPER COPIES. Paper copies of the above, except IN PRINCIPIO, will be issued, to Subscribers, bound at The Doves Bindery in limp vellum or in boards or, at a minimum additional cost of 2 guineas a volume, in seal or morocco. ¶ IN PRINCIPIO, both paper and vellum, will be issued in morocco only.

II

VELLUM COPIES. Vellum copies of the above, and in future all vellum copies, will, unless otherwise ordered by Subscribers already on the Register, be issued bound at The Doves Bindery in morocco or

图 i　鸽子出版社使用的字体，样张取自 1911 年伦敦的一份销售样本。这种字体只生产过 16 点的字号

后来为鸽子出版社设计的字体就参考了这两本书，鸽子出版社于 1900 年由埃默里·沃克和 T. J. 科布登 – 桑德森创立。[238] 鸽子出版社极简的、理性的文字版面，宽敞的页边距，干净利落的各项设置，都表明 20 世纪的图书生产已经走上了一条新的道路。科布登 – 桑德森的目标是出版精美图书，"对整本书进行简单编排，将其作为一个整体，适当考虑它的各个部分，并强调它的基本层级，而不是堆砌华丽的装饰来进行区分"[239]。美感来自字体本身及其编排，在 20 世纪初的私人出版运动中，很多人也借鉴了这一点。相比之下，莫里斯的书页面拥挤，边角装饰繁复，对后世风格几乎没什么影响。但凯姆斯科特出版社和鸽子出版社共同建立了一个全新传统，即印制精美的私人版书籍。第二次世界大战之前，这种风气在英语和德语世界具有很大影响力。

书法复兴

对于书法家来说，沃克在 1888 年的讲座中表述的观点让人望而生畏。"书法家的职能是复兴和恢复印刷工匠的手艺，使其回归最初的纯正意图和成就。印刷师必须同时是一位书法家，或与书法家保持联系。"[240] 沃克的合作伙伴 T. J. 科布登－桑德森写道。但这些书法家从哪里来呢？除了莫里斯，英国最后一位真正参与字体设计的书法家，是 18 世纪伯明翰的约翰·巴斯克维尔。

19 世纪晚期，英国为数不多的书法家，都难以承担埃默里·沃克口中的大任。他们几乎全部在向中世纪看齐。到了 1844 年，A. W. N. 普金出版的《教会装饰词汇》已经大大改变了公众对装饰性绘写文字的审美。欧文·琼斯和亨利·萧等在哥特风潮中兴的刺激下，模仿中世纪手抄本复制了手绘字母。拉斯金是个狂热的中世纪首字母的收藏家。"昨晚剪好了弥撒书，好辛苦。"[241] 他在 1853 年 1 月 3 日的日记中写道。19 世纪 60 年代初，威廉·奥德斯利和乔治·奥德斯利兄弟俩出版了《彩饰和弥撒书绘画艺术指南》。他们在序言中说："人们追捧精美的彩饰艺术，而我国各地都在虔诚地研究它，所以这本小册子可谓恰逢其时。"到 19 世纪 90 年代，这本书已经印了 19 版。

爱德华·约翰斯顿的贡献

在 1888 年 11 月的那晚，埃默里·沃克不知道在距离演讲厅不到一英里的地方——摄政公园路 25 号，住着一个 16 岁男孩。他身体状况堪忧，一直在家里接受教育，对科学比对艺术更感兴趣。他将成为响应沃克复兴书法艺术号召的人，对 20

世纪书面文字的诸多方面产生巨大影响。

当年 2 月 11 日，是爱德华·约翰斯顿的 16 岁生日。他的母亲送给他一本威廉·洛夫蒂牧师的《彩饰艺术课》。[242] 她想进一步激发儿子的创造潜能，而这种潜能已在其充满感情的绘画和小开本彩饰书中初现端倪，这些画都是为他深爱的妹妹艾达画的。书里有爱德华的诗，还有猫咪吃龙虾的画，以及拉克梅斯式的精灵在战斗的画作。在这份生日礼物的帮助下，爱德华开始了新的冒险——制作彩饰文字作为礼物送给家人和朋友。他称其为"涂鸦本"或"羊皮卷"。

爱德华和他的弟弟迈尔斯后来都去了爱丁堡学习医学。但爱德华发现这个课程很难学，1898 年，家人觉得如果他继续学医，身体可能会吃不消。于是，他带着解脱和兴奋，决心遵循自己的直觉，"去搞艺术"。

1898 年 4 月 4 日，约翰斯顿从爱丁堡抵达伦敦，开始了全新的生活。开始这段生活前，他计划在夏天和一个表弟穿越美国到加拿大，然后在秋天安顿下来。他有三个星期的时间来准备这次伟大的远行。可他刚下了通宵火车，到达布卢姆斯伯里的住处，就被介绍给哈里·科利绍。科利绍是一位建筑师，也是最杰出的新型彩饰师。当约翰斯顿向他请教如何发展自己的事业时，他回答"莱瑟比就是你要找的人"，并当即带约翰斯顿登门拜访。W. R. 莱瑟比是一位著名的建筑师，也是伦敦中央工艺美术学院的新任校长。他问约翰斯顿："你打算学习哪个艺术分支？"但是约翰斯顿觉得自己应该去艺术学校学画画。"莱瑟比靠在椅子上，闭上眼睛，"约翰斯顿的女儿后来写道，"'学画画！学画画！无数年轻人都在学画画！'他劝约翰斯顿放弃这样模糊的想法，专攻自己的一行，比如说一门手艺，他建议学装订图书或做银匠。"[243] 第二天，约翰斯顿第二次拜会莱瑟比，带来了他做的羊皮卷。莱瑟比告诉他："如果你坚持下去，你会做得很棒。"然后就委托约翰斯顿为他的一份手稿设计和制作彩饰。约翰斯顿并不知道，自从 1888 年沃克那次讲座之后，十年来，工艺美术运动一直在等待像他这样的人。莱瑟比以他一如既往的敏锐洞察力，知道他终于等到了这个人。

约翰斯顿下一次见莱瑟比，就是他呈现最终的彩饰成品的时候了。莱瑟比非常高兴，还为他旅行归来准备了惊喜。他引用勃朗宁《巴拉塞尔士》诗剧中的语句，"我们的大船扬帆出海了"，而后约翰斯顿就从英国出发去北美旅行了。这份惊喜就是，莱瑟比计划下一年秋天在伦敦中央工艺美术学院开设一门彩饰课，"如果没什么问题的话，我就让你负责"。约翰斯顿大吃一惊，一直以来，他只是想在学校听课，而不是给别人上课。他拒绝了，说自己"什么都不懂"。"这要由雇你上课的人来判断。"莱瑟比回答道。

1898 年秋，约翰斯顿从北美回来后，就开始认真研究大英博物馆的手稿。由于行政上的原因，这门课被推迟了一年，10 月初，又是因为莱瑟比，曾任威廉·莫里斯秘书的悉尼·科克雷尔带着约翰斯顿参观了博物馆的手稿收藏。在里士满的晚餐桌上，他向约翰斯顿展示了莫里斯的书法、印刷书和他看过的手抄本。这给约翰斯顿的工作指明了方向。当他看到历代书法风格的变迁时，他发现了关键——一条贯穿始终的线索（当代书法家希拉·沃特斯称其为"金缕"，a golden thread）。这是一条流动的字体之河，一条闪闪发光的线索，一条历史文脉，而他正在其中漂流。他认为，这条路值得走下去。他做过的事情，研究过的文献，都是为了现在。他有一项了不起的发现：虽然在他之前整整一个时代，人们几乎只用点尖笔书写，但从罗马时代到文艺复兴，一直以来实现书体变化之核心的是平尖笔，这是书体的主流。书写时，平尖笔会自然地让笔画出现粗细变化，既不需要给笔尖施压，也不需要填色，恰当的粗笔画会自然而然地出现在该出现的地方。这一点对于约翰斯顿来说是一种启示。

在 1898 年秋天和 1899 年春天，约翰斯顿领悟了一些关键的技术关系，之前的西方书法家从未像他这样清晰地阐述过这些关系。字形中笔画的粗细，是由平尖笔的笔尖与基线之间的角度决定的。平笔（角度接近零）时，就会出现横细竖粗的笔画；倾斜的笔尖会让垂直方向的笔画变细，笔越倾斜，水平方向的笔画就越粗。通过改变角度，约翰斯顿几乎可以再现他研究的所有不同书体，从帝国大写体和民间大写体，到岛屿安色尔体和意大利体（图 56）。

一个字母的字重可以通过笔尖宽度与字母高度的倍数关系来粗略衡量。这个比例对于展现字母的外观也是至关重要的，因为字重大的字母往往粗细对比鲜明，字腔形状有棱有角。字重小的字母往往曲线比较平滑，粗细部分过渡柔和。在理解了字重和笔尖角度所形成的特征后，约翰斯顿意识到，传统书法观念中，字母表并不是由 26 个形状各异的图形组成的不相关的集合体，这些字母是一个由相关形状组成的系统，而且在不同字母形状的家族字体中贯穿着某种恒定性。例如，字母 O 的特殊曲线，也反映在其他大多数曲线字母中。字母的起笔笔

图56　约翰斯顿在皇家艺术学院讲课时的黑板板书。图为 1926 年 10 月 4 日的一次讲座中演示的各种书体

画都以相同的方式开始。他的兴趣正不可阻挡地从彩饰转向钢笔书法。

事实上，约翰斯顿余生都在研究如何用平尖笔笔尖的特质来描述、关联、建议和生成字形。他对其形式背后的哲学有一种近乎神化的理解。字重、笔尖角度和字形如何产生，与锐度（明确的字形）、统一度和自由度等"基本特质"共同作用，约翰斯顿将其解读为，书写创造原始统一性的"三位一体"（图 57）。

当莱瑟比成为英国皇家艺术学院的设计教授时，约翰斯顿在伦敦中央工艺美术学校也加了些课，这使得他的思想能够广泛传播开来。这些理念在德国产生了特别的共鸣。因为莱瑟

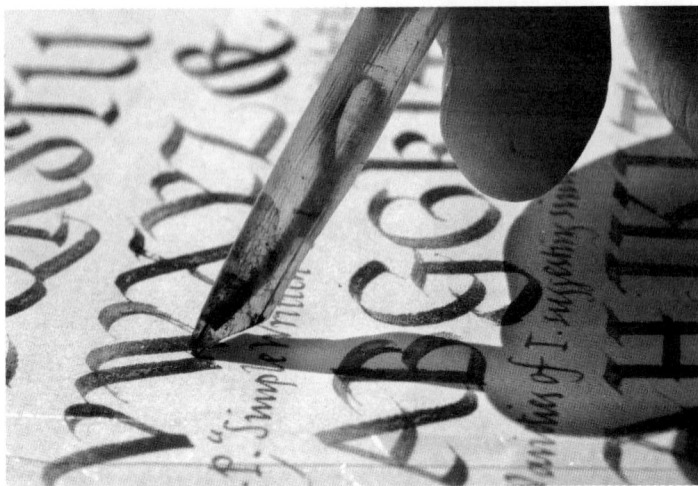

图 57　约翰斯顿用羽毛笔写出的干净利落的书法作品，1923 年。注意笔头内侧的弧形，这样的设计可以容纳更多的墨水

比青睐他的技术与艺术才能而委任他完成的书写手册，由约翰斯顿的学生安娜·西蒙斯在 1909 年翻译成德语。这本 1906 年出版的《书写、彩饰和绘制文字》（*Writing & Illuminating, & Lettering*），让约翰斯顿的影响超越了他直接授课的小圈子。这本书的独特之处在于，使用了照相制版。这种技术是在埃默里·沃克的帮助下实现的，此时这种技术已经司空见惯。这在西方书写史上也许是第一次，普通书法学生可以在一本书里看到精准复刻的完整历史中的手抄本书体演变。

　　摄影使人们可以复刻年代久远的书法，正如它也可以助力莫里斯敢为人先，设计全新的字体（19 世纪末，办公人员发现了复印文件的新方法）。摄影和书法之间的联合意义重大，书法可以不再通过木版、拓印、手绘和雕刻等媒介传播，所有这些方式都会有自身的弱点，会影响原作的呈现。现在，人们可以很容易地获得原版文字，并进行精确的对比和研究。

《书写、彩饰和绘制文字》是一本具有里程碑意义的书，因为它是第一本涵盖整个绘写文字艺术领域的书。该书以书法为核心，内容包括对书体的理解，以及约翰斯顿自己的研究和分析方法，这些方法也可运用在彩饰、印刷、雕版和石刻字母中。实际上，约翰斯顿重新定义了字母的有关知识。原本分散在多个职业（古文字学家、标语书写员、书记员和公证人、教师、印刷商、石雕师、雕刻师、书法家和建筑师）中的知识，现在集中在一本书上，而且从封面就可以看出来。在艺术学校这种创作氛围浓厚的地方，就像约翰斯顿在皇家艺术学院教授的课程那样，之前孤立存在的元素统一了起来，这些都复苏了人们将书写、彩饰和绘制文字作为学科进行研究的兴趣。自 1906 年起，《书写、彩饰和绘制文字》一书一直在不断加印。但是，约翰斯顿对笔法研究的集大成之作《正式笔法和其他论文》（*Formal Penmanship and other Papers*），直到 1971 年他去世后才出版。

约翰斯顿最初授课时，用了威廉·莫里斯最喜欢的字体，即《林迪斯芳福音书》中的岛屿半安色尔体。1908 年前后，约翰斯顿改用新的基础手写体。他选择了 10 世纪英国抄写员书写《拉姆齐圣咏》的书体作为他的书法范本，悉尼·科克雷尔多年前给他看过该手稿。在寻找一种近似于印刷字体这种可读性很高的小写字母时，约翰斯顿大可参考 15 世纪或者 12 世纪的意大利手稿，但他选择了盎格鲁 - 撒克逊的加洛林手写体，因为它更容易书写，各个字母在形状上密切相关，而且书写时对笔角度的控制要求较低。这种特定书体简单明了，它是在丹麦人入侵后从欧洲大陆的书体发展而来的，当时正值修道院复兴的热潮，很多人都在重新学习如何书写和制作图书。

约翰斯顿和手写改革

约翰斯顿在书法基础课上教授的基本方法，在手写改革方面也深有影响。虽然他本人一生都不愿规定任何一种特定的书写方式，但他在 1906 年为伦敦郡委员会撰写了一份报告。他在报告中提出的方法似乎非常不切实际，但我们联系到他是自学成才，此事就不足为奇了。他建议重温罗马字母的演变过程，看它如何从蜡板书上的大写字母演变为小写字母。然后，使用扁头笔（羽毛笔、平尖笔、钢笔均可），尝试写一个基础印刷体，再将该字体熟化为手写体。他建议学生参考照相排版的习字本进行练习，而不是雕版印刷的习字本，因为前者可以更直接地展示文字。虽然他的想法并不被人接受，但在 1911 年和 1913 年，他面向家长和老师发表了题为《将手写作为笔法教学》的演讲。同年，可能连他自己都不敢相信，伦敦郡委员会宣布采纳一种名为"印刷书体"的手写体系。

新一代教育家接受了约翰斯顿的核心观点，他们以不同的方式去理解儿童。教育理论学家开始重新认识儿童，他们认识到人的发育要经历不同的发展阶段，儿童不是需要迅速被灌输成人道德的"小大人"。根据这种观点，儿童也不可能写出成人的笔迹，因为他们的神经肌肉和认知发展尚不完备。笔迹被视为一种表达个性的方式，而不是为了全体整齐划一而人为规定的体育训练。正是在这样的背景下，更多人看好约翰斯顿。

本质上讲，他建议孩子在成为书写者的过程中，重走欧洲字体的演化之路。在全新的伦敦郡委员会体系中，学生从简单的大写字母开始，然后学习单独书写的小写罗马字母。随着时间的推移，孩子们将找到连笔书写字母的方式，进而形成自己独特的笔迹。最有趣也最接近约翰斯顿本人建议的教学计划，出现在莱斯特。1902—1907 年，约翰斯顿在那里的艺术学校举办了一系列讲座。他在 1907 年就与当地的教育督学会面，探讨关于手写改革的想法。莱斯特督学称，他们的体系用的是手抄本书体而不是印刷书体。随着时间的推移，那些接受莱斯特体系的学生慢慢地掌握了平尖笔和自然连笔，而不是突然转向草写。

1922 年，玛乔丽·怀斯从英国来到美国，在哥伦比亚大学师范学院承担书写教学工作，手抄本书体在美国得到推广。[1] 她和其他人推广这种书体的基本原因是，它易教易学。简单的书体不仅适合身体尚未发育完全的儿童，而且可以让儿童在学习书写字母之前，不必进行枯燥的手写操练，他们在开始学习书写的那一刻就可以表达自己的想法。此外，儿童所学的这种书体，与在阅读课上看到的字体明显相近。而此前，孩子学习的铜版体与在印刷书上阅读的字体，看起来很不一样。他们的教学案例真实而生动，儿童要学写当天的日期并记录天气，学习为教室的窗槛花箱订购种子，学习撰写各种通知。桑顿一针见血地指出，手抄本书体将手写重焕为"讲述的手段，而不再是一种肌肉记忆"。这是一种全新的理解，今天仍有很大的影响。

[1]   1926 年，她回到英国，在达汀顿学校任教。1924 年，她的《论手抄本书体书写技巧》一书在纽约由斯克里布纳的子公司出版。

两大无衬线字体的传说

1913 年，刚成家不久的约翰斯顿离开了伦敦，到萨塞克斯的迪奇灵定居，他的学生埃里克·吉尔在那里有一个石雕工作室。这里后来成为英国精细字母雕刻复兴的温床。1915 年，伦敦电气铁路公司的法兰克·皮克找到约翰斯顿和吉尔，请他们为伦敦地铁设计一种新字体。吉尔很快就退出了，约翰斯顿接过了这份工作。他在字体设计方面已经有了相当丰富的经验，从 1911 年起，他就为德国凯斯勒伯爵的克拉纳赫出版社设计意大利体、哥特黑体和希腊字体，还为 T. J. 科布登 - 桑德森的鸽子出版社设计了一套大写字母和许多首字母。但现在，他需要设计一款无衬线正体，它应该将历史与当代相结合，既是"历史上黄金时期真实的简洁粗笔画书体，又毫无疑问地属于 20 世纪"[244]。在 20 世纪，这是继书法复兴和手写改革之后，爱德华·约翰斯顿对文字艺术的第三项重大贡献。约翰斯顿很喜欢这项挑战，因为它直击他对绘写文字的热爱和对技术问题的兴趣。他的目标是在大写字母中重新引入罗马帝国大写体的系统比例。至于小写字母，用他自己的话说，他想"用最大的字重打造最大的留白。小写的 o 是关键字母，它是一个圆圈，字腔（内白）的宽度是字干宽度的两倍（给出了近似理想的字重和留白）"[245]。而后，他所有字母的设计都考虑了这种关键的关系。约翰斯顿还重新设计了伦敦地铁的标志，用我们熟悉的靶心红圈取代了以前的实心圆和横条设计，并将标志的比例与蓝色标牌上的字母结合起来。约翰斯顿的设计引起了公众的共鸣，并影响了正在德国进行的无衬线字体运动。但在更大范围内使用他的伦敦地铁字体，则有相关的法律限制。蒙纳公司的字体总监斯坦利·莫里森察觉到这种字体会有广泛使用的前景，于是委托埃里克·吉尔设计出类似字体。由此，吉尔无衬线字体在 1927 年设计完成，但直到 1930 年才可以自由使用。正如吉尔本人在给约翰斯顿的信中所说，他设计的字体的一切优点，都归功于约翰斯顿早期的设计。不过吉尔对不少字母进行了微妙的改动。在大写字母中，S 和 E 变得更加对称；A 的横画位置更高，内部空间变得不那么对称；G 的横画位置更低，字母笔画看起来更开放。最重要的变化是他引入了一种无衬线斜体，这实际上是一种倾斜和微窄的罗马小写体，b、d、p 和 q 的字碗与字干的连接方式彻底简化了。今天，BBC 公司的标志用的就是这套字体。正如中央圣马丁学院字体设计教授菲尔·拜恩斯所述，吉尔无衬线字体已经"进入了国家的视觉意识，对整个英国来说，就像约翰斯顿（的无衬线字体）对于伦敦的意义一样"[246]。

莫里森活字的复兴

19 世纪末，使用莱诺整行铸排机和蒙纳单字铸排机的机械排版突飞猛进。这两种排版方式的竞争，其实是两个公司之间的竞争，而且日趋白热化。它们竞争的一个方面是，为各自的机器设计新的字体。1884 年，美国字体设计师和发明家林恩·博伊德·本顿发明了雕版机（通称为本顿雕版机），为那些会画图但不一定会刻字冲的人打开了字体设计的大门。本顿机器还可缩小、放大或倾斜字体。操作者可在大尺寸的字母图纸（高度达一英尺）上进行设计。这种便捷的新工艺，刺激了斯坦利·莫里森在蒙纳单字铸排机上推行字体复刻的计划，他重新审视了过去的杰出字体，并设计了经典字体的新版本。在他 1923 年上任前，加拉蒙字体已在 1922 年复刻出来，1923 年是巴克斯维尔字体，1925 年是富尼耶字体，1929 年是本博字体。由于莫里森对"没有支持过新设计"的批评很敏感，他还委托当代设计师设计了一些其他类型的作品，埃里克·吉尔在 1925—1929 年间设计的永恒体就是第一个。

莫里森最著名的新设计是新罗马字体（Times New Roman，也叫泰晤士新罗马体），这项设计背后是对技术和视觉的潜心研究。字体必须清晰易读，节省空间，并满足报纸印刷的苛刻要求。1932 年 10 月 3 日，新罗马字体在印刷《泰晤士报》时投入使用，它至今仍是最受欢迎和最通用的字体之一。

文字是重要的交流手段，绘制文字和印刷字体在 20 世纪的复兴，并非英国人独自完成。在 19 世纪末和 20 世纪初，欧洲大陆的不同团体在设计字体中也发挥了作用，最值得关注的是来自南欧的一波新艺术家。可以想象，他们与埃默里·沃克、莫里斯和约翰斯顿完全不同。在线条和空间方面，他们为字体提供了全新的框架，使其能够走出书本，进入海报和现代商业艺术的世界。

跳出限制：未来主义

1910 年 4 月 27 日，在威尼斯一个暖风醉人的春日，一群年轻的艺术家冲上了圣马可广场上方的钟楼顶。他们向下面聚集的人群高喊宣言，并将准备的 20 万份传单随手扔了下去。"威尼斯会烂掉，威尼斯连同它的博物馆、图书馆会腐烂，沉入泥浆！""烧掉贡多拉吧，这是一个新的时代！"他们是未来主义者，他们宣称这是机器的时代，革命的时代，年轻、力量和速度的时代。一年多以前，未来主义的宣言第一次出现在意大利一份报纸中。1909 年 2 月 20 日，《费加罗报》巴黎版的头版刊登了相关言论。未来主义者擅长这些干预性行动，因此产生了新的宣传效果。这场运动是想与过去一代人决裂。关于字体版面，这项运动的发起人菲利波·马里内蒂写道："我反对所谓的版面和谐。在必要的时候，我们应在一页纸上分上三到四栏，使用 20 种不同的字体。我们用斜体字代表临时想法，用粗体字表达想要尖叫出声的内容。"[247] 马里内蒂用一首印在纸上的诗歌，阐释了他的想法。版式打破了传统的文字排版，文字在页面上碰撞，标点符号消失了，或者用数学符号、音乐符号代替。字母、单词和拟声词（如 cuhrrrrrr 代表一辆疾驰而过的车）都是用手绘风格的字体印制的，这些字体在字重、风格和大小上对比鲜明，共同形成了一页动态的文字网。文字冲向页面边缘，堆成陡峭的悬崖，再斜着一头栽下来。马里内蒂的目标是开发一种全新的视觉语言形式，一种由声音和符号形成的充满冲突、言简意赅的诗歌。他的排版构图，以及那些未来主义者的作品，最初的表现形式往往是相当松散的视觉结构，但当它们与新发展出的绘画空间相结合时，便成为一种持续的存在，拥有了一种超越实验性的可行性。这种后续发展主要发生在法国。在这里，一种在绘画中构建和解读视觉平面的新方式将不同层次的图像、文字和摄影，用不同的方式整合在一起。这不仅听起来很棒，在实际运用中也是可行的。

立体主义

在 20 世纪的前十年里，法国突然打开了一个全新的文字空间，仿佛我们在经历了漫长的黑暗旅程之后，冲进了阳光。

它在乔治·布拉克（1882—1963 年）的作品中初见端倪。这位艺术家与巴勃罗·毕加索（1881—1973 年）纠缠不清，亦友亦敌。布拉克和毕加索，毕加索和布拉克，亨利·马蒂斯不屑地（对评论家路易·沃克塞尔）说，二人这一时期的某些作品像一堆立方体，一个摞在另一个上面。但这种新的风格为文字和图像的视觉语言带来了范式的转变。立体主义（妙语连珠的马蒂斯也起不出更好的名字）追求大胆革新，打开了全新的世界，在这里有多重透视、网格状和部分抽象形式，以及在同一画面空间结合文字和图像的新方式。[1] 在立体主义初期，艺术家对组织空间的方式以及所描绘的主题（坐着人、风景、桌面、静物）的轮廓和体积，都有深刻的分析。他们的作品从来不是纯粹的抽象。1908—1911 年，立体主义艺术家在技术上取得了三次革新，让他们全新的空间解读变得更加细致入微，并且充满表现力。第一次革新出现在布拉克 1908 年夏天的画作中。那时他在马赛附近的莱斯塔克，这里也是保罗·塞尚当年常来采风的地方。1907 年，塞尚去世一年，人们举办了他的画展，这次画展对布拉克产生了深刻的影响。通道，是保持一

---

[1] 作者根据约翰·理查森的《毕加索的一生》（兰登书屋 1996 年出版）第 2 卷第 101 页中的记载论述。理查森谈道，这个词是由路易·沃克塞尔传播开来的，他又是从马蒂斯那里听来的。马蒂斯为他画了一系列的小方块，来拆解布拉克在莱斯塔克期间画作的结构。

个看似封闭的空间开放的方式（如只出现一部分的屋顶、田野、墙面）。它使线条、表面和相邻的空间能够相互激发活力，相互连接，使空间在一幅画中融为一体。在中国和日本的书法中，有留白和飞白（用一个笔画打开未着墨的纸张的空间）的概念，这样可以让文字内部和周围空间同样开阔灵动。立体主义的灵感来源于1907年6月塞尚的79幅水彩画。毕加索指出，这些水彩画看似没有画完，但有着"内在的完整性"[248]。这展示了图像和空间以及最终的文字和页面，如何在未来确立一种更有活力的关系。字母之间和字母内部天然就有空间，因此，在西方绘画中，如何激活这种空间，以及如何带来新的生命力，对未来字母的排列方式具有相当重要的意义。

第二次革新发生在1910年夏天，当时布拉克用正交网格进行创作，毕加索紧随其后。自古以来，艺术家一直用这种网格打在画布上对作品进行放大。但立体派不一定非借助这种技术。布拉克将其作为一种辅助调整绘画张力、节奏和结构的方式，毕加索亦照此行事。正如约翰·理查森在其《毕加索的一生》一书中写的那样，"网格有时表现为一系列颜色和线条的分离，或者是画布各处的排列建议。网格连接处略呈T形，看起来像透过织物瞥见的线框骨架。蒙德里安在1911年来到巴黎时用了网格，现代主义先驱凡·杜斯堡和马列维奇也用过"。网格也是20世纪平面设计不可或缺的元素。

1911年春，第三次也是最后一次革新出现了。布拉克的父母住在勒阿弗尔，他喜欢晚上在海港边的酒吧里拉手风琴、唱歌跳舞。在一次探望父母回来后，他画了一幅关于吉他手的画（《葡萄牙人》），画中人坐在咖啡馆的窗前。布拉克曾接受过绘画和彩饰培训（绘制文字被认为是绘画的一部分）。他用模板将一些印刷字体融入画作，仿佛它们漂浮在画面中，也许是映在画中的窗户玻璃上。画中，DBAL 字样出现在右上方，下面是 &、10、40，左上方是 CO。随后，毕加索借鉴了此画，人们误认为他才是首创，他在画布上留下了暗指他的新情妇伊娃的痕迹。很快，两位艺术家都在他们的作品中加入了广告、酒瓶标签和品牌名称的局部。他们的做法是将完整版解构成几块，再重新排列组合。这种风格被称为综合立体主义，他们在绘画中引入了越来越多的现实生活中的不同元素，如拼贴、报头、标题、名片、香烟包装和广告等，这些都是纯粹从印刷版面肌理和轮廓角度考虑的。

　　立体派对手绘和拼贴字母的使用，彻底颠覆了过去，并创造了新的可能。从罗马时代开始，文字通常都是以一种古典的结构出现。它们是匀称的，通过和谐的比例和递增的尺寸或字重，以达到平衡。但是，毕加索和布拉克创造的全新视觉语言打破了这种正统。350 年前的文艺复兴时代，在罗马庇亚门内门上方饰有字母的充满戏剧化、抽象怪异的石板上，米开朗琪罗曾告诉我们，可以用反古典主义的方式来表现文字。但是，直到米开朗琪罗去世，古典主义在他所处的时代仍然焕发生机，他无法超脱主流审美正统，甚至他也不想这样做。但是，在 20 世纪初，毕加索和布拉克也感觉到，古典主义已经不符合他们创作的需求，也不符合他们所处社会的背景。特别是在法国，由于连年不断的战争，国家结构不断打碎再黏合，这种状况更加明显。这些战事从 1789—1799 年的大革命，一直延续到拿破仑时代，其间，1848 年的大革命、第二共和国（1848—1852 年）、第二帝国（1852—1870 年），再到 1870—1871 年的普法战争（战争期间巴黎被围困）和巴黎公社的血腥事件轮番登场。法国社会不再是平衡与和谐的世界，而是破裂、革命、多视角和强对比的世界。这就是这种全新艺术所展现的东西，当然还有艺术家熟悉的城市景观和可以高谈阔论的咖啡馆。

在 1907—1911 这几年，音乐界亦经历了类似的与古典主义的撕裂，这以勋伯格的无调性音乐为代表。在勋伯格这里，无调性呼应的是他身处的摇摇欲坠、横跨多国的哈布斯堡帝国。民族主义的紧张局势使帝国分崩离析，1914 年夏天弗朗茨·斐迪南大公被暗杀，更是让局势紧张到白热化的程度。最终第一次世界大战爆发，改变了一切。第一次世界大战中，欧洲有 1500 万人死亡，2000 万人受伤；奥匈帝国和奥斯曼帝国解体。1917 年，俄国革命爆发，部分原因是第一次世界大战给本已失灵、摇摇欲坠的国家带来了额外的压力。

毕加索和布拉克新构建的视觉语言，在这一时期引起了广泛共鸣。这种影响，远超他们的朋友纪尧姆·阿波利奈尔的书法。阿波利奈尔一时冲动，自愿到西部前线服役，而且由于经验不足，在 1918 年大流感中去世。阿波利奈尔用图像的形式创作诗歌（滴落的雨滴、钟表表盘等），这种方式在 19 世纪刘易斯·卡罗尔、17 世纪罗伯特·赫里克和乔治·赫伯特的图案诗中已有先例。图案诗的历史甚至更久远。罗马时期的恩尼乌斯（公元前 239— 前 169 年）和维吉尔（公元前 70— 公元 19 年），古典时代晚期的阿拉托（6 世纪）和维南提乌斯·福图纳图斯（约 530—600 年），都有类似的作品。在古希腊和阿拉伯，也可以见到图案诗的踪影，这并不是现代派的首创。

象征主义诗人斯特凡·马拉梅的排版实验更加大胆，他预示了后来的具象诗。他的最后一首诗写于 1897 年，但直到 1914 年，才最终以他所希望的形式出版（此时他已去世）。《骰子一掷，不会改变偶然》（法语为 *Un Coup de Dés Jamais N'Abolira Le Hasard*）不仅仅是一部文学作品，它本身就是一部不可分割的艺术品。这首诗印在 11 张可以展平的对页纸上，每一整页都像是一张空白的画布（然而又是有顺序的），画布上有精心安排的铅字。马拉梅的作品仿佛一本可以阅读的乐谱。[249]在英语世界，这是英国漩涡主义的原型（并没有被超越），他们的刊物是《疾风!》（1914 年和 1915 年），也是 T. S. 艾略特和威尔士诗人戴维·琼斯在纸上漫排诗歌的原型。1914 年以后实验性艺术作品的文字设计，其基础可能也是马拉梅的作品。

达达主义、构成主义、包豪斯

在战争年代，许多欧洲国家的书写出现了重要的风格变化，这使得设计师能够以更复杂的方式组织这种新的文字设计语言。1915 年 5 月意大利参战之前，意大利画家卡洛·卡拉（1881—1966 年）仍在用拼贴画和图书排版方式进行着未来主义实验。[250]他的拼贴画《爱国庆祝会》（1914 年），看起来像一页密密麻麻的书，不同的是，画中的拼贴纸是从画布中心旋转散开的（画面中心是"意大利"这个词）。他最后一部未来主义作品是 1915 年的那本排版奇巧的书《战争画》。封面用模板字体印制（因毕加索和布拉克使用而著名），内部正文的布局则巧妙地利用了文字元素之间的空间对比和字号的大小对比，并通过括号和方向线叠印文字来组织版面。于是，页面中有了焦点，文字围绕焦点排列（文字成组分散在书页上），而不是页面从上到下被文字填满。

与意大利未来派对战争和机器进步的赞美截然不同，达达主义对第一次世界大战的戾气和杀戮非常愤怒（大部分艺术家因战乱而流亡国外）。1916年，达达主义发轫于苏黎世，试图揭露彼时社会和商业常规的虚伪，他们认为这些行为明显是竹篮打水一场空。达达主义者用诗歌、戏剧和图像艺术创作，玩起了讽刺性的文字和图像游戏。他们使用立体派的拼贴画发展而来的蒙太奇照片，以及从报纸和杂志中取用的材料，颠覆了当代文化中自我满足的基调。未来主义发明了以战争和机械为基础的有声文字，达达主义则将一些无厘头或幼稚的文字碎片拼接在一起。1918—1919年，摄影蒙太奇作为一种技术出现在柏林的达达主义圈子里。这是一个重要的发展，在捷克出生的达达主义艺术家拉乌尔·豪斯曼（1886—1971年）的作品中，我们第一次看到了字体和摄影材料如何结合在同一图像中。这一点，在我们今天接受的视觉语言中已经司空见惯了。

1917年布尔什维克革命之后，俄国也发生了重大变化。想象艺术的视觉语言，是俄国立体未来主义的一种特殊形式，此时开始与文化和政治变革紧密相连。现代艺术不再以描绘事物为主要目的，因此被视为符合当时社会革命状况的工具，或者说技术。

1910—1911年，阿里斯塔尔赫·连图洛夫（1882—1943年）在巴黎学习。1910年，他和所谓的"方片杰克"的其他成员一起，用欧洲遗风（塞尚）和俄式原始主义的杂糅风格，震惊了俄国民众。1913年，连图洛夫在莫斯科举办展览后，许多俄国画家纷纷尝试立体主义。其中包括卡济米尔·马列维奇（1878—1935年），他是一位来自乌克兰的艺术家，父母是波兰人。正是马列维奇开创了立体未来主义风格，为民众带来了新鲜的教育材料。这种风格很快就家喻户晓，因为它出现在革命第一阶段，在开往乡下列车上的动员宣传画中。但是，马列维奇在1915年12月—1916年1月举行的"从0到10：最后的未来主义者"展览上，展出了他的一幅白底黑方块的画作，创造了另一种视觉可能。他给这种新的艺术命名为"至上主义"，也称为"非对象"或是抽象绘画。他试图通过简单粗暴的绘画形式，也就是如长方形、平行四边形、圆形和线条等几何形状来传达感情。

马列维奇成了一位有影响力的老师，而且将夏加尔从维捷布斯克艺术学院院长的位置上赶了下来。在这里，他"对感观世界全新而直接的表达"，受到同侪和追随者的追捧。他们看到了这种方式为排版带来另一种维度的可能性。在不用传统的对称页面布局的情况下，正方形、圆形、条形和线条等几何形状，可以成为有用的额外元素，从而在整个布局中建立视觉节奏。这可以帮助我们构建阅读页面，也就是我们对页面的感觉，以及研究眼睛如何探索纸面空间。

受马列维奇影响的艺术家有亚历山大·罗德琴科和拉扎尔·马尔科维奇·利西茨基（他更为人所知的名字是埃尔·利西茨基），他们都是1917年3月俄国革命后出现的杰出的图形艺术家。

罗德琴科（1891—1956年）是在1921年放弃"纯艺术"的俄国画家之一，他们被称为"构成派"，集中精力将自己的技能用于新社会的建设。罗德琴科开始研究印刷排版，他清楚文字对于有效沟通的关键作用，在设计一些作品的时候，比如莫塞尔普罗姆国营商店（Mosselprom）的广告，他聘请了诗人弗拉基米尔·马雅可夫斯基为文案撰稿人。"莫塞尔普罗姆国营商店无与伦比"（Nigde krome kak v Mosselprome，英语为 Nowhere else but in Mosselprom），这个广告文案非常简洁，让人过目难忘，是马雅可夫斯基最得意的创作之一。这种方式也与海报、产品包装、图书和电影设计中出现的不对称文字设计（即短短的一行字）的图形要求吻合。罗德琴科和马雅可夫斯基设计的作品大多非常平实，包括甘姆国营商店的灯泡广告（1923 年）、金卢布公司的香烟广告（1923 年）、糖果包装纸、斑马饼干的包装（罗德琴科独立完成）等。通过这些作品，前卫艺术的视觉语言进入了动员宣传和商业艺术的词汇。

埃尔·利西茨基（1890—1941 年）在维捷布斯克艺术学院担任建筑学教授期间，受到了马列维奇的影响。他在绘画中加入了文字设计元素，并应用于海报和图书设计（图 58）。第一次世界大战前，他曾在达姆施塔特学习工程学，战争一结束就回到了柏林。20 世纪 20 年代初，柏林成了文化实验的中心。在那里，利西茨基将俄式构成主义带到西欧，并与其他欧洲艺术运动的成员建立了个人联系。这就是始于毕加索和布拉克的视觉语言，最终回到西欧并应用于当代平面设计，在商业或宣传背景下使用文字和图像的过程。

包豪斯学校作为当时首屈一指的创新艺术学校，是所有这些风格最终汇聚的地方。这里脱胎于之前的魏玛工艺美术学校，1919 年开始，由年轻的建筑师和设计师瓦尔特·格罗皮乌斯主

图 58 埃尔·利西茨基设计的《福库特马斯的建筑》的封面，1927 年。福库特马斯是莫斯科的国家高等艺术技术讲习所，和包豪斯一样，是艺术和教学创新的重要中心

持。多年来，在整合学校设计学科的过程中，人们找到了现代主义艺术的许多新原则的重点，并看到了实际成果。学校的目标是打破手工艺和美术之间的隔阂。格罗皮乌斯认为，艺术家也应该与工业界合作，所以学校会教授绘画、雕塑、戏剧等课程，后来又增加了建筑、平面设计、工业设计和室内设计。包豪斯学校在艺术和设计方面的教学，为这些学科的教育结构奠定了基础，而这个结构，我们今天仍然遵循。

1923 年，年仅 23 岁的莱比锡人扬·奇肖尔德在参观包豪斯展览时受到启发，决定从事文字设计工作。他将 20 世纪初现代艺术运动和平面设计之间交叉融合发展的主要内容编纂成册，其成果汇聚成他在 1928 年以后出版的一系列文章和图书。但是，他既因其敏锐的洞察力受到了赞扬，也因过早地界定这一主题而受到了指责。

奇肖尔德原本是一名书法家，在莱比锡教授书法。他在十几岁时就仔细阅读了爱德华·约翰斯顿的《书写、彩饰和绘制文字》和维也纳人鲁道夫·冯·拉里施的《装饰绘写文字》。在莱比锡平面艺术和图书制作学院，他接触了书法大师帕拉蒂诺、塔利恩特和扬·范德费尔得的作品；在印刷商联合会图书馆，他研究了古版图书和皮埃尔-西蒙·富尼耶的字体样张。但在参观完 1923 年的展览后，奇肖尔德投身到了现代文字设计的超戏剧性语言之中。很快，他就结识了利西茨基、凡·杜斯伯格、施维特斯、摄影师曼·雷，以及另一位杰出的蒙太奇摄影代表约翰·哈特菲尔德。在 1928 年出版的《新文字设计》（德语为 *Die neue Typographie*）一书中，他提炼了从现代主义中学到的精髓。英国印刷史学家鲁阿里·麦克雷恩写道："这本书具有划时代的意义，就是字面上的'划时代'。因为它是第一本尝试为所有语种的文字设计行业制订适用原则的出版物，包括印刷小单据、广告、杂志、图书等。"这是 20 世纪最具开创性的排版设计书，直到 1995 年才被翻译成英文。

非对称排版

奇肖尔德后来开始反思自己年轻时的一根筋，他认为自己对无衬线字体的一些观点过于绝对，过于坚定地认为不对称排版是唯一的方法。在 1933 年他因"文化布尔什维克主义"被捕，被纳粹监禁的六个星期里，他开始反思，发现自己著述中的好战和绝对，与纳粹不容忍的态度别无二致。获释后，奇肖尔德和家人立刻移民到了瑞士。他晚年成为古典主义价值观的代言人。第二次世界大战后，他在英国生活了几年，负责重新设计企鹅出版社的所有平装书。

1933 年，包豪斯学校关闭后，许多员工离开了德国。无论他们走到哪里，无论他们教过谁，在这些人的指导下，现代文字设计语言都在不断成长，并且越来越复杂先进。匈牙利人莫霍利 - 纳吉，在包豪斯的课程中引入了格式塔和知觉心理学。这是一种在战后蓬勃发展的精简风格，其要义是"形式服从功能"和"少即是多"。瑞士风格实践者则通过精细的网格，来平衡和优化现代页面经常遇到的图形、印刷字体、摄影、插图和图表等元素的不同方面（如数值、大小、形状、质感等）。

这种以网格为基础的系统，在处理不同位置和大小的元素时非常灵活，让设计师能够充分享受 20 世纪全新的视觉体验。读者仿佛从高楼大厦或飞机上俯瞰，可以体验俯视的视角，而且艺术家可以用旋转和强透视将其视觉化。电影的出现，使得我们可以在一个平面里展示空间想象丰富的可能性，在这个空间里，事物可能只出现一部分，这个空间是一个动态的运动环境，而不是一个被动的"构成"框架。特别是在城市里，乘火车、电车和汽车出行，让人们意识到了动态模糊和不断变化的视角。电灯让人们对阴影、夜晚的色彩、黑暗中的光有了不同的理解。这些现象之前也曾以某种形式出现在设计作品中，但此时效果更为强烈。而且随着它们的影响扩散到文字设计、摄影和其他视觉艺术中，传统均衡排版的书开始显得平淡无奇，看起来不那么时尚了。

抒情书写

欧洲人在印制海报、图书封面和商业传单时，所用的新式文字排版方式从立体主义、未来主义和构成主义中汲取灵感，在艺术、国家宣传和商业广告之间建立了创造性的共同点。他们使用的字体都是不知名的，或是用模板字体，或是用无衬线字体。但欧洲大陆书法家受到的是另一股艺术潮流的影响。在英国，艺术和手工艺的复兴，一直有决定性的影响力。在德国，虽然人们也阅读和研究莫里斯的作品，但人们同时还受另外两股潮流的影响。一股潮流是德国新艺术运动，在奥匈帝国的首都维也纳影响力尤其大；第二股潮流是从 1909 年开始的德国表现主义。这些潮流以不同的方式改造着德语世界的书法，既不以历史为导向，也没有继承英国的分析传统。不过，1910 年（约翰斯顿的书被翻译成德语那年）之后，这里也开始有了来自英国的影响。

在德国，这时候书法开始成为一门艺术。在 20 世纪的前20 年，德国书法家对书写有了全新的认识，这种认识紧急迫切，充满情感，可感可知，是一条带着朴素起源的线索，也呼应着勋伯格音乐中的粗犷碰撞和无调性和声。西方书法开始与当代艺术形式结盟，这是自 400 多年前的文艺复兴以来，前所未有的直接结合。人们认为线条具有全新的个人表现力，就像笔迹学家的签名或自然姿态下写的文字一样，这显然涉及情感和心理的深度。

维也纳的鲁道夫·冯·拉里施（1856—1934 年）和法兰克福附近奥芬巴赫的鲁道夫·科赫（1876—1934 年）这两位绘写文字艺术家，再加上约翰斯顿，他们几乎决定了 20 世纪大部分时间里欧洲书法的样貌。相比于约翰斯顿和科赫，冯·拉里施更精于世故。他的朋友西格蒙德·福尔斯特写道："拉里施是奥地利的老派绅士，成长于一个横亘多个小国的君主制帝国，他自由，机敏，心胸宽广。"他是奥地利总理府档案馆的工作人员，但并不喜欢这份工作。他多数时候住在维也纳，不过在多瑙河畔的乡下也有一栋房子。在那里，他可以尽情享受热爱的帆船和划艇。他的另一大爱好是音乐，作为维也纳歌唱学院的秘书，他应该与古斯塔夫·马勒和理查德·施特劳斯打过交道，他们都曾亲自指挥合唱团表演自己的作品。所以，拉里施主张书写是一种以节奏为重要特征的表演，就不足为奇了。为此，他主张使用在分离派艺术中非常流行的无衬线正体，因为这种字体可以摆脱与之前历史的联系，以及平尖笔书法不好掌握的力道，后者会影响书写的流畅度。

拉里施的学生刚开始学习书写时，用的是原始书写工具，如木头、芦苇、软木和玻璃笔。1899 年，他出版了《关于艺术服务中的装饰性文字》，是一本调研新艺术运动绘写文字发展的力作。这本书让拉里施成为维也纳应用艺术学校的一名教员。他的学生使用各种材料绘制文字，包括玻璃制品和编织地毯。拉里施的主要教材《装饰性绘写文字教学》在 1904 年出版。他的学生弗里德里希·纽格鲍尔每年都会在他萨尔茨堡附近的山间别墅开办暑期学校，一直办到了 20 世纪 80 年代，而纽格鲍尔一直活到 21 世纪。拉里施的观点因此流传下来，影响了美国现今一代的书法家。

鲁道夫·科赫是与拉里施截然不同的人。他有一种即使今天也很少有书法家能出其右的力量感。他改变了德国的书法，并展示了过去的书体如何成为一种生动的表达形式。虽然他当时并不知道，但在德国民族主义抬头之时重振传统哥特体，无疑是在玩火。直到现在，两次世界大战已成为久远的历史，我们才意识到，科赫在书法方面取得了一些了不起的成就。20世纪初，西方书法和艺术结合在了一起。在实践中，他把书法线条和德国表现主义的线条联系在一起。实际上，在书法和艺术的结合方面，他以一种不起眼的方式，比常人走得更远。如果你见过科赫那些非常著名的作品，如1921年出版的《山上的布道》中的十字架、《圣约翰的启示》中的黑块等，你就很难相信他没有看过莫斯科"从0到10：最后的未来主义者"展览中马列维奇的作品照片。这可能就是他在1920年开始转向书法研究而不是书籍设计的缘由。他的挂毯也融合了分离主义奥斯卡·柯克西卡的绘制文字（显然是科赫的诺兰体的灵感来源），其中可以看到当时俄国构成主义作品中的粗重的条块。

科赫从书本和报纸上的老字体中自学了书法。和约翰斯顿一样，他自己也意识到，平尖笔才能写出他所研究的字母。事实上，由于哥特体一直存在，用平尖笔书写的习惯在德国也从未消亡（英国则不然）。他也曾研究手抄本，尤其是古腾堡印刷术出现之前雕版书中的木活字。在这里，他发现了"一种不间断的、几乎充满激情的形式变化，不具备我们喜欢的任何罗马体的几何规律。字头和字脚角度的不同位置、基本笔画的起伏运动，都不是用简单的笔触能完成的……"[251] 这种在统一中融合多样性的做法，是他作品的关键。

当科赫的书法换到大幅纸张上时，他的作品如"主怜悯我"（图59）或精炼的木刻"吻我的屁股"等，得以原貌呈现，这些作品代表了书写线条的表达潜力。几个世纪以来，笔迹学家和签名收藏家一直对这种联想情有独钟。现在，富有表现力的笔迹和线条的艺术，已经回归西方书法。"每一种形式的文字绘写都给我带来了最纯粹、最伟大的乐趣，"科赫写道，"在我生命中的无数个场合，它对我来说就像歌曲对于歌手、绘画对于画家、呐喊对于高兴的人、叹息对于痛苦的人一样。对我来说，它是我生命中最快乐、最完美的表达方式。"

然而，科赫生活在那个时代是不幸的。给他带来灵感的德国表现主义，被贴上了堕落艺术的标签。科赫特别崇拜恩斯特·巴拉赫的作品，但是这些作品却在公开展览中被撤下来。他自己的绘写文字作品，无论其灵感多么贴近表现主义（图60），都因当时的历史背景而被纳粹利用，被迫服务于纳粹的政治野心。1933 年，也就是希特勒上台的那一年，科赫发现自己频见报端，屡获殊荣。他在米兰三年展上获得金奖；他成为德国福音教会宗教艺术办公室的名誉主席；《图书业档案》发行了一本双月特刊来报道"鲁道夫·科赫和他的圈子"；1934年 1 月，图书收藏杂志《书林季刊》刊登了一篇长达 56 页的文章，介绍科赫和他的工作室。但是，此时科赫也面临着艰难的抉择，因为他所属的路德教会正准备反对国家社会主义者（纳粹）对国家的改造。

科赫曾在位于德国奥芬巴赫的福音教会教堂担任教区委员。他后来加入了从教会分离出来的"忏悔教会"，这个教会是尼莫拉牧师在 1934 年 5 月通过《巴门宣言》建立的，科赫的牧师兼朋友是该团体的主席。[252] 这些教会实际上是德国国内抵抗纳粹的团体中，唯一有组织的中心团体。然而，1934 年 3 月，

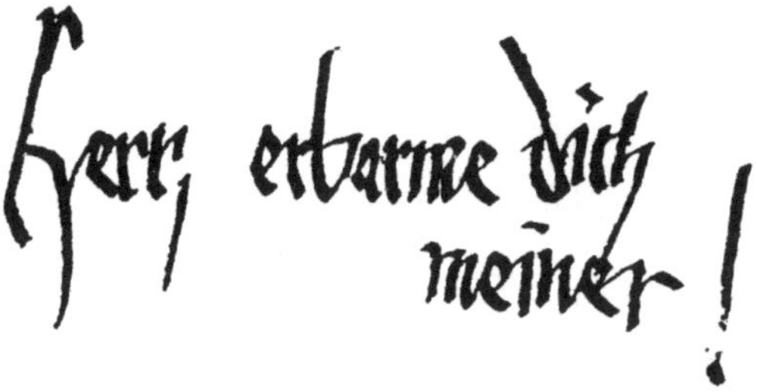

图 59 "主怜悯我。"鲁道夫·科赫，约 1921 年。他认为，这幅书法是他内心感受无拘无束的展示

图 60 "于人何利……"鲁道夫·科赫，浮雕，1920 年

科赫患了血液病，不久便去世了。

在生命的最后 12 年里，科赫开创了他作为书法艺术家的另一条前进道路。1921 年，他不满足于独自工作，建立了一个工作室，即奥芬巴赫工作室。同年，得益于与爱德华·约翰斯顿的关系，埃里克·吉尔在英国的迪奇灵建立了一个工匠团体，

这个团体后来吸纳了绘写文字艺术家和诗人大卫·琼斯。因此，在此时的德国，科赫也吸引了德语世界下一代的主要字体从业者。在纳粹迫害下被迫流亡的艺术家们，最终将科赫的艺术传播到英国、瑞士、以色列和美国等地。

贝特霍尔德·沃尔珀是工作室主要成员之一。他1905年出生在奥芬巴赫，1924年加入工作室，1935年被剥夺了法兰克福艺术学院文字设计专业主任的职务。"由于你不是雅利安人，"德国文化商会的工作人员在信中写道，"因此不具备创造和传播德国文化价值的必要资格，我禁止你继续从事平面设计工作。"于是沃尔珀离开德国前往英国，印刷商弗朗西斯·梅内尔向英国首相斯坦利·鲍德温发出特别呼吁，他这才得以入境英国。沃尔珀在英国出版界大获成功，他成为费伯出版社总部的封面设计师，并在伦敦城市与行业协会艺术学校担任绘写文字教师。他在科赫的工作室学到的技术，塑造了他结实、有分量感的字形。他最著名的字体是阿尔伯特体，直接脱胎于他金属雕刻字母的实验。今天，你可以在全伦敦的路牌上看到它的身影。

弗里茨·克雷德尔（1900—1973年）是一位才华横溢的木刻家，也是科赫在1929—1930年间出版的《字之书》和《花之书》的合作者。他1938年移民美国，和家人定居纽约，在库伯联盟任教。他后来在插画领域成绩斐然，曾与埃莉诺·罗斯福合作，为她的儿童读物《圣诞节》作画，并为约翰·肯尼迪总统的就职典礼设计了一枚木刻总统纹章。

哥特黑体与国家社会主义

德国书法杂志《现代字体》的版面越做越窄，这奏响了哥特体在欧洲北部的死亡之歌。这时候，纳粹青年的工作证上，印着一行行整齐的哥特体字母；金发碧眼的希特勒青年，身穿深色衬衫，袖子绣着草写的"sig"（标志）单词，棕色衬衫上戴着他们的臂章。他们坐在约翰斯顿式的写字板前，背景墙上挂着元首的照片。在 1936 年的奥林匹克运动会上，人们认为，"好的字体和字形"真正表现了一个国家出色的创造力。奥运会组委会主席西奥多·卢瓦尔德博士称，它"会极大促进其他国家对德国方式和德国性格的理解"[253]。

政权青睐的新式哥特字体如坦能堡体、埃勒蒙体、哥德堡体、德意志体和国家体等，没有科赫所说的"激情和形式的变化"，看起来像是整齐划一的尖桩篱栅，仿佛字体的生命力正在流失。德国字体设计师伊冯娜·施韦默 – 谢丁将这些字体描述为"麻木的字体"和"铁血军人般固化的形式"。她写道："将哥特黑体美学意识形态化，是对这种字体的致命一击。弗拉克图尔体作为一种创造性的自我表达就此终结。"这一切是如此具有讽刺意味，如果把宗教改革作为分水岭，往前看，哥特体与宗教密不可分。它源于英格兰南部和法国北部的紧凑版加洛林小写体，故乡并不是德国。真正在德国历史中形成的本土字体（虽然法国和意大利也来抢功）是早期抒情的圆加洛林小写体。这种书体是在查理大帝时期亚琛和雷根斯堡的宫殿里形成的。它很好地继承了罗马小写体的精髓，并将其传递给中世纪和文艺复兴时期的抄写员。

欧洲黑白线条世界的巨人纷纷离去，一切都改变了，欧洲的字体设计迎来了寒冬。随着第二次世界大战的临近，回顾历史，人们不得不惊叹手写文字的形态和版面在 20 世纪前 40 年所释放的能量。仿佛在经历了 19 世纪最后几十年铺天盖地的纸质洪灾之后，人们开始追寻感情，将文字视为表达个人情感的全新方式。

第十一章　殊途同归

图 61　1984 年 1 月，苹果公司发布第一台麦金塔电脑。这是计算机从计算设备向书写机器转变的第一步

第二次世界大战的后果如此严重——六年内有 6000 多万人死亡，一个大陆分崩离析，核武器横空出世，还有恐怖的大屠杀——但让人惊讶的是，战后欧洲在书写方面并未发生巨大变化。20 世纪 50 年代初，英国确实出现了意大利手写体的小规模复兴。此时，这个国家即将迎来全新的伊丽莎白时代。在英语世界，这是数十年来最后一个推崇严谨的书写方法的时代。20 世纪下半叶，书写世界出现了真正的大事件，与 15 世纪古腾堡印刷术意义一样重大，这就是数字时代的到来。20 世纪中叶，计算机还只是巨大的计算器，在第二次世界大战中作为密码破译器发挥了巨大作用。此后，计算机成为一种交流媒介，成为继印刷机、打字机和羽毛笔之后的一种全新书写工具。此后，字体也变成了数字媒介。为了了解这一突破是如何实现的（在再次回溯书写历史前），我们需要踏入一个陌生的领域，暂时从艺术领域进入科学领域。

新型书写机器

在美国，随着 1945 年夏天战争接近尾声，科学家万尼瓦尔·布什开始考虑未来的事。他是美国战时网络研究的协调人，这项研究有 6000 多名科学家参与。他负责监督"曼哈顿计划"的开展，这是一个研究核武器的项目。但是之后，他想做一个非破坏性的项目。在 1945 年 7 月的《大西洋月刊》上，他确定了一项伟大的新任务，即通过各种新技术来提高人类的记忆和智力。这一愿景为我们今天使用的个人计算机提供了概念性的构想。在他的想象中，利用这些技术的设备之一是一张面板透明的桌子，他将其称为麦克斯存储器。

麦克斯存储器可以将你所有的记录、图书和通信都保存在微缩胶片上，通过透明的屏幕快速灵活地查阅，新的文件则可以通过桌面或戴在额头上的微型摄像头拍摄下来。麦克斯存储器的魅力在于它的组织结构——你可以追踪不同文本和主题之间的联系。它就像中世纪的注解文本，奥利金的《六经本合参》，以及欧瑟比的《编年史》和《正典》，但以立体的、更高效的、高速的方式存在。

虽然布什的设想只是一个思想实验，但它却激励了不少追随者。在远东的美国海军雷达兵道格拉斯·恩格尔巴特在一本《生活》杂志上看到了布什想法的通俗介绍，他被这一未来发明背后的理念深深打动了，并将其作为他在斯坦福研究所建立的实验室增强研究中心（ARC）的终生奋斗目标。

通信的数学理论

增强研究中心的项目成功的背后有两个关键因素：一个是（经过了漫长的岁月）数学应用于人类思想的方式发生了根本性转变，另一个是人们开发了一种新的书写介质——屏幕。

虽然我们可以追溯到笛卡儿，看看是哪位哲学家相信数学和几何可以抽象出一种纯粹精确的思维。但其实不用追溯那么远，来自英国林肯郡的年轻数学家乔治·布尔，就为这个观点提供了理论支撑。1833 年，年仅 17 岁的布尔说自己经历了"神启"。他走过一片草地时，他感受到了自己的人生使命——用符号或代数的形式，来解释人类的思维逻辑。20 世纪中叶，第一批计算机科学家正是在布尔的思考成果上进行研究的。

20 世纪 30 年代，麻省理工学院的电气工程师克劳德·香农利用布尔逻辑，提出了计算机中电路的布线模式。[1] 1948 年，香农发表了一篇论文，将布尔的逻辑和数学思维运用到通信理论中。《通信的数学原理》论述了用电报进行信号传递的各个方面。对于这篇论文，一位早期评论家指出，"这个理论的适用性非常广泛，以至于人们不需要考虑这说的是什么符号。无论是书写文字，还是音符、口头语言，还是交响乐或者图片，都没有关系。这个理论足够深刻，所以它所揭示的关系，普遍适用于所有的形式，以及其他交流形式。" [254]

香农等科学家发现，如果机器可以计算，那么它们也可以进行象征性的"思考"。因为交流本就需要操纵如思考这样的符号化结构，所以这种结构也可以在其所有变体和媒介中进行数学和机械塑造。这里是理论和实践融合的关键点，是我们今天所知道的全部数字技术的基础。

[1] 他恰巧是万尼瓦尔·布什的博士生。

作为书写媒介的屏幕、光和电

创造新的数字媒体的第二步，是将屏幕做成一种新型的书写载体。事实上，我们看到的连接计算机的屏幕，上面布满了不断刷新的发光的点，输入新的指令，这些光源就可以重新排列。这种物理经验就是计算机具备图形化潜力的原因之一。1949 年为英国剑桥大学制造的延迟存储电子自动计算器（EDSAC），是第一台有这种屏幕的计算机。这台计算机界面上安装了三根阴极射线管，用于显示计算机的寄存器和内存的内容——这是第一批使用内存来存储程序的计算机之一。

20 世纪 50 年代中期，我们迎来了真正的屏幕时代，屏幕作为计算机界面得到了大规模应用。当时它被用于美国空军雷达防御体系的"贤者系统"（半自动地面环境计算机）。不列颠战役期间，人们建立操作室，解决了协调英国各地雷达站传来的信息的难题。英国皇家空军的女兵在操作室中，用长杆将飞机编队的符号推到一张大地图桌上，指挥员在旁边的平台上观察，并根据需要对中队发出命令。贤者系统以电子的方式，为美国空军协调所有的信息，而且有视觉标示装置来显示雷达接收到的物体的位置。操作人员可以用一支光电笔（他们称之为"光枪"）触碰屏幕，来指出跟踪目标。这时，屏幕已成为一个交互式的图形界面，以及一个显示和处理信息的全新基体。

今天，无论是在尺寸和清晰度上，还是在便携性上，显示屏都有了长足的发展。屏幕的优越性有赖于光的瞬间性，光源与墨水或者颜料都不同，必须不断刷新，这就让它可以瞬间改变，可以移动图像，也可以将其轻易抹去。考虑到几个世纪以来人类为了让文字亘古长存所付出的努力，这样的优越性似乎颇具讽刺意味。自罗马时期出现蜡板以来，还没有任何一种媒介可以像这样即时修改。

长久以来，光在书写历史中扮演的角色，一直具有深刻的象征意义。中世纪彩饰师用色彩和高度抛光的金箔，努力为他们的书页带来珠宝光芒般的浓烈效果。我们可以想象，在仅有点点烛火的昏暗大教堂里，书页金光闪烁，文字和图画充满了生命和活力的场景。光是知识的隐喻，知识的起源是神圣的。因此，在马赛克画和彩色玻璃窗上，在珐琅制品中，在清真寺和宫殿的釉面几何和书法瓷砖上，都用光来诠释这个词的含义。20世纪，光变成了路灯，变成了照亮闹市区和剧院的霓虹，成了动态的展示。动画出现了，在电影屏幕上，电影的标题往往以字体和图画的方式，在变化和运动中巧妙展示。

*

键盘也为这种新媒介做出了贡献。它可以为计算机编程使用的卡片和纸带打孔。更重要的是，专业打字机可以作为打印机使用。1910年，电报用电动机械打字机（电传打字机）首次投入商业用途。在英国，1943—1944年制造的密码破译计算机在巨人计算机上，就作为打字机使用。同年制造的马克一号计算机上，多功能电传打印机也作类似用途。多功能电传打印机是一种由打孔带控制的电动机械打字机，它的商业用途是作为电子写字机。这两种打印系统的共同点是，通过电子指令来工作。指令由操作者按下按键触发，由打孔带或电报电缆传来信号触发。这些指令是从电报机的莫尔斯电码发展而来的。电子电路不断地连通或关闭，于是电码陆续出现，它们自然而然地提供了一种计算机可以理解的语言。电码也可用于文本输入。

后来，电码终于实现了标准化，并得到了扩展。

　　1963 年，美国标准协会推出了 7 位数的美国信息交换标准码（ASCII）。1987 年, Unicode（统一码）诞生。这是一个适用多语言的全新的 16 位系统，由施乐公司和苹果公司联合研发。今天，Unicode 已经为世界上大多数古代和现代的文字系统提供了电子 / 二进制代码，甚至古埃及圣书体也有其 Unicode 字符集。

知识型工作环境

　　在斯坦福大学的增强研究中心，恩格尔巴特一直在潜心研究如何利用计算机使信息的输入、操作和输出变得更容易。他实际上是在建立一个用于处理各种信息的复杂新工具。他看到了使用屏幕和键盘（包括有线键盘和第一个"鼠标"）的便利，和同事们开发了包括在屏幕上拖放在内的文本处理功能。他们发明了搜索关键词索引的模块并实现了在多个文档中连接不同文本段的功能。恩格尔巴特也坚信，协同工作应该是他所谓的"知识型工作"环境的一个特点，所以增强研究中心开发的系统，能让不同地点的多个用户，在通过电话线连接的情况下，在同一文档上同时工作。

　　1968 年 12 月 9 日下午，在旧金山举行的计算机协会暨电气电子工程师学会秋季联合会议上，恩格尔巴特的联机系统环境（NLS）首次出现在公众视野中。[1] 这次展示涵盖了众多我们现在习以为常的东西，因此被称为"所有演示之母"，让众

---

[1]　可在此地址观看网络视频：http://www.youtube.com/watch?v=JfIgzSoTMOs。

多前来观看的计算机科学家大为震惊。这场由美国国防部高级研究计划局（ARPA）的罗伯特·泰勒资助的演示，终于让人们意识到了这项工作的潜在意义。泰勒在演示 40 周年纪念会上回忆说，在那之前，增强研究中心一直处于最底层，人们不理解他们要干什么。[255]

恩格尔巴特对计算机能力的预测是超越时代的。他将知识型工作环境设想成一种工具，像演奏乐器一样复杂。他和那些跟自己有同样想法的人，期望人们通过使用和发展这些工具，发展出新的思维方式和处理问题的方式，让 21 世纪人的思维方式发生翻天覆地的变化，就像 16 世纪印刷术出现的时候人类的思维方式经历的冲击一样。综合来看，这一愿景尚未完全实现。有人说，计算机的娱乐功能分散了人们对严肃目标的追求。[1]不幸的是，恩格尔巴特的资金很快就枯竭了。在他这次演示之后不到两年，他团队的很多成员就被施乐帕克研究中心挖走。这是一个新的资金雄厚的实验室，第一台具有杰出的文字处理功能的个人网络计算机就出现于此。

奥托的诞生：第一台台式网络计算机

1970 年 6 月底，施乐公司成立了施乐帕克研究中心，这是它成立的第二个研究机构。第一个位于公司总部所在的纽约，在罗切斯特附近的韦伯斯特，致力于静电印刷术和成像研究。

[1] 2008 年，在斯坦福研究所召开了纪念《所有演示之母》演讲 40 周年大会，这里引用了艾伦·凯在会上的讲话。参见 http://www.sri.com/engelbart-event-video.html。

施乐帕克研究中心先将数字技术与公司在成像和标记技术方面的现有优势相结合，然后建立了"一个系统结构，促进施乐公司开发用于商业用途的信息系统"，从而扩大了商机。[256] 因此，这个跨界实验室虽是一个科技研究中心，但专长是文件和复制，这也正是增强研究中心团队的作用。

1970 年夏天，施乐帕克研究中心首批入职的人员中就有罗伯特·泰勒，他是该中心的主任。他曾担任高级研究计划局信息处理技术办公室的负责人，也曾资助恩格尔巴特，现在他又把之前的一些同事招进了施乐帕克研究中心。长期以来，泰勒一直对通信技术颇感兴趣。

中心招募的另一个关键人物是一位玩爵士乐的年轻科学家，叫艾伦·凯，也曾受高级研究计划局资助。他原本是一名微生物学家，在美国空军服役时接触到了计算机，在犹他大学攻读博士学位时，他看到了伊凡·苏泽兰的"机器人绘图员"。这是一个开创性的计算机 3D 图形应用程序，是开发贤者系统时的副产品。这是一个交互式程序，用光电笔作为指向装置来拖动、旋转和连接绘制的线条。受其启发，凯设计了 Flex 程序语言（尽管他从未真正付诸实施）。在他的屏幕交互式图形用户界面中，他使用了"视窗"（windows）这一概念。

但凯对计算潜力的憧憬，很快就出现了戏剧性的转折。1968 年，他拜访了麻省理工学院人工智能实验室的西摩·佩珀特。在那里，他看到 8—12 岁的孩子使用 LOGO 编程语言，从容得让人惊讶。[1] 佩珀特师从瑞士发展心理学家让·皮亚杰（1896—1980 年），他的工作基于皮亚杰对人类认知能力发展顺序的分析。之后，他调整了编程方法，使其能够适应儿童发展的不同阶段。这改变了凯对人类与计算机关系的理解。凯突然发现，计算机可以成为一种更亲密的媒介。他的主要观点是，屏幕不仅是一个全新的工具，更是一个全新的媒介，一个任何人都可以使用的媒介，一个可为任何人做任何事的媒介。这个媒介不仅可以处理信息，协助解决问题，还可能让我们发现令人兴奋的全新的存在方式。

在从麻省理工学院回家的飞机上，凯勾画出了他新电脑的样子：小巧方便，像书一样便携；价格适中，易于使用。之后，他用硬纸板做了一个模型，他相信几年后计算能力将发展到这样的程度，这个概念会成为现实。施乐帕克研究中心的工作针对性没有这么强，他们雇用科研人员是因为其学术背景，而非具体的项目。因此，凯借此机会进一步发展了他的设想，他把它称为"电子书电脑"（Dynabook），这是一个有意为之的宣言。他认为新媒介的到来，与新的印刷、阅读和书写手段的引入一样重要。

凯和他的团队还专门为这款便携式电脑开发了新的编程语言——Smalltalk。它是一种简单的语言，儿童也可以理解。事实上，在四年的时间里，这种语言已在 250 名儿童（6—15 岁）和 50 名成人身上进行了测试。测试鼓励他们使用

---

[1] 孩子们正在使用 LOGO 语言编写自己的应用程序，这些程序可以写诗，做数学题，还可以将英文翻译成拉丁文。

Smalltalk 编程语言，并设计出供自己使用的应用程序，其中包括绘画、记账、播放音乐、信息存储、教学和游戏等程序。

所以，施乐帕克研究中心受到两股力量的影响。一股来自布什，通过恩格尔巴特和"知识工作者"发挥作用；另一股来自苏泽兰和凯，通过游戏性的探索和亲密的创造力的过滤，在帕克项目中融合并发挥作用。随后，这些想法被应用在一台临时的电子书电脑中。他们将这台电脑称为"奥托"（英文为Alto）。继凯创造了 Smalltalk 之后，奥托可以支持"交互式文本编辑、编程准备、程序开发，并尝试生成实时动画和音乐，以及操作一些实验性的办公信息系统"[257]。到了 70 年代后半期，奥托已经可以正常运行了，当时有近 1000 台这样的电脑，使用者不仅有施乐帕克研究中心，还有众多大学、美国参议院和国会，甚至白宫也在用。这些电脑都是施乐公司赠送的。尽管奥托的功能很多，但此时多用于处理文本、设计和通信。可以看到，一个美丽新世界即将到来。

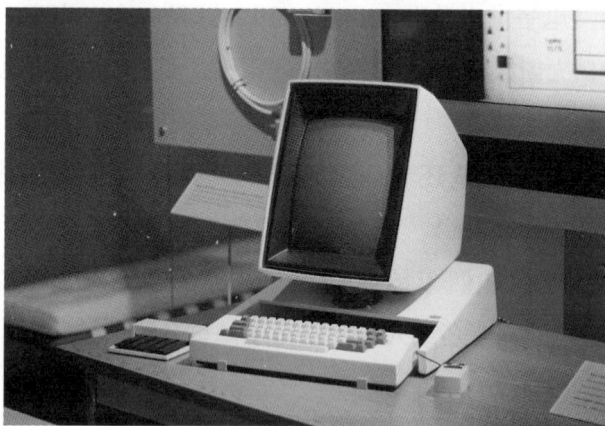

图 j　施乐公司的奥托电脑，鼠标在右边，和弦键盘在左边

摸索未来

施乐公司的发展并非一帆风顺，它的内部也会有斗争。此时，个人电脑尚在萌芽期，在商业方面还没有明确的定位。尽管施乐公司的科学家已经发明了许多未来计算环境的关键部件，并将其作为工作系统应用于自己的工作场所，但远在东海岸总部的高管们并不明白，这对一家做复印机的公司有什么好处。几个世纪前，古腾堡因为破产，失去了对其原始发明的所有权，由他人继续开发。现在，奥托也遇到了同样的危机。它虽然代表了未来，但很快就在自己的后院遭遇滑铁卢，这最终使发明者错失了之后的巨大回报。

奥托未能广泛应用，并没有一个典型的原因，这种情况是诸多因素促成的。后来居上的日本复印机公司佳能和美能达，当时已经进入这个领域。施乐公司盯上了这两家，而不是专注于自己科学家的发明。最主要的问题是，东海岸总部的经理一直不明白这种设备广阔的应用前景。他们与帕克研究中心的研究人员渐行渐远，对他们充满怀疑，觉得那些穿着牛仔裤和凉鞋上班的人傲慢无礼。1977 年，在佛罗里达州博卡拉顿举行的施乐世界大会上，工作人员对奥托电脑进行了展示，人们预测了未来的样子，这让有些人感到不安。来自施乐帕克研究中心的一个团队，使出浑身解数建立了一个现实的、可以工作的"未来办公室"，而且他们希望量产。在下午的会议上，团队向施乐公司的一众经理和经理夫人，展示了新设备。

"真正有反应的是经理夫人们，"带她们参观的查尔斯·格施克说，"'这也是我们想在经理身上看到的。特别神奇的是，几乎每一对夫妇都是男人站在后面，保持极度的怀疑和保守，而妻子们（其中许多人曾是秘书）则因为移动鼠标，看到屏幕上图形变幻，以及使用彩色打印机而着迷。男人们没有接触过这类机器，真的理解不了这有什么了不起的。我看向人群，看到女士的眼睛里满是明亮的热情，而男士则一脸呆滞地问："哦，它能那样？"[258]

中心的研究人员做了一项研究，调查有多少公司高管真正在使用新的办公网络。结果是，比例仅有 5%。奥托未能推广，最后一个原因是它的尺寸。施乐公司习惯于向市场（主要是政府）出售大型机器，使用大量的碳粉和纸张，这也是施乐公司的主要收入来源。经理们觉得，个头这么小，且是面向个人用户的东西，怎么能赚钱？很显然，奥托的推广孤立无援。

最后一幕发生在 1979 年的冬天。在 11 月中旬的一天，史蒂夫·乔布斯这个冲劲十足的完美主义者、苹果公司的联合创始人，因为盛情难却，终于来到施乐帕克研究中心。他所看到的一切让他大吃一惊，他后来在接受采访时回忆起这一刻……

> 他们实际给我看了三样东西。但第一个东西实在是太耀眼了，以至于我都没有注意另外两个。他们向我展示的其中一个，是面向对象的编程。他们展示了，但我根本没看进去。另外一个是网络计算机系统……他们有 100 多台奥托电脑，全部用电子邮件联网，诸如此类的设备，我也没看进去。他们给我看的第一样东西是图形用户界面，它完全霸占了我的眼睛。我认为这是我一生中见过的最棒的

东西……我在 10 分钟内就认定，总有一天，所有的计算机都会像这样工作。[259]

几周后，史蒂夫带着他的整个编程团队来参观。Smalltalk 编程语言开发团队成员阿黛尔·戈德堡对这次来访记忆犹新。施乐帕克研究中心的负责人让她演示系统，"我说绝对不行。我和这些施乐公司的高管大吵了一架，告诉他们，他们要把家底都送人了。我说除非是他们命令我，我才会去展示，因为这样就是他们的责任了，他们就真的命令我去做了"[260]。苹果公司允许施乐公司购买其 100 万美元的股票，并且再赠送一些股票，在这些条件的基础上，他们进了施乐帕克研究中心的大门。奥托电脑的样式和质感，应用在之后所有的苹果电脑中，包括今天所有最新的产品。几年后，微软也使用了视窗、鼠标和图形用户界面，这让乔布斯非常恼火。据报道，乔布斯逼问比尔·盖茨为什么这样做，盖茨一面对 10 位苹果公司的高管，说："好吧，史蒂夫，我认为这个问题有不同的解释。我觉得更像是我们都有一个叫施乐的富邻居，我闯进他家偷电视，结果发现你已经偷过了。"[261]

虽然施乐公司仍在开发他们那命运多舛的星型计算机，但因为太过昂贵，许多研究人员都放弃了。匈牙利人查尔斯·西蒙尼被微软招入麾下，并带走了至少 10 个人。他是奥托电脑 Bravo 文本编辑器的开发者，在微软领导了开发 Word 软件。艾伦·凯跳槽到了雅达利公司，后来去了苹果公司。开发了以太网的鲍勃·梅特卡夫离开后，成立了自己的本地网络公司 3Com。今天，每台电脑中都会内置以太网端口。约翰·沃诺克控制打印机的 Interpress 页面描述语言也没有受到重视，因此他也离开了中心，并与同为中心研究员的查尔斯·格施克一起创立了 Adobe 公司。该公司在 Interpress 语言的基础上，开发了 PostScript 语言。拉里·泰斯勒也是奥托电脑开发团队的一员，他后来转投苹果公司，最终升任苹果公司的副总裁。

从计数器到打字机

虽然在奥托电脑上，我们看到的是第一台个人网络计算机偏向文本功能而非计算功能，但奥托不仅仅是笔、印刷机和打字机的结合。它的出现表明，一种全新的阅读和书写环境已经形成。凭借其图形用户界面，以及与之相关的电子邮件、以太网、文件共享和大容量存储技术，这种机器不仅可以创造书面文件，它同时还是图书馆、搜索设备和邮政服务器。它创造了全新的生态，生成的文件可以在这个生态中存储和使用。单独的图书馆大楼、档案柜、办公室纸钉座已经一去不复返了，所有这些信息都可以在一台奥托电脑上管理。账目、广告、信件、小说、成套的图纸和计划等，任意信息形式它都可以处理。它还能处理照片、声音和动态图像。以前，这些资料和与之相关的活动，都是由不同的专业人员在城市的不同角落里完成的，如建筑师办公室、会计室、出版社、设计工作室、博物馆、教室、档案室等。而现在，这些资料都在电脑上处理，很可能普通用户也能看到。计算机制造商和用户都受到了挑战，他们不仅要考虑如何访问所有的信息，还要考虑这些信息和载体的关系。一张账目成本表与建筑平面图有什么关系？有没有新的展示方式？在材料、人和产品之间，是否有我们以前没有发现的关系？

因此，奥托不仅是一种设计、打印和分发文件的新工具，还为多种活动创造了巨大的虚拟伞，将办公室、家庭、活动空间、市场和图书馆等元素，与可查询的文件系统、平台、邮政服务，以及颇为能干、身兼数职的秘书处整合在一起。文件和文本可以保存在一个比立式文件柜的抽屉更有活力的环境中。

这与古代的文字和文化遥相呼应，但只是一丝联系，并没有给今天的技术带来多么长远的影响。不过它指出了技术可能具有的力量，足以让今天的技术给使用者塑造一个全新的身份。你可能还记得，罗马帝国在罗马大浴场内建造的公共图书馆，它也见证了文化、娱乐、商业和教育在同一场所中的强大融合。在罗马，卡拉卡拉皇帝建造的浴场中有健身房、阅读室、谈话室、表演场、浴场、餐饮设施，以及单独的希腊语和拉丁语图书馆。所有这些都是国家花钱。有人认为，古罗马的浴场是一个共享的公共机构，将各处的城市居民联系在一起，并催生了从西班牙到中东、北非到哈德良城墙一带的文化统一感。从某种程度来说，浴场在培养罗马公民的观念方面比政治或军队更有效。

数字字母

1965 年，德国启用了字形的数字存储技术，鲁道夫·黑尔博士发明了 Digiset 照排机。这是第一个用数字格式安装字体的设备。这项技术出现在印刷革命时期。20 世纪 40 年代末，美国和法国发展了照相排版技术。先把字体原稿以底片的形式一个个复制到用照相技术制作的字盘上，然后用光穿过字盘，将文字图像投射到感光材料上，再把感光材料制成印版。到了 20 世纪 60 年代，许多印刷品都是用平版印刷的，通过光学技术可以印出不同字号的文字。字母不再依赖铅字实物，它们之间的间距可以更加灵活。但这也有缺点。小字号字母需要内白更大才好辨认，但直接用光学技术缩小并不能达到这一目的。另外，由于没有印刷时的胀墨现象，为活版印刷设计的字体就显得很细，需要重新设计字体以便满足照相排版的需要。字体设计和字体成像之间的直接机械联系被打破了，正如字体学者理查德·索撒尔所说："建立在 500 年来关于字体和文字应用智慧之上的所有概念和空间框架，都遭到了质疑。"[262] 虽然照相排版的商业寿命很短，也许只有短短几十年，但这一时期，新一代的字体设计师仍然得到了锻炼。他们学会了将一种技术的设计转到另一种技术上。后来，这些设计师中的许多人，也为数字设计和数字编码设计做了类似的字体转化。

赫尔曼·察普夫是最早使用数字技术的人之一。在 1973 年至 1992 年间，他为黑尔的机器设计了五款字体。到 1977 年，察普夫还在思考，如何用计算机进行文字版面设计。同年夏天，他从德国来到罗切斯特理工学院，首次教授计算机文字版面设计课程，并在当年成立了国际设计处理公司 (DPI)。虽然这家总部位于纽约的公司在商业上没有取得什么成果，但其商业预设却很有趣。他们打算开发印刷字体设计程序，程序基于模块化的单元，可供办公室工作人员和秘书等非专业人员使用。1985 年 4 月，察普夫向位于库比蒂诺的苹果公司展示了这个概念。

1973 年，赫尔曼·察普夫和妻子古德伦正在为 Digiset 照排机设计字体。因为没有显示器，他们的工作异常辛苦，需用白色颜料在预先印制的黑色光栅纸上涂数千个方块色块。所幸相关技术很快就有了进步。1974 年，汉堡 URW 字体设计公司创始人彼得·卡罗开发了"伊卡鲁斯"(Ikarus)字体设计系统。该系统使用样条函数曲线，将字体画稿转换为数字轮廓。[1] 这意味着可以把字母图像保存为映射其轮廓的数据，而不是记录每个像素。这是一种图形存储方式，对内存要求不高，并且可以轻松地对其进行放大和缩小、旋转、对称反转和倾斜。擅长计算机算法的斯坦福大学计算机教授唐纳德·克努特，从 1977 年开始开发的 Metafont 计划也是类似的原理，但更为复杂。因为会排版的老专家都陆续退休了，克努特用的数学教材版面不能重新编排（这是文字设计中技术含量很高的一个分支），于是他决心运用自己的专业知识来解决这个问题，既要设计新的符号，还要排出文本。

今天，所有字体设计软件后台都有不同的样条函数曲线变体，Adobe Illustrator 也不例外。这款软件是在 20 世纪 80 年代末，从 Adobe 公司开发的用于编辑屏幕显示字体的软件中发展而来的。[2] 1981 年，位于马萨诸塞州剑桥的比特流公司（Bitstream）成为第一家独立数字字体设计公司。20 世纪 80 年代早期是印刷字体和计算机交叉发展的关键时期。

书法之于乔布斯

1984 年，苹果公司在 Mac 电脑中使用了图形用户界面，

[1] Spline curve，可用于曲线建模的复杂数学函数。
[2] "原字体软件不仅可以展示现有字体，还是一种描述字体的计算机语言。这种语言编写的单一程序，可产生许多变化。"摘自萨姆纳·斯通 2010 年 5 月 26 日的私人信件。他是 Adobe 公司首任字体总监。

这是在屏幕上建立增强视觉体验的重要一步。和奥托电脑一样，第一台 Mac 电脑也有不同的字体可供选择。1984 年之后，纸质世界的一些传统开始得到尊重。我们仔细观察就会发现，是莫里斯、约翰斯顿和他们弟子的间接影响带来了这样的变化。2005 年，在斯坦福大学的毕业典礼上，乔布斯回忆了他在俄勒冈州波特兰市里德学院读书时的一次偶然事件：

> 里德学院当时的书法课应该是全美最好的。整个校园的每一张海报、每一个抽屉上的标签，都是精美的书法。因为我已经退学了，不用参加正常的课程，所以我决定去上书法课。我学会了衬线字体和无衬线字体，学会了不同字母组合之间空间的变化，理解了了不起的文字设计为什么了不起。书法很美，很有历史感，有种科学无法捕捉的艺术感和含蓄，我觉得它太迷人了！
>
> 这些东西在我的生活中根本没有任何实际的用途。但十年后，在我们设计第一台 Mac 电脑时，我想起了这一切。我们把这些都应用到了 Mac 电脑中。那是第一台带有漂亮字体的电脑。如果我没有在大学里上过那门课，Mac 电脑就不会有多种字体，也不会有根据比例进行字间距设计的字体。如果不是 Windows 学我们做了一样的东西，很可能没有任何个人的电脑会拥有这些功能。[1]

[1] 视频观看地址：http://www.youtube.com/watch?v=D1R—jKKp3NA，2010 年 7 月 28 日访问。

其实 Mac 电脑早期的字体并没有那么高的水准，它还处于初期阶段，乔布斯也不是唯一一个研究这个问题的人。但最关键的是，电脑上有了可以选择的字体，而且字间距成比例。在设计和排版工具的开发上，平台也是开放的。

乔布斯曾就读的里德大学，其书法课程创办人是劳埃德·雷诺兹，一位沉默寡言、充满魅力的英国文学教师（图62）。雷诺兹自学了一手精致的意大利体，和西北太平洋地区艺术界的许多人一样，他深受亚洲艺术和哲学的影响。这一点在他的教学中可以体现出来。他是第一个关注书写之"气"的西方人，"气"这一概念对理解中国书画至关重要。他把这个词翻译成"有节奏的活力"或"生命的运动"。重要的是，他还教授平面艺术、图书设计、版画和印刷字体设计。他用约翰

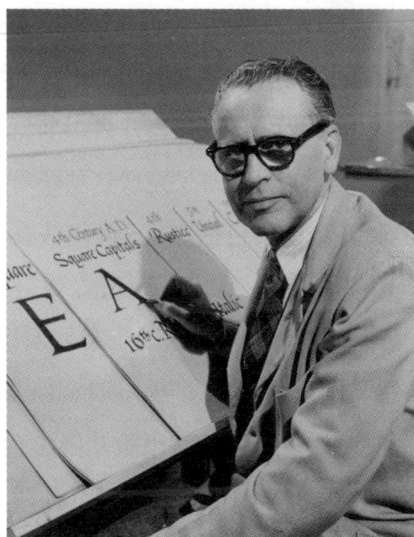

图 62　20 世纪 60 年代的劳埃德·雷诺兹

斯顿的《书写、彩饰和绘制文字》自学，将书写文字的世界视为一个整体。字体、书法和文字雕刻是一个主题的不同方面，都具有深刻的文化、精神和哲学背景，这些信息都通过其审美形式和物质实践传达出来。雷诺兹将他的激情和洞见传达给了学生。他自己都不知道，他正在做一件意义非凡的大事——他为数字时代带来了西方手抄本传统。乔布斯曾在雷诺兹的后辈罗伯特·帕拉迪诺的课堂上学习。除此之外，Adobe 公司的首任字体设计总监萨姆纳·斯通，以及早期数字字体设计师查克·比奇洛，都是雷诺兹本人的学生。遗憾的是，雷诺兹在 1978 年去世，没能看到自己对后世的深远影响。

Adobe 连通古今

1984 年，Adobe 公司任命书法家和印刷字体设计师萨姆纳·斯通为文字设计总监。起初，他的工作是孤独的，因为他试图将优秀的字体设计应用于个人电脑。但他的成就也是巨大的，虽然直到今天，他仍然觉得在离开公司前，没能让公司接受他的主张，是一种失败。[263] 为了完成这项任务，他成立了一个字体顾问委员会，其成员包括杰克·施陶法赫尔（旧金山格林伍德出版社的传奇老板）、阿尔文·艾森曼（耶鲁大学平面设计负责人）、马克斯·卡弗利施（瑞士字体设计师和教育家）、兰斯·希迪（书籍和海报设计师、艺术家）、斯蒂芬·哈佛（字体设计师、书籍设计师和斯蒂纳赫出版社副总裁）和罗杰·布莱克（杂志和报纸设计师）。委员会每年召开两次会议，也有客座成员参加。

最重要的是，斯通聘请了字体设计师来设计新的字体。他极力让这些新字体在保留传统的基础上，成为新的经典。奥多比原创字库项目（Adobe Originals）甚至追溯了古腾堡印刷术之前字形发展的三个风格高峰。其中一个是受希腊影响的等线字体里索斯体（设计者参考了普里埃内碑文）。还有图拉真字体，他首次努力尝试将图拉真柱上的文字变成字体。还有查理曼字体，虽然叫查理曼，但灵感来自盎格鲁 - 撒克逊晚期圣艾特沃尔德本笃会的大写字母（约翰斯顿曾参考这个书体设计复合笔画字体）。[264] 值得一提的是，这三款由卡萝尔·通布利绘制的字体，只有大写字母。在斯通担任总监期间（截至 1990 年），Adobe 的字体库打下了良好的字体基础。

同时，斯通和顾问委员会发现，许多软件的新用户几乎没有字形和字体方面的背景，因此他们将教育新客户作为早期任务之一。他们创办了《创造新视野》（Colophon）杂志，第二期就宣传了 PostScript 语言的开发，宣称"现在是 1986 年 4 月，一年之前，几乎没有人听说过'桌面出版'这个词……"他们有两个重大创新。首先，苹果公司开创了"所见即所得"的图形用户界面，该理念最初在奥托电脑上实现。其次是 Adobe 公司的 PostScript 出版语言，它彻底改变了排版的数字化标准，使细节更加精准。因此，真正实现个人电脑上排版，是基于激光打印机及与其配套出现的 Adobe 字体。[1]

这一时期，设计界也在庆祝《流亡者》（法语为 Émigré）杂志中出现的那种有冲击力的个人字体设计。该杂志由苏珊娜·里

---

[1]　激光打印机由加里·斯塔克韦瑟为施乐公司开发。1971 年，他在施乐帕克研究中心开发了第一个功能齐全的系统。

科和丈夫鲁迪·范德兰在 1984 年创办，与 Mac 电脑问世是同一年。[1] 90 年代初期，克兰布鲁克艺术学院和加州艺术学院等艺术学校的实验性作品也引起了轰动。当然，正如萨姆纳·斯通所言，在艺术学校早该进行字体实验了，这至少可以向未来的设计师证明，绘写文字艺术和字体具备某种概念上的基础。[265]

后现代主义在设计领域大行其道时，它对平面艺术的影响最为强烈。不过，作为对国际瑞士风格冷淡之风的反击，此时图像和字体被分层、拼贴、任意组合、倾斜和像素化了，并开始应用于商业宣传。但是从历史上看，这些实验过度依赖仍在萌芽中的技术，故而后劲不足。相反，现在看来（就介质的长久性而言），Adobe 公司和其他具有历史眼光的数字字体公司的工作，影响更为深远，因为他们在印刷品和屏幕上都保留了从前数字时代到后数字时代文档宝贵的连续性，这对数字媒体的广泛应用至关重要。

Adobe 公司在 1983 年开发的 PostScript 语言，意义重大。它是一种编程语言，可以非常准确地描述纸质页面上的样子。作为一种页面描述语言，它首先用于控制打印输出，后来也用于屏幕显示，完美地关联了纸质文档和新兴的电子文档。此外，它还可以跨平台使用，在苹果和微软的产品上都可以使用。1993 年，随着 PDF 这种便携式文档格式的推出，Adobe 又向前迈进了一步，将描述整个文档架构的方式添加在 PostScript 语言的底层页面成像模型上。这样，文档就可以有交互式导航、超链接等功能。文档也可以随机访问，比如直接访问第 54 页，

[1] Licko 同名数字字体公司成立于 1985 年。

而不是按照顺序逐页查阅。文档还有了交互区域（如表格），而且用户可以用各种方式做标记。此外，还引入了安全功能，以保护文件不会在未授权的情况下被修改。这些创新使得数字文件在许多方面都对纸质文件造成了极大的挑战：各种正式表格都可以联网操作；图书和报纸可以寻找新的但仍与纸质版类似的排版格式（在不断扩大的万维网上在线呈现）；电子文件可以像打字稿或手写稿一样进行注释。在新旧世界（也就是电子和纸质文件）的样式和感觉方面，如果没有引入字体、版式和功能方面的对应关系，这种从纸质媒介向数字媒介的迁移就不会发生。电子文件会与纸质文件完全不同，会变得混乱且无法操作。如果电子文件不是在视觉秩序和易于识别的字体方面与纸质文件有诸多相似之处，人们也认识不到这种新媒介的用处。

由此，我们陷入了一个两难的境地。事实已经证明，保留明显的传统元素（如有限的排版惯例、字形和版式），是开启数字领域变革的关键。但之后，文件有了额外的属性。文件可以以新的方式修改、存档、搜索和共享，但同时也失去了一些特征，如确保其私密性、安全性或真实性的物理程序（上锁的柜子、钥匙、通行证、印刷技术和难以仿造的纸张）。

新兴书写

目睹这一连串的技术投入，人们可能会问，朴素的笔和纸此时境况如何？20世纪50年代和60年代，书法和绘制文字作为一种艺术形式得到了发展，并在70年代出现了明显的书法复兴。欧洲和北美出现了新的西方书法协会，但在英语世界的学校里，手写教学逐渐成为一门不那么严格的学科。新的教育理论逐渐深入人心。瑞士心理学家让·皮亚杰（1896—1980年）的认知发展研究，是这些新思想的核心。他也是影响西摩·佩伯特研发 LOGO 编程语言的人，还影响了艾伦·凯在施乐帕克研究中心设计的 Smalltalk 编程语言和奥托电脑。此时，受皮亚杰理论的启发，新西兰教育学家玛丽·克莱在课堂上观察儿童的行为，意识到儿童（在有读写能力的家庭中）在比当时预期更早的阶段，就开始接触书写技能。在故事书中，外出购物时，在家庭环境中，儿童都能看到字母。他们在自己的图画中玩起了写字游戏。他们能理解某些符号是其他东西的标志。符号可以重复，而且有方向性。孩子会指着涂鸦，郑重其事地说："这上面说的是……"

皮亚杰的理论强调，儿童的学习是以互动的方式进行的。互动越丰富，学习效果就越好。而学习行为，可以从成人和其他儿童身上得到示范。教育家在一定程度上相信，儿童是有学习欲望的，尤其是把他们放在一个有丰富机会接触新技能的环境中时（同样的理念指导了奥托和苹果电脑界面的设计）。英语世界的"新兴书写和阅读学校"建议这两门学科最好是一起学习，而不是按照先读后写的传统顺序。

教师在教学中应该更加灵活，因材施教。此时人们普遍认识到，笔迹可以反映性格，如果给大龄学生建立一个太强的模式，就有可能束缚他们。提倡创造性的书写练习，而不是学习书写过程，成为主流观点。1975 年，英国的艾伦·布洛克爵士撰写的一份关于英语教育的报告《生活的语言》中，有一个关于笔迹的简短附录。报告指出，6 岁儿童中，12% 的人并不是在传统书写课堂上习得书写技能的；9 岁儿童中，这一比例上升到 20%。[1] 20 世纪 60 年代，人们终于开始解决阻碍儿童接触书写的技术问题。教具的尺寸和结构更加多样化，廉价的钢笔也开始出现在教室中。虽然 30 年前就出现了廉价钢笔，但钢笔直到 60 年代才最终走进课堂，并可更换不同尺寸和样式的廉价笔尖。

另一项重大创新是圆珠笔。1931 年，匈牙利人拉斯洛·比罗首次展示了他新设计的笔，而且在 1938 年申请了专利。作为一名记者，他注意到印刷机的墨水干得很快，而且不留痕迹，他想知道黏稠的墨水是否同样适用于书写。他和他的化学家哥哥格奥尔格，共同发明了一种在凹槽中嵌着硬金属球的笔。这种笔适合高空书写，专门给英国皇家空军使用，因为自来水钢笔在高海拔环境下会漏墨。20 世纪 40 年代中期，圆珠笔终于进入了大众市场。但直到 70 年代，它们才普遍应用于学校的写字课。

在 20 世纪 50 年代初，用毛毡制成的纤维笔就出现在绘写文字和海报作品中。此时，纤维制马克笔是继铅笔之后最受欢迎的儿童书写用笔。马克笔需要以比传统钢笔稍稍直立的角度握笔，但正如罗斯玛丽·沙逊在《20 世纪的书写》（*Handwriting of the Twentieth Century*, 2007）一书所说，握笔姿势一直随着工具、材料和流行趋势的变化而变化。[266] 沙逊指出，与其他国家相比，英国的手写政策是不同寻常的。19 世纪，许多国家（美国、加拿大和法国）首次引入了铜版体，而且这种字体

---

[1] A. Bullock, *A Language for Life*, Her Majesty's Stationery Office, 1975, Annex B, pp. 184—186. 参见 http://www.educationengland.org.uk/documents/bullock/bullock11.html, 2012 年 4 月 17 日查阅。

在 20 世纪的大部分时间里一直占据主导地位。但在英国，即使英格兰、威尔士和苏格兰的教育制度不同，各个地方对手写的规定也少之又少。个别学校自行制定了规则，并教授他们认为合适的书写课（有时是在学校内部进行）。即使在 1988 年引入了全国课程，情况也未能改变。

与英国的制度对比最为强烈的欧洲国家是法国。法国整个学校系统都在教授民族风格的笔迹，其方式与过去三代人基本相同。从 3 岁的学前教育（现在 98% 的法国儿童都参加）到 9 岁上小学，孩子们要不间断地学习书写。教师对这一制度背后的理念了解透彻，而且有大量的研究成果和材料支撑。人们认为，书写是一项比阅读更困难的任务。它既要求创造性，又有身体上的挑战性。这项课程通过培养图形意识，为书写做好准备。在学习音乐、美术和体育等课程时，孩子们通过手势动作、投掷和接球游戏、舞蹈、有节奏的写画，以及字形和圆形画画等方式，加强对手臂和手的控制，从此来强调动作的流畅性。[267] 法国教授的草写体比英国的更具观赏性，是由罗图恩达体（最初是 17 世纪用平尖笔书写的哥特书法字体）发展而来的。但随着时间的推移，尖头笔出现，书体和铜板体越来越像。

罗斯玛丽·沙逊在 20 世纪末研究欧洲书写时指出：

> ……新一代学生的笔迹才是真正的惊喜。学校是否要求他们严格遵守全国统一的书体规范（如法国传统草写体、德国现代草写体或瑞典意大利体），这并没有多大关系。一部分青少年不受教授书体的影响，发展出了与英国同龄人几乎没有区别的圆润的个人书写风格。看来，从笔

迹上分辨出书写者的国籍，很快就没有那么容易了。[268]

　　沙逊不知道为什么会这样，显然有些人"发现他们国家的统一书体和教授的传统书写方式，不符合他们的需要"。她推测，是不是现代钢笔需要握得更直，才带来了这样的变化？或者有种全球化的青年文化影响了这一趋势？

　　1981—1982 年，弗兰西斯·布朗进行了一场调研，发现了书写的"地下"特征。这些特征似乎是某些群体共有的，但从未在任何书写课中教过（例如，i 上面的空心圆点）。这是儿童作为独立个体，寻找个人风格的标志。但在远离校园的地方，新一代的年轻书写者正准备以他们自己铺天盖地、完全意料之外的方式来做这件事——涂鸦运动已然到来。

抗议文字

　　20 世纪 60 年代末，涂鸦（graffiti）作为罗马字母出现，这是在字形设计上最具突破性的事件——无论它写起来多么不方便，有时也不那么美观。但我们应该清楚一个惊人的事实，这场运动源自有读写能力的儿童和年轻人，是几十年来为实现普遍识字而付出的艰苦努力意料之外的结果。从某种程度上说，它证实了新兴书写运动背后的很多想法，比如只要给年轻人工具，他们就会拿起工具，写出他们想写的信息。这场运动仿佛也是在强调人类书写的稚嫩。历史上，这是低龄群体（学龄儿童）首次提出按自己的方式来书写和表达，而不是按照长辈们灌输的方法。

　　涂鸦运动起源于美国费城，在 70 年代和 80 年代，涂鸦

（或圈内人称作"书写"）蔓延到纽约、洛杉矶和芝加哥的建筑和地铁系统，然后是阿姆斯特丹、马德里、巴黎、伦敦和柏林。当然，此时也是计算机革命从硅谷后院铺展开来的时候。在白人中产阶级社会中反主流文化元素迁移到网上的同时，来自社会边缘的城市青年被新兴的网络空间吸引，通过本能的、非技术性的手写带来的图像革命，重构了公共空间。没有比停车场里躁动的涂鸦与高科技电脑之间差别更大的东西了。

涂鸦与另类的青年文化，以及即将到来的嘻哈音乐也有关系。这场运动将书写的三个固有特征（命名事物的能力、身体的愉悦和象征运动的活力），以及书写与生俱来的风险感（书写是一种可以在一瞬间全部出错的行为），提升为一种新的存在方式，一种和同龄人玩在一起并能获得尊重的方式。

最早的涂鸦写手，有人称"玉米面包"（Cornbread）的达里尔·麦克雷，以及他同在费城的朋友"库尔伯爵"（Kool Earl）。"玉米面包"是 20 世纪 60 年代末麦克雷在少管所的外号。在接受嘻哈网站 HHUK.com 的采访时，麦克雷解释了这一切是如何开始的。

我出来后，在学校认识了一个叫辛西娅的女孩。当时我很喜欢辛西娅。我每天送她放学回家，因为我想做她的男朋友。我开始在她家附近到处写"玉米面包爱辛西娅"。她不知道我就是玉米面包，她只知道我是达里尔。我发现，玉米面包似乎比我本人更受她的关注。几个月后的一天，她看到我的课本上写着"玉米面包爱辛西娅",才明白怎么回事。[1]

这段恋爱不久就结束了，但玉米面包此时开始到处留下自己的名号。他说，当他的朋友科尔内留斯（Cornelius，二人名字前四个字母都是"玉米"）被枪杀时，他才真正成为新闻人物。

人们围成一圈高喊着"玉米中枪了，玉米死了！"当媒体赶到现场时，他们听到这句话，以为是我。之后，我知道自己必须做一些奇怪的事，否则我的名字就会和那个家伙一起被埋葬。我闯进费城动物园，在一头大象身上喷上"玉米面包活着呢！"的文字。我还不满足。我在警察的轿车和厢型车上，在30层高的摩天大楼上，甚至在杰克逊五人组的私人飞机上都写了字——我17岁的时候就不在墙上写东西了。

那是1972年。这场新的运动因为受到黑人和主流媒体的关注而持续发展。玉米面包的活动登上了媒体，更多的人有了想要扬名的想法。涂鸦蔓延到纽约，1971年7月，《纽约时报》刊登了第一篇关于这一现象的文章，介绍了一位来自华盛顿高地的年轻涂鸦写手，文章标题是《塔基183催生了涂鸦写手》（Taki 183 spawns Pen Pals）。塔基是迪米特里厄斯的缩写，183代表他住的那条街。事实上，他是在模仿另一个当地青年"胡里奥204"（Julio），在那一片，他已经往北写了20

[1] 这段话及以下引文来自大卫·卡诺对他的采访。采访见 http://ukhh.com/elements/graffiti/cornbread/index.html，2010年6月14日。

个街区。塔基的与众不同之处在于，他从肯尼迪机场出发，到新泽西州、纽约上州和康涅狄格州，走遍了五个地方。高中一毕业，他就成了一家高档化妆品公司的送信员。他在城里的建筑物和灯柱上写字时，会用公司的盒子遮住自己的手。当《纽约时报》记者跟他说，纽约交通局每年要花 30 万美元清除涂鸦时，塔基说："我也交了税，而且不会伤害任何人。为什么他们要对小人物下手？为什么不理会那些在选举时在地铁上贴满贴纸的竞选组织？"[1] 这句话很有启示意义。在塔基开始涂鸦之前，已经有多种类型的文字侵入了公共空间和私人住宅区。塔基认为自己的涂鸦和政治运动宣传的方式毫无区别。涂鸦运动是在政治活跃期之后发展起来的。可以说，在这个时期，手写的公告具有不同以往的紧迫性和反叛感。从 60 年代中期到后期，先是民权运动，然后是美国和欧洲的反越战示威和学生抗议活动，记录抗议活动的媒体不断报道相关的手写标语牌和横幅（图 63）。这些紧急制作的、一时兴起的书写，会使用任何手头能够找到的材料，如马克笔、海报颜料、粉笔和黑板、木板围栏和砖墙，还有衣服，更有甚者在海军陆战队员的防弹背心上写字。这种书写的目的是改变现状，特点是愤慨和抗议。让·鲍德里亚在 1976 年的《冷酷杀手或标语暴动》（Kool Killer or the insurrection of Signs）一文中，将涂鸦与 1966 至 1970 年间的城市骚乱联系在一起。他认为，涂鸦是一种进攻，是对社会关系的象征性破坏，将空间地域化，进行匿名打击。当然，纽约市地铁上的年轻涂鸦写手认为，他们对遭人痛

---

[1]　关于塔基 183，更多信息可见 http://taki183.net/。

图 63　1991 年，旧金山市场及其旁边停车场的墙面

恨的非法"偷袭"火车的行为很是上瘾。当看到车厢载着自己的名字开过时，他们觉得自己很有名。[1]

地铁艺术是纽约对涂鸦运动的原创贡献。一开始，它主要由放学归来的孩子在走出地铁车厢时创作。后来，特定的地点会因为显眼而被涂鸦者选中。比如，街区最高的地方可能会被写上字，列车前脸和某一侧也可能受到特别关注。20 世纪 70 年代初，地铁艺术发展迅速。"李 163"（Lee 163）是第一个连写字母的人，这带来了一种更加草写化的风格。"芭芭拉

[1]　《看我的名字飞驰》（*Watching My Name Go By*）是英国最早的地铁艺术刊物，由五角设计联盟的创始人默文·库兰斯基发起。1972 年 9 月，他到访纽约时被这一现象震撼了。这本由库兰斯基和乔恩·纳尔整理的名为《涂鸦的信仰》（*The Faith of Graffiti*）的画册，在 1974 年由美国的普雷格出版社出版，书中还附有诺曼·梅勒写的一篇文章。

62"（Barbara 62）和"伊娃62"（Eva 62）（1971年《时代》周刊的文章中提到过芭芭拉），是最先用空心字写自己名字的人。"超酷223"（Super Kool 223）是第一个用云朵图案的人，就像漫画中的泡泡对话框一样。1972年底，李的表弟"费斯2"（Phase 2），发明了气泡字。所有这些创新都使字母变得更加图形化。标签被放大了，涂鸦写手成群结队地闯入铁路站，然后不慌不忙地写下更加醒目的"签名"。他们发现不同喷罐的喷嘴可以互换，而且可以使用宽大的喷头，于是就从上到下给整列火车喷了个遍。

摄影技术在20世纪初曾帮助书法实现复兴，此时，它也发挥了关键作用。起初，影像让涂鸦写手可以保存并交流他们"下手"的证据。1983年电影《风格之战》（Style Wars）问世以及1984年《地铁艺术》（Subway Art）一书出版后，摄影技术让涂鸦作品相关的研究更加详细，传播范围更广了。1983—1984年间，涂鸦艺术扩展至柏林。当地的一位写手阿莫克（Amok）说："《地铁艺术》让涂鸦遍地开花，突然间我们的大部分疑问都得到了解答，比如如何在墙上创作，或者是否先勾边再填色……从这一刻起，它像野火一样蔓延开来。"[269] 虽然早期的摄影作品带来的曝光率有限，但90年代早期的粉丝杂志仍然将其广泛传播开来，并产生了另一种影响：地方风格慢慢消失，或者说风格全球趋同。人们不再只模仿自己街区的重要写手，涂鸦作品已经广泛融入文化，它会出现在服装和广告中。一些写手也成功跨界成为艺术家，他们的艺术世界变成了画廊。

说到底，涂鸦文字仍然是一种标签，是一个写手向另一个写手宣告自己的存在和技艺。就像早期的楔形文字或圣书体一样，这种书写从名字中就能知道它的含义。在涂鸦文化中，书写以某种方式回到了其本源——宣告存在、展示和人格，并在书写活动本身中重新获得了全新的兴奋感。书写一直是一门风险性的艺术，因为，借用洛尔卡关于顿德精灵文化的文章中的一句话："（它）需要一个活生生的躯体来现身，因为它们是无休止的生生死死的形式，在恰当的时间显出轮廓。"[270] 因此，就像一段音乐，或一段舞蹈和诗歌，书写在任何时刻都可能陷入混乱或犹豫，这样整个过程也完全终止。但是，如果坚持到完成，书写之于身体"就像风轻抚沙子……每一刻都像有舞蹈之母在舞动你的手臂"[271]。

涂鸦"书写"已经成为一场世界性的运动。今天，远东和拉丁美洲，特别是巴西（那里的油漆滚筒涂鸦很出名），仍在为涂鸦注入新的想法。涂鸦已经成为无数人的视觉经验和实践的一部分。随着这一现象的发展，随着年轻一代在社会和政治上找到自己的立足点，涂鸦也成了一种政治力量。

电子网络

在涂鸦运动从第一个城市向外扩张的时候，一种新的电子通信媒介也即将诞生。其实，电子邮件已经发展很多年了。早在 20 世纪 60 年代初，唯一一台电脑还是大型分时主机时，用户就找到了在同一台机器上互相留言的方法。每个用户在主机上都有自己的文件，短信息可以留在那里，只有用户自己可以查看。信息以外来入侵物的方式存在于文件中。雷·汤姆林森是博尔特、贝拉内克和纽曼公司的研究员，1972 年，该公司受美国国防部委托，建立了一个名为"阿帕"的计算机互联系统。汤姆林森写了一个短程序，分为两部分，一部分用来发送邮件，一部分用来接收邮件。他还创造了我们今天熟悉的标准电子邮件地址系统，用 @ 符号将用户和主机名分开。幸运的是，他自己的工作场所有两台大型主机，它们在实验室里比邻而立，好奇心驱使他进行更深入的研究。他又写了一个程序，在两台电脑之间发送邮件——程序成功了。当时，他只是觉得这是一个值得一试的"好想法"。

早在 1969 年，受美国国防部资助的高级研究计划局就建立了阿帕网。该机构也是资助恩格尔巴特工作的机构，当时负责这项计划的是罗伯特·泰勒，未来施乐帕克研究中心的主任。该计划想实现从一台计算机到另一台计算机的资源共享（软件和数据）来减少租赁电话线，从而节省成本。1969 年 10 月，该网络在 4 个参与方（即"节点"）的基础上开通，而后迅速扩大。

1972 年秋天，其中一个节点（麻省理工学院）研究出了新的文件传输协议，于是他们决定将汤姆林森的邮件程序搭载到新软件上。电子邮件虽然已经在许多不同计算机系统上以多种形式发展起来了，但仅限本地使用。阿帕网的迅猛发展意味着，电子邮件可作为其分布式站点之间极其便利的通信工具。到 1973 年底，高级研究计划局的一份报告显示，电子邮件占阿帕网承载流量的近 75%。[272] 电子邮件的流行完全是一个惊喜。

1978 年，约瑟夫·利克莱德和阿尔伯特·韦扎在《信息网络的应用》（Applications of Information Networks）一文中，描述了邮件系统的优势。

……一条阿帕网信息，可以只留下寥寥数语，措辞也可以不完美。即使将它发给一位地位较高的长者，甚至不太熟悉的人，收信人也不会感觉受到了冒犯。大多数人还没有将正式而完美的纸质信件与网络信息联系起来。可能因为网络速度比较快，更像是电话……与电话相比，网络信息服务的优点之一是，人们可以立即进入正题，而不必先闲聊。信息服务产生了可保存的记录，发信人和收信人不必同时在线。[273]

互联网是由电话线或卫星连接而成的链接系统，数据文件和电子邮件在此系统中流动，系统没有单一的起点。从某种意义上说，它是全球通信系统的继任者，这个系统在 20 世纪初就建立了邮政服务、铁路、蒸汽船和电报之间的相互连接。到了 20 世纪 60 年代，梦想家已经开始想象建立一个围绕计算机的全新的全球网络。心理学家约瑟夫·利克莱德（1915—1990 年）在 1961 年撰写的一篇开创性论文《人机共生》（Man Computer Symbiosis）中，设想了一个由"思想中心"组成的网络，"通过宽带通信线路相互连接，并通过租赁的有线服务与个人用户连接"。1963 年，利克莱德凭借对人类计算机交互研究的成果，被高级研究计划局聘为信息处理技术办公室（IPTO）的负责人。在给员工的邮件中，利克莱德想象了他所谓的"星际计算机网"。在这个网络中，数据可以从任何地点访问。利克莱德（朋友叫他利克）是建立"计算机作为通信设备"意识的关键人物之一，这也是他与罗伯特·泰勒在 1968 年共同撰写的一篇论文的主题。[274] 后来，泰勒接替利克莱德成为信息处理技术办公室的主任，并为实现这样的网络而努力。他自己办公室里的三台电脑曾让他非常受挫，因为每台电脑都连接到不同的本地网络，相互之间不能通信，这显然是对能源和资源的浪费。[275]

1972 年，"互联网络工作小组"成立了，建立所有通过电子邮件相连的计算机网络连接的工作就此开始。1973 年，工作组的几个成员制订了一个开放的结构传输控制协议（TCP），并将其作为新的标准提出来，这个协议最终在 1983 年被阿帕网采用。它成为促进计算机之间电子链接最常用的程序。渐渐地，不同的本地网络开始连接到更大的网络群，形成了一个相互联系的全球社区。1989 年，商业电子邮件系统 Compuserve 与广泛的网络社区相连；1990 年，高级研究计划局将网络非军事方面的运行控制权移交给了国家科学基金会；1993 年 1月，在线社区"全球电子链路"（The WELL）连接到网络，并开始工作。

20 世纪 90 年代，在万维网发展起来之前，因特网、电子邮件，以及带有图形用户界面和打印机的台式计算机，都取得了不容忽视的成就。它们共同为各种文件的制作和存储带来了革命性的变化，并应用于远程工作和会议、任务协调、强大的建模和模拟、数据收集和处理、新闻服务、基于计算机的教育、办公室工作、设计工作、印刷品制作、社区新闻等各个方面。用万尼瓦尔·布什现在的古怪说法，这是人类智力的"增强"（拼写检查、搜索和查找、记忆）。1991 年 8 月 6 日，蒂姆·伯纳斯 - 李和欧洲核子研究中心（位于日内瓦附近，瑞法边境的欧洲粒子物理实验室）的一个团队发布了他们前两年一直在研究的超文本传输协议（HTTP）。[1] 数字文档又开始了新一次的变革。

我们现在所说的网络概念，是逐渐累积形成的。其中有对话、半成熟的思想、个人实验，以及伯纳斯 - 李在欧洲核子研究中心工作期间，研究的处理日常工作的最佳方式。在解释自己的设想时，他写道：

> 网络的基本原则是，只要某人在互动对话的某一阶段提供了一份文件、数据库、图形、声音、视频或屏幕，任何国家的任何人，只需有一台任意型号的计算机，就可以访问它（当然要经过授权）。而且，应该还可以引用（创建链接），以便其他人能够找到它。276

在技术上，这一概念的实施有三个部分。第一，每份文件或选定的信息都有一个独特的地址，即统一资源识别符或定位符（URI 或 URL），这相当于图书馆中的书架标签，这样计算机就可以找到它。第二，伯纳斯 - 李开发的超文本传输协议相当于向图书管理员发送了一项请求，让他去检索请求查阅的资料。第三，他开发了一种新的标准，用来描述文本在屏幕上应有的样子，这在技术上叫标记语言。这个词来自之前的纸质印刷系统。那时，编辑或出版商会在作者的原稿上做标记，以备印刷。他们还在页面上写下所有版面设计师需要知道的信息，

---

[1] 这一名称来源于现在已被取代的"欧洲核研究理事会"，该理事会创建了一个实验室。

比如铅字字号和字体、分段、分页，并将需要用下划线、大写、用意大利体的地方标注出来等。网页中，这些工作都是超文本标记语言（HTML）完成的。

伯纳斯－李系统的优点，在于它允许在文件之间以非等级的方式建立链接。"所有东西都可能与其他东西联系在一起"[277]，几乎就像人类凭直觉在经验之间建立非常自由的联系一样。它也是去中心化的，任何人在建立链接或将网页放到网上之前，都不需要征得别人的同意。

在投入使用的头三年，网络以每年 10 倍的速度增长。1991年夏天，伯纳斯－李开始追踪这些数字，日平均点击量从每天100 次增加到 1992 年夏天的 1000 次，再到 1993 年的 10000次。1993 年 4 月 30 日，欧洲核子研究中心宣布，万维网供所有人免费使用。万维网最终在全球范围内遍地开花，似乎早有预兆。

第十二章 人工制品的物质属性

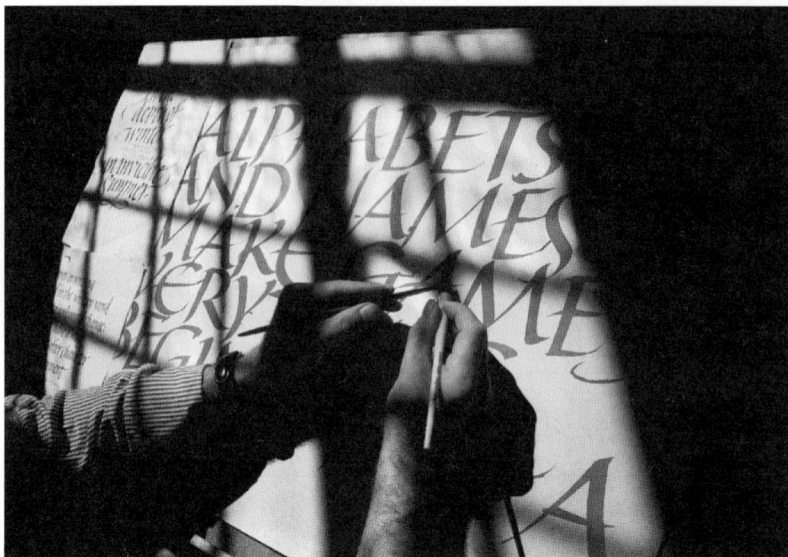

图 64　美国书法家大卫·梅克尔伯格在英国萨塞克斯迪奇灵老会馆举办的书法讲习班上，展示了自由书写的罗马大写字母。1998 年

20 世纪 90 年代中期，施乐帕克研究中心开始了一项新的研究。虽然数字时代正在向我们走来，但彼时人们对纸质文件又有了不同的理解。很奇怪，你觉得要失去它时，你才意识到它的价值。

　　施乐帕克研究中心坐落在加州炎热阳光下的山坡上，一直是一个研究方向相当自由的研究所。此时，中心以一种看似偶然的方式，形成了一个以文件研究为中心的小组，并不断提出新的见解。这个研究组包括计算机科学家、人类学家，以及社会学、历史、文字设计学、哲学、语言学和书法等方面的学者。此时文件已经成为施乐公司内部的一个关注点，因为在分析奥托电脑决策的失误时，一些分析人员认为公司把自己和某项具体的技术（即复印机）捆绑得过紧，阻碍了公司向更宽领域发展。他们认为有必要为公司发展设定一个非技术性的概念。对文件的关注似乎提供了一个答案，于是，"施乐：文件公司"（Xerox: the Document Company）应运而生。但这到底什么是文件呢？

工作中的文件

　　人类学家露西·萨奇曼是施乐帕克研究中心的一名工作人员，负责工作实践和技术小组。她向不明真相的同事解释了自己当时的工作，是用所有杂志上都出现过的一个笔记本电脑广告来说明的。广告的上方是一张餐巾纸，上面写着笔记，下方是一张桌子，桌边有两个商人，他们中间有一台笔记本电脑。在餐巾纸下面写着："为什么要这样做？"笔记本电脑的场景下面写着："你什么时候可以这样做？"萨奇曼说这个问题值得好好思考。既然有机会使用电脑，为什么你还用餐巾纸做书写媒介？后者确实有一些优势。餐巾纸随处可见，有许多书写面，便于携带，写字时不需要大张旗鼓，丢掉也很简单，而且不花钱。它是一种非常方便的人工制品。这里给我们的启示是，除非科研人员能够描述和理解，像餐巾纸这样简单的东西其实用处巨大，否则就很难想出处理更复杂文件的系统。萨奇曼的目标是"认真对待每一种媒介的特殊性，认真对待它们特殊的可能性。新材料不断出现，旧材料也会一直使用，而不是假设一种线性发展，即每一种出现的媒介都会取代之前的媒介"[278]。

　　事实上，我们只需在闹市区的街上走一走，就知道这个想法是事实。我家附近的银行，办理业务时要用到各种技术，这些技术都是在过去不同时期产生的，从外面石雕上的铭文到里面仍然有用但过时的传真机，设备多种多样。柜台后面的职员用着各种类型的笔、橡皮印章和印台、键盘、复写纸、打印纸、手机、钢笔和电脑屏幕；在网络空间的某个地方，客户也在远程办理银行业务。书面文件存在的形式多种多样，它们共同完成了银行业务。

我们的图形文化是多样化的，材料和技术、社会、政治和经济现实提供了无穷的可能性，它在任何时候都在不断地重构自己，并巧妙地保持平衡。

这些年，萨奇曼和她的小组在中心进行的一项研究，尤其能够说明文件的构成是多么微妙。他们考察了一个本地机场，在一天中的很长一段时间，对地面操作室的活动进行监控。研究人员观察了纸质和电子文件、时间表和行李标签的流动，并观察了相关工作人员的动作、行为和对话。在项目进行几个月后，大楼按照预定的重建方案拆除。然后，科研人员观察同样一批人在新的地点从事同样的工作。出于某种原因，文件流程改变了。但其实，人是一样的，时间表是一样的，甚至飞机的降落和起飞时间也是一样的。变了的东西是椅子。在以前的操作室里，椅子是有轮子的。工作人员可以坐在上面转身，在房间里来回滑行，查看同事的屏幕，或者从窗口看向停机坪的某个隐蔽部分。但新地点的椅子是固定成排的，就像演讲厅里的那样。由于无法看到同事的屏幕或窗外的情况，他们不得不引入新的安全程序。座位的变化使机场这部分工作的许多文书和程序都发生了变化。

这些发现表明，书面文件就像动物或植物一样，存在于一个微妙平衡的生态系统中。改变了环境的一个方面，整个平衡就可能发生变化，文件流程也会随之改变。即使只是改变办公桌上电脑的位置，也会改变这个办公室的工作方式。那么，当纸质系统数字化时，我们可以寄希望于什么，来避免大规模的混乱呢？

虽然文件是在特定的地方形成的，反映了特定的工作地理环境、现有的技术和社会互动，但普通观察者可能仍未注意到文件工作的许多方面。20世纪90年代，一家复印公司（不知名）在开发一种按照图书印刷标准进行打印、整理和装订的复印机时，他们设计成通过电子邮件直接向机器和操作者发送指令的模式，省去了直接的人机互动。这本来是为了节省时间和精力，但他们在实验阶段震惊地发现，为了打印一份文件而产生的文件量增加了5倍。他们没有考虑到，人拿着文件走向复印室的行为，本身就包含各种互动，这些互动保证了工作的顺利进行，甚至更大的办公室也是如此。但这些互动并不是正式文件的一部分，也不是员工正式工作的一部分。当你带着如何打印的想法穿过办公区时，你会注意到哪些同事在，哪些同事不在。你可能会停下来和同事聊天，交流信息。在打印室里，你可以知道打印机打印的文件多不多，有没有按照你的指令打印，你是否需要稍后跟进。你还可以马上知道纸张的存量、替代品的成本，或者遇到问题的变通办法。如果只关注打印的结果，那么刚才提到的这些都是看不见的。[279] 但它对工作和整个工作场所的顺利运转都至关重要，而一旦工作内容以纯电子的方式归档，所有这些无形的沟通渠道就都会中断。非正式的沟通系统围绕我们正式的沟通系统展开，它们不仅对维持系统，甚至对当前事物秩序其他不相关的方面，可能也是至关重要的。人类的行为不一定是线性的，也不一定是局限的。物质文件可能是不确定的，但它是重要的互动载体，有助于我们理解周遭环境，并形成已经习惯的生活模式。

通过这样的研究，施乐帕克研究中心的科学家逐渐明白，文件的物理性质有多么重要，其特定的物质属性正是它能够完成某项特定工作的要素。但是有一个问题，理论研究为即将到来的数字技术提供了信息，然而几乎没有人考虑到文件的这些物质方面，以及与文件互动的人类行为和社会结构。克劳德·香农在 20 世纪 50 年代提出的信息理论的控制性隐喻，已经用在处理无线电报中。大多数职业都有一个盲点，法国人称之为"专业变形"。对于建立在无线电报基础上的理论，其信号通过以太传递，它的盲点会不会是没有明确的外观和感觉？

90 年代开始，文件从纸媒向数字媒体迁移。这个多层次系统中，所有看得见和看不见的工作，都有可能被打乱。这就是过去十年中，IT 研发背后秘而不宣的故事。从 2011 年开始，英国取消"无纸化"国家医疗服务改革，到同年放弃废除支票，这些计划都不光彩地停止了。这也是许多臭名昭著的安全失误背后的故事。这不是简单的项目规模或软件不兼容的问题，而是对文件的物质属性缺乏根本的理解。将文档简单地视为信息，将信息从其物理表征中抽象出来，设想它从一种容器倒入另一种容器而不受损，这就会产生问题。事实上，正如这段历史所揭示的，文件是经过精心构造的三维交流的人工制品。其物质性（它们成为数字信息时失去的东西）本身就隐含于它们在特定环境实现的工作流程中。当然，这并不是说不鼓励文件向数字领域迁移，而是说要仔细考虑纸质文件已经承担的复杂属性，并认真思考拿什么取代这些工作。我们需要围绕文件进行综合考量。

在施乐帕克研究中心开展这项工作的时候，新的社会环境让人们意识到，识字是一种多方面的终身技能。阿根廷心理学家埃米利亚·费雷罗在让·皮亚杰的指导下获得了博士学位，她认为，"我们必须将识字理解为从童年到成年的一个连续体。而且在成年后，当我们面对以前没有学过的文字时，我们也会面临连续的挑战"。她举例说，她不断努力帮助她的研究生，让他们获得阅读专业文章的技能，并作为作者，"创作出被称为'论文'的特殊的学术文本"。

20世纪90年代的技术发展充分证明了这一点。1993年，万维网问世；同年，伊利诺伊大学国家超级计算应用中心的一个团队在马克·安德里森的带领下，推出马赛克（Mosaic）网络浏览器。当时在研发的浏览器有很多，这是第一个成功的浏览器。马赛克使用图形化用户界面，以一种吸引人的方式让网络变得容易访问。用户既可以访问网络，也可以创建自己的网页。他们可以在文字中插入图像，还可以让图像有超链接。1993年11月，也就是马赛克问世的第一个月，下载量就达到了4万次。到1994年春，用户已达100万，浏览器设有Unix、Windows和Mac的版本。

同样在1993年，欧洲和美国开始提供商业短信服务。今天，这项业务已经形成了巨大的短信通信网络。2010年，短信发送量达6万亿条。[280]短信与电话共同提供服务，可以追溯到1982年。当时，人们决定解决全欧洲范围内早期移动电话技术不兼容的问题。与引入电子邮件一样，短信也是利用控制信道上信令路径的剩余容量，将该功能搭载到网络。1996年，现收现付SIM卡出现，让年轻一代能够使用网络。也正是在这个时候，它成为一种流行的服务。今天，连接万维网的智能电话不断发展，带来了计算机和电话通信技术的融合。2010年，美国手机用户平均有70%的时间花在语音应用上。而对于苹果手机用户来说，通过网络进行语音对话只占其使用量的 45%。[281] 在 2011 年的"阿拉伯之春"事件中，年轻一代利用这些工具，用一种强有力的方式来争取公共和个人空间。互联网和移动服务（脸书、短信、推特和手机对话）的发展，软化了抗议活动并开始分享信息，涂鸦者、街头艺术家和普通活动分子正在以其他方式重新定义公共空间。

在这些技术交汇的背后，互联网提供服务的方式发生了结构性的改变。高速宽带和无线接入互联网结合更大、更便宜的数据存储设施，使得计算机之间可以在更广范围内传输更大的数据文件。在几乎无限的存储空间和无线宽带接入的情况下，计算机设备可以变得"更薄"，软件、文本、图像和音频文件可以保存在异地（云端），并根据需要下载。有人将其比作电力供应，认为计算机现已成为一种公共设施，就像电力和水一样，在需要的时候就可以使用，而不是在我们自己的家中存储和生产。[282]

但这是一个瞬息万变的时代。墨西哥理工学院教授费雷罗在 2000 年第 26 届国际出版商大会上发言时，回顾了欧洲的全民扫盲行动，并在某种意义上进行了质疑。根据世界银行的统计，世界上 80% 的人口生活在贫困地区。"我们知道，这 80% 的人在获取知识的各个方面，都遇到了困难。"虽然穷困国家没有克服文盲问题（2000 年，全世界约有 10 亿文盲；1980 年曾有 8 亿文盲），但在富裕国家国，"功能性文盲"也很普遍。今天，人们需要认识各种情景下的"字"，如街上的、工作场所的、社会生活中的，以及阅读新闻报纸或小说时看到的。费雷罗写道，"在 20 世纪的前几十年，人们只要'理解简单指令，且会写自己的名字'就够了。但在 21 世纪，这远远不够。今天，社会和工作的要求已经提高了许多。"

20 世纪即将结束的时候，书写图景是多维的。人们认为，我们的交流发生在多个层面（事实上一直如此），利用多种感官和一系列相互交叉但本质不同的技术进行，并随着不断变化的社会、经济、地理和政治现实而波动。不同的书写群体，都在不断发展。在 20 世纪的最后十年，涂鸦者、便笺纸和传真机的使用者，以及发送短信的人，大家都按自己的方式传达信息。而此后，网络上出现的新的书写形式，进一步丰富了书写群体。90 年代初，出现了社交网站。90 年代末，维基（可以共同创作的网站）和博客这样的交流方式逐渐流行起来。进入 21 世纪，脸书也从最初只限于哈佛大学校园内使用的网站发展成全球著名的社交网络。YouTube 是一个上传和分享视频的网站，在 2005 年推出。微博也很快出现了。推特是 2006 年出现的，可以发布最多 140 个字符的即时信息。三年内，推特上每天发布 4000 万条消息。

数量与质量

随着通信系统的加速和万维网的扩展，人们每天都能获得海量信息，这让我们不堪重负。2009 年，在西雅图华盛顿大学举行了一次以"没有时间思考"为主题的学术会议。2010 年，尼古拉斯·卡尔出版了《浅薄：互联网如何改变我们思考、阅读和记忆的方式》(*The Shallows: How the internet is changing the way we think, read and remember*) 一书，提醒我们互联网与许多人的生活已经紧密交织在了一起。它改变了我们获得自我满足的方式，以及至少在这位作者看来，互联网让深入阅读变得更难。现在关键的问题不是数量，而是质量。我们如何将所知道的知识转化为智慧？这个问题和书写本身一样古老。柏拉图在他的对话集《斐德罗篇》中，也提出了同样的问题，这篇对话是在书写引入希腊几个世纪后写成的。柏拉图的回答是，发展一种集阅读、书写和辩论于一体的文化。他本人通过建立柏拉图学园来实践这个主张。在其后1000多年的时间里，学园让他的思想一直保持活力。长期以来，纸质世界的明显特征就是鼓励探索一个神秘的过程，这个过程以某种方式将关于某些事物的知识转化为我们个人真实的感觉和体验。事实上，这个世界的物质文化、物体形状，以及由此发展而来的关系和从中找到的认同感，就是我们人类迄今参与这一进程的发展方式的总和。正是长期的亲身参与，让我们有了多样的认识渠道，并获得了丰富的感性信息。然后，通过思维演练，通过寻找与物质文化共处的方式，在探讨和辩论中、在图书馆中，通过可以运送到不同阅读环境的书，通过书的材料和结构，以令人满意的呈现方式与我们对话，我们才能真正消化、协调和整合文件所承载的知识。这就是书写的物质文化史至关重要的原因，这种文化甚至渗透到了微不足道的单个字母中。

例如，古典罗马文字版面设计的目的，是让读者在长时间阅读时能集中注意力，让眼睛顺着一行行文字流畅地阅读而不感到疲倦。传统图书的行长、字号大小、页边距、比例和重量，都是为了满足这种持续的注意力需求。某些字形暗示了一种文化环境，在这个环境中阅读文本将唤醒路德的宗教改革或希腊和罗马文学的古典复兴，唤醒一个特定的时代、国家或学术圈。

从古代世界需要读者为阅读做准备的连续阅读开始（就像现在的音乐家与乐谱较劲一样），长达数百年的文本分割工作一直延续到 18 世纪法国更为复杂的文本解析和标点符号。所有这些，都是通过可视的方式寻找让文本发挥更大作用的过程。书写媒介的美感、纸张和犊皮纸的选择和感觉、色彩、泥金、彩饰、书写线条的流畅和繁复，都是为了让我们在各个层面上参与到文本中，调动我们所有的感官参与其中。这些艺术品的三维特性，可以区分需要用不同方式阅读的不同层次的文本，如注释和参考文献、序言、索引和正文。某些机构也是围绕这些对象成长起来的。图书馆以其特殊的氛围、陈设、行为准则，来鼓励这种从知识向智慧的转化。数字媒介要成为书写和阅读的有用媒介，也必须发展并与类似的结构和机构互动。

然而，直至 20 世纪末，在出现了所有这些新的书写和参与方式后，用纸质文本沟通的习惯仍然根深蒂固。2001 年 9 月 11 日的事件生动地说明了这一事实。

纽约市世贸中心大楼倒塌的尘云滚落在曼哈顿下城的街道上时，正是日本神户的深夜，我当时在那里教授书法。我看到新闻，双脚一动不能动，惊恐万分，无法入睡。在随后的日子里，我的电脑屏幕成了解纽约事件的窗口。我看着写好的、印好的告示出现在医院外面，贴在地铁站的墙上，呼吁大家提供失踪人员的信息。随着时间的流逝，这些文件成了人们哀悼的焦点，其他一些照片、手写的诗和纸条、鲜花和蜡烛也出现了。人们用一切能写字的东西表达，毡尖笔、铅笔，还用粉笔在人行道上书写。在爆炸后的现场，人们用手指在布满灰尘的汽车挡风玻璃上写字，在废弃的酒店大厅里写字。在边界围栏外，一些人拿着用大张硬纸板制作的手绘标语站在那里，挥舞着标语支持里面的救援人员。手写满足了人们根深蒂固的需求，这种需求不仅是搜寻信息以及从混乱中获得意义，还可以用来纪念，让一块土地变得神圣，把自己的存在赋予其上。所有关于网络时代将终结书写时代的宣判，似乎都变成了风中的稻草。在商业世界中，纸张存在的意义依然重大，它散落在整个曼哈顿下城的地面上——街道上到处都是纸。[1]

在那些可怕的日子里，我一直在互联网上搜索信息，因为我有一个朋友在曼哈顿市中心工作。他住在新泽西州海岸的世界贸易中心双子塔对面。如果戴夫按照平时的路线去市政厅附近上班，在第一架飞机撞过来的时候，他应该是要经过大楼的。我拨打他的手机、他公司和家里的电话，都无人接听，电子邮件亦无人回复。这样的状况持续了很久。

在一个专门展示这场灾难中普通纽约人影像的网站上，我发现了一张照片，照片上的人很像戴夫。镜头蒙了灰，他在一团烟雾中，红色衬衫遮在脸上用来过滤烟尘。后来网站的照片集册出版时，我买了书。我还从布莱顿的家里给纽约的摄影师发了一封信，也收到了一张照片的副本。之后去纽约时，我找到了位于 SoHo 的临时展厅，这些照片一排排地挂在天花板上。那里挤满了人，几乎没有人说话。

在回顾这场悲剧的时候，我身处国外，却参与其中。我不禁注意到自己用到的众多媒介和手写的物品，从电话到电脑屏

---

[1] 1666 年伦敦大火中，远在泰晤士河下游 18 千米处的里士满都发现了散落的纸张。

幕，到书本和邮件以及打印的照片，再到把我带回纽约的飞机票，引导我到展览门口的地图和标志，使我能够在这个城市中生活的货币，还有我几乎每天晚上都写的日记。纸之旅还没有结束。三年后，我设计并编写了一本 24 页的关于朋友失踪的书法作品集。现在这本作品集已被收入大英博物馆 20 世纪的书法收藏。[283]虽然数字技术是我们讨论交流问题的焦点，但现实世界却全然不是这样。我们生活在一个技术交错的世界里。

普通纽约人对书写的渴望，也让我印象深刻。面对这场灾难，精心制作的手写作品大量涌现，就像几年前在伦敦，戴安娜王妃去世后的情况一样。书写仍然深深地扎根于我们的社会，满足人们对参与感的需求，继续为人们提供丰富的机会，让他们以一种深刻和满足的方式与文字（和同胞）打交道。这个过程中有一些东西会改变一个人。通过书写，一个人把一些东西表现出来，这可能有变革的力量。这种力量可以追溯到很久之前，而且跨越了不同的文化。但是，为什么书写物理方面的特性，会让我们欲罢不能？

在 20 世纪，西方社会对人性的认识，在慢慢地发生变化。女权主义和紧迫的环保意识，带来了全新的认识。笛卡儿将人性分为身体和心灵，这是两种不可调和的不同物质。但替代医学和理疗法，以及饮食和心理健康的问题，都逐渐淡化了他的观点。安东尼奥·达马西奥是研究人类意识的领军人物，他把我们的"自我感"描述为一种意识，它是由身体产生的，而不仅是心灵。它是我们身体的产物，并受到血液和其他身体化学成分波动的影响。这种感觉结合来自肌肉和器官的本体感觉反馈，让我们拥有了一种预知感，即我们知道正在发生什么，并且知道我们知道。意识，以及对自己和周围世界的存在感，来自这种感觉和反馈的流动过程。我们意识到自己的感情和自我感，最明显的就是通过与环境以及人和事物的各种接触，产生不断变化的感受。传统观点认为，书写正是通过所有这些感知力的相互影响来发挥作用的。书写有气味、肌理、光泽、尺度、颜色、结构、粗细、形状和时长——书写应有尽有。

书法艺术家选取书写材料和要传达的信息，都大有讲究。阿拉伯书法家常常给纸张染色，因为白色太累眼睛，还可能显脏。茜草根、菩提花、茶叶、藏红花、烟草、洋葱皮、散沫花、石榴皮、绿马鞭草和雄黄等都可以用来染色。纸张也可以用麝香、龙涎香或玫瑰水来调香。[284]人们还会在纸上整涂上一层由淀粉或打散的蛋白和明矾制成的涂层，来防止墨水渗入。然后用玉石、玻璃和玛瑙进行抛光，让笔可以顺滑地书写，而不被纤维卡住。最后是按尺寸剪裁，用于剪裁的长剪刀是书法家的宝贝，削芦苇笔的钢刀也是，还有用于笔尖最后整形的象牙切割垫。

为什么这些书写体验很重要？因为它代表了人类存在的一种方式——我们感性地活在这个世界上，并与这个世界同在。

书写和舞蹈，动作和时间

书写不仅仅是口头语言的记录。从罗马体到意大利体或哥特体，一些书体元素、颜色、风格的变化，都没有直接参照语言。而书写也会忽略语言中的很多东西，比如语调、速度、音量的起伏、随话语变化的面部表情，以及话语和手势的结合等——它们作为一系列有顺序的信号，在说话者和听话者之间来回传递，但这些书写都捕捉不到。

　　不过书写也有口语难以企及的优点。它通过不同的感官、颜色、形状、坚固性、肌理传递信息。与语言相比，书写与时间的关系也不尽相同。它的基质可以存在很长时间，往往远远超过书写者的一生。它可以穿越遥远的距离，后人可以对其进行多次构建，它的篇幅可以延续，远比一个人毫无停顿地说话要长。书写可以反复参阅，也可以与插图相结合。它可以用表格、放射图、嵌套文本等，以视觉形式展示事物，这在口头上是很难做到的（想想欧瑟比的书）。相较于口语，索引和目录页更是书写所独有的。书写牵涉到我们安排关系、建立和协调制度的方式，这恰恰是在事情变得过于庞大（如 19 世纪的工厂）或过于复杂（百科全书）而言语无法有效发挥作用的那一刻开始的。正如本书最早的读者之一麦克·黑尔斯和我说的，"书写和口语有一种伙伴关系，我们的生活在二者非此即彼的关系中展开"，它们就像两只跳着复杂求偶舞的仙鹤。

　　我们不应忘记，书写原始物质性的另一个方面，是书写者自身的运动。书写行为本身在身体活动的弧线中摇摆，也在思绪集中时放慢停顿。最终下笔的时候，书法家流畅书写的喜悦之感，会倾泻而出。仿佛你是一个自由奔跑在字形城市的人，瞬间克服了所有的难题。如何让 W 和 O 在一起看起来和谐？如何一笔从大写字母 S 的底部向上划入大写字母 H 顶部？无论哪个民族，都喜欢这种运笔的喜悦感。这样做的目的是超越技巧，用整个身体来感受形式。一旦领悟到这一点，一个人就开始通过字形、运笔和文字结构，来理解周遭的世界。而且这是一个双向的过程，当你以不同的方式体验这个世界时，你对自己生命力的认识也会发生变化；而你身体内的生命力发生改变时，你就会从另一个角度发现周围的世界。这个循环会不断重复。这就是书法提供了一条终生探索和发现道路的缘由。

虽然我只是在移动笔尖，但整个世界都在跟随笔尖翻涌。

练习书法可以让我们更清楚地认识自己，并提高对周围生命运动的欣赏能力，因为书写是一种姿态的艺术。毕来德在《中国书法艺术》中，描述了这一过程的一个特点。

（当）感知外部现实的方式发生变化时，吸引我们注意的就不再是事物本身，而是使其加速的动作和由其发出的感情。它不再是一张脸，而是一抹笑意；也不再是一个女人，而是一个特定的步伐和姿态；不是小猫，而是它的恶作剧。于是，观察变得更加敏捷活跃，它搭上了我们称之为"表现性瞬间"的翅膀。它不是固定的瞬间，如一张照片的瞬间记录，而是只有某种姿态才能重现的瞬间——比如音乐或书法的姿态。书法家越精进，越会敏锐地观察到这些瞬间……并将其融入他的书法中。[285]

中国书法中不乏一些让人大开眼界的奇闻轶事，书法家会在其中窥见全新的书写方式。比如，嗜酒如命的唐代狂草大师张旭，多次观看著名女剑客公孙大娘的表演，发现了书法的最终奥义。有很多书法家因为听瀑布、看斗蛇、看公主和壮汉在狭窄的人行道上相互礼让，而迸发灵感，进而带来书法风格变化的故事。所有这些故事的重点，不在于他们看到了什么，而在于这是观看者自身体验到的一连串动作。毕来德引用了丁文隽在《书法基本原理》中的论述，来说明这一点。

> 让我来解释一下，世界上的任何东西都可以成为意象：大自然中流动的水、高耸的大山、耸峙的悬崖、秃峻的山峰，天上簇拥在一起的北斗星和散落在远方的星星，落日和升得越高越明亮的太阳；人世间花瓣饰发的女孩，或者挥剑的武士；空中刮过的风和飞舞的云，笼罩地面的雾和升腾的雾；动植物界，空中振翅的天鹅，或者池塘里摇曳的百合花。

当我们感知这些意象并将其内化时，我们就可以将其转化为饱含寓意的意象，之后外化为各种艺术。[286]

这里的关键是如丁文隽所讲的，以动态的形式来感知自然界。"高山耸立……悬崖耸峙，山峰秃峻。"他所感知的不是纯粹的视觉表象，而是现象内部和背后的特殊活动。

许多民族都会体悟自然界的运动，再将其转化为书写的触感。传说 15 世纪伟大的波斯书法家大不里士的米尔·阿里，在梦见一行飞翔的大雁后，发明了波斯体书法。他的文字好似浮在空中，顺着书写的方向轻轻下落，有些线条拉得很长，有些笔画很短小。即便如此，整个书法风格仍然按照菱形点的比例测量系统进行了细致的调节。

近当代德国涂鸦艺术家扎斯德（Zasd）说：

> 我感知结构，并在结构中书写……冬天缠绕的树枝，或者夏天的石头、火苗、孩子的画作、城市上空的鸟阵、

行驶中的火车、风中飘动的头发、大海、城市景观，另外
还有鸟鸣的旋律、地铁站里的响声、一个地方的寂静……
我只是让这些意象滚动起来……风格就会自成一体。

阿基姆也是当代涂鸦艺术家，他说："词语可以被感知，
词语也可以演绎成舞蹈。"[287]

制作标记和体验当下

我想起心理学家丹尼尔·斯特恩提出的"生命力影响"，
用它形容这种体验再恰当不过。通过动作、姿态或意象来体验
世界的能力，是人类基本交流中必不可少的。通过这个过程，
我们建立起了对彼此的主观体验。斯特恩从多个角度研究了这
些影响。在他著名的母婴关系理论中，斯特恩发现婴儿在说话
前，就明显地表现出与母亲有这种动态交流。他观察的关键一
点是，母亲如何向婴儿表示理解他们，或明白婴儿的感受。他
举了一个例子：

一个 10 个月大的女孩，面对母亲坐在地板上，她试
着把一块拼图放到正确的位置。试了好多次以后，她终于
成功了。然后，她欣喜地抬头看着妈妈的脸，高兴极了。
她"张开了脸"（嘴巴张开，眼睛睁大，眉毛上扬），然
后又恢复了正常。这些变化的时间曲线是一个平滑的拱
形（上升、顶点、下降）。同时，她的双臂在身体两侧上
下挥舞。母亲用"是啊"（Yeah）来回应，音量也是先升
高后降低，描画出来也是一条先升再降的曲线"是——

啊——"（yeeAAAaahh）。母亲语调的曲线与孩子面部动态的曲线吻合，二者的持续时间也完全相同。[288]

斯特恩的观点是，母亲向婴儿表明她理解她的喜悦和快乐，不是直接模仿宝宝的做法，而是换一种方式——从身体的动作到声音。

但她忠实地保留了动态特征，即与生命力形态匹配的动作。这样小女孩才会明白，她的母亲不仅仅是在模仿，而是母亲已知的经验中也有类似的东西，两人可以分享这种经验。于是，这种匹配就变成了内在感觉状态的匹配，而不是表面行为的匹配。这样，某种意义上的相互理解已经建立起来了。

"生命力影响"就是母亲和宝宝都经历过的这种感觉，涌起和退去的特殊模式。

斯特恩对这些互动的兴趣，源自他好奇人是如何换位思考的，也就是主体间性。他后来的研究，着眼于当下，也关注人们知道自己理解对方而且也被对方理解的双重时刻。他特别关注在心理咨询时，心态转变的时刻。这使他认识到，"主观的'当下'还有另一个层面，既令人震惊又显而易见。当下并不是呼啸而过，在消失之后才变得可观察。相反，它穿越心理阶段的过程比较缓慢，需要几秒钟的时间才能显现。而在这个穿越过程中，当下就会上演一出生活化的情感剧。随着戏剧的展开，它勾勒出一个时间的形状，就像一个流逝的乐句……"[289]或者像前一个例子中那个孩子的微笑。

换句话说，当下实际上持续了一段时间，是一个动态的事件，几乎包含了一个小故事。这种动态感有一个形状或意象，最恰当的形容词应该是，爆炸的、澎湃的、加速的、顺滑的、脉动的、颤动的、紧张的、微弱的、消逝的……这些都是不同的生命力影响，是在神经元放电成为情绪之前，神经元发射的不同强度的电波。这些时间曲线类似丁文隽所描述的感觉，即升高、分峙、秃峻、簇拥、飞舞、升腾。或者像扎斯德所说的，他的风格灵感来自火焰，或者风中飘动的发丝，或者地铁中的响声，这些也是本书前面提到的，10世纪瑞士修士能将一个大写字母的结构囊括在一段简短的经书引文或故事中的动力。

在笔画、字母和字符的形状中，书法通过身体的运动，结合特定的物质对象和媒介，表达时间上的动态形式。构成字母的元素有微妙的组合效果，线条的运动痕迹带来字肩、角度、曲线、上行笔画、下行笔画、渐粗线条或渐细线条的变化。当这些元素以相关形式整合成组时，微妙的效果尤其突出。当它们组合在一起并以微妙的方式来表现字母结构时，这些动态就会将艺术融入书写中，就像歌曲的起承转合、舞蹈的精确衔接、电影的剪辑方式一样。这就是书写作为一种表现性标记活动，可以为书面文字增加一个重要维度的原因。[1]

通过记号和图像来理解我们内心的存在经验，可能由来已久。法国考古学家勒罗伊·古尔罕认为，文字是与语言共同发展的，前者并非只是记录语言，而是创造了他所谓的"图形主义"，即用物质符号表达思想和情感。[290] 他认为，这种能力来自讲故事、吟唱和表演神话时的各种动作，伴随着有节奏的工具（击打、切片、刻画）和使用彩色颜料做标记出现。古尔罕

---

[1] 斯特恩关于艺术生命力的全面阐释，见 *Forms of Vitality*, Oxford, 2010。

认为，所有这一切至少可以追溯到 3.5 万年之前，或许更早。

　　未来，认知考古学家关于旧石器时代艺术和土耳其科尼亚平原上加泰土丘等定居点和最早的建筑住宅装饰的发现，也有可能部分解释文字的起源。他们将视觉和神经体验（也许他们并不理解，尽管这些体验是正常的，有时是人类意识变化的增强体验）置于宇宙学的背景中。这是社会层面的调整，"使每个人经历的不同精神状态，具有共同的意义"[291]。他们构建的宇宙包括岩画上进进出出的动物，就像这些动物进出于我们的梦乡或清醒时分，也包括节奏的标记，如网格、一组组平行线、艳丽的点、之字线或波浪线、嵌套的弧线和漩涡的各个部分。这些也许指的是视觉或其他的身体经验。在旧石器时代和新石器时代，人们将这些图案放置在祭祀场所和墓室中的特定位置，我们可以知道，这些图案似乎象征并实现了通过不同层次的现实进行的交流或传播，正如这些社会当时所构想的世界。至于书写，值得注意的是，将动物形象与特定类型几何图案相结合，与一些早期书写系统使用的图形材料相似。

　　也许书写在出现时，就是一种特殊的焦点活动。通过将一种思想或经验部分地从我们自己身上分离出来（放在旁边）的方式，让他人能够以另一种方式接近它（和我们）。所以，这个是部分分离，然后以另一种方式重新分离，或重新融入的过程，类似细胞分裂成长和发展成一个有机体。难怪中国人认为，书写融入了生命本身的能量。

信息和物质文化

　　在《信息》一书的最后，美国作家、记者和传记作家詹姆斯·格雷克，对系统应用克劳德·香农的信息理论提出了警告。格雷克的这本书围绕克劳德·香农的信息理论展开。"信息理论的诞生伴随着它对意义（赋予信息价值和目的的特性）的无情牺牲。在介绍《通信的数学理论》时，香农索性直言，干脆宣布意义'与工程问题无关'。忘记人类心理学吧，放弃主观性。"[292]

尼古拉斯·卡尔在格雷克的书评中说："香农同时代的一些人也表示担心，他的理论最终可能会扭曲我们对知识和创造力的理解。"格雷克自己也说："物理学家海因茨·冯·福斯特担心，在将意义与信息分离的过程中，香农有可能将通信简化为一串'哔哔声'。"他认为："信息只能是人类寻找意义的产物，不驻留在'哔哔声'中，而是驻留在头脑中……以数学的观点看待信息，强调最大限度地提高传播速度，其危险在于它让我们重视效率而非表现力，重视数量而非质量。信息理论家所说的冗余也值得注意，这也是诗歌的素材。"[293]

因此，在即将完成书写历史回顾的时候，我恳求人们不要因为对数字技术框架缺乏观感的认知，而限制其发挥潜力。乔布斯和他在苹果公司的设计师乔纳森·艾夫这样的人（以及市场对他们设计的反应）已经清楚地证明，设计和手工艺在数字领域也有一定的作用。我们可以做的还有很多，如投资开发适应屏幕的好看的字体，通过动画让书写变得生动（毕竟这是一种行为艺术），以及研究不同的技术（包括纸面的和数字的）如何交互。对于我们这些编织书写交流文脉的人，我赞美每一根细小的纤维。随着时间的流逝，这些纤维会扭曲、打结、纠缠为线（索），欢庆它们之间的交缠、平行，以及差异。愿这种"纺线"永不停止。

最好的书写，可以颂扬我们探索物质世界的全部方式，以及它具备的思考和交流的感性力量，这就是书写的作用。我相信，未来的一代代人，将继续在书写和阅读中找到并享受快乐，在书写中发现美，并慷慨地分享这些经验。我们应该期待在数字领域追求这些高远的目标，与在其他领域一样。

我是在威尼斯动笔写这本书的，就在运河对面卡纳雷吉欧区的奥尔托教堂。教堂后面，水上巴士向穆拉诺岛和更远的托尔切洛岛一路驶去。托尔切洛岛的第一批居民，是附近的罗马城镇被匈奴人摧毁后，迁移过来的。教堂所在的巷子尽头向右一转就是犹太区，也就是金属工人区，城里的犹太居民在那里仍然有他们的教堂。向左转是摩尔人的聚居区摩尔广场，朝这个方向再走 10 分钟，我就能找到那位去中国的探险家马可·波罗的故居。我被不同的文字包围着。在去超市的路上，我经过了一座教堂。5 个世纪以前，刻字师尼古拉斯·让松的葬礼就是在这里举行的。在圣马可广场南面，塔利恩特曾为总督执笔服务的宫殿依然矗立。对面是圣马可图书馆，彼特拉克的书就保存在这里，虽然我刚开始写这本书的时候并不知道。不过现在，在这本书即将完结的时候，我的下一个工作，就是躺在楼上的工作间里等待关于圣马可图书馆隔壁的科雷尔图书馆的展览。我动笔写这本书之后，完成的第一件书法作品（除了为布利斯小姐写的圣诞祈祷书，她的名字 Bliss 意思刚好是主的福佑），是为"书写空间的诗意美学"展览所写的展品。

威尼斯这座城市——宁静之城——很好地隐喻了这段书写历史的一切。就像这座城市的居民一样，很多职业都会用到书写，而且一用就是几百年。16 世纪的某一天，律师从契据箱中拿出文件；商人从架子上搬下大本的账目簿；学童把书写用具放到包里带到学校去；厨师和各种买东西的人在拟定清单并勾选购买的物品；航海家展开他们的海图；音乐家展开他们的乐谱；圣马可教堂的神职人员，打开嘎吱作响的箱子，拿出古旧的手稿来吟诵，就像他们今天所做的那样。提香和威尼斯总督墓碑上的刻字熠熠生辉，贝利尼的圣母画像上方，金色马赛克拼成的宗教文字光华流转。威尼斯的住宅和市政厅里，市民们争论，投票，爱着，恨着。今天，游客又多了一重纸质文件——门票和护照、酒店预订单、信用卡、收据，还有他们打开的旅游指南和地图，以及吸引他们参观展览的海报，等等。这就是文字的世界，所有的一切同时发生，所有的一切共存，如同里亚尔托河边的商店中的信用卡和马尔恰纳的桑维托的书共存。这个世界就像一个丰富多彩的花园、一个忙忙碌碌的厨房、一个人声鼎沸的议会，来做饭吧，来生活吧，来书写吧！

哦，奢华的、舞动的、诱人的，充满诱惑和令人困顿的文字，"释放，超越，超越自我……"[1]

---

[1] 这是艾伦·金斯堡（Allen Ginsberg）1978 年所作《冥界颂歌》的最后一句。2005 年，奥兰治山音乐发行了菲利普·格拉斯的《第六交响曲：冥界颂歌》。

致 谢

写出这样一本书，是多年积累的结果。我应该感谢许多人，是他们鼓励我从事这项特别的事业，其中最重要的是我的家人。我很幸运，在萨塞克斯的迪奇灵这个非凡的村庄附近长大。从十几岁开始，我就得到了那些委托我创作的人的鼓励，包括我的教母乔伊·辛登，乔安娜·伯恩和妹妹希拉里、玛乔丽·布罗德本特，格雷斯·登曼以及迪奇灵手工业者协会的同仁。我也很感谢普丽西拉·约翰斯顿和艾琳·韦林顿，感谢她们对我的栽培；也感谢朱利安·布朗教授，他让我以手工艺观察员的身份参加了他所有的古文字学讲座和研讨会，为期一年。圣安德鲁斯大学的唐纳德·布洛培养了我对原始文献材料研究的热爱。回到迪奇灵后，我加入了由埃里克·吉尔和希拉里·佩普勒创立的圣约瑟和圣多米尼克公会。我想，我应该将自己把"做"作为一种存在于世界的方式的价值观归功于该公会的成员，归功于伦斯勒理工学院汤姆·费伦，归功于我洞察力极高的书法老师安·坎普。我很感激她总是询问我关于某个项目的计划，而不是告诉我怎么做。

撰写本书，对我有直接帮助的是那些阅读了部分作品并慷慨地给我提出意见的人。他们是斯坦·奈茨、大卫·利维、萨姆纳·斯通、露西·萨奇曼和史蒂芬·特雷西。我想补充一句，文中任何错误都是我的错。此外，杰里·西纳蒙、米歇尔·安东内洛、玛丽·博利、安德鲁和安吉拉·约翰斯顿、约翰·尼尔森、布罗迪·纽恩施万德、利夫·科尔尼、迈克·普拉特利、丽莎·珀金斯、希拉里·威廉姆斯，以及迪奇灵博物馆的几代员工也提供了很多建议。凌曼妮和桑德兰大学的工作人员，在这个项目上给予我的时间慷慨得出乎意料。非常感谢玛西娅·弗里德曼，她帮我对所有东西都进行了备份。在工作完成之前，烧坏了两台 Mac 电脑。

　　苏·哈特里奇在写作过程中给予的无数善意和实际帮助，减轻了我精神和身体的压力。还有阿肖克·詹萨里，每次我精力不济时，他都会耐心地鼓励我。这本书正是和阿肖克一起，在他的朋友亚历山大·保利、保拉·博纳尔多的房子里动笔的，我想不出比这更棒的开始了。我的弟弟马修一直担任我的经纪人，从头到尾参与这项工作，为本书贡献了重要的创作动力。感谢你的建议，马修。我的两位编辑理查德·米尔班克和詹姆斯·奈廷格尔，和你们共事简直太愉快了！感谢理查德，他承担了驯服我的热情以及让我思考结构的艰巨工作。迈克·黑尔斯也给了我很大的帮助，希望我们可以延续每个月在布莱顿海滨的乐队台咖啡馆喝一次咖啡的习惯！最后，我还有两个最特别的感谢：一个给所有曾经问过我问题的学生和同事；另一个给我的朋友大卫·利维，是他把我引荐到了施乐帕克研究中心，我们在这些问题上的对话已经进行了几十年，而且这样的对话不断地给我带来启示和快乐。

尾 注

1.   D. M. Levy, *Scrolling Forward. Making Sense of Documents in the Digital Age*, Arcade, 2001.

2   出自 1997 年苹果第三方软件开发商的演讲。2011 年 10 月 6 日，《卫报》在乔布斯的讣告中引用了这句话。

3   参见《纽约时报》中乔布斯的讣告，2011 年 10 月 6 日。

4   R. D. Woodard, *Greek Writing from Knossos to Homer*, Oxford University Press, 1997.

5   S. V. Tracy, 'Athenian Letter-Cutters and Lettering on Stone in Vth to Ist Centuries B. C.', in M. S. Macrakis (ed.), *Greek Letters: from Tablets to Pixels*, Oak Knoll Press, 1997；也参见 'The Lettering of an Athenian Mason', *Hesperia: Supplement XV*, American School of Classical Studies at Athens, 1975。

6   H. T. Wade-Gery, 'A Distictive Attic Hand', in *Annual of the British School at Athens*, 33, 1935, pp. 122–135.

7   关于这次擦除，首见于 H. Flower, *Ancestor Masks and Aristocratic Power in Roman Culture*, Oxford University Press, 1996, pp. 173–176。

8   R. Laurence, *The Roads of Roman Italy*, Routledge, 1999, p. 157.

9   现存美孚公司芝加哥办事处。

10   埃及的希腊文字书写表明，早在公元前 3 世纪，希腊文字就受到这种笔的影响。Berlin, Staatliches Museum, P. Berol. 13270, in S. Morison, *Politics and Script*, Clarendon, 1972, p. 17.

11   大理石祈愿盾藏于阿尔勒和普罗旺斯博物馆。当时，参议院授予奥古斯都一枚黄金制成的祈愿盾复制品。

12   Giessen Hochschulbibliotek Pap. Landana 90 (inv.210). 主要文字的插图见 http://bibd.uni-giessen.de/papyri/images/piand-inv210recto.jpg，2011 年 9 月 5 日查阅；也参见 J. Austin, *Cicero's Books and the 'Giessener Verres'*, published electronically, 2008, 参阅 http://www.academia.edu/676268/Ciceros_books。

13   从 1740 年开始，北卡罗来纳州就禁止奴隶学习书写或者担任抄写员，其他一些州也随之禁止。直到 19 世纪 30 年代，才允许奴隶阅读，但后来由于害怕奴隶之间相互交流和了解外面的世界，阅读又被禁止了。

14　J. Svenbro, *Phrasikleia: An Anthropology of Reading in Ancient Greece*, Cornell, 1993.

15　P. Mich. III , 166.

16　关于戴克里先最高限价法令的完整译文，参见 F. Tenney, *An Economic History of Ancient Rome*, vol. 5, Johns Hopkins, 1940, pp. 310-421。

17　Translation from L. Casson, *Libraries of the Ancient World*, Yale, 2001, p. 104.

18　C. H. Roberts and T. C. Skeat, *The Birth of the Codex*, Oxford University Press, 1983, pp. 37-39.

19　A. Grafton and M. Williams, *Christianity and the Transformation of the Book: Origen, Eusebius, and the Library of Caesarea*, Harvard University Press, 2006. 本节大量引用该书，我引用的这一条在第 69 页。

20　Ibid., p. 79.

21　Ibid., pp. 132-232.

22　Burgerbibliothek Bern Ms 36, 这些关于字母的解读和注释，附在手稿末尾。

23　E. Clayton, *Embracing Change: Spirituality and the Lindisfarne Gospels*, privately published, 2003.

24　R. McKitterick, *The Carolingians and the Written Word*, Cambridge University Press, 1989, pp. 77-135.

25　L. Thorpe(trans.), *Two Lives of Charlemagne*, Penguin Classics, 1969.

26　Paris BNF, MS Lat 1203.

27　详细信息参见 C. de Hamel, *The Book. A History of The Bible*, Phaidon, 2001, p. 70 ; 另外，Hamel's, *A History of Illuminated Manuscripts*, Phaidon, 1986, 该书是讨论中世纪书籍装帧设计中最引人入胜的一本。

28　De Hamel, *The Book. A History of The Bible*, p. 68.

29　P. Johnston, *Edward Johnston*, Faber, 1959, p. 265.

30　St Bavo Cartulary B.L. Add. Ms. 16952, S. Knight, *Historical Scripts*, Oak Knoll Press, 1998 (2nd edn), pp. 62-63. 参见书中的正文大写字母。

31　《本笃会规》第 57 条，译文见 D. Parry, *Households of God*, DLT, 1980, pp. 150-151。

32　See entry for 1085 in *The Anglo-Saxon Chronicle* at Project Gutenberg, 参阅 http://www.gutenberg.org/ebooks/657, 2010 年 10 月 18 日访问。

33　M. T. Clanchy, *From Memory to Written Record*, Blackwell, 1993 (2nd edn), p. 83.

尾 注

34   章节数见上书，第 28—29、50 页。

35   McKitterick, *The Carolingians and the Written Word*, pp. 77-134.

36   N. Orme, *Medieval Schools*, Yale, 2006, p. 48.

37   I. Illich, *In the Vineyard of the Text*, Chicago University Press, 1993, p. 15. 这一部分我参考了伊里奇关于《知识论》的论述。

38   E. Clayton, 'Workplaces for Writing', in M. Gullick, *Pen in Hand: Medieval Scribal Portraits, Colophons and Tools*, Red Gull Press, 2006, pp. 1-17.

39   比利时皇家图书馆，阿尔伯特一世，编号：9278-80, f.10r。

40   大都会艺术博物馆，罗伯特·雷曼收藏，编号：Acc. 1975.1.2487。

41   架子上的透视镜，参见 Vincent of Beauvais in his study at BL. Royal 14E.i, vol. 1, f.3。

42   参见 Brailes Hours (BL Add. 49999)。

43   De Hamel, *A History of Illuminated Manuscripts*, p. 167.

44   E. Duffy, *Marking the Hours*, Yale, 2006, p. ix.

45   Details in L. Pl V. Febvre and H.-J. Martin, *The Coming of the Book: The Impact of Printing* 1450-1800, Verso, 1976, p. 28.

46   P. Beale, *England's Mail: Two Millennia of Letter Writing*, Tempus, 2005, p. 99.

47   弗吉尼亚理工大学历史系教授大卫·伯尔翻译，参阅 http://www.history.vt.edu/Burr/Boccaccio.html，2010 年 1 月 6 日访问。

48   K. R. Bartlett, *The Civilization of the Italian Renaissance: A Sourcebook*, University of Toronto Press (2nd edn), 2011, p. 29.

49   Ibid., p. 28.

50   E. H. Gombrich, 'The Revival of letters to the reform of the arts: Niccolò Niccoli and Filippo Brunelleschi', in D. Fraser et al. (eds.), *Essays in the History of Art presented to Rudolf Wittkower*, pp. 71-82; Reprinted in The Heritage of Apelles, Lund Humphries, 1976.

51   Ibid., p. 103.

52   B. L. Ullman, *The Origin and Development of Humanistic Script*, Edizioni di storia e letteratura, 1960, p. 132.

53   A. C. de la Mare, 'The Book Trade', *Journal of the Warburg and Courtauld Institutes*, vol. 39 (1976), pp. 239-245.

54   P. Shaw, 'Bartolomeo Sanvito, Part two', *Letter Arts Review*, vol. 19, no. 2, 2004,

pp. 19-23 ; P. Shaw, 'Poggio's Epitaph', *Alphabet*, Summer 2008, pp. 11-17. 他在此处讨论了波焦 • 布拉乔利尼在铭文大写字母发展中起到的重要作用。

55　Mary Bergstein, 'Donatello's Gattamelata and its humanist audience', *Renaissance Quarterly*, September 2002.

56　A. C. de la Mare and L. Nuvoloni, *Bartolomeo Sanvito. The Life and Work of a Renaissance Scribe*, Association Internationale de Bibliophilie, 2009, p. 21.

57　P. Shaw and S. K. Meyer, 'Towards a New Understanding of the Revival of Roman Capitals and the Achievement of Andrea Bregno', in C. Crescentini and C. Strinati (eds.), *Andrea Bregno: Il Senso della Forma nella Cultura Artistica del Rinascimento*, M & M Maschietto Editore, 2008.

58　J. Wardrop, *The Script of Humanism*, Oxford University Press, 1963, p. 8.

59　B. Platina, *Lives of the Popes*, BiblioLife, 2009 (original 1474), pp. 275ff.

60　Shaw, 'Bartolomeo Sanvito, part two', *Letter Arts Review*, p. 23.

61　Martin Davies, 'Juan de Carvajal and Early Printing: The 42-line Bible and the Sweynheym and Pannartz Aquinas', *The Library*, 6th series, vol. 18, no. 3, 1996, pp. 193-215.

62　De Hamel, *The Book: a History of the Bible*, pp. 194-196.

63　Shen C. Y. Fu, *Traces of the Brush*, Yale, 1977, p. 4.

64　H.-J. Martin, *The History and Power of Writing*, University of Chicago Press, 1994, p.211.

65　关于古腾堡的发明及其内在逻辑，参见 J. Man, *The Gutenberg Revolution*, Review, 2002。

66　Blaise Agüera y Arcas, 'Temporary Matrices and Elemental Punches in Gutenberg's DK type', in K. Jensen (ed.), *Incunabula and Their Readers: Printing, Selling and Using Books in the Fifteenth Century*, British Library, 2003, pp. 1-12.

67　Peter Spencer, 'Scholars press for printing clues', *Princeton Weekly Bulletin*, 参阅 http://www.princeton.edu/pr/pwb/01/0212/，2010 年 1 月 21 日访问。

68　Gombrich, *Heritage of Appelles*, p. 103.

69　A. Pettegree, *The Book in the Renaissance*, Yale, 2010, p. 54.

70　Ibid., pp. 54-55. 佩特格里引用了许多文献来说明他在这些事情上的立场。

71　R Hirsch, 'Stampa e Lettura fra il 1450 e il 1550', in A. Petrucci (ed.), *Libri, editori e pubblico nell'Europa moderna: guida storica e critica*, Laterza, 1977, p. 17.

尾　注

72　A. Kapr (trans. D. Martin), *Johann Gutenberg: The Man and his Invention*, Scolar Press, 1996, pp. 180–183.

73　H. Carter, *A View of Typography up to about 1600*, Hyphen Press, 2002, first published Oxford University Press, 1969, p. 74.

74　这种书体类似安东尼·庇护皇帝（138—161 年在位）时期的大写铭文，字母 R 的一捺飘逸流动，P 的字碗比 R 的大，H 略窄，M 和 N 左上笔画有衬线。实物见于 2 世纪的献给康考迪亚女神的祭坛碑文 (CIL XIV, 5326)，参阅 http://commons.wikimedia.org/wiki/File:Inscription_Faustina_Antoninus_Ostia_Antica_2006-09-08.jpg；也见于波佐利地区一份 139 年的铭文 (CIL X.1642)，转载自 J. Muess, *Das Römische Alphabet*, Callwey, 1989, pl. 78, p. 89.

75　From the dedication to Cesare Borgia of an edition of Petrarch (1503) quoted in J. Kostylo (2008), 'Commentary on Aldus Manutius's Warning against the Printers of Lyon (1503)', in *Primary Sources on Copyright (1450–1900)*, ed. L. Bently and M. Kretschmer, www. copyrighthistory.org.

76　Carter, *A View of Typography up to about 1600*, p. 74.

77　P. Bain and P. Shaw (eds.), *Blackletter: Type and National Identity*, Princeton Architectural Press, 1998, p. 48.

78　A. Kapr, *The Art of Lettering*, Saur, 1983, p. 96.

79　M. Lyons, *A History of Reading and Writing*, Palgrave Macmillan, 2010, p. 47.

80　约翰·加尔文写了长达 59 卷的《改教文献全集》（*Corpus Reformatorum*），在 1863 至 1900 年间以不同的形式出版。

81　Orme, *Medieval Schools*, 请阅读英国在这一时期学校教育的内容。

82　Quintilian, *Institutes of Oratory*, Book I, Ch.I, trans. H. E. Butler, 1920, 参阅 http://www.molloy.edu/sophia/quintilian/education.htm。

83　Codex Vaticanus 6852.

84　S. Morison ('Introduction' to *The Mollyus Alphabet*, Pegasus, 1927, p. 17)，该书早在 1483 年就建议撰写绘制文字部分。

85　R. E. Taylor, *No Royal Road: Luca Pacioli and His Times*, University of North Carolina, 1942, p. 275.

86　这方面的作品还有：*Opera del Modo de Fare le Littere Maiuscole Antique* by Francesco Tourniello, Milan, 1517；Albrecht Dürer's set of capitals in *Underweysung der Messung*, Nuremberg, 1525；Geoffrey Tory's in *Champ Fleury: L'art et science de la proportion des lettres*, Paris, 1529。

87　Ludovico degli Arrighi in the Preface to his *Operina* of 1523, trans. J. H. Benson, *The First Writing Book*, Yale, 1954.

88　译自 Benson, The First Writing Book。

89　译自 E. R. Chamberlin, *The Sack of Rome*, Batsford, 1979, pp. 175–176。

90　藏于大英图书馆，编号：Cott. Vit. B. IX, f.121。

91　S. Morison, *Early Italian Writing-Books*, British Library, 1990, p. 78.

92　他有四部作品，分别是：the Essemplare (1560); *Il Perfetto Scrittore* (1570); *Il Perfetto Cancellaresco Corsivo* (1579); *Il Quatro Libro* (1596，由西尔维奥·瓦莱西整理的作品集)。

93　A. S. Osley, *Scribes and Sources*, Faber, 1980, p. 243.

94　Ibid.

95　H. Zapf, *Feder und Stichel*, Stemple, 1949.

96　Osley, *Scribes and Sources*, pp. 160–170.

97　A. Petrucci, *Public Lettering, Script, Power, and Culture*, University of Chicago Press, 1993 (originally published in Italian as *La Scrittura: Ideologia e rappresentazione*, 1980).

98　M. Butor, *Les mots dans la peinture*, Skira, 1969, p. 65.

99　H. D. L. Vervliet, *French Renaissance Printing Types: A Conspectus*, Bibliographical Society, Printing Historical Society and Oak Knoll Press, 2010, p. 15.

100　Carter, *A View of Early Typography up to about 1600*, p. 125.

101　Translated in R. Chartier, *The Order of Books*, Stanford, 1994, p. 49.

102　V. Nutton, *Matthioli and the Art of Commentary*. 参阅 http://www. summagallicana.it/lessico/m/Mattioli%20Pierandrea.htm，2010 年 12 月 1 日访问。

103　M. Infelise, 'Roman Avvisi: Information and Politics in the Seventeenth Century', in G. Signorotto and M. A. Visceglia (eds.), *Court and Politics in Papal Rome*, 1492–1700, pp. 212–228.

104　H. Love, *The Culture and Commerce of Texts: Scribal Publication in Seventeenth-Century England*, Oxford University Press, 1993, p. 10.

105　见伏尔泰《哲学词典》（1764 年）C 目录下"假行家"词条，H. I. 伍尔夫、克诺夫 1924 年的译本。参阅 http://history.hanover.edu/ texts/voltaire/volindex. html，2010 年 11 月 24 日访问。

106 Pettegree, *The Book in the Renaissance*, pp. 338–339.

107 Love, *The Culture and Commerce of Texts*, p. 74.

108 P. Sutton, *Love Letters: Dutch Genre Paintings in the Age of Vermeer*, Bruce Museum and National Gallery of Ireland, 2003, p. 28.

109 S. E. Whyman, *The Pen and the People. English Letter Writers 1660–1800*, Oxford University Press, 2009, p. 49.

110 J. How, *Epistolary Spaces: English Letter-writing from the Foundation of the Post Office to Richardson's Clarissa*, Ashgate, 2003, p. 54.

111 Whyman, *The Pen and the People*, p. 53.

112 参阅 http://www.essentialvermeer.com/documents/ vermeerdocuments.html，2013 年 1 月 16 日访问。

113 J. M. Montias, *Artists and Artisans in Delft*, Princeton, 1982, p. 229.

114 A. J. Adams, 'Disciplining the Hand, Disciplining the Heart: Letterwriting, Paintings and Practices in Seventeenth-Century Holland', in Sutton, *Love Letters*, n. 58, p. 75.

115 Translation as in C. Mediavilla, *Calligraphy*, Scirpus, 1993, pp. 223–224.

116 Martin Billingsley, *The Pen's Excellencie or the Secretaries Delight*, London, 1618. 全文可见 http://www.english.cam.ac.uk/ ceres/ehoc/billingsley/simple.html。

117 Quoted in M. Ogborn, '*Geographia's pen: writing, geography and the arts of commerce, 1660–1760*', *Journal of Historical Geography*, vol. 30, issue 2, April 2004, pp. 294–315, originally from T. Watts, *An Essay on the Proper Method for Forming the Man of Business* (4th edn), London, 1722 (originally published in 1716), p. 17.

118 M. Caruso, '*Hacer Buena letera': The disciplinary power of writing in early modern Spain*. 这是 2008 年在纽约举行的比较教育和国际教育学会年度学术会议上的一篇论文，参阅 http://huberlin.academia.edu/MarceloCaruso/Papers/145756/Hacer_buena_letra._The_disciplinary_power_of_writing_in_early_ modern_ Spanish_pedagogy。

119 I. Barnes and R. Hudson, *Historical Atlas of Europe*, Arcadia, 1998, p. 93. 参见其中的地图。

120 J. Guy, *Tudor England*, Oxford Paperbacks, 1990, p. 418.

121 J. Humphries, *Childhood and Child Labour in the British Industrial Revolution*,

Cambridge University Press, 2010, p. 307.

122　Martin, *The History and Power of Writing*, p. 339.

123　Discussed in Beale, *England's Mail*, pp. 225-226.

124　D. Cressey, *Literacy and the Social Order, Reading and Writing in Tudor and Stuart England*, Cambridge University Press, 2006, pp. 177-178.

125　Originally published as *Le Secrétaire de la cour*, Paris, 1625 ; See L. Green, 'French Letters and English Anxiety', in *Huntington Library Quarterly*, vol. 66, no. 3/4, pp. 260-274. 1641 年以新标题在阿姆斯特丹出版，重印 10 次，译成英文、荷兰文、德文和意大利文。

126　Whyman, *The Pen and the People*, pp. 30-45.

127　J. Evelyn (ed. G. de la Bédoyère), *Diary*, Woodbridge, 1995, p. 24, 16 July 1635.

128　Whyman, *The Pen and the People*, p. 30 and n. 95, p. 262.

129　Wardrop, *The Script of Humanism*, p. 2.

130　Pettegree, *The Book in the Renaissance*, pp. 307-311; Versalius's own preface to *De Corporis Fabrica*, 参阅 http://www.stanford.edu/class/ history13/Readings/ vesalius.htm, 2012 年 5 月 24 日访问。

131　Galileo Galilei, 'Letter to Madame Christina of Lorraine, Grand Duchess of Tuscany, Concerning the Use of Biblical Quotations in Matters of Science', in S. Drake (trans.), *Discoveries and Opinions of Galileo*, Doubleday Anchor Books, 1957, pp. 172-216.

132　Serenus Cressy, *Sancta Sophia. Or Directions for the Prayer of Contemplation &c. Extracted Out of More Than XL. Treatises Written by the Late Ven. Father F. Augustin Baker*, Iohn Patté & Thomas Fievet, 1657.

133　Principally under the editorship of the Anglican parish priest John Clark. *Analecta Cartusiana*, Salzburg, Austria: Institut fur Anglistik und Amerikanistik, Universitat Salzburg, 1997- .

134　见罗伯特·波义耳的第 21 号工作日记 201 和 203 条目，英国皇家学会档案馆，参阅 http://cell.livesandletters.ac.uk/Boyle/boyle_ index.php?wd=21&idx= 2&option=both&version=editorial, 2013 年 1 月 1 日访问。

135　T. Sprat, *The History of the Royal-Society of London, for the improving of natural knowledge*, Martyn, 1667; ed. J. I. Cope and H. W. Jones, 1959; reprinted 1966, London: Routledge & Kegan Paul.

136 M. Ogborn, '*Geographia's pen: writing, geography and the arts of commerce, 1660–1760*', Journal of Historical Geography, vol. 30, issue 2, April 2004, p. 305.

137 G. Bickham, *The British Monarchy*, London, 1748 edn, A.8 following.

138 M. Ogborn, Indian Ink, Chicago University Press, 2007. 这本书对那个时代的书写和印刷品有非常精彩的描述，我强烈推荐大家去读一下。

139 S. Pepys, *Memoires relating to the state of the royal navy of England, for ten years, determined December 1688*, London, 1689, p. 112.

140 L. Boyle, 'Diplomatics', in J. Powell, *Medieval Studies, An Introduction*, Syracuse University Press, 1992, p. 93.

141 对外交情况的发展研究得最为透彻的是 L. Boyle, 参见 'Diplomatics', in J. Powell, *Medieval Studies*, pp. 82–113. The translation Golden Thread PB.indd of Papenbroek's letter is from J. W. Thompson, *A History of Historical Writing*, Vol. II , Macmillan, 1943, p. 12。

142 J. Moxon, *Mechanick Exercises on the Whole Art of Printing*, Dover, 1978, p. 6.

143 Ibid., p. 22.

144 后来皮埃尔 - 西蒙·富尼耶为该字体起了新名字，参见 S. Knight, *Historical Types*, Oak Knoll Press, 2012, E1, p. 67。

145 参见 James Mosley 的博客，地址是 www.typophile.com/node/70542 and 27378。

146 J. André and D. Denis Girou, 'Father Truchet, the typographic point, the *Romain du roi*, and tilings', in *TUGboat*, vol. 20, no. 1, 1999, p. 8ff. 全文参阅 http://www.tug.org/TUGboat/Articles/tb20-1/ tb62andr.pdf , 2011 年 5 月 16 日访问。

147 Knight, *Historical Types*, p. 13, 有明确解释。

148 关于私人系统，参见书中对格里分的阿尔丁版字体的分析。Griffo's Aldine faces in P. Burnhill, *Type spaces: in-house norms in the typography of Aldus Manutius*, Hyphen Press, 2003.

149 该法案的副本和打印本参阅 http://www. copyrighthistory.com/anne.html, 2011 年 6 月 24 日访问。

150 *The Rambler*, No. 145, Tuesday, 6 August 1751.

151 D. Brown, *Calligraphia*, Edward Raban printer to the University of St Andrews, 1622, Sect. 1 p. 71.

152 T. P. Thornton, *Handwriting in America: a Cultural History*, Yale, 1996, pp. 24–41.

153 Quoted in ibid., p. 35.

154 参阅 http://www.oldbaileyonline.org/。

155 Pliny the Elder, *The Natural History*, Book XIII, Ch. 26. 副本参阅 http:// www. perseus.tufts. edu/hopper/text?doc= Perseus%3atext%3a1999.02.0137, 2012 年 2 月 11 日访问。

156 Suetonius, *The Lives of the Twelve Caesars*, trans. R. Graves, Penguin, 1957, Augustus 87.3.

157 Ibid., Nero 52.3.

158 C. Baldi, *Trattato come de una lettera missiva si cognoscano la natura qualita della scrittore*, Carpi, 1622.

159 L. Dutens (ed.), *Gothofredi Guillelmi Leibnitii Opera Omnia*, vol. iv, Geneva, 1768, section on doctrina de moribus.

160 J. K. Lavater, *Physiognomische Fragmente zur Beförderung der Menschenkenntnis und Menschenliebe*, Leipzig, 1775-1778.

161 J. K. Lavater, *Essays on Physiognomy*, trans. C. Moore, London, 1797, vol. 4, p. 200.

162 巴斯克维尔的出生日期通常定为 1706 年，但当时英国仍沿用儒略历，每年第一天不是 1 月 1 日，而是 3 月 25 日。巴斯克维尔的生日在 1 月初，根据现代历法，推算他的出生年份是 1707 年。上述观点是詹姆斯·莫斯利在其诞辰 300 周年的演讲上提出来的，参阅 http:// typefoundry.blogspot.com/2006/01/ baskervilles-french-cannonroman.html，2011 年 6 月 15 日访问。

163 J. Dreyfus, 'The Baskerville Punches 1750-1950', *The Library*, 5th series, vol. 5, 1951, n. 3 p. 27, originally privately printed as J. Dreyfus, *The Survival of Baskerville's Punches*, Cambridge, 1949.

164 P.-S. Fournier, *Manuel Typographique*, vol. II , 1776.

165 B. Warde, 'The Baskerville types, a critique', *Monotype Recorder*, 221, 1927.

166 J. Van der Velde, *Spieghel der Schrijfkonste, inden welcken ghesien worden veelderhande Gheschriften met hare Fondementen ende onderrichtinghe*, 1605, p. 57, 'Dissectio Literarum Latinarum'.

167 J. A. Ayres, *Tutor to Penmanship*, 1697/1698, Part one, pl. 22.

168 C. Snell, *The Art of Writing*, 1712, pl. 28.

169 G. Shelley, *Alphabets in all the hands Done for the use of Christ's Hospital London*, 1710 (?), pl. 7.

170　更详细的背景资料参见 J. Mosley, 'English Vernacular', *Motif*, no. 11, Shenval Press, 1963, pp. 3-55。

171　Whyman, *The Pen and the People*, p. 215. 1799 年这个数字降到了 10%。

172　D. Fenning, *The Universal Spelling Book or a New and Easy Guide to the English Language*, Bassam, London, 1755, pp. 69-70. 同时它也作为手抄本出现在理查德·霍尔的牛皮纸封面笔记中 (1789 年), 以及在霍西尔伦敦第一大桥上, 参见 M. Rendell, *The Journal of a Georgian Gentleman*, Book Guild, 2011, p. 26。

173　I. Watt, 'The Comic Syntax of Tristram Shandy', in *Studies in Criticism and Aesthetics 1660-1880*, ed. Howard Anderson and John S. Shea, University of Minnesota Press, 1967; reprinted in *Modern Critical Interpretations: Laurence Sterne's Tristram Shandy*, ed. Harold Bloom, New York: Chelsea, 1987, pp. 43-57.

174　Ibid.

175　V. Mylne, 'The Punctuation of Dialogue in Eighteenth-Century French and English Fiction', *The Library*, s6-I (1), pp. 43-61.

176　Quoted in R. Wittman, 'Was there a Reading Revolution at the End of the Eighteenth Century?' in G. Cavallo and R. Chartier (eds), *A History of Reading in the West*, Blackwell, 2003, p. 285.

177　Ibid., pp. 74-111.

178　"分析任意语言的字母表, 人们不仅可以在多种不同的字母中找到相似的线条, 还会发现它们都由少量相同的部分组成, 有各种组合和处理方式。" G. Bodoni, *Manuale tipographico del cavaliere Gambattista Bodoni*, Parma, 1818, p. 107.

179　1826 年 7 月 10 日的日记："今天早上, 来自伦敦的刘易斯拜访了我, 他想校正手写文字。他很聪明, 用一种金属丝和象牙拼成的工具作为机械辅助, 把它放在手指上, 使握笔的手指保持在想要的位置……这很巧妙, 可能很有用。" A. Heal, *English Writing Masters*, Cambridge University Press, 1931, p. 70.

180　Thornton, *Handwriting in America*, p. 43.

181　M. Sanderson, 'Literacy and Social Mobility in the Industrial Revolution in England', *Past and Present*, 1972, 56 (1), pp. 75-103.

182　Ibid., pp. 81-82.

183　A. Roberts (ed.), *Mendip Annals, or a Narrative of the Charitable Labours of Hannah and Martha More*, being The Journal of Martha More, Nisbet, London,

1859, p. 6.

184　这里面有所有的细节。E. Kindel, 'Delight of men and gods: Christiaan Huygens's new method of printing', *Journal of the Printing History Society*, New Series, 14, Autumn 2009, pp. 5-40.

185　同样引自詹姆斯·莫斯利精彩的博客文章，参阅 http://typefoundry. blogspot.com/2010/03/lettres-jour-public-stencil-lettering.html。

186　C. S. Houston, T. Ball, M. Houston, *Eighteenth-century Naturalists of Hudson Bay*, McGill-Queens, 2003, p. 197.

187　这一段内容和数据，摘自 1835 年 3 月 27 日法拉第博士在皇家学会上做的《笔的生产》的报告。R. Thomson and T. Thomson, *Records of General Science Vol. 1*, Taylor, 1835, pp. 397-399.

188　Houston et al., *Eighteenth-century Naturalists of Hudson Bay*, p. 197.

189　Thomson and Thomson, *Records of General Science* vol. 1, p. 399.

190　Translated by Harry Carter, included in F. Smeijers, *Counterpunch: making type in the sixteenth century, designing typefaces now*, Hyphen Press, 1996, pp. 99-100.

191　S. H. Steinberg, *Five Hundred Years of Printing*, Faber, 1959, p. 199.

192　E. Rowe More, *A dissertation upon English typographical founders and founderies* (1778), Oxford University Press, 1962, p. 77.

193　18 世纪和 19 世纪英文地方绘制文字参见 J. Mosley, 'English Vernacular: A Study in Traditional Letter Forms', *Motif,* 11, 1963, pp. 3-55。

194　富尼耶托斯卡纳字体的前身，可见于 1735 年勒·博夫的《新书写》(*Nouveau Livre d'Ecriture*) 的扉页，该书是雕版印刷的。

195　J. Mosley, 'The Nymph and the Grot', *Typographica* (new series), 12, 1965, pp. 2-19. 不过另外一篇博客文章讲述得更详细，参阅 http://typefoundry.blogspot.com/2007/01/nymph-andgrot-update.html。

196　载于 J. Mosley 的博客文章，参阅 http://typefoundry.blogspot.co.uk/2007/01/nymph-andgrot-update.html。

197　J. Mosley, 'An essentially English type', *Monotype Newsletter*, no. 60, 1960, pp. 6-8.

198　此处措辞借鉴了 Typofile.com 上的内容和詹姆斯·莫斯利发布于 2007 年 2 月 3 日的插图博文。

199　关于教育者的讨论，参见 M. Twyman, 'Textbook design: chronological tables and the use of typographic cueing', *Paradigm*, No. 4, December 1990。

200 J. Moran, *Printing Presses: History and Development from the Fifteenth Century to Modern Times*, Faber, 1973, p. 192.

201 W. Smith, *Advertising When? Where? How?*, Routledge, Warne, and Routledge, 1863, pp. 86–87. 参阅 http://archive.org/details/ advertisehowwhe00smitgoog, 2012 年 5 月 24 日访问。

202 Ibid., p. 119.

203 Ibid., p. 156.

204 Ibid., p. 161.

205 Hansard, ix, p. 798 nn. And quoted in J. L. Hammond and B. Hammond, *The Town Labourer 1760–1832*, Longmans Green and Co., 1917, p. 57.

206 Martin, *The History and Power of Writing*, p. 400.

207 Ibid., p. 400.

208 Ibid., pp. 398–399.

209 R. Hill, *Post office reform: its importance and practicability*, privately printed, 1837.

210 Ibid., p.7.

211 R. Nash, 'Benjamin Franklin Foster', in *Calligraphy and Paleography*, ed. A. S. Osley, Faber, 1965, p. 115.

212 J. Yates, *Control through Communication: The Rise of System in American Management*, Johns Hopkins University, 1993. 我非常感谢乔安妮·耶茨在这一节中提出的观点。

213 资料来自两个网址：http://www.typewritermuseum.org/collection/index. php3? machine=hansen&cat=kd 和 http://www.malling-hansen.org/ the-writing-ball.html。

214 K. Yasuoka and M. Yasuoka, 'On the Pre-history of QWERTY', *Zinbun*, No. 42, March 2011, pp. 161–174. 参阅 http://repository.kulib.kyoto-u.ac.jp/ dspace/ bitstream/2433/139379/1/42_161.pdf，2012 年 1 月 17 日访问。

215 Martin, *The History and Power of Writing*, p. 403.

216 来自 1995 年 5 月图书馆和信息资源委保存和查阅委员会提交给美国国会的书面证词，参阅 http://www.clir.org/pubs/ cpanews/cpanl79.html，2010 年 5 月 23 日访问。

217 A. Dunton et al., *Manual of Free-hand Penmanship*, Gillman, 1877, pp. 7-8.

218 'A short Biography of Mr Vere Foster', 来自 1888 年 1 月 30 日一份无名报纸，收录在爱尔兰移民数据库中，参阅 http://ied.dippam.ac.uk/ records/38384，2012 年 1 月 25 日访问。

219 Thornton, *Handwriting in America*, p. 69; J. Higham, 'The Reorientation of American Culture in the 1890s', in *The Origins of Modern Consciousness*, ed. J. Weiss, Wayne State University, 1965, pp. 25-48.

220 参阅 http://www.officemuseum.com/filing_equipment_cabinets.htm, 2010 年 1 月 15 日访问。

221 J. G. Herder, *Vom Erkennen und Empfingen der menschlichen Seele*, Hartnoch, 1778, vol. VIII, p. 208.

222 D. Charlton (ed.), *E. T. A. Hoffmann's Musical Writings: Kreisleriana, The Poet and the Composer, Music Criticism*, Cambridge, 1989, p. 236.

223 J. H. Schooling, *Handwriting and Expression*, Kegan Paul, Trench, Trübner & Co., 1892, p. 6.

224 参见珀西·比希·雪莱写给托马斯·皮科克的一封信，时间在 1816 年 7 月 22 日—8 月 2 日，收录于 D. Wu, *Romanticism, an Anthology*, Blackwell, 1994, p. 1100。

225 Charlton (ed.), *E. T. A. Hoffmann's Musical Writings*, p. 238.

226 T. Byerley, 'On Characteristic Signatures', *Relics of Literature*, Thomas Boys, 1823, p. 370.

227 J.-H. Michon, *Système de graphologie*, Payot, 1875.

228 J.-H. Michon, *Méthode pratique de graphologie*, Bibliothèque Graphologique, 1878.

229 From the introduction to Schooling, *Handwriting and Expression*, p. 9. 这本书基本翻译了 J. Crépieux-Jamin, *L'ecriture et le caractère*, Felix Alcan, 1888。

230 译自 Shaike Landau, 'Michon and the Birth of Scientific Graphology', 参阅 http://www.britishgraphology.org/analyses/ MichonAndTheBirthOf Scien-tificGraphology.pdf, 2010 年 7 月 2 日访问。

231 Schooling, *Handwriting and Expression*, p. xiii.

232 Ibid., pp. 72-84.

233 'Doe on the Demise of Mudd v Suckermore Nov. 1836', in J. L. Adolphus and

T. F. Ellis, *Reports of Cases argued and determined in the Court of King's Bench vol. V*, Saunders and Benning, 1838, pp. 705–706.

234 T. Ingold, 'Walking the Plank: Meditations on a process of Skill', *Being Alive*, Taylor & Francis, 2011, p. 51ff.

235 John Ruskin, *The Stones of Venice*, vol. II, chapter VI, paragraph 16, 1853.

236 这一短语是 T.J. 科布登 - 桑德森发明的，他后来成了沃克在鸽子出版社的合作伙伴 (1900 年)。T. J. Cobden-Sanderson, *Ecce Mundus Industrial Ideals & The Book Beautiful*, Hammersmith Publishing Society, 1892 (unpaginated)，参阅 http://archive.org/stream/ eccemundusindus00sangoog#page/n36/mode/2up，2012 年 5 月 3 日访问。

237 J. Dreyfus, 'New Light on the Designs for the Kelmscott and Doves Presses', *The Library*, 1974 series, 5-XXIX (1), pp. 36–41.

238 M. Tidcombe, *The Doves Press*, Oak Knoll Press and British Library, 2002, pp. 13–15.

239 T. J. Cobden-Sanderson, 'The Three-fold Purpose of the Doves Press', in *Catalogue Raisonné*, Doves Press, 1908, p. 8.

240 T. J. Cobden-Sanderson, 'The Book Beautiful', in *Ecce mundus*, p. 5.

241 J. S. Dearden, 'John Ruskin, the Collector: With a Catalogue of the Illuminated and Other Manuscripts formerly in his Collection', *The Library*, 1966.

242 Rev. William J. Loftie, *Lessons in the Art of Illuminating: a Series of Examples selected from works in the British Museum, Lambeth Palace Library, and the South Kensington Museum*, Blackie & Son, 1885.

243 P. Johnston, *Edward Johnston*, Faber, 1959, pp. 74–75. 本段所有引文都出自该书。

244 Ibid., p. 199.

245 Ibid., p. 201.

246 Phil Baines, 'Changing the world', in E. Clayton (ed.), *Edward Johnston: Lettering and Life*, Ditchling Museum, 2007, p. 24.

247 F. T. Marinetti, 'Destruction of Syntax – Imagination without Strings – Words-in-Freedom' (1913), in *Futurist Manifestos*, ed. U. Apollonio, MFA Publications, 2001, pp. 104–105.

248 Baines, 'Changing the world', in Clayton (ed.), *Edward Johnston*, p. 24.

249 See introduction by Elizabeth McCombie, *Stéphane Mallarmé: Collected Poems*

and Other Verse, trans. E. H. and A. M. Blackmore, 2006, Oxford University Press, 2006, pp. ix–xxvii.

250 参见他的《干涉主义抗议》拼贴画 (*Interventionist Demonstration*,1914) 和他最后一部未来主义作品《战争绘画》(*Guerrapittura*,1915)。

251 R. Koch, 'Maximilian – und Frühling-Schrift', *Archiv für Buchgewerbe*, no. 7/8, 1918, pp. 92–93, as translated in G. Cinamon, *Rudolf Koch*, Oak Knoll Press and British Library, 2000, p. 28.

252 参见奥芬巴路德维希教堂的网站，地址是 http://www.plan-becker. de/frie-denskirche-offenbach/, 2012 年 3 月 13 日访问。

253 *Die Zeitgemäße Schrift*, Issue 38, Heintze & Blanckertz, 1936.

254 W. Weaver, 'Recent Contributions to the Mathematical Theory of Communication', in C. Shannon and W. Weaver, *The Mathematical Theory of Communication*, University of Illinois Press, 1949, pp. 114–115.

255 2008 年，在斯坦福研究所召开了纪念《所有演示之母》演讲 40 周年大会，这里引用了罗伯特・泰勒对约翰・马克夫的采访，参阅 http://www.sri.com/ engelbart-event-video.html。

256 From the historical note introducing G. Lavendel (ed.), *A Decade of Research from PARC 1970–1980*, Bowker, 1980.

257 Lavendel (ed.), *A Decade of Research from PARC 1970–1980*. 关于奥托电脑的记载最先出现在这本书中。

258 Reported in D. Smith and R. Alexander, *Fumbling the Future. How Xerox invented, and then ignored, the first personal computer*, toExcel 1999, p. 209.

259 From *The Triumph of the Nerds, Part 3*, PBS, 参阅 http://www.pbs.org/ nerds/ part3.html，2010 年 7 月 28 日访问。

260 Ibid.

261 A. Herzfeld, *Revolution in the Valley*, O'Reilly, 2004, p. 192.

262 R. Southall, *Printer's type in the twentieth century. Manufacturing and Design methods*, British Library and Oak Knoll Press, 2005, p. 140.

263 来自萨姆纳・斯通的私人信件。

264 放大的首字母这一术语，由约翰斯顿引自 1895 年 E. F. 斯特兰奇的《字母表》(*Alphabets*)。斯特兰奇认为，它表示一个可以大声朗读的地方 (感谢斯坦・奈特的建议)。

265 来自萨姆纳·斯通的私人信件。

266 R. Sassoon, *Handwriting of the Twentieth Century*, Intellect Books, 2007, pp. 16–20.

267 F. Thomas, 'Une question de writing', *Improving Schools*, March 1998, pp. 30–32.

268 Sassoon, *Handwriting of the Twentieth Century*, p. 181.

269 M. Mai and A. Remke, *Urban Calligraphy and Beyond*, Die Gestalten Verlag, 2003.

270 From 'Theory and Function of the Duende', in *Frederico Garcia Lorca, Selected Poems*, trans. M. Williams, Bloodaxe, 1992, p. 225.

271 Ibid., p. 229.

272 K. Haffner and M. Lyon, *Where Wizards Stay Up Late: The Origins of the Internet*, Touchstone, 1996, p. 194.

273 J. C. R. Licklider and A. Vezza, 'Applications of Information Networks', *Proceedings of the IEEE*, vol. 66, no. 11, November 1978, pp. 43–59.

274 J. C. R. Licklider and R. Taylor, 'The Computer as a Communication Device', in *Science and Technology: For the Technical Men in Management*, no. 76, April 1968, pp. 21–31; 'In Memoriam: J. C. R. Licklider: 1915–1990', Report 61, Systems Research Center, Digital Equipment Corporation, Palo Alto, California, 7 August 1990, pp. 21–41.

275 引自约翰·马可夫的采访，参阅 http://www.sri.com/engelbart-eventvideo.html。

276 T. Berners-Lee and M. Fischetti, *Weaving the Web*, Harper, 1999, p. 37.

277 Ibid, p. 1.

278 Lucy Suchman, personal correspondence, 11 July 2010.

279 社会学家苏珊·利·斯塔尔提出了无形工作的概念。S. L. Starr and A. Strauss, 'Layers of Silence, Arenas of Voice: The Ecology of Visible and Invisible Work', *Computer Supported Cooperative Work*, 8: 9–30, 1999. 参阅 http://users.tkk.fi/daviding/1999_CSCW_v8_ n1-2_p9_Star_Strauss.pdf, 2012 年 4 月 24 日访问。

280 Referenced from J. Naughton, '20 years on…4 billion people feel the joy of text', *Guardian*, 6 May 2012.

笔下流金：西方文字书写史

281 *Morgan Stanley Internet Trends Report April 2010*, slide 62, 参阅 http:// www.mor-
ganstanley.com/institutional/techresearch/pdfs/Internet_ Trends_041210.pdf。

282 N. Carr, *The Big Switch: Rewiring the World, from Edison to Google*, Norton, 2008.

283 来自手工艺品研究中心（创意艺术大学现代工艺品博物馆），网址 http://
www.csc.ucreative.ac.uk/。

284 M. McWilliams and D. Roxburgh, *Traces of the Calligrapher. Islamic Calligraphy
in Practice*, c.1600–1900, Museum of Fine Art, Houston, 2007, p. 26.

285 Jean François Billeter, *The Chinese Art of Writing*, Skira, 1990, p. 176.

286 Ting Wen-chün, *Essential Principles of Calligraphy*, original edn 1938, reprint-
ed 1983, Chung-kuo shu-tien, Beijing, part 2, pp. 1–2.

287 Akim in Mai and Remke, *Urban Calligraphy and Beyond*, pp.98,104. 两处均引
自该书。

288 Quoted in D. Stern, *Forms of Vitality*, Oxford, 2010, p. 41; originally in D. Stern,
The Interpersonal World of the Infant, Basic Books, 1985, p. 140.

289 D. Stern, *The Present Moment in Psychotherapy and Everyday Life*, Norton, 2004,
p. 4.

290 L. Gourhan, *Gesture and Speech*, MIT Press, 1993.

291 D. Lewis-Williams and D. Pearce, *Inside the Neolithic Mind*, Thames & Hudson,
2005, p. 57.

292 J. Gleick, *The Information*, Fourth Estate, 2011, p. 416.

293 N. Carr, 'Drowning in Beeps', *The Daily Beast*, 1 March 2011. 参阅http:// www.the-
dailybeast.com/articles/2011/03/01/the-information-byjames-gleick-review-by-nich-
olas-carr.html, 2012 年5 月2 日访问。

参考书目

为方便读者使用，本书参考书目按照时期划分。在参考书目的最后，是一些更加深入细致的书法艺术作品，供感兴趣者进一步阅读。这个列表不包含手抄本和习字册等书目，也未列出没有摹写本的原版手抄本和习字册等。

CUP = Cambridge University Press; UCP = University of Chicago Press; OUP = Oxford University Press.

一般参考书

1   Armstrong, H. (ed.), *Graphic Design Theory: Readings from the Field* (Princeton Architectural Press 2009)

2   Baines, P. & Haslam, A., *Type and Typography* (Lawrence King 2002)

3   Bartram, A., *Typeforms: A History* (OakKnoll/The British Library 2007)

4   Bately, J., Brown, M. & Roberts, J., *A Paleographer's View: Selected Writings of Julian Brown* (Harvey Miller 1993)

5   Boyle, L. E., *Medieval Latin Paleography: A Bibliographical Introduction* (University of Toronto 1984)

6   Bringhurst, R., *The Elements of Typographic Style* (Hartley & Marks, Vancouver 1992)

7   Brown, M. P., *A Guide to Western Historical Scripts from Antiquity to 1600* (British Library 1990)

8   Brown, T. J., 'Latin Paleography since Traube', in *Codicologica I*, ed. A. Gruys (Brill 1976)

9   Coulmas, F., *The Writing Systems of the World* (Blackwell 1989)

10   De Hamel, C., *A History of Illuminated Manuscripts* (Phaidon 1986)

11   De Hamel, C., *The Book: A History of The Bible* (Phaidon 2001)

12   Fairbank, A., *A Book of Scripts* (Penguin 1949, Faber & Faber 1979)

13   Fairbank, A., *The Story of Handwriting: Origins and Development* (Faber & Faber 1970)

14   Finkelstein, D. & McCleery, A. (eds), *The Book History Reader* (Routledge 2002)

15   Fischer, S. R., *A History of Writing* (Reaktion 2001)

16   Gaur, A., *A History of Writing* (British Library 1984)

17   Gelb, I. J., *A Study of Writing* (UCP 1963)

18   Gray, N., *A History of Lettering* (Phaidon 1986)

19   Gray, N., *Lettering as Drawing* (OUP 1971)

20   Gray, N., *Lettering on Buildings* (Reinhold 1960)

21   Hambridge, J., *The Elements of Dynamic Symmetry* (Dover 1967)

22   Jackson, D., *The Story of Writing* (Studio Vista 1981, Barrie & Jenkins 1987)

23   Knight, S., *Historical Scripts: A Handbook for Calligraphers* (A&C Black 1984, Oak Knoll/British Library 1998)

24   Knight, S., *Historical Types from Gutenberg to Ashendene* (Oak Knoll 2012)

25   Lewis, J., *The Anatomy of Printing: The Influence of Art and History on its Design* (Faber & Faber 1970)

26   Lyons, M., *A History of Reading and Writing* (Palgrave Macmillan 2010)

27   Manguel, A., *A History of Reading* (Flamingo 1997)

28   Maunde Thompson, E., *Greek and Latin Paleography*, 3rd edn (OUP 1912)

29   McLean, R., *Manual of Typography* (Thames and Hudson 1992)

30   Mediavilla, C., *Calligraphy* (Scirpus 1993)

31   Morison, S. & Day K., *The Typographic Book 1450–1935* (Ernest Benn 1963)

32   Morison, S., *Politics and Script* (OUP 1972)

33   Reynolds, L. D. & Wilson, N. G., *Scribes and Sources: A Guide to the Transmission of Greek and Latin Literature* (OUP 1974)

34   Sampson, G., *Writing Systems* (Stanford University Press 1985)

35   Steinberg, S. H., *Five Hundred Years of Printing, rev. J. Trevitt* (Oak Knoll/British Library 1996)

36   Sutton, J. & Bartram, A., *An Atlas of Typeforms* (Lund Humphries 1968)

37   Tracy, W., *Letters of Credit: A View of Type Design* (Gordon Fraser 1986)

38   Tschichold, J., *Treasury of Alphabets and Lettering* (Reinhold 1966, Omega 1985)

39   Updike, D. B., *Printing Types: Their History, Forms and Use* (Harvard University Press 1951)

40   Whalley, J. I. & Kaden, V. C., *The Universal Penman* (HMSO 1980)

古代世界

1 Algaze, G., *Ancient Mesopotamia at the Dawn of Civilisation* (UCP Press 2008)

2 Baines, J., *Visual and Written Culture in Ancient Egypt* (OUP 2007)

3 Bottero, J., *Mesopotamia: Writing, Reasoning, and the Gods* (UCP 1992)

4 Bowman, A. K. & Thomas, J. D., *Vindolanda: The Latin Writing Tablets* (Society for the Promotion of Roman Studies 1983)

5 Bowman, A. K., *Life and Letters on the Roman Frontier: Vindolanda and its People* (British Museum 1994; 2nd edn 1998, rev. edn 2003)

6 Bradley, K., *Slavery and Society at Rome* (CUP 1994)

7 Casson, L., *Libraries of the Ancient World* (Yale 2001)

8 Catich, E., *The Origin of the Serif: Brush Writing and Roman Letters* (Catfish 1968, St Ambrose 1992)

9 Catich, E., *The Trajan Inscription in Rome* (Catfish 1961)

10 Cook, B. F., *Greek Inscriptions* (British Museum 1987)

11 Cooley, A. E., *The Cambridge Manual of Latin Epigraphy* (CUP 2012)

12 Evetts, L. C., *Roman Lettering* (Pitman 1938)

13 Flower, H., *Ancestor Masks and Aristocratic Power in Roman Culture* (OUP 1996)

14 Friggeri, R., *The Epigraphic Collection of the Museo Nazionale Romano at the Baths of Diocletian* (Electa 2001)

15 Gordon, A. E., *An Illustrated Introduction to Latin Epigraphy* (University of California 1983)

16 Grafton, A., & Williams, M., *Christianity and the Transformation of the Book: Origen, Eusebius, and the Library of Caesarea* (Harvard University Press 2006)

17 Herodotus, *The Histories*, trans. rev. J. Marincola, from A. de Sélincourt (1954, Penguin 2003)

18 Hodgkin, T., *Letters of Cassiodorus*, Variae XII.21 (OUP 1886)

19 Laurence, R., *The Roads of Roman Italy* (Routledge 1999)

20 Lowe, E. A., *Codices Latini Antiquiores*, vols I–XI (Clarendon 1934–66) and *The Supplement* (Clarendon 1971)

21 Muess, J., *Das Römische Alphabet* (Callwey 1989)

22 Plato, 'The Phaedrus', *The Dialogues of Plato*, vol. 1, trans. B. Jowett, 3rd edn (OUP 1892)

23   Pliny the Elder, *The Natural History*, ed. J. F. Healy (Penguin 1991)

24   Powell, B., *Writing: Theory and History of the Technology of Civilization* (Wiley-Blackwell 2012)

25   Roberts, C. H. & Skeat, T. C., *The Birth of the Codex* (OUP 1983)

26   Robinson, A., *The Story of Writing: Alphabets, Hieroglyphics and Pictograms* (Thames and Hudson 1995)

27   Schmandt-Besserat, D., *When Writing Met Art, From Symbol to Story* (University of Texas 2007)

28   Seider, R., *Paläographie Der Lateinischen Papyri*, vols 1–3 (Hiersemann 1972–1981)

29   Suetonius, *The Lives of the Twelve Caesars*, trans. R. Graves (Penguin 1957)

30   Susini, G., *The Roman Stonecutter: An Introduction to Latin Epigraphy* (Blackwell 1973)

31   Svenbro, J., *Phrasikleia: An Anthropology of Reading in Ancient Greece* (Cornell 1993)

32   Tenney, F., *An Economic History of Ancient Rome*, vol. 5 (John Hopkins 1940)

33   Tracy, S. V., 'Athenian Letter-Cutters and Lettering on Stone in Vth to Ist Centuries B.C.', in *Greek Letters: from Tablets to Pixels*, ed. M. S. Macrakis (Oak Knoll 1997)

34   Tracy, S. V., 'The Lettering of an Athenian Mason', *Hesperia: Supplement XV* (American School of Classical Studies at Athens 1975)

35   Wade-Gery, H. T., 'A Distinctive Attic Hand', *The Annual of The British School at Athens*, 33 (1935)

36   Woodard, R. D., *Greek Writing from Knossos to Homer* (OUP 1997)

37   Woodhead, A. G., *The Study of Greek Inscriptions* (CUP 1959, 1981)

中世纪

1   Aris, R., *Explicatio Formarum Litterarum (The Unfolding of Letters from the First Century to the Fifteenth)* (The Calligraphy Connection 1990)

2   Backhouse, J., Turner, D. H. & Webster, L., *The Golden Age of Anglo-Saxon Art, 966–1066* (British Museum 1984)

3   Bischoff, B., *Latin Paleography* (CUP 1990)

4   Bishop, T. A. M., *English Caroline Minuscule* (OUP 1971)

5   Brown, M. P., *The Lindisfarne Gospels: Society, Spirituality and the Scribe* (British Library 2003)

6   Brown, P., *The Book of Kells* (Thames & Hudson 1980)

7   Clanchy, M. T., *From Memory to Written Record* (Blackwell 2nd edn 1993)

8   Clayton, E., *Embracing Change: Spirituality and the Lindisfarne Gospels*(Clayton 2003)

9   De la Mare, A. C. & Barker-Benfield, B. C. (eds.), *Manuscripts at Oxford* (Bodleian 1980)

10   Delaisse, L. M. J. 'Towards a History of the Medieval Book', *Codicologica I* (1976)

11   Duffy, E., *Marking the Hours* (Yale 2006)

12   Gullick, M., *Pen in Hand: Medieval Scribal Portraits, Colophons and Tools* (Red Gull Press 2006)

13   Hector, L. C., *The Handwriting of English Documents* (Arnold 1966)

14   Hunter-Blair, P., *Northumbria in the Days of Bede* (Gollancz 1976)

15   Illich, I., *In the Vinyard of the Text* (UCP 1993)

16   Kendrick, T. D. & Brown, T. J. et al., *Evangeliorum quattuor codex Lindisfarnensis*, 2 vols (Olten 1956–1960)

17   Knight, S., 'Scripts of the Grandval Bible', Parts I, II & III, *The Scribe*, nos 44, 45, 46, (1988–1989)

18   Knowles, Dom D., *The Monastic Order in England, 943–1216* (CUP 1963, 1st edn 1940)

19   Lowe, E. A., *English Uncial* (OUP1960)

20   McKitterick, R., *The Carolingians and the Written Word* (CUP 1989)

21   McKitterick, R. (ed.), *The Uses of Literacy in Early Mediaeval Europe* (CUP 1992)

22   Nordenfalk, C., *Celtic & Anglo-Saxon Painting* (Chatto & Windus 1977)

23   O' Neil, T., *The Irish Hand* (Dolmen 1984)

24   Orme, N., *Medieval Schools* (Yale 2006)

25   Parkes, M. B., *English Cursive Book Hands, 1250–1500* (Scolar Press 1969)

26   Parkes, M. B., *Pause and Effect: An Introduction to the History of Punctuation* (University of California Press 1993)

27   Parkes, M. B., *The Scriptorium of Wearmouth-Jarrow* (The Jarrow Lecture 1982)

28   Parry, D., *Households of God* (DLT 1980)

29   Prescott, A., *The Benedictional of St. Aethelwold* (British Library 2002)

30   Thompson, D. V., *The Craftsman's Handbook,'Il Libro dell'Arte'* (Dover 1960)

31   Thompson, D. V., *The Materials and Techniques of Medieval Painting* (Dover 1956)

32   Thorpe, L. (trans.), *Two Lives of Charlemagne* (Penguin Classics 1969)

33   Visscher, W., 'Trends in Vellum and Parchment Making', in *The New Bookbinder*, vol. 6 (1986)

34   Wright, C. E., *English Vernacular Hands from the Twelfth to the Fifteenth centuries* (OUP 1960)

文艺复兴时期

1   Agüera y Arcas, B., 'Temporary Matrices and Elemental Punches in Gutenberg's DK type', in *Incunabula and Their Readers: Printing, Selling and Using Books in the Fifteenth Century*, ed. K. Jensen (British Library 2003)

2   Anderson, D. M., *A Renaissance Alphabet: Il Perfetto Scrittore, Parte Seconda by Giovan Francesco Cresci* (University of Wisconsin 1971)

3   Bain, P. & Shaw, P. (eds), *Blackletter: Type and National Identity* (Princeton Architectural Press 1998)

4   Beale, P., *England's Mail* (Tempus 2005)

5   Benson, J. H., *The First Writing Book: The Operina of 1523 Ludovico degli by Arrighi* (Yale 1954)

6   Benson, J. H., Pierce, Rev. H. K. & Taylor, E. A. O'D, *The Instruments of Writing* (Berry Hill Press 1953)

7   Bergstein, M., 'Donatello's Gattamelata and its Humanist Audience', *Renaissance Quarterly*, Sept (2002)

8   Bird, M. S., *Ontario Fraktur: A Pennsylvania-German Folk Tradition in early Canada* (Feheley 1977)

9   Blunt, W., *Sweet Roman Hand: Five Hundred Years of Italic Cursive Script* (Barrie 1952)

10   Butor, M., *Les mots dans la peinture* (Skira 1969)

11   Carter, H., *A View of Typography up to about 1600* (first published OUP 1969, Hyphen 2002)

12   Chamberlin, E. R., *The Sack of Rome* (Batsford 1979)

13   Davies, M., 'Juan de Carvajal and Early Printing: The 42-line Bible and the Sweynheym and Pannartz Aquinas', *The Library*, s6-XVIII (1996)

14   Davies, M., *The Gutenberg Bible* (Pomegranate/British Library 1997)

15   De La Mare, A. C., 'The Book Trade', *Journal of the Warburg and Courtauld Institutes*, vol. 39 (1976).

16   De La Mare, A. C., *The Handwriting of Italian Humanists* (OUP 1973)

17   De La Mare, A. C. & Nuvoloni, L., *Bartolomeo Sanvito: The Life and Work of a Renaissance Scribe* (Association Internationale De Bibliophilie 2009)

18   Eisenstein, E. L., *The Printing Revolution in early Modern Europe* (CUP 1983)

19   Englehart, B. & Brand, C., 'Gerard Mercator, Cartographer and Writing Master', in *Calligraphy and Paleography*, ed. A. S. Osley (Faber & Faber 1965)

20   Fairbank, A. & Berthold, W., *Renaissance Handwriting* (Faber & Faber 1960)

21   Febvre, L. P. V. & Martin H-J., *The Coming of the Book: The Impact of Printing 1450–1800* (Verso 1976)

22   George, W. & Waters, E. (trans.), *The Vespasiano Memoirs* (Routledge 1926)

23   Gombrich, E. H., 'The Revival of Letters to the Reform of the Arts: Niccolò Niccoli and Filippo Brunelleschi' , *The Heritage of Apelles* (Lund Humphries 1976)

24   Harvard, S., *The Cataneo Manuscript* (Taplinger/Pentalic 1981)

25   Hirsch, R., 'Stampa e Lettura fra il 1450 e il 1550', in *Libri, editori e pubblico nell'Europa moderna: guida storica e critica*, ed. A. Petrucci (Laterza 1977)

26   Hofer, P., 'Variant issues of the first edition of Arrighi's Operina', in *Calligraphy and Paleography*, ed. A. S. Osley (Faber & Faber 1965)

27   Kapr, A., *Johann Gutenberg: The Man and His Invention*, trans. D. Martin (Scolar Press 1996)

28   Kapr, A., *The Art of Lettering* (Saur 1983)

29   Man, J., *The Gutenberg Revolution* (Review 2002)

30   Morison, S., *The Mollyus Alphabet* (Pegasus 1927)

31   Morison, S., *Early Italian Writing-Books* (British Library 1990)

32 Martin, H-J., *The History and Power of Writing* (UOC 1994)

33 Ogg, O., *Three Classics of Italian Calligraphy* (Dover 1953)

34 Osley, A. S., 'Francisco Luca: Creator of the Spanish Bastarda' , in *Scribes and Sources* (Faber & Faber 1980)

35 Osley, A. S., *Scribes and Sources* (Faber & Faber 1980)

36 Petrach, 'Epistola de Rebus Senilibus' XVI, 2, *The First Modern Scholar and Man of Letters*, trans. J. H. Robinson (Putnam 1909)

37 Petrucci, A., *Public Lettering, Script, Power and Culture* (UCP 1993)

38 Pettegree, A., *The Book in the Renaissance* (Yale 2010)

39 Platina, B., *Lives of the Popes* (BiblioLife 2009)

40 Shaw, P., 'Bartolomeo Sanvito, Part two', *Letter Arts Review*. vol. 19, no. 2 (2004)

41 Shen, C. Y. Fu, *Traces of the Brush* (Yale 1977)

42 Taylor, R. E., *No Royal Road: Luca Pacioli and His Times* (University of North Carolina 1942)

43 Ullman, B. L., *The Origin and Development of Humanistic Script* (Edizioni di Storia e Letteratura 1960)

44 Vervliet, H. D. L., *French Renaissance Printing Types: A Conspectus* (The Printing Historical Society and Oak Knoll Press 2010)

45 Voet, L., *The Golden Compasses: The History of the House of Plantin-Moretus* (Routledge & Keegan Paul 1969)

46 Wardrop, J., *The Script of Humanism: Some Aspects of Humanistic Script*, 1460–1560 (OUP 1963)

启蒙运动时期

1 Adams, A. J., 'Disciplining the Hand, Disciplining the Heart: Letter-writing, Paintings and Practices in Seventeenth Century Holland', in *Love letters: Dutch Genre Paintings in the Age of Vermeer*, ed. P. Sutton (Bruce Museum & National Gallery of Ireland 2003)

2 André, J. & Denis Girou, D., 'Father Truchet, the typographic point, the Romain du roi, and tilings', in *TUGboat*, vol. 20, no.1 (1999)

3 Baldi, C., *Trattato come de una lettera missiva si cognoscano la natura qualita della scrittore* (Carpi 1622)

4   Barnes, I. & Hudson R., *Historical Atlas of Europe* (Arcadia 1998)

5   Bartram, A., *The English Lettering Tradition from 1700 to the Present Day* (Lund Humphries 1986)

6   Beale, P., *England's Mail: Two Millennia of Letter Writing* (Tempus 2005)

7   Bickham, G., *The British Monarchy* (London 1748)

8   Boyle, L., 'Diplomatics' , in Powell, J., *Medieval Studies: An Introduction* (Syracuse University Press 1992)

9   Brewer, J., 'Authors, publishers and the making of literary culture', in *The Book History Reader, eds D. Finkelstein & A. McCleery* (Routlege 2006)

10   Brown, D., *Calligraphia* (Edward Raban printer to the University of St Andrews 1622)

11   Burnhill, P., *Type spaces: In-house norms in the typography of Aldus Manutius* (Hyphen Press 2003)

12   Caruso, M., *'Hacer Buena letera': The disciplinary power of writing in early modern Spain*, paper presented at the CIES Annual Conference (2008)

13   Cavallo, G. & Chartier, R. (eds), *A History of Reading in the West* (Blackwell 2003)

14   Chartier, R., *The Order of Books* (Stanford 1994)

15   Cressey, D., *Literacy and the Social Order: Reading and Writing in Tudor and Stuart England* (CUP 2006)

16   Dreyfus, J., 'The Baskerville Punches 1750–1950', *The Library*, s5-V (1951)

17   Dutens, L. (ed.), *Gothofredi Guillelmi Leibnitii Opera Omnia*, vol. IV (Geneva 1768)

18   Evelyn, J., de la Bedoyere, G. (ed.), *Diary* (Woodbridge 1995)

19   Fenning, D., *The Universal Spelling Book or a New and Easy Guide to the English Language* (Bassam 1755)

20   Fournier, P. S., *Manuel Typographic*, vol. I–II (Paris 1764–1766)

21   Galileo G., 'Letter to Madame Christina of Lorraine, Grand Duchess of Tuscany, Concerning the Use of Biblical Quotations in Matters of Science', in *Discoveries and Opinions of Galileo*, trans. S. Drake (Doubleday Anchor Books 1957)

22   Green, L., 'French Letters and English Anxiety', in *Huntington Library Quarterly*, vol. 66, nos 3/4 Guy, J., Tudor England (Oxford Paperbacks 1990)

23   Heal. A., *English Writing Masters* (CUP 1931)

24   How, J., *Epistolary Spaces: English Letter-writing from the Foundation of the Post*

Office to Richardson's Clarissa (Ashgate 2003)

25   Howes, J., 'The Complete Caslon', *Type and Typography: Highlights from Matrix* (Mark Batty 2003)

26   Humphries, J., *Childhood and Child Labour in the British Industrial Revolution* (CUP 2010)

27   Hutchinson, S. C., *The History of the Royal Academy, 1768–1968* (Taplinger 1968)

28   Infelise, M., 'Roman Avvisi: Information and Politics in the Seventeenth Century', in *Court and Politics in Papal Rome, 1492–1700*, eds G. Signorotto & M. A. Visceglia (CUP 2004)

29   Knowles, D., 'Jean Mabillon', *The Historian and Character and Other Essays* (CUP 1963)

30   Lavater, J. K., *Physiognomische Fragmente zur Beförderung der Menschenkenntnis und Menschenliebe* (Leipzig 1775–1778)

31   Lavater, J. K., *Essays on Physiognomy*, vol. 4, trans. C. Moore (London 1797)

32   Love, H., *The Culture and Commerce of Texts: Scribal Publication in Seventeenth-Century England* (OUP 1993)

33   Martin, H-J., *The History and Power of Writing* (UCP 1994)

34   Meynell, F., 'According to Cocker', in *Calligraphy and Paleography*, ed. A. S. Osley (Faber & Faber 1965)

35   Montias, J. M., *Artists and Artisans in Delft* (Princeton 1982)

36   Mosley, J., 'English Vernacular: A Study in Traditional Letter Forms', *Motif,* 11 (1963)

37   Moxon, J., *Mechanick Exercises on the Whole Art of Printing* (Dover 1978)

38   Mylne, V., 'The Punctuation of Dialogue in Eighteenth-Century French and English Fiction', *The Library*, s6-I (1979)

39   Ogborn, M., 'Geographia's Pen: Writing, geography and the arts of commerce, 1660–1760', *Journal of Historical Geography*, vol. 30, issue 2 (2004)

40   Ogborn, M., *Indian Ink* (UCP 2007)

41   Pardoe, F. E., *John Baskerville of Birmingham: Letter-founder and Printer* (Frederick Muller 1975)

42   Pepys, S., *Memoires relating to the state of the royal navy of England, for ten years, determined December 1688* (London 1689)

43   Rendell, M., *The Journal of a Georgian Gentleman* (Book Guild 2011)

44   Ryder, J., *Lines of the Alphabet in the Sixteenth Century* (Stellar and Bodley Head 1965)

45   Sprat, T., *The History of the Royal-Society of London, for the improving of natural knowledge* (Martyn 1667), eds J. I. Cope & H. W. Jones (1959, Routledge & Kegan Paul 1966)

46   Sutton, P., *Love Letters: Dutch Genre Paintings in the Age of Vermeer* (Bruce Museum and National Gallery of Ireland 2003)

47   *The Rambler*, no. 145, Tuesday, 6 August 1751

48   Thompson, J. W., *A History of Historical Writing*, vol. II (Macmillan 1943)

49   Thornton, T. P., *Handwriting in America: A Cultural History* (Yale 1996)

50   Warde, B., 'The Baskerville types, a critique', *Monotype Recorder 221* (1927)

51   Watt, I., 'The Comic Syntax of *Tristram Shandy*', in *Studies in Criticism and Aesthetics 1660–1880*, eds H. Anderson and J. S. Shea (University of Minnesota Press 1967)

52   Watts, T., *An Essay on the Proper Method for Forming the Man of Business* (London 1716)

53   Whyman, S. E., *The Pen and the People: English Letter Writers 1660–1800* (OUP 2009)

54   Wolpe, B., *A Newe Booke of Copies 1574* (Lion & Unicorn 1959)

工业革命时期

1   'Doe on the Demise of Mudd v Suckermore Nov. 1836' , in J. L. Adolphus & T. F. Ellis, *Reports of Cases argued and determined in the Court King's Bench*, vol. V (Saunders and Benning 1838)

2   Backemeyer, S., & Gronberg, T. (eds), *W. R. Lethaby 1857–1931: Architecture, Design and Education* (Lund Humphries 1984)

3   Bartram, A., *Tombstone Lettering in the British Isles* (Lund Humphries 1978)

4   Bartram, A., *Fascia Lettering in the British Isles* (Lund Humphries 1978)

5   Bartram, A., *Street Name Lettering in the British Isles* (Lund Humphries 1978)

6   Bodoni, G., *Manuale tipographico del cavaliere Gambattista Bodoni* (Parma 1818)

7   Burgert, H-J., *The Calligraphic Line: Thoughts on the Art of Writing* (Burgertpressse 1989)

8   Byerley, T., 'On Characteristic Signatures,' *Relics of Literature* (Thomas Boys 1823)

9   Charleton, D. (ed.), *E. T. A. Hoffman's Musical Writings: Kreisleriana; The Poet and the Composer; Music Criticism* (CUP 1989)

10   Child, H. (ed.), *Calligraphy Today* (Black 1988)

11   Crellin, V. H., *Writing by Rote* (University of Reading 1982)

12   Desbarolles, A. & Michon, J-H., *Les mystères de l'écriture* (Garnier 1872)

13   Disraeli, I., 'Autographs', *First and Second Series of Curiosities of Literature* (Pearson 1835)

14   Dreyfus, J., 'Emery Walker's 1888 lecture on "Letterpress Printing": A Reconstruction and a Reconsideration', *Craft History One* (Combined Arts 1988)

15   Dunton, A., *et al, Manual of Free-hand Penmanship* (Gillman 1877)

16   Faraday, M., 'The Manufacture of Pens', lecture given on 27 March 1835, in R. Thomson & T. Thomson, *Records of General Science*, vol. 1 (Taylor 1835)

17   Folsom, R., *The Calligrapher's Dictionary* (Thames & Hudson 1990)

18   Golby, J. M. & Purdue, A. W., *The Civilisation of the Crowd: Popular Culture in England 1750–1900* (Sutton 1999)

19   Hammond, J. L. & Hammond, B., *The Town Labourer 1760–1832* (Longman Green and Co. 1917)

20   Higham, J., 'The Reorientation of American Culture in the 1890s', in *The Origins of Modern Consciousness*, ed. J. Weiss (Wayne State University 1965)

21   Hill, R., *Post Office Reform: Its Importance and Practicability* (privately printed 1837)

22   Houston, C. S., Ball, T. & Houston, M., *Eighteenth-Century Naturalists of the Hudson Bay* (McGill-Queens 2003)

23   Huygen, F., *British Design, Image & Identity* (Thames & Hudson 1989)

24   Ingold, T., 'Walking the Plank, Meditations on a process of Skill', *Being Alive* (Taylor and Francis 2011)

25   Kindel, E., 'Delight of men and gods: Christiaan Huygens's new method of printing', *Journal of The Printing History Society* (new series), 14 (2009)

26   MacCarthy, F., *William Morris* (Faber & Faber 1994)

27   Michon, J-H., *Système de graphologie suivi de Méthode pratique de graphologie,*

(Payot 1875)

28   Moran, J., *Printing Presses: History and Development from the Fifteenth Century to Modern Times* (Faber & Faber 1973)

29   Mosley, J., 'The Nymph and the Grot', *Typographica* (new series), 12 (1965)

30   Nash, K., 'Benjamin Franklin Foster', in *Calligraphy and Paleography*, ed. A. S. Osley (Faber & Faber 1965)

31   Naylor, G., *The Arts and Crafts Movement: A Study of its Sources, Ideals, and Influence on Design Theory* (Trefoil 1990)

32   Needham, P., Dunlap, J. & Dreyfus, J., *William Morris and the Art of the Book* (OUP 1976)

33   O'Donnell, T., *Lettering in the Twentieth Century: A report on the practise, development and teaching of lettering in Britain this century* (Crafts Study Centre 1982)

34   Petroski, H., *The Pencil: A History of Design and Circumstance* (Alfred Knopf 1990)

35   Reed, T. B., *A History of the Old English Letter Foundries: A new edition revised and enlarged by A. F. Johnson* (1887, Faber & Faber 1952)

36   Roberts, A. (ed.), *Mendip Annals, or a Narrative of the Charitable Labours of Hannah and Martha More, being The Journal of Martha More* (Nisbet 1859)

37   Rowe More, E., *A dissertation upon English typographical founders and founderies – 1778* (OUP 1962)

38   Sanderson, M., 'Literacy and Social Mobility in the Industrial Revolution in England', *Past and Present*, 56 (1) (1972)

39   Senefelder, A., *The Invention of Lithography*, trans. J. Muller (Fuch & Lang 1911)

40   Schooling, J. H., *Handwriting and Expression* (Kegan Paul, Trench, Trübner & Co. 1892)

41   Smith, W., *Advertising When? Where? How?* (Routledge, Warne, and Routledge 1863)

42   Standard, P., *Calligraphy's Flowering, Decay, & Restauration, with hints for its wider use today* (Crowell 1948, Pentalic 1978)

43   Steinberg, S. H., *Five Hundred Years of Printing* (Faber & Faber 1959)

44 Thornton, T. P., *Handwriting in America* (Yale 1996)

45 Twyman, M., *Printing 1770-1970* (Eyre and Spottiswoode 1970)

46 Twyman, M., 'Textbook design: chronological tables and the use of typographic cueing', *Paradigm*, no. 4 (1990)

47 Walker, S., 'How Typewriters Changed Correspondence: An Analysis of Prescription and Practice', *Visible Language*, vol. 18 (1984)

48 Yasuoka, K. & Yasuoka, M., 'On The Pre-history of QWERTY', *Zinbun*, no. 42 (2011)

49 Yates, J., *Control through Communication: The Rise of System in American Management* (John Hopkins University 1993)

现代社会

1 Argetsinger, M., *Thinking in Script: A Letter of Thanks from Edward Johnston to Paul Standard* (RIT 1997)

2 Austin, L. J., 'Mallarmé on music and letters', Bulletin of the John Rylands Library, 42 (1) (1959)

3 Baines, P., *Penguin by Design: A Cover Story 1935-2005* (Allen Lane 2005)

4 Baines, P., 'Changing the world', in *Edward Johnston: Lettering and Life*, ed. E. Clayton (Ditchling Museum 2007)

5 Baudin, F. & Dreyfuss J., *Dossier A to Z* (ATypI 1973)

6 Bent Flyvbjerg, B. & Budzier, A., 'Why your IT project may be riskier than you think', *Harvard Business Review*, 89 (9) (2011)

7 Berners Lee, T. and Fischetti, M., *Weaving the Web* (Harper 1999)

8 Betts, P., *The Authority of Everyday Objects* (University of California Press 2004)

9 Bigelow, C. & Day, D., 'Digital Typography', *Scientific American* (August 1983)

10 Bigelow, C. & Ruggles, L. (eds), 'The Computer and the Hand in Type Design', *Visible Language*, XIX (1985)

11 Billeter, J. F., *The Chinese Art of Writing* (Skira 1990)

12 Caflisch, M., *Typography needs Type* (ATypI 1977)

13 Calderhead, C., *Illuminating the Word* (Liturgical Press 2005)

14 Carr, N., *The Big Switch: Rewiring the World, from Edison to Google* (Norton 2008)

15 Carter, S., *Twentieth Century Type Designers* (Trefoil 1987)

16 Child, H., Collins, H., Hechle, A. & Jackson, D., *More than Fine Writing: Irene Wellington, Calligrapher* (Pelham 1986)

17 Cinamon, G., *Rudolf Koch* (British Library 2000)

18 Clayton, E., 'Calligraphy and Lettering in the UK', *Crafts Study Centre Essays for the Opening* (Canterton 2004)

19 Clayton, E., 'The Inscriptions of David Jones', in *David Jones, Diversity in Unity*, eds B. Humfrey, & A. Price-Owen (University of Wales Press 2000)

20 Clayton, E. & Fleuss, G., *Font: Sumner Stone, Calligraphy and Type Design in a Digital Age* (Ditchling Museum 2000)

21 Clayton, E., 'Eight photographs of blackboard demonstrations by Edward Johnston, 1926', *Matrix*, 26 (2005)

22 Clayton, E. (ed.), *Edward Johnston: Lettering and Life* (Ditchling Museum 2007)

23 Cobden-Sanderson, T. J., *Ecce Mundus Industrial Ideals & The Book Beautiful* (Hammersmith Publishing Society 1892)

24 Cobden-Sanderson, T. J., 'The Three-fold Purpose of the Doves Press', in *Catalogue Raisonné* (Doves Press 1908)

25 David, M., *Scrolling Forward: Making Sense of Documents in the Digital Age* (Arcade 2001)

26 Dearden, J. S., 'John Ruskin, the Collector: With a Catalogue of the Illuminated and Other Manuscripts formerly in his Collection', *The Library*, s5-XXI (1966)

27 *Die Zeitgemäße Schrift*, issue 38 (Heintze & Blanckertz 1936)

28 Dreyfus, J., 'New Light on the Designs for the Kelmscott and Doves Presses', *The Library*, s5-XXIX (1974)

29 Dreyfus, J., *Morris and the Printed Book: A reconsideration of his views on type and book design in the light of later computer-aided techniques* (William Morris Society 1989)

30 Dreyfus, J., 'Emery Walker: A Victorian Champion of Chancery Italic', in *Calligraphy and Paleography, Essays presented to Alfred Fairbank* (Faber & Faber 1965)

31 Dreyfus, J., 'Emery Walker's 1888 lecture on "Letterpress Printing": A Re-

construction and a Reconsideration', *Craft History One* (Combined Arts 1988)

32   Fern, A., 'The Count and the Calligrapher', in *Apollo*, vol. 79, no. 25 (1964)

33   Fleuss, G., *Tom Perkins* (Calligraphic Enterprises 1998)

34   Flint Sato, C., *Japanese Calligraphy: The Art of Line and Space* (Mitsuru Sakui 1999)

35   Frayling, C., *The Royal College of Art: 150 years of Art and Design* (Barrie & Jenkins 1987)

36   Frazer, H. & Oestreicher, C., *The Art of Remembering* (Carcarnet 1998)

37   Gill, E., *An Essay on Typography* (1931, Sheed & Ward 1936)

38   Gleick, J., *The Information* (Fourth Estate 2011)

39   Gourhan, L., *Gesture and Speech* (MIT Press 1993)

40   Gray, M. & Armstrong, R., *Lettering for Architects and Designers* (Batsford 1962)

41   Gray, N., *The Painted Inscriptions of David Jones* (Fraser 1981)

42   Gunderson, W. & Lehman, C., *The Calligraphy of Lloyd Reynolds* (Oregon Historical Society 1988)

43   Haffner, K. & Lyon, M., *Where Wizards Stay Up Late: The Origins of the Internet* (Touchstone 1996)

44   Halbey, H., *Rudo Spemann 1905–1947: Monographie und Werkverzeichnis Seiner Schriftkunst* (Klingspor Museum 1981)

45   Harling, R., *The Letter Forms and Type Designs of Eric Gill* (Svennson 1976, rev. 1978, 1979)

46   Harrod, T., *The Crafts in Britain in the Twentieth Century* (Yale 1999)

47   Harrop, D., *Sir Emery Walker* (Nine Elms 1986)

48   Herzfeld, A., *Revolution in The Valley* (O'Reilly 2004)

49   Hochuli, J. and Kinross, R., *Designing Books: Practise and Theory* (Hyphen Press 1996)

50   Holme, C. G. (ed.), *Lettering of Today* (Studio 1937, 1941)

51   Howes, J., *Johnston's Underground Type* (Capital Transport 2000)

52   Hunt, J. D., Lomas, D. & Corris, M., *Art, Word and Image* (Reaktion 2010)

53   Ichiro, H., 'The History and present status of Japanese Calligraphy', *Eloquent Line* (International Sculpture Centre 1993)

54   Ingold, T., *The Perception of the Environment: Essays in Livelihood, Dwelling and*

Skill (Routledge 2000)

55   Ingold, T., *Lines: A Brief History* (Routledge 2007)

56   Ishikawa, K., *Taction: The Drama of the Stylus in Oriental Calligraphy* (International House Press 2011)

57   Jackson, D., *The St. John's Bible*, vols 1–7 (The Liturgical Press 2005–12)

58   Johnston, E., 'A statement by E. Johnston as to the pens and copybooks submitted to him by Dr. Garnett for the LCC Education Committee Books and Apparatus Sub-Committee', *Report of the Books and Apparatus Sub-Committee* (1906)

59   Johnston, E., *Formal Penmanship and other papers*, ed. H. Child (Lund Humphries 1971)

60   Johnston, E., *Lessons in Formal Writing*, eds H. Child & J. Howes (Lund Humphries 1986)

61   Johnston, P., *Edward Johnston* (Faber & Faber 1959)

62   Johnstone, W., 'Graphic Design at the Central School', *Penrose Annual*, 49 (1953)

63   Karow, P., *Digital Formats for Typefaces* (URW 1988)

64   Kindersley, D., *Optical Letter Spacing for New Printing Systems* (Wynkyn de Worde Soc. 1966, 1976)

65   Kindersley, R. & Jennings, M., *Architectural Lettering: A Reassessment* (Royal Inst. British Architects 1981)

66   Kinnier, J., *Words and Buildings: The art and practice of public lettering* (Architectural Press 1980)

67   Kinross, R., *Modern Typography* (Hyphen Press 1992)

68   Lange, W. H., *Rudolf Koch ein Deutscher Schreibmeister* (Heintze & Blanckerzt 1938)

69   Larisch, R. von, *Unterricht in ornamentaler Schrift* (1904, Elfte Veranderte Auflage 1934)

70   Lavendel, G. (ed.), *A Decade of Research from PARC* 1970–1980 (Bowker 1980)

71   Lévi-Strauss, C., *Tristes Tropiques*, trans. D. Weightman & J. Weightman (Atheneum 1974)

72   Levy, D., 'Fixed or Fluid?: Document stability and new media', *Proceedings of*

the 1994 ACM European Conference on Hypermedia (ACM 1994)

73 Lawson, A., *Anatomy of a Typeface* (Hamish Hamilton, David Godine 1990)

74 Lewery, A. J., *Signwritten Art* (David & Charles 1989)

75 Lewis-Williams, D. & Pearce, D., *Inside the Neolithic Mind* (Thames and Hudson 2005)

76 Lewisohn, C., *Street Art: The Graffiti Revolution* (Tate 2008)

77 Licklider, J. C. R. & Albert Vezza, A., 'Applications of Information Networks', in *Proceedings of the IEEE*, vol. 66 (11) (1978)

78 Licklider, J. C. R. & Robert Taylor, R., 'The Computer as a Communication Device', in *Science and Technology: For the Technical Men in Management*, no. 76 (1968)

79 Loftie, Rev. W. J., *Lessons in the Art of Illuminating: A Series of Examples selected from works in the British Museum, Lambeth Palace Library, and the South Kensington Museum* (Blackie and Son 1885)

80 Lorca, F. G., 'Theory and Function of the Duende', in *Frederico Garcia Lorca, Selected Poems*, trans. M. Williams (Bloodaxe 1992)

81 Mai, M. & Remke, A., *Urban Calligraphy and Beyond* (Die Gestalten Verlag 2003)

82 Marinetti, F. T., 'Destruction of Syntax – Imagination without Strings – Words in-Freedom' (1913), in *Futurist Manifestos*, ed. U. Apollonio (MFA publications 2001)

83 McCombie, E., *Stéphane Mallarmé, Collected Poems and Other Verse*, trans. E. H. and A. M. Blackmore (OUP 2006)

84 McLean, R., *Jan Tschichold: Typographer* (Godine 1975)

85 McWilliams, M. & Roxburgh, D., *Traces of the Calligrapher: Islamic Calligraphy in Practice*, c.1600–1900 (Museum of Fine Art, Houston 2007)

86 Miles, J. & Shiel, D., *David Jones: The Maker Unmade* (Seren 1995)

87 Miner, D. E., Carlson, V. I. & Filby, P. W., *Two Thousand Years of Calligraphy* (Walters Art Gallery 1965, Muller 1972)

88 Moholy-Nagy, L., 'Typophoto', in *Looking Closer 3: Classic writings on graphic design*, ed. M. Bierut (1925, Allworth 1999)

89 Nash, J. R., 'English Brush Lettering, the Workshop of William Sharpington',

The Scribe, no. 45 (1989)

90 Neuenschwander, B., *Letterwork: Creative Letterforms in Graphic Design* (Phaidon 1993)

91 Neuenschwander, B., *Textasy* (Toohcsmi 2006)

92 Nunberg, G., *The Places of Books* (Representations 1993)

93 Owens, L. T., *J. H. Mason 1875–1951: Scholar-Printer* (Muller 1976)

94 Perkins, T., 'Calligraphy as a basis for Letterdesign', in *The Calligrapher's Handbook*, ed. H. Child (A&C Black 1985)

95 Prestianni, J. (ed.), *Calligraphic Type Design in the Digital Age* (Ginko 2001)

96 Reiner, I., *Monograms* (Publix 1947)

97 Reynolds, L., *Straight Impressions* (TBW Books 1979)

98 Richardson, J., *A Life of Picasso*, vols I–III (Random House 1991–2007)

99 Rose, S., 'The School of Graphic Design at the R.C.A.', *Penrose Annual*, 48 (1954)

100 Ruskin, J., *The Stones of Venice* (1853)

101 Sassoon, R., *Handwriting of the Twentieth Century* (Intellect Books 2007)

102 Schmidt, H., *Vom Linearen zum Voluminösen* (Klingspor Museum 2008)

103 Schreuders, P., *The Book of Paperbacks: A visual history of the paperback book* (Virgin 1981)

104 Sennet, R., *The Craftsman* (Allen Lane 2008)

105 Shahn, B., *Love and Joy about Letters* (Cory Adams and Mackay 1964)

106 Shaw, M., *David Kindersley: His Work & Workshop* (Cardozo Kindersley 1989)

107 Shiel, D., 'David Jones: Making Space for the Warring Factions', *Diversity in Unity*, eds. B. Humfrey & A. Price-Owen (University of Wales Press 2000)

108 Shinoda, T., 'Sumi Infinity', in *Kateigaho International Edition*, trans. E. Seidensticker, (Autumn 2003)

109 Shonagon, S., *The Pillow Book*, trans. M. McKinney (Penguin 2006)

110 Skelton, J., 'Memories of Herbert Joseph Cribb', *Eric Gill & the Guild of St. Joseph and St. Dominic* (Hove Museum & Art Gallery 1990)

111 Smith, D. & Alexander, R., *Fumbling the Future: How Xerox invented, and then ignored, the first personal computer* (iUniverse 1999)

112 Smith, P. J. D., *Civic and Memorial Lettering* (A&C Black 1946)

113 Southall, R., *Printer's Type in the Twentieth Century* (Oak Knoll 2005)

114   Sparrow, J., *Visible Word: A Study of Inscriptions in and as Books and Works of Art* (CUP 1969)

115   Speight, R., *The Life of Eric Gill* (Methuen 1966)

116   Spencer, H., *Pioneers of Modern Typography* (Lund Humphries 1969, 1982)

117   Starr, S. L. & Strauss, A., 'Layers of Silence, Arenas of Voice: The Ecology of Visible and Invisible Work', *Computer Supported Cooperative Work*, 8: 9–30 (1999)

118   Stern, D., *Forms of Vitality* (OUP 2010)

119   Stern, D., *The Interpersonal World of the Infant* (Basic Books 1985)

120   Stern, D., *The Present Moment in Psychotherapy and Everyday Life* (Norton 2004)

121   Stone, S., *Typography on the Personal Computer* (Lund Humphries 1991)

122   Strand, R., *A Good Deal of Freedom: Art and Design in the public sector of higher education 1960–1982* (CNAA 1987)

123   Suchman, L., *Human-Machine Reconfigurations: Plans and Situated Actions*, 2nd edn (CUP 2007)

124   Tanahashi, K., *Brush Mind* (Parallax 1990)

125   Thomas, F., 'Une question de writing', *Improving Schools* (March 1998)

126   Tidcombe, M., *The Doves Press* (The British Library/Oak Knoll 2002)

127   Ting Wen-chün, *Essential Principles of Calligraphy* (1938, Chung-kuo shu-tien 1983)

128   Turner, F., *From Counter Culture to Cyberculture* (UCP 2006)

129   Uyehara, C. H., 'The Origins and Evolution of Japanese Calligraphy', *Eloquent Line* (International Sculpture Centre 1993)

130   Varnedoe, K. & Gopnik, A., *High & Low: Modern Art & Popular Culture* (Museum of Modern Art 1991)

131   Weaver, W., in 'Recent Contributions to the Mathematical Theory of Communication', in Shannon & Weaver, *Mathematical Theory* (University of Illinois 1949)

132   Yanagi, S., *The Unknown Craftsman: A Japanese Insight into Beauty* (Kodansha 1972)

133   Zapf, H., *Herman Zapf and His Design Philosophy* (Soc. of Typographic Arts Chicago 1989)

134   Zapf, H., *Alphabet Stories* (Mergenthaler, RIT 2007)

现代手写、书法和字体艺术实践

1   Andersch, M., *Symbols, Signs, Letters* (Design Press 1989)

2   Anderson, D. M., *The Art of Written Forms: The Theory & Practise of Calligraphy* (Holt, Rinehart & Winston 1969)

3   Angel, M., *Painting for Calligraphers* (Pelham 1984)

4   Benson, J. H. & Carey, A. G., *The Elements of Lettering* (McGraw-Hill, 1940, 1950)

5   Brown, N. & Sink, A., *Inks and Pigments, Parts 1–3, Alphabet* (Summer and Fall 1983, Spring 1984)

6   Burman, P. & Stapleton, Very Rev. H. (eds), *The Churchyards Handbook* (Council for the Care of Churches 1988)

7   Camp, A., *Pen Lettering* (Dryad 1958, A & C Black 1984)

8   Campedelli, M., *Applied Calligraphy and Graphic Design* (Links 2010)

9   Calderhead, C., *Calligraphy Studio* (Sterling 2012)

10   Chappel, W., *The Little ABC Book of Rudolf Koch* (Stemple 1939, Godine 1976)

11   Clayton, E., *The Calligraphy of the Heart* (Gilbert 1996, Lorini Artigrafiche 2011)

12   Drogin, M., *Medieval Calligraphy: Its History and Techniques* (Allanheld & Schram 1980)

13   Fairbank, A., *A Handwriting Manual* (Dryad 1932, Faber & Faber 1978)

14   Fisher, M. T., 'Ink', *The Calligrapher's Handbook*, ed. H. Child (A&C Black 1985)

15   Gardener, W., *Alphabet at Work* (A & C Black 1982)

16   Goudy, F., *The Alphabet and Elements of Lettering* (first published 1908, Bracken 1989)

17   Gourdie, T., *Handwriting for Today* (Pitman 1971)

18   Grasby, R., *Lettercutting in Stone* (Anthony Nelson 1989)

19   Harvey, M., *Creative Lettering, Drawing and Design* (Bodley Head 1985)

20   Harvey, M., *Carving Letters in Stone and Wood* (Bodley Head 1987)

21   Hewitt, G., *Lettering* (Seeley Service 1930)

22   Hufton, S., *Step-by-step Calligraphy* (Weidenfeld and Nicholson 1995)

23   Hutton, D., 'Pigments and Media', *The Calligrapher's Handbook*, ed. H. Child

(A&C Black 1985)

24   Ingmire, T., *Codici i* (Scriptorium of St Francis 2003)

25   Jackson, D., 'Preparation of Quills and Reeds', *The Calligrapher's Handbook*,
      ed. H. Child (A&C Black 1985)

26   Jackson, D., 'Gilding', *The Calligrapher's Handbook*, ed. H. Child
      (A&C Black 1985)

27   Johnston, E., *Writing and Illuminating, and Lettering* (Hogg 1906, later editions
      Pitman, A&C Black, Dover)

28   Johnston, E., *Formal Penmanship & Other Papers*, ed. H. Child (Lund Humphries
      1971)

29   Kindersley, D. & Lopes Cardozo, L., *Letters Slate Cut* (Kindersley & LopesCar-
      dozo 1990)

30   Lamb, C. M., *The Calligrapher's Handbook* (Faber & Faber 1956)

31   Middleton, R., 'The Physical Properties of Steel Nibs', *The Scribe*, no. 58 (1993)

32   Neugebauer, F., *The Mystic Art of Written Forms* (Neugebauer Press 1980)

33   Peace, D., *Glass Engraving: Lettering and Design* (Batsford 1985)

34   Pearce, C., *The Little Manual of Calligraphy* (Taplinger 1981, Collins 1982)

35   Perkins, T., *The Art of Letter Carving in Stone* (Crowood 2007)

36   Reynolds, L. J., 'Notes on Movement involving Touch', *Calligraphy and Paleog-
      raphy*, ed. A. S. Osley (Faber & Faber 1965)

37   Russell, P., *Lettering for Embroidery* (Batsford 1971, 1985)

38   Sasson, R., *Handwriting: A new perspective* (Stanley Thornes 1990)

39   Somerville, S., 'Parchment and Vellum', *The Calligrapher's Handbook*, ed. H.
      Child (A&C Black 1985)

40   Stewart, B., *Signwork: A Craftsman's Manual* (Granada 1984)

41   Turner, S., & Skiold, B., *Handmade Paper Today* (Lund Humphries 1983)

42   Waters, S., *Foundations of Calligraphy* (John Neal 2006)

43   Wellington, I., *The Irene Wellington Copy Book, Omnibus Edition* (1957, Taplinger/
      Pentalic 1983)

44   Wenham, M., 'Simple Letter-Cutting in Wood', *The Scribe*, no. 31, (1984)

45   West, S., *Working with Style: Traditional and modern approaches to layout and
      typography* (Watson-Guptill 1990)

插图来源

1　《写信的女士》，约翰内斯·维米尔，约 1665 年。美国国家美术馆提供。

2　用芦苇笔书写的罗马文字手卷残片，出自 1 世纪上半叶西塞罗的作品《反维勒斯》。吉森大学图书馆提供，编号：P. Iand. inv. 210r。

3　庞贝城特雷比尤斯·瓦伦斯之屋墙上，用方角刷绘制的竞选海报，公元 79 年。迈克尔·古利克提供。

4　恐怖山谷刻划文字 1。西闪米特语研究所玛里琳·伦德伯格绘。

5　伊奥尼亚文字、埃维厄文字和罗马文字。本书作者摹写。

6　献给城邦保护神雅典娜的纪念石碑碑文节选，公元前 334 年。现藏于伦敦大英博物馆，编号：BMI 399。本书作者摹写。

7　卢修斯·科尼利厄斯·西庇阿墓葬的铭文。本书作者摹写。

8　罗马亚壁古道上，哀歌诗人普罗佩提乌斯孩子的纪念碑细节，1—2 世纪。爱德华·约翰斯顿基金会提供。

9　赫库兰尼姆城中，奥古斯塔里斯纪念堂里记录捐赠者姓名的石碑，公元 79 年。阿肖克·让萨利提供。

10　发现于亚历山大城的赫伦尼亚·吉梅拉出生记录牌的局部放大图，128 年 8 月 13 日。密西根大学研究生图书馆莎草纸收藏馆提供，编号：P. Mich.inv. 766。

11　5 世纪早期塞浦路斯的书信中的安色尔字体。现藏于罗马梵蒂冈博物馆，编号：Vat. Lat. 10959 fol.1。由本书作者摹写。

12　字母从旧罗马草写体到新罗马草写体的变化。本书作者摹写。

13　6 世纪的罗马半安色尔体。摘自班贝格的哥登堡《圣经》，现藏于英国国家图书馆，编号：Ms. Patr. 87（B.iv.21）。本书作者摹写。

14　《林迪斯芳福音书》内页，721 年。现藏于伦敦大英图书馆，编号：BL Cotton Nero D. iv, f.29。珂罗版复制版。

15　《林迪斯芳福音书》中主要的半安色尔体书法。伦敦，BL Cotton Nero D. iv。本书作者摹写。

16　用加洛林小写体写成的图尔圣马丁修道院《圣经》。现藏于伦敦大英图书馆，编号：BL Add. Ms.10546。本书作者摹写。

17　《拉姆齐圣咏》中的书体。现藏于伦敦大英图书馆，编号：BL Harley Ms. 2904。本书作者摹写。

18　装饰华丽、流光溢彩的《埃德温圣咏》，由十几位画家和抄写员共同完成。剑桥大学圣三一学院提供，编号：MS R.17.1, f.6r。

19　14 世纪的哥特式匀织菱足体书法。私人收藏品。

20　四种正式哥特抄书字体中 n 的不同写法。本书作者书写。

21　哥特草写体中的巴斯塔尔达草写体。布鲁日，1482 年。现藏于伦敦大英图书馆，编号：BL Royal 15 E III。本书作者摹写。

22　尼古拉斯·詹森在威尼斯印刷的《罗马语法》，1476。安德鲁·约翰斯顿和安吉拉·约翰斯顿提供。

23　12 世纪上半叶意大利北部的加洛林手写体书法。现藏于伦敦大英图书馆，编号：BL Harley Ms. 7183。本书作者摹写。

24　尼科洛·尼科利的书法。本书作者摹写。

25　《凯旋》中大写字母 N 和彼特拉克的肖像。沃尔特斯艺术博物馆提供，编号：MS.W 755, fol. 2r。

26　古腾堡四十二行《圣经》放大图。约翰·莱兰兹图书馆提供，编号：JLR 3069, Volume 1 fol. 260r。

27　组成哥特体 n 的六个笔画。本书作者摹写。

28　尼古拉斯·让松《古语法》中罗马字体的放大图。威尼斯，1476 年。私人收藏。

29　彼得罗·本博《谈谈埃特纳》中的字体局部放大图。芝加哥纽贝利图书馆提供，编号：INC. 5550。

30　阿尔杜斯·马努蒂乌斯的大写字体局部放大图。选自《寻爱绮梦》，威尼斯，1499 年。

31　弗朗切斯科·格里福设计的第二种意大利体。芝加哥纽贝利图书馆提供，编号：WING ZP 535 .S7023。

32　西吉斯蒙多·凡蒂《书写形式的理论与实践》中的木版画插图,1514 年, 威尼斯。

33　卢卡·帕乔利《论神圣比例》中的字母 A，威尼斯，1509 年。

34　木雕版印刷的阿里吉《小品》，罗马，1524 年。

35　G. F. 克雷希的《书法人天堂》，1570 年。

36　罗马的庇亚门内侧墙壁细节。

37　格朗容的大罗马字体活字，选自李维《罗马史》，法兰克福，1568 年。剑桥大学辛迪克斯图书馆提供，编号：UL, I*.7.3-4(A)。

38　化学家罗伯特·波义耳的 21 号工作本。英国皇家学会提供。

39　约翰内斯·维米尔和妻子凯瑟琳娜的签名，1655 年。乔纳森·扬森提供。

40　《律师或公证人与一位农民客户在他的办公室》，约伯·阿德里安斯·贝克海德，1672 年。

41　《卢卡斯·马特罗作品集》中的巴斯塔尔达意大利体（英式圆手写体的前身），
　　阿维尼翁，1608 年。

42　乔治·比卡姆《通用书写手册》中的英式圆手写体，伦敦，1733—1741 年。

43　阿莱·德·博利厄《书写的艺术》中的插图，巴黎，1680 年。现藏于大英图书
　　馆，编号：BL C.19.H.12 (5)。

44　大栅格上的小写罗马字母。路易·西莫诺雕刻，1695 年。

45　依照阿尔杜斯印刷的《谈谈埃特纳》放大字体描的字。本书作者摹写。

46　测量师 G. 赫特森绘制的犊皮纸地图上的漩涡纹饰，1788 年。本书作者提供。

47　巴斯克维尔的 18 点罗马字体放大图，摘自《特伦斯的喜剧》，伯明翰，1772
　　年。芝加哥纽贝利图书馆提供，编号：WING ZP 745 .B30646。

48　指缚示意图。摘自本杰明·富兰克林·福斯特的《由卡斯泰尔斯方法发展的
　　实用笔法》，1832 年。

49　用窄刃削笔刀削出来的羽毛笔尖。作者拍摄。

50　菲尔曼·迪多在维吉尔《诗集》中使用的罗马体，巴黎，1791 年。芝加哥纽
　　贝利图书馆提供，编号：WING ZP 739 .D563。

51　《海报人》，约翰·帕里，1835 年。由登喜路艺术收藏提供。

52　一份 1845 年的抵押文件。本书作者提供。

53　拿破仑·波拿巴各个时期的签名。约翰·斯库林《笔迹与表达》的插图，1892 年。

54　约翰·斯库林《笔迹与表达》中的部分表格，1892 年。

55　爱德华·约翰斯顿设计的带有圆圈装饰的伦敦地铁字体。罗杰·班博提供。

56　1926 年 10 月 4 日，约翰斯顿在皇家艺术学院讲课时的黑板板书。维奥莱
　　特·霍克斯拍摄。

57　约翰斯顿的羽毛笔书法，1923 年。罗杰·班博提供。

58　埃尔·利西茨基设计的《福库特马斯的建筑》封面，1927 年。

59　鲁道夫·科赫写下的"主怜悯我"，约 1921 年。

60　鲁道夫·科赫写下的"于人何利……"，油毡版，1920 年。

61　1984 年 1 月，苹果公司发布第一台麦金塔电脑。

62　20 世纪 60 年代的劳埃德·雷诺兹。俄勒冈州波特兰里德学院的埃里·V. 豪
　　瑟纪念图书馆特别馆藏品。

63　1991 年，旧金山市场及其旁边停车场的墙面。本书作者拍摄。

64　大卫·梅克尔伯格的书法。罗杰·班博提供。

文字设计术语表（按英文字母排序）

abrupt serif
图 急式衬线。☞指衬线突兀地进入字干，通过夹角与字干连接。如迪多体具有急式衬线。

accent
参见 diacritical mark。

adnate serif
图 缓式衬线。☞指衬线平缓地进入字干，通过字撑与字干连接。如加拉蒙体具有缓式衬线。

Agate
图（美）（字号）五点半。

Albertus typeface
图 艾伯塔斯体。

almost closed counter
图 近闭合字腔。☞如 n 中部的字腔和 a 中上部的字腔都是近闭合字腔。

alternative glyph
图 替用字形。

American
图（美）（字号）一点。

ampersand
图 与号，即符号"&"。

anchor
图 锚点。☞数字轮廓的端点。

angle bracket
图 尖括号。

Anti-aliasing technology
图 抗锯齿技术。

Antique typeface
图 古体。参见 Roman typeface。

aperture
图 开合度。

apostrophe
图 省字号、所有格号或撇号，即符号"'"。

arch
图 字拱。参见 shoulder。

arm
图 字臂。

ascender
图 上伸部。

Association Typographique Internationale（ATypI）
图 国际文字设计协会。

axis
图 轴线、字轴。☞通过笔画细部的轴线。也作 modulation axis。

ball terminal
图 球状字梢。

baseline
图 基线。

Baskerville typeface
图 巴斯克维尔体。

Bastarda script/Bastarda type-face
图 巴斯塔尔达手写体 / 巴斯塔尔达体。

beak terminal
图 喙状字梢。

beardline
图 下伸部参考线、下边线。☞拉丁字母下伸部底边对应的参考线。

Bembo typeface
图 本博体。

Beneventan script
图 贝内文托手写体。

bespoke font
参见 custom typeface。

bespoke typeface
参见 custom typeface。

Bézier curve
图 贝齐尔曲线。☞利用贝齐耶函数定义的曲线，常见的贝齐耶曲线有二次曲线和三次曲线。部分文献容易将"贝齐耶函数"（Bézier function）与"贝塞尔函数"（Bessel function）混淆，故

而也作"贝塞尔曲线"。

bilateral serif
图 双边衬线。

bitmap font
图 点阵字体、点阵字库。

black
形 超粗。也作 heavy。

black letter
参见 blackletter typeface。

blackletter script/blackletter typeface
图 黑字手写体 / 黑字体。也作 black letter。

block letter
图 正体字母。☞手写时不连笔的字母，一些文献中特指无衬线体字母。

block quotation
图 段间引用。

body
图 字身。☞铅字时代，字身是一整块铅字；数字时代，字身是一个矩形。

body size
参见 size。

body width
图 字身宽。

bold
形 粗。

bollatica hand
图 诏书手写体。

book
参见 regular。

bounding box
图 字身框。

Bourgeois
图（英）（美）（字号）九点。

bowl
图 字碗。

brace
图 花括号。

bracket
图 括号。
图 字撑。☞笔画与其衬线之间弧形的过渡性连接。

Brevier
图㊍㊍ (字号) 八点。

Brilliant
图㊍㊍ (字号) 四点，有的文献指美制三点半。
图㊍ (字号) 三点。

Broad-edged nib
图 平尖。

Broad-edged pen
图 扁头笔。也作 edged pen、flat pen。

Broad-nib pen
图 平尖笔。

brush
图 笔刷。

calligraphy
图 书法。

Canon
图㊍ (字号) 四十四点。
图㊍ (字号) 四十八点。

cap height
参见 capital height。

capital height
图 大写字高。☞基线到大写参考线的垂直距离。也作 cap height。

capital letter
图 大写字母。也作 majuscule letter、uppercase letter。

capitalis script
图 大写体。

Carolingian hand
图 加洛林手写体。有时也作 Carolingian minuscule，即加洛林小写体。

cast
团 铸字。

chancery hand
图 秘书处手写体。

character
图 字符。

character map
图 字符映射。

character palette
图 字符面板。

character set
图 字符集。

Charlemagne typeface
图 查理曼体。

chase
图 版框。

Chinese brush
图 毛笔。

circular rotary machine
图 轮转印刷机。

Civil Service hand
图 公务员手写体。

Clarendon typeface
图 克拉伦登体。

closed counter
图 闭合字腔。☞如 o 中部的字腔和 p 中部的字腔都是闭合字腔。也作 futokoro。

closed loop
图 闭合字环。

code
图 代码。

coding
图 代码。☞早期文献不区分代码与编码，因此有时也用该术语指"编码"。

colon
图 冒号。

Colonel
图㊍㊍ (字号) 七点。也作 Kolonel。

colour
参见 typographic colour。

Columbian
图㊍ (字号) 十六点。也作 Columbian Exchange。

Columbian Exchange
参见 Columbian。

comma
图 逗号。

component
图 构件、部件。

compose
团 排字、排版。

composing room
图 排字间。

composing stick
图 手盘。

Computer-to-plate（CTP）
图 计算机直接制版。

condensed typeface
图 窄体、长体。

conic Bézier curve
图 锥贝齐耶曲线。另见 Bézier curve。

conjunct
图 合字。☞多个字形结合形成的新字形，字宽变化大。如招财进宝合字、ß 合字、ﬁ合字等。

contrast
图 笔画粗细对比度。

control character
图 控制字符。

copperplate engraving
图 铜版体。

corner
参见 corner anchor。

corner anchor
图 折线锚点、角点。也作 corner point、corner。

corner point
参见 corner anchor。

counter
图 字腔。字母内部的空间（这一部分是白空间，不参与印刷）。

Counter-counterpunch
图 字腔－字腔字冲。☞铸字术语，用于古腾堡式活版印刷术。字冲是反向的字母形状，将字冲敲到铜块上，可形成铜字模。字腔字冲是用来形成字腔的锥形钢条，制作字冲时，先把字腔字冲敲在模具上，再把周围的笔画雕刻出来，形成一个完整的字母形状。

counterform
图 负形。

counterpunch
图 字腔字冲。☞制作字冲时，用来形成字腔的钢条。

crossbar
图 横画。

cubic Bézier curve
图 三次贝齐耶曲线。另见 Bézier curve。

Cursive script
图 草书。

cursive script
图 连写文字。☞字母之间存在固有连接的文字，如阿拉伯文字、蒙古文字。草写书体。☞运笔时，因草写而简化字形的书体。

cursive typeface
图 草写体。
图 连写体。

curve
图 弯笔。☞圆形的弯笔也称"环笔"或"半环笔"。
图 曲线锚点。参见 curve anchor。

curve anchor
图 曲线锚点、弧点。也作 curve。
custom font 参见 custom typeface。

custom typeface
图 定制字体。
也作 bespoke typeface、custom font、bespoke font。

dash
图 连接号。☞常见连接号包括一字线、半字线、二字线（破折号）和三分线。

deboss
团 压凹凸。

demibold
参见 semibold。

descender
图 下伸部。

desktop publishing（DTP）
图 桌面出版。

destructive typeface
图 解构体。

Deutschland typeface
图 德意志体。

diacritic
参见 diacritical mark。

diacritical mark
图 变音记号。☞表示字母音调变化的记号，如 â、á、ā、à 上面的记号。也作 diacritic、accent。

Diamant
参见 Diamond。

Diamond
图英美 (字号) 四点半。
图法 (字号) 三点。
也作 Diamant。
图德荷 (字号) 四点。
也作 Diamant。

Didot typeface
图 迪多体。

digit
参见 figure。

dingbat
图 装饰符号。

display typeface
图 展示字体、标题字体。☞为展示大字号而设计的字体。

dot
参见 full stop。

Double Columbian
图美 (字号) 三十二点。

Double English
图英美 (字号) 二十八点。

Double Great Primer
图英美 (字号) 三十六点。

Double Paragon
图美 (字号) 四十点。

Double Pica
图英美 (字号) 二十四点。

double prime
图 角秒号，即符号 """。

Double Small Pica
图英美 (字号) 二十二点。

drawing
参见 lettering。

drop cap
参见 dropped capital letter。

dropline paragraph
图 落排段落。

dropped capital
参见 dropped capital letter。

dropped capital letter
图 下沉式大写字母。
也作 dropped capital、drop cap。

dry transfer sheet
图 干式转印纸。

ductus
图 (运笔的) 轨迹。

dumb quote
图 直引号。

dummy copy
参见 dummy text。

dummy text
图 假文。也作 dummy copy。

dutching
图 达奇法。☞将鹅毛笔浸入水中，将其加热后去除油状涂层的处理方法。

edged pen
参见 broad-edged pen。

Egyptian typeface
图 埃及体。另见 slab serif typeface。

E-Ink
参见 electrophoretic ink。

electrophoretic display
图 电泳显示。

electrophoretic ink
图 电泳墨。也作 E-Ink。

Element typeface
图 埃勒门特体。

elevated cap
参见 elevated capital letter。

elevated capital letter
图 升降式大写字母。也作 elevated cap。

ellipsis
图 省略号。也作 ellipsis dots、suspension points、omission mark。

ellipsis dots
参见 ellipsis。

em
图 全身的。☞字身宽相当于字身高的。
图 全身块。也作 mutton、mutton quad、quad。

em dash
图 全身线。

em space
图 全身空格。

Emerald
图美 (字号) 六点半。

en
图 半身的。☞字身宽相当于半个字身高的。
图 半身块。也作 nut。

en dash
图 半身线。

en space
图 半身空格。

encode
团 编码。☞为字符指定编码单元序列的过程。Unicode 标准以后，为字符指定编号的过程也称为编码。

encoding scheme
图 编码方案。

encoding unit
图 编码单元。

engineering typeface
图 机械体。
也作 engineers' font。

engineers' font
参见 engineering typeface。

English
图英美 (字号) 十四点。

English round hand
图 英式圆手写体。

eszett
图 德语字母 ß。

Excelsior
图美 (字号) 三点。

exclamation mark
图 感叹号。

expanded typeface
图 扁体。

expansion typeface
图 扩展型字体。☞用受压扩张的尖头笔写成的书体。

extender
图 延伸部。☞延伸部包括上伸部和下伸部。

external character
图 集外字符。☞未被字符集收录的字符。也作 gaiji。

extra
参见 extra tracking。

extra tracking
图 额外字距。

extrabold
图 更粗。也作 ultrabold。

extralight
图 更细。也作 ultralight。

extreme anchor
图 极值锚点。也作 extreme point、extremum point。

extreme point
参见 extreme anchor。

extremum point
参见 extreme anchor。

eye
图 字眼。☞即小写字母的字碗，参见 bowl。

Fangsong style
图 仿宋体。

felt tip
图 毡尖笔。

figure
图 数字。也作 digit、numeral、number，digit 偏重构成数字的单元，numeral 偏重数值或编号，number 偏重数字的概念。

figure space
图 制表空格。☞早期计算机制表使用的空格，其字宽与等宽数字的字宽相同。也作 tabular space。

first central line
图 第一中心线。

First-line indent
图 首行缩排。

First-line outdent
图 首行伸排。

fist
图 右指号。也作 manicule。

Five-line Nonpareil
图美 (字号) 三十点。

Five-line Pica
图美 (字号) 六十点。

fixed width nonbreaking space
参见 fixed-width no-break space。

Fixed-width no-break space
图 定宽不移行空格。也作 fixed width nonbreaking space。

flag
图 字旗。

flat pen
参见 broad-edged pen。

flatbed proof press
图 平版打样印刷机。

flourish
图 字饰。☞用于装饰字母的笔画。

flush space
图 均分空格。☞均分空格可以将某行剩余的空间平均分为若干份。

folding
图团 折页。也作 folio。

folio
名动 折页。也作 folding。
名 对开页。

font
名（一副）铅字。☞按某种设计规则统一制作的一套同字号铅字。
名（数字时代的）字体、字库。

font family
参见 typeface family。

font file
名 字体文件、字库文件。

font header
名 字体标题。

font metrics
名 字体度量、字体参数。

foot
名 字足。☞哥特体字母底部的菱形笔画，若无字足则称"无足字母"（textus sine pedibus）。

foundational hand
名 基础手写体。

Four-line Pica
名美（字号）四十八点。

Fournier typeface
名 富尼耶体。

Fraktur typeface
名 弗拉克图尔体。

French Canon
名美（字号）四十八点。

French Canon hand
名 法国正典手写体。

full stop
名 句号。也作 period、period dot、dot。

fullwidth
形 全角的、全宽的。☞字身宽相当于一个方块字。

fullwidth dash
名 一字线。

fullwidth space
名 全角空格。

futokoro
参见 closed counter。

gaiji
参见 external character。

gally
名 铁盘。☞用于排版和呈现版面的托盘。

Garamond typeface
名 加拉蒙体。

Gem
名美（字号）四又四分之一点。

German
名美（字号）一点半。

German Kurrentschrift
名 德国聚特林手写体。

Gill Sans typeface
名 吉尔无衬线体。

glyph
名 数字字形。☞字符在特定字体下呈现出的样貌，通常用于数字时代。

Gotenburg typeface
名 哥德堡体。

Gothic typeface
名 哥特体。
名 无衬线体。参见 sans serif typeface。

graphisme
名 笔法。☞该词有时也用于对译 penmanship。

Great Primer
名美美（字号）十八点。

grid
名 网格。

Gros-romain typeface
名 大罗马体。

grotesque typeface
名 怪诞体。

grunge typeface
名 垃圾摇滚体。

hair space
名 二十四分之一铅空、廿四分空。☞字身宽相当于字身高二十四分之一的铅空。

hairline
参见 thin。

halftone
动 施加半色调技术。☞利用系列墨点再现连续色调图像的技术。
名 半色调图。☞用半色调技术处理过的图片。

Half-uncial script
名 半安色尔手写体。

halfwidth
形 半角的、半宽的。☞字身宽相当于半个方块字。

halfwidth dash
名 半字线。

halfwidth space
名 半角空格。

hand mold
名 手拍铸字器。

Hand-rendered lettering
名 手绘、手绘文字。
名 书面文本。

hanging capital letter
名 悬挂式大写字母。

hard space
参见 no-break space。

heavy
参见 black。

Hei style
名 黑体。也作 Heiti。

height to paper
参见 type height。

hemibold
参见 semibold。

hinting
名 小字号低解析度屏幕显示优化、渲染提示。☞在栅格化过程（渲染过程）中，用于提示像素着色的信息。常用于小字号场景或低解析度场景。

humanist typeface
名 人文主义体。

hyphen
名 连字符、连接号。

hyphenation
图 移行断词。

illuminate
团 彩饰。

illuminator
图 彩饰师。

imperial charter hand
图 帝国约章手写体。

initial
参见 initial capital letter。

initial capital
参见 initial capital letter。

initial capital letter
图 段首大写字母。也作 initial、initial capital。

ink trap
参见 ink trapping。

ink trapping
图 挖角工艺。也作 ink trap。

inkhorn
图 牛角墨水瓶。

inline typeface
图 空心体。

Insertio
图⑩⑰(字号)六点半。

instance
囷 生成(的)。☞家族字体、可变字体领域用。

insular half-uncial script
图 岛国半安色尔手写体。

interlinear spacing
参见 leading。

iron press
图 手扳架印刷机。

Italic typeface
图 意大利体。

jobbing printer
图 印散件的印刷工人。

jobbing type
图 小批量字体。

Kai style
图 楷体。☞这里要注意,楷书文字(Standard script)是一种文字,楷体(Kai style)是一种风格。

kern
团 字偶调距。

kerned letter
图 紧排字母(铅字时代用)。
图 调节过字偶距的字母。

kerning
图 字偶调距。

kerning metric
图 字偶距度量。

knotwork
图 结饰。

Kolonel
参见 Colonel。

lachrymal terminal
参见 teardrop terminal。

laser typesetting
图 激光照排。

leading
图 行间铅空。也作 line space、white line。
图(铅字时代的)行间距。☞行间铅空的高度。
图(数字时代的)行距。☞两行基线间的垂直距离,即行高与行间距之和。也作 line increment、interlinear spacing、line spacing。

legibility
图 易读性。☞衡量字体的一种标准,看字体是否容易辨认。

Lettera Francese script
图 法国手写体。

Lettera Longobarda formata script
图 伦巴第正式手写体。

Lettera Napolitana script
图 那不勒斯手写体。

Lettera Notaresca script
图 公证手写体。

Lettera Spagnola script
图 西班牙手写体。

Lettera Tedesca script
图 德国手写体。

letterform
图 字形。

lettering
图 绘制、绘制文字。
也作 drawing。
图 美术字。

letterpress
图 活版印刷。

letterspacing
图 字间距。☞字母之间的距离。也作 spacing、letter-spacing。

Letter-spacing
参见 letterspacing。

ligature
图 连字。☞多个字形连接在一起形成的新字形,字宽变化小。如 fi 连字、ffi 连字、st 连字等。

light
囷 细。

line breaking
图 移行。

line height
图 行高。

line increment
参见 leading。

line space
参见 leading。

line spacing
参见 leading。

lining figure
图 等高数字。也作 ranging figure。

link
图 字连。☞如双层小写字母 g 上部环形笔画和下部环形笔画之间的连接部。

Linotype
图 莱诺。
图 莱诺整行铸排机。

lithography
图 石版印刷。

live matter
参见 standing type。

lobe
图 字叶。

Long Primer
图英美 (字号) 十点。

loop
图 字环。

lowercase figure
参见 non-lining figure。

lowercase letter
参见 small letter。

majuscule letter
参见 capital letter。

makta
图 象牙切割垫。

manicule
参见 fist。

manuscript
图 手抄本。

margin
图 外边距。☞电子文件中，网页边框外的空间。
图 页边距。☞图书内页中，版心外的空间。

master font
图 基准字体、基准字库。

master glyph
图 基准字形。

matrix
图 铜模、母型。

medium
图 中粗。

Merovingian script
图 墨洛温手写体。

Metafont
图 一种描述字形信息的编程语言，也指相应的设计字体的系统。

metric kerning
参见 kerning metric。

Microscoop
参见 Microscopic。

Microscopic
图法德荷 (字号) 二点半。也作 Microscopique、Microscoop、Microscopie。

Microscopie
参见 Microscopic。

Microscopique
参见 Microscopic。

Mignon
参见 Minion。

Mignonne
参见 Minion。

mimeograph
参见 stencil press。

Minikin
图英 (字号) 三点。

Minion
图英美法荷 (字号) 七点。也作 Mignonne、Mignon。

Minionette
图美 (字号) 六点半。

minuscule letter
参见 small letter。

modulation
图 笔画粗细对比调节。☞调节笔的角度，使得写出的文字纤浓有度。

monogram
图 花押。

monolinear typeface
图 等线体。

monospacing typeface
图 等宽体。

Monotype
图 蒙纳。
图 蒙纳单字铸排机。

Multiple Master
图 多基准技术。

mutton
参见 em。

mutton quad
参见 em。

Nastaliq typeface
图 波斯体。

National typeface
图 国家体 (德)。

Neuland typeface
图 诺伊兰体。

new Roman cursive script
图 新罗马草写体。

nib
图 笔尖。

No-break space
图 不移行空格。也作 nonbreaking space、hard space。

Non Plus Ultra
图德荷 (字号) 二点。

nonbreaking space
参见 no-break space。

Non-lining figure
图 不等高数字。也作 non-ranging figure、old-style figure、lowercase figure、text figure。

Nonpareil
图英美法德荷 (字号) 六点。也作 Nonpareille、Nonparel。

Nonpareille
参见 Nonpareil。

Nonparel
参见 Nonpareil。

Non-ranging figure
参见 non-lining figure。

normal
参见 regular。

Norse
图美 (字号) 二点半。

number
参见 figure。

numeral
参见 figure。

oblique typeface
图 机械斜体。

offset press
图 平版印刷、胶印机印刷、胶

印。也作 offset printing。

offset printing
参见 offset press。

old Roman cursive script
图 旧罗马草写体。

Old-style figure
参见 non-lining figure。

Old-style typeface
图 古典体。

omission mark
参见 ellipsis。

open counter
图 开放字腔。☞ 如 c 中部的字
腔和 z 左右字腔都是开放字腔。

open loop
图 开放字环。

opening quote
图 前引号。

OpenType
图 国际标准 ISO/IEC 14496-22
定义的一种字体文件格式。

OpenType feature
图 OpenType 特性。
也作 OpenType Layout。

OpenType font
图 OpenType 字体、OpenType
字库。

OpenType font file
图 OpenType 字体文件、Open-
Type 字库文件。

OpenType Layout（OTL）
参见 OpenType feature。

optical compensation
图 视觉补偿。

optical illusion
图 视错觉。

optical size
图 视觉大小。
图 视觉字号。

overshoot
图 视错觉溢出补偿。☞ 调整字母，
使其在视觉上大小接近的行为。
图 视错觉溢出补偿量。☞ 字形

超出参考线的高度与大写字高
（对大写字母而言）或 x 高（对
小写字母而言）的比值。

page cord
图 捆版线。

page description language
（PDL）
图 页面描述语言。☞ 常见的
PDL 包括 Printer Control Lan-
guage 和 PostScript。

Papier-mâchéslab
图 纸型。

Paragon
图英美 (字号) 二十点。

parchment
图 羊皮纸。

Parel
参见 Pearl。

parentheses
参见 round bracket。

Parisian
图法荷 (字号) 五点。
也作 Parisienne。

Parisienne
参见 Parisian。

Pearl
图英美德荷 (字号) 五点。
也作 Perl、Parel。
图法 (字号) 四点。也作 Perle。

period
参见 full stop。

period dot
参见 full stop。

Perl
参见 Pearl。

Perle
参见 Pearl。

Perpetua typeface
图 佩尔佩图阿体。

photocomposition
参见 phototypesetting。

phototypesetter
图 照排机。

phototypesetting
图 照相排版。也作 photocom-
position。

Pica
图英美 (字号) 十二点、派卡。

Pigeon-hole
图 铅字格。
图 信件格。

pilcrow
图 段落号，即符号"¶"。

platen press
图 圆盘机。

point
图 点。☞一种字号单位。

pointed nib
图 点尖。

pointed pen
图 尖头笔、点尖笔。

PostScript
图 一种通用编程语言，通常用
于页面描述，以代码形式描述
页面构成。目前包括 PostScript
Level 1、PostScript Level 2 和
PostScript 3 三个主版本。

prime
图 角分号，即符号"′"。

punch
图 字冲。
动 冲孔。

punchcutter
图 字冲雕刻师。

quad
参见 em。

quadratic Bézier curve
图 二次贝齐耶曲线。另见 Bézi-
er curve。

question mark
图 问号。

quill pen
图 羽毛笔。

Quill-cutter
图 羽毛笔钳。

quotation mark
图 引号。也作 quote。

quote
参见 quotation mark。

raised cap
参见 raised capital letter。

raised capital letter
图 上升式大写字母。
也作 raised cap。

ranging figure
参见 lining figure。

rasterizing
图 栅格化。

rationalist axis
参见 vertical axis。

readability
图 可读性。☞ 衡量排版好坏的标准之一，看版式是否方便阅读。

Redondilla hand
图 雷东迪利亚手写体。

reflexive serif
图 反式衬线。☞ 收笔时反向运笔（拉回）形成的衬线，罗马体字形常见反式衬线，且多为双边衬线。

regular
图 常规。也作 normal、book。

revival typeface
图 复刻字体。☞ 铅字直接轮廓化得到的数字化字体。
图 覆刻字体。☞ 将铅字字形进行微调得到的数字化字体。
图 改刻字体。☞ 对铅字设计进行提升后，得到的数字化字体。

river
图 行间连续的白空间。
也作 river of white。

river of white
参见 river。

Robijn
参见 Ruby。

rolling press
图 圆压平印刷机。

Romain du Roi
图 国王罗马体。

Roman Imperial capital script
图 罗马帝国大写体。

Roman typeface
图 罗马体。也作 Antique typeface。

Rotunda typeface
图 罗图恩达体。

round bracket
图 圆括号。round brackets 也作 parentheses。

rubbing type
图 干式转印字。

Ruby
图⑧ (字号) 三点半。
图⑧ (字号) 五点半。
图⑰ (字号) 四点。也作 Robijn。

Run-in quotation
图 段内引用。

running indent
图 连续缩排。

rustic capital script
图 民间大写体。

sans serif typeface
图 无衬线体。也作 Gothic typeface。

Saxon
图⑧ (字号) 二点。

Schwabacher hand
图 施瓦巴赫手写体。

script
图 文字、文种。
图 脚本。☞ 一串可被计算机识读的命令。
图 书体、手写体。

scriptura actuaria script
图 法案手写体。

second central line
图 第二中心线。

secretary hand
图 秘书手写体。

Sédaniose
参见 Sedanosis。

Sedanosis
图⑭ (字号) 五点。也作 Sédaniose。

semibold
图 半粗的。也作 demibold、hemibold。

semicolon
图 分号。

Semi-quadratus
图 半菱足体。

serif
图 衬线。
图 衬线体的。

serif typeface
图 衬线体。

Seven-line Nonpareil
图⑧ (字号) 四十二点。

shading
图 按笔。☞ 尖头笔用力书写时产生的粗笔画。

shoulder
图 字肩。也作 arch。

sidebearing
图 侧空间。☞ 字形两侧的白空间。

signature
图 折帖、折手。

Six-line Pica
图⑧ (字号) 七十二点。

sixth space
图 六分之一铅空、六分空。☞ 字身宽相当于字身高六分之一的铅空。

size
图 字号。也作 type size、body size。

slab serif typeface
图 板状衬线体、粗衬线体。

Slight-pause mark
图 顿号。

slug
参见 type slug。

small cap
参见 small capital letter。

small capital
参见 small capital letter。

small capital figure
图 小型大写数字。

small capital letter
图 小型大写字母。☞与小写字母大小相近的大写字母。也作 small capital、small cap。

small letter
图 小写字母。也作 minuscule letter、lowercase letter。

Small Pica
图⑭⑰ (字号) 十一点。

small text
参见 small text typeface。

small text typeface
图 小字号正文字体。也作 small text。

smart quote
图 弯引号。

Smoke-proof
图 烟熏校样。

Song style
图 宋体。

sort
参见 type。

space
图 空格。

spacing
参见 letterspacing。

Spencerian script
图 斯宾塞手写体。

spine
图 字脊。

square bracket
图 方括号。

standing matter
参见 standing type。

standing type
图 备用活版。☞使用过的活字清洗后从版面上取下，用捆版线固定并用纸包裹，以备再次使用。也作 live matter、standing matter。

stem
图 字干。

stencil press
图 镂空版印刷机。也作 mimeograph。

stencil typeface
图 模板体。

stereotype
团 铅版浇铸。
图 铸制铅版。

stroke
图 笔画。

stylus
图 刻蜡笔。

superfamily
图 超大字体家族。

suspension points
参见 ellipsis。

swash
图 笔饰。☞笔画的装饰，起笔处或收笔处的装饰性部分。在连笔或草写的文本中，笔饰主要出现在单个字母、词组、句子等的首尾两端。

tabular figure
图 等宽数字。

tabular lining figure
图 等宽等高数字。也作 tabular ranging figure。

tabular non-lining figure
图 等宽不等高数字。也作 tabular non-ranging figure、tabular old-style figure。

tabular non-ranging figure
参见 tabular non-lining figure。

tabular old-style figure
参见 tabular non-lining figure。

tabular ranging figure
参见 tabular lining figure。

tabular space
参见 figure space。

tangent
参见 tangent anchor。

tangent anchor
图 切线锚点。也作 tangent。

Tannenburg typeface
图 坦嫩堡体。

teardrop terminal
图 泪状字梢。也作 lachrymal terminal。

template
图 模板。

terminal
图 字梢、笔画端点。☞不加衬线的起笔或收笔。

text
参见 text typeface。

text figure
参见 non-lining figure。

Text Secunda
图⑳ (字号) 二十点。

text typeface
图 正文字体。也作 text。

Textura typeface
图 泰克斯图拉体。

textus prescisse
图 匀织平足体。也作 textus sine pedibus。

textus quadratus
图 匀织菱足体。

textus sine pedibus
参见 textus prescisse。

thick space
参见 third space。

thin
图 超细。也作 hairline。

thin space
图 五分之一铅空、五分空。☞字身宽相当于五分之一字身高的铅空，用于铅字时代。八分之一空格。☞字身宽相当于八分之一字身高的数字字形，用于数字时代。也有文献称其为六分之一空格。

third space
图 三分之一铅空、三分空。☞字身宽相当于三分之一字身高的铅空。也作 thick space。

Times New Roman typeface
图 时报新罗马体。

tracking
图 字距。
图动 字调距。

Trajan typeface
图 图拉真体。

transitive serif
图 顺式衬线。☞ 收笔时顺着原书写方向运笔形成的衬线，意大利体字形常见顺式衬线，且多为单边衬线。

translation
图 平移（式）。☞ 使用平头笔书写，运笔时不改变笔尖角度。

TrueType
图 指 TrueType 字体技术及其字体标准。包括描述字体文件数据结构的标准（TrueType 字体文件）和识读字体文件并输出点阵图的程序（TrueType 栅格化工具）。

TrueType font
图 TrueType 字体、TrueType 字库。

TrueType font file
图 TrueType 字体文件、TrueType 字库文件。

TrueType rasterizer
图 TrueType 栅格化工具。

Tuscan typeface
图 托斯卡纳体。

Twelve-line Pica
图美 (字号) 一百四十四点。

type
图 (一枚) 铅字。也作 sort。
图 字体。另见 typeface。

type designer
图 字体设计师。

type director
图 字体设计总监。

type founder
图 铸字师。

type foundry
图 (铅字时代的) 铸字厂。(数字时代的) 字库厂。

type height
图 铅字高。也作 height to paper、type high。

type high
参见 type height。

type size
参见 size。

type slug
图 铸条。也作 slug。

Type-casting machine
动 手摇铸字机。

typeface
图 字体。

typeface family
图 字体家族。也作 font family。

typesetter
图 排版工人。
图 排字机。

typesetting
图 排版。

typesetting office
图 排版厂。

typographer
图 文字设计师。
图 排版工人。

typographic colour
图 版面灰度。☞ 一段文本的整体灰度。也作 colour。

typography
图 广义上指文字设计，狭义上指铅字时代的活字排印。
图 印刷字体。

ultrabold
参见 extrabold。

ultralight
参见 extralight。

umbilicus
图 轴芯。

uncial script
图 安色尔手写体。

Unicode
参见 Unicode Standard。

Unicode Standard
图 即《Unicode 标准》。☞ 规定通用字符集、字符编码模型、字符属性数据库、字符算法的行业标准。其通用字符集（UCS）部分与国际标准 ISO/IEC 10646 动态等价。

Unified Font Object（UFO）
图 UFO。☞ 一种独立于平台和应用，用户可读并且可以编辑的字体文件格式，目前有 UFO 1、UFO 2、UFO 3 三个版本。

uppercase letter
参见 capital letter。

variable font
图 可变字体、可变字库。

vector font
图 折线字体、折线字库、矢量字体。

vellum
图 犊皮纸。

versal
图 下沉式段首彩饰字母。

versatile typeface
图 万能字体。

vertical axis
图 垂直轴线、垂直字轴。也作 vertical stress、rationalist axis。另见 axis。

vertical stress
参见 vertical axis。

Visigoth script
图 西哥特手写体。

wax tablet
图 蜡板书。☞ 用木框固定蜡板做成的书，可复写。

wayfinding
图 导视。

Web Open Font Format（WOFF）
图 网络开放字体格式。

weight
图 字重。

white line
参见 leading。

whiteletter typeface
图 白字体。

wooden type
图 木活字。也作 wood type。

woodblock printing
图 雕版印刷、木版印刷。

workhorse typeface
图 重载字体。☞ 在艰苦环境（小字号、低质量显示、低质量印刷）下使用的字体。

writing
图 写制。
图団 书写。

x-height
图 x 高。☞拉丁字母 x 的垂直高度。

Zhonggong
图 中宫。

---

* 在字体设计中，字号、字重和风格自成一体，且使用范围广泛，故而此处将字号术语表、字重术语表与风格术语表单独列出。

字号术语表

本表列举了使用点数制之前，不同地区对字号的描述。因当时所用语言、字号来源及命名规则各不相同，故而我们并未提出统一的对译方案（无论音译或意译），这里只是列出了文献中字号与点数制字号之间可能存在的对应关系。字号前用"···-line"（若干行）修饰时，对应的点数为字号点数乘以行数。如美制 Five-line Nonpareil，为 5 倍的美制 Nonpareil，即 5 × 6 = 30 点。"Double"相当于"Two-line"。

Agate
图美 五点半。

American
图美 一点。

Bourgeois
图英美 九点。

Brevier
图英美 八点。

Brilliant
图英美 四点，有文献指美制三点半。
图德 三点。

Canon
图英 四十四点。
图美 四十八点。

Colonel
图德荷 七点。也作 Kolonel。

Columbian
图美 十六点。也作 Columbian
Exchange。

Diamond
图英美 四点半。
图法 三点。也作 Diamant。
图德荷 四点。也作 Diamant。

Double Columbian
图美 三十二点。

Double English
图英美 二十八点。

Double Great Primer
图英美 三十六点。

Double Paragon
图美 四十点。

Double Pica
图英美 二十四点。

Double Small Pica
图英荷 二十二点。
Emerald（英）六点半。

English
图英美 十四点。

Excelsior
图美 三点。

Five-line Nonpareil
图美 三十点。

Five-line Pica
图美 六十点。

Four-line Pica
图美 四十八点。

French Canon
图美 四十八点。

Gem
图英 四又四分之一点。

German
图美 一点半。

Great Primer
图英美 十八点。

Insertio
图德荷 六点半。

Long Primer
图英美 十点。

Microscopic
图法德荷 二点半。也作
Microscopique、Microscoop、
Microscopie。

Minikin
图英 三点。

Minion
图英美法荷 七点。也作 Mi-
gnonne、Mignon。

Minionette
图美 六点半。

Non Plus Ultra
图德荷 二点。

Nonpareil
图英美法德荷 六点。也作 Nonpareille、Nonparel。

Norse
图美 二点半。

Paragon
图英美 二十点。

Parisian
图法荷 五点。也作 Parisienne。

Pearl
图英美德荷 五点。也作 Perl、Parel。
图法 四点。也作 Perle。

Pica
图英美 十二点、派卡。

Ruby
图英美 三点半。
图英荷 五点半。
图荷 四点。也作 Robijn。

Saxon
图美 二点。

Sedanosis
图法 五点。也作 Sédaniose。

Seven-line Nonpareil
图美 四十二点。

Six-line Pica
图美 七十二点。

Small Pica
图英美 十一点。

Text Secunda
图德 二十点。

Twelve-line Pica
图美 一百四十四点。

字重术语表

本表按照由细到粗的规则列举字重，按 CSS 标准早期字重的可能取值（100 至 900 的整百数）分为九类。若有必要再细分，更大值用更、甚、特、超、极、至来描述，更小值用稍、略、微来描述。本部分术语均为形容词，成词时（如 thin typeface 或 thin weight）译作"某体"或"某字重"。

thin
超细。也作 hairline。

regular
常规。也作 normal、book。

bold
粗。

extralight
更细。也作 ultralight。

medium
中粗。

extrabold
更粗。也作 ultrabold。

light
细。

semibold
半粗。也作 demibold、hemibold。

black
超粗。也作 heavy。

风格术语表

本表列举文献中提到的字体风格，所列术语均为名词，均译作"某体"。以 script 或 hand 结尾的术语为手写体风格或书体风格，以 typeface 结尾的术语为铅字风格，以 engraving 结尾的术语为铭文风格。

Albertus typeface
图 艾伯塔斯体。

Antique typeface
图 古体。参见 Roman typeface。

Baskerville typeface
图 巴斯克维尔体。

Bastarda typeface
图 巴斯塔尔达体。

Bembo typeface
图 本博体。

Beneventan script
图 贝内文托手写体。

blackletter typeface
图 黑字体。也作 black letter。

bollatica hand
图 诏书手写体。

capitalis script
图 大写手写体。

Carolingian hand
图 加洛林手写体。

chancery hand
图 秘书处手写体。

Charlemagne typeface
图 查理曼体。

Civil Service hand
图公务员手写体。

Clarendon typeface
图克拉伦登体。

condensed typeface
图窄体、长体。

copperplate engraving
图铜版体。

cursive typeface
图草写体。
图连写体。

destructive typeface
图解构体。

Deutschland typeface
图德意志体。

Didot typeface
图迪多体。

display typeface
图展示字体、标题字体。☞为
展示大字号而设计的字体。

Egyptian script/Egyptian type-
face
图埃及手写体 / 埃及体。另见
slab serif typeface。

Element typeface
图埃勒门特体。

engineering typeface
图机械体。也作 engineers' font。

English round hand
图英式圆手写体。

expanded typeface
图扁体。

expansion typeface
图扩展型字体。☞由受压扩张
的尖头笔写成的书体。

Fangsong style
图仿宋体。

foundational hand
图基础手写体。

Fournier typeface
图富尼耶体。

Fraktur script/Fraktur typeface
图弗拉克图尔手写体 / 弗拉克图
尔体。

French Canon hand
图法国正典手写体。

Garamond typeface
图加拉蒙体。

German Kurrentschrift
图德国聚特林手写体。

Gill Sans typeface
图吉尔无衬线体。

Gotenburg typeface
图哥德堡体。

Gothic typeface
图哥特体 / 无衬线体。

Gros-romain typeface
图大罗马体。

grotesque typeface
图怪诞体。

grunge typeface
图垃圾摇滚体。

Half-uncial script
图半安色尔手写体。

Hei style
图黑体。

humanist typeface
图人文主义体。

imperial charter hand
图帝国约章手写体。

inline typeface
图空心体。

insular half-uncial script
图岛国半安色尔手写体。

Italic typeface
图意大利体。

Kai style
图楷体。☞这里要注意，楷书
文字（Standard script）是一种
文字，楷体（Kai style）是一种
风格。

Lettera Francese script
图法国手写体。

Lettera Longobarda formata
script
图伦巴第正式手写体。

Lettera Napolitana script
图那不勒斯手写体。

Lettera Notaresca script
图公证手写体。

Lettera Spagnola script
图西班牙手写体。

Lettera Tedesca script
图德国手写体。

Merovingian script
图墨洛温手写体。

monolinear typeface
图等线体。

monospacing typeface
图等宽体。

Nastaliq script
图波斯手写体。

National typeface
图国家体（德）。

Neuland typeface
图诺伊兰体。

new Roman cursive script
图新罗马草写体。

oblique typeface
图机械斜体。

old Roman cursive script
图旧罗马草写体。

Old-style typeface
图古典体。

Perpetua typeface
图佩尔佩图阿体。

Redondilla hand
图雷东迪利亚手写体。

Romain du Roi
图国王罗马体。

Roman Imperial capital script
图罗马帝国大写手写体、罗马
帝国大写体。

Roman typeface
图 罗马体。也作 Antique typeface。

Rotunda script/Rotunda typeface
图 罗图恩达手写体 / 罗图恩达体。

rustic capital script
图 民间大写手写体、民间大写体。

sans serif typeface
图 无衬线体。

Schwabacher hand
图 施瓦巴赫手写体。

scriptura actuaria script
图 法案手写体。

secretary hand
图 秘书手写体。

Semi-quadratus
图 半菱足体。

slab serif typeface
图 板状衬线体、粗衬线体。

Song style
图 宋体。

Spencerian script
图 斯宾塞手写体。

stencil typeface
图 模板体。

Tannenburg typeface
图 坦嫩堡体。

Textura script / Textura typeface
图 泰克斯图拉手写体 / 泰克斯图拉体。

textus prescisse
图 匀织平足体。也作 textus sine pedibus。

textus quadratus
图 匀织菱足体。

Times New Roman typeface
图 时报新罗马体。

Trajan typeface
图 图拉真体。

translation
图 平移（式）。☞使用平头笔书写，运笔时不改变笔尖角度。

Tuscan typeface
图 托斯卡纳体。

uncial script
图 安色尔手写体。

Visigoth script
图 西哥特手写体。

文字设计术语表（按汉语拼音排序）

埃及体
Egyptian typeface，
另见 slab serif typeface

埃勒门特体
Element typeface

艾伯塔斯体
Albertus typeface

安色尔体
uncial script

按笔
shading

八点
英美 Brevier

八分之一空格
thin space

巴斯克维尔体
Baskerville typeface

巴斯塔尔达体
Bastarda script/Bastarda typeface

白字体
whiteletter typeface

板状衬线体
slab serif typeface

版框
chase

版面灰度
typographic colour，也作 colour

半安色尔手写体
half-uncial script

半粗
semibold，也作 demibold、hemibold

半角（的）
halfwidth

半角空格
halfwidth space

半宽（的）
halfwidth

半菱足体
semi-quadratus

半色调图
halftone

半身（的）
en

半身空格
en space

半身块
en，也作 nut

半身线
en dash

半字线
halfwidth dash

贝内文托手写体
Beneventan script

贝齐耶曲线
Bézier curve

备用活版
standing type，也作 live matter、standing matter

本博体
Bembo typeface

笔法
graphisme

笔画
stroke

笔画粗细对比调节
modulation

笔画粗细对比度
contrast

笔画端点
terminal

笔尖
nib

笔饰
swash

笔刷
brush

闭合字环
closed loop

闭合字腔
closed counter，也作 futokoro

编码
encode

编码方案
encoding scheme

扁体
expanded typeface

扁头笔
broad-edged pen，也作 edged pen、flat pen

变音记号
diacritical mark，也作 diacritic、accent

标题字体
display typeface

波斯体
Nastaliq typeface

不等高数字
non-lining figure，也作 non-ranging figure、old-style figure、lowercase figure、text figure

不移行空格
no-break space，也作 non-breaking space、hard space

部件
component

彩饰
illuminate

彩饰师
illuminator

草书
Cursive script

草写书体
cursive script

草写体
cursive typeface

侧空间
sidebearing

查理曼体
Charlemagne typeface

常规
regular，也作 normal、book

超粗
black，也作 heavy

超大字体家族
superfamily

超细
thin，也作 hairline

衬线
serif

衬线体
serif typeface

衬线体（的）
serif

冲孔
punch

垂直轴线
vertical axis，也作 vertical stress、rationalist axis；另见 axis

垂直字轴
vertical axis，也作 vertical stress、rationalist axis；另见 axis

粗
bold

粗衬线体
slab serif typeface

达奇法
dutching

大罗马体
gros-romain typeface

大写体
capitalis script

大写字高
capital height，也作 cap height

大写字母
capital letter，也作 majuscule letter、uppercase letter

代码
code

导视
wayfinding

岛国半安色尔手写体
insular half-uncial script

德国聚特林手写体
German Kurrentschrift

德国手写体
Lettera Tedesca script

德意志体
Deutschland typeface

等高数字
lining figure，也作 ranging figure

等宽不等高数字
tabular non-lining figure，也作 tabular non-ranging figure、tabular old-style figure

等宽等高数字
tabular lining figure，也作
tabular ranging figure

等宽数字
tabular figure

等宽体
monospacing typeface

等线体
monolinear typeface

迪多体
Didot typeface

帝国约章手写体
imperial charter hand

第二中心线
second central line

第一中心线
first central line

点
point

点尖
pointed nib

点尖笔
pointed pen

点阵字库
bitmap font

点阵字体
bitmap font

电泳墨
electrophoretic ink，也作
E-Ink

电泳显示
electrophoretic display

雕版印刷
woodblock printing

定宽不移行空格
fixed-width no-break space，也
作 fixed width nonbreaking
space

定制字体
custom typeface，也作 bespoke
typeface、custom font、be-
spoke font

逗号
comma

犊皮纸
vellum

段间引用
block quotation

段落号
pilcrow

段内引用
run-in quotation

段首大写字母
initial capital letter，也作
initial、initial capital

断词线
hyphen

对开
folio

对开页
folio

顿号
slight-pause mark

多基准技术
Multiple Master

额外字距
extra tracking，也作 extra

二次贝齐耶曲线
quadratic Bézier curve，另见
Bézier curve

二点
⑱ Non Plus Ultra
⑱ Saxon

二点半
⑱ Microscopique
⑱ Microscoop
⑱ Microscopie
⑱ Norse

二十八点
⑱⑱ Double English

二十点
⑱⑱ Paragon
⑱ Text Secunda

二十二点
⑱⑱ Double Small Pica

二十四点
⑱⑱ Double Pica

二十四分之一铅空
hair space

法案手写体
scriptura actuaria script

法国手写体
Lettera Francese script

法国正典手写体
French Canon hand

反式衬线
reflexive serif

方括号
square bracket

仿宋体
Fangsong style

分号
semicolon

弗拉克图尔体
Fraktur typeface

负形
counterform

复刻字体
revival typeface

富尼耶体
Fournier typeface

覆刻字体
revival typeface

改刻字体
revival typeface

感叹号
exclamation mark

干式转印纸
dry transfer sheet

干式转印字
rubbing type

哥德堡体
Gotenburg typeface

哥特体
Gothic typeface

更粗
extrabold，也作 ultrabold

更细
extralight，也作 ultralight

公务员手写体
Civil Service hand

公证手写体
Lettera Notaresca script

构件
component

古典体
old-style typeface

怪诞体
grotesque typeface

轨迹
ductus

国际文字设计协会
Association Typographique
Internationale（ATypI）

国家体（德）
National typeface

国王罗马体
Romain du Roi

合字
compound

黑体
Hei style

黑字体
blackletter script/blackletter
typeface，也作 black letter

横画
crossbar

弧点
curve anchor，也作 curve

花括号
brace

花押
monogram

缓式衬线
adnate serif

绘制
lettering，也作 drawing

绘制文字
lettering，也作 drawing

喙状字梢
beak terminal

活版排印
typography

活版印刷
letterpress

机械体
engineering typeface，也作
engineers' font

机械斜体
oblique typeface

基础手写体
foundational hand

基线
baseline

基准字库
master font

基准字体
master font

基准字形
master glyph

激光照排
laser typesetting

吉尔无衬线体
Gill Sans typeface

极值锚点
extreme anchor，也作 extreme
point、extremum point

急式衬线
abrupt serif

集外字符
external character，也作 gaiji

计算机直接制版
computer-to-plate（CTP）

加拉蒙体
Garamond typeface

加洛林手写体
Carolingian hand，也作 Caro-
lingian minuscule

假文
dummy text，也作 dummy copy

尖括号
angle bracket

尖头笔
pointed pen

胶印
offset press，也作 offset print-
ing

胶印机印刷
offset press，也作 offset printing

角点
corner anchor，也作 corner
point、corner

角分号
prime

角秒号
double prime

脚本
script

结饰
knotwork

解构体
destructive typeface

紧排字母
kerned letter

近闭合字腔
almost closed counter

九点
英美 Bourgeois

旧罗马草写体
old Roman cursive script

句号
full stop，也作 period、period
dot、dot

均分空格
flush space

开放字环
open loop

开放字腔
open counter

开合度
aperture

楷体
Kai style

抗锯齿技术
anti-aliasing technology

可变字库
variable font

可变字体
variable font

可读性
readability

克拉伦登体
Clarendon typeface

刻蜡笔
stylus

空格
space

空心体
inline typeface

控制字符
control character

捆版线
page cord

扩展型字体
expansion typeface

括号
bracket

垃圾摇滚体
grunge typeface

蜡板书
wax tablet

莱诺
Linotype

莱诺整行铸排机
Linotype

雷东迪利亚手写体
Redondilla hand

泪状字梢
teardrop terminal，也作 lachry-mal terminal

连接号
dash

连接号
hyphen

连写体
cursive typeface

连写文字
cursive script

连续缩排
running indent

连字
ligature

六点
英美 Nonpareil
法德 Nonpareille
荷 Nonparel

六点半
英 Emerald
德荷 Insertio
美 Minionette

六分空
sixth space

六分之一铅空
sixth space

六十点
美 Five-line Pica

镂空版印刷机
stencil press，也作 mimeograph

伦巴第正式体
Lettera Longobarda formata script

轮转印刷机
circular rotary machine

罗马帝国大写体
Roman Imperial capital script

罗马体
Roman typeface，也作 Antique typeface

罗图恩达体
Rotunda typeface

落排段落
dropline paragraph

毛笔
Chinese brush

锚点
anchor

冒号
colon

蒙纳
Monotype

蒙纳单字铸排机
Monotype

秘书处手写体
chancery hand

秘书手写体
secretary hand

民间大写体
rustic capital script

模板
template

模板体
stencil typeface

墨洛温手写体
Merovingian script

木版印刷
woodblock printing

木活字
wooden type，也作 wood type

那不勒斯手写体
Lettera Napolitana script

廿四分空
hair space

牛角墨水瓶
inkhorn

诺伊兰体
Neuland typeface

排版
typesetting

文字设计术语表

排版厂
typesetting office

排版工人
typesetter

排版工人
typographer

排字
compose

排字机
typesetter

排字间
composing room

派卡
Pica

佩尔佩图阿体
Perpetua typeface

撇号
apostrophe

平版打样印刷机
flatbed proof press

平版印刷
offset press，也作 offset printing

平尖
broad-edged nib

平尖笔
broad-nib pen

平移（式）
translation

七点
㊛㊚ Kolone
㊐㊚ Minion
㊋ Mignonne

七十二点
㊚ Six-line Pica

铅版浇铸
stereotype

铅字（一副）
font

铅字（一枚）
type，也作 sort

铅字高
type height，也作 height to paper、type high

铅字格
pigeon-hole

前引号
opening quote

切线锚点
tangent anchor，也作 tangent

球状字梢
ball terminal

曲线锚点
curve anchor，也作 curve

全角（的）
fullwidth

全角空格
fullwidth space

全宽（的）
fullwidth

全身（的）
em

全身空格
em space

全身块
em，也作 mutton、mutton quad、quad

全身线
em dash

人文主义体
humanist typeface

三次贝齐耶曲线
cubic Bézier curve，另见 Bézier curve

三点
㊛ Brilliant
㊋ Diamant
㊚ Excelsior
㊛ Minikin

三点半
㊚ Ruby

三分空
third space，也作 thick space

三分之一铅空
third space，也作 thick space

三十点
㊚ Five-line Nonpareil

三十二点
㊚ Double Columbian

三十六点
㊛㊚ Double Great Primer

上伸部
ascender

上升式大写字母
raised capital letter，也作 raised cap

升降式大写字母
elevated capital letter，也作 elevated cap

省略号
ellipsis，也作 ellipsis dots、suspension points、omission mark

省字号
apostrophe

施加半色调技术
halftone

施瓦巴赫手写体
Schwabacher hand

十八点
㊛㊚ Great Primer

十点
㊛㊚ Long Primer

十二点
㊛㊚ Pica

十六点
Columbian,
㊚ 也作 Columbian Exchange

十四点
㊛㊚ English

十一点
㊛㊚ Small Pica

石版印刷
Lithography

时报新罗马体
Times New Roman typeface

矢量字体
vector font

视错觉
optical illusion

视错觉溢出补偿
overshoot

视错觉溢出补偿量
overshoot

视觉补偿
optical compensation

视觉大小
optical size

视觉字号
optical size

手扳架印刷机
iron press

手抄本
manuscript

手绘
hand-rendered lettering

手绘文字
hand-rendered lettering

手拍铸字器
hand mold

手盘
composing stick

手写体
script，也作 hand

手摇铸字机
type-casting machine

首行伸排
first-line outdent

首行缩排
first-line indent

书法
calligraphy

书面文本
hand-rendered lettering

书体
script

书写
writing

数字
figure，也作 digit、numeral、number

数字字形
glyph

双边衬线
bilateral serif

顺式衬线
transitive serif

斯宾塞手写体
Spencerian script

四点
英美 Brilliant
德荷 Diamant
法 Perle
德荷 也作 Robijn

四点半
英美 Diamond

四十八点
英 Canon
美 Four-line Pica
美 French Canon

四十点
美 Double Paragon

四十二点
美 Seven-line Nonpareil

四十四点
美 Canon

四又四分之一点
英 Gem

宋体
Song style

泰克斯图拉体
Textura typeface

坦嫩堡体
Tannenburg typeface

替用字形
alternative glyph

铁盘
gally

铜版体
copperplate engraving

铜模；母型
matrix

图拉真体
Trajan typeface

托斯卡纳体
Tuscan typeface

挖角（工艺）
ink trapping，也作 ink trap

外边距
margin

弯引号
smart quote

万能字体
versatile typeface

网格
grid

网络开放字体格式
Web Open Font Format（WOFF）

文种
script

文字
script

文字设计
typography

文字设计师
typographer

问号
question mark

无衬线体
sans serif typeface

五点
法荷 Parisienne
英美 Pearl
德 Perl
荷 Parel
瑞 Sédaniose

五点半
美 Agate
英 Ruby

五分空
thin space

五分之一铅空
thin space

西班牙手写体
Lettera Spagnola script

西哥特手写体
Visigoth script

细
light

下边线
beardline

下沉式大写字母
dropped capital letter，也作
dropped capital、drop cap

下沉式段首彩饰字母
versal

下伸部
descender

下伸部参考线
beardline

象牙切割垫
makta

小批量字体
jobbing type

小写字母
small letter，也作 minuscule
letter、lowercase letter

小型大写数字
small capital figure

小型大写字母
small capital letter，
也作 small capital、small cap

小字号低解析度屏幕显示优化
hinting

小字号正文字体
small text typeface，也作 small
text

写代码
coding

写制
writing

新罗马草写体
new Roman cursive script

信件格
pigeon-hole

行高
line height

行间距
leading

行间连续白空间
river，也作 river of white

行间铅空
leading，也作 line space、white
line

行距
leading，也作 line increment、
interlinear spacing、line spacing

悬挂式大写字母
hanging capital letter

渲染提示
hinting

压凹凸
deboss

烟熏校样
smoke-proof

延伸部
extender

羊皮纸
parchment

页边距
margin

页面描述语言
page description language（PDL）

一百四十四点
㊎ Twelve-line Pica

一点
㊎ American

一点半
㊎ German

一字线
fullwidth dash

移行
line breaking

移行断词
hyphenation

易读性
legibility

意大利体
Italic typeface

引号
quotation mark，也作 quote

印散件的印刷工人
jobbing printer

印刷字体
typography

英式圆手写体
English round hand

右指号
fist，也作 manicule

与号
ampersand

羽毛笔
quill pen

羽毛笔钳
quill-cutter

圆括号
round bracketround brackets，
也作 parentheses

圆盘机
platen press

圆压平印刷机
rolling press

匀织菱足体
textus quadratus

匀织平足体
textus prescisse，也作 textus
sine pedibus

栅格化
rasterizing

窄体
condensed typeface

毡尖笔
felt tip

展示字体
display typeface

长体
condensed typeface

诏书手写体
bollatica hand

照排机
phototypesetter

照相排版
phototypesetting，也作 photo-composition

折手
signature

折帖
signature

折线锚点
corner anchor，也作 corner point、corner

折线字库
vector font

折线字体
vector font

折页
folding，也作 folio

正体字母
block letter

正文字体
text typeface，也作 text

直引号
dumb quote

纸型
papier-mâchéslab

制表空格
figure space

中粗
medium

中宫
Zhonggong

重载字体
workhorse typeface

轴线
axis，也作 modulation axis

轴芯
umbilicus

铸条
type slug，也作 slug

铸制铅版
stereotype

铸字
cast

铸字厂
type foundry

铸字师
type founder

装饰符号
dingbat

锥贝齐耶曲线
conic Bézier curve，另见 Bézier curve

桌面出版
desktop publishing（DTP）

字臂
arm

字撑
bracket

字冲
punch

字冲雕刻师
punchcutter

字调距
tracking

字符
character

字符集
character set

字符面板
character palette

字符映射
character map

字干
stem

字号
size，也作 type size、body size

字环
loop

字脊
spine

字间距
letterspacing

字肩
shoulder，也作 arch

字距
tracking

字库
font

字库厂
type foundry

字库文件
font file

字连
link

字偶调距
kern

字偶调距
kerning

字偶距度量
kerning metric

字旗
flag

字腔
counter

字腔字冲
counterpunch

字腔 - 字腔字冲
counter-counterpunch

字梢
terminal

字身
body

字身宽
body width

字身框
bounding box

字饰
flourish

字体
font

字体
typeface，也作 type

字体标题
font header

字体参数
font metrics

字体度量
font metrics

字体家族
typeface family，也作 font family

字体设计师
type designer

字体设计总监
type director

字体文件
font file

字碗
bowl

字形
letterform

字叶
lobe

字重
weight

字轴
axis，也作 modulation axis

字足
foot

《Unicode 标准》
Unicode Standard

Metafont
Metafont

OpenType
OpenType

OpenType 特性
OpenType feature，
也作 OpenType Layout

OpenType 字库
OpenType font

OpenType 字库文件
OpenType font file

OpenType 字体
OpenType font

OpenType 字体文件
OpenType font file

PostScript
PostScript

ß
eszett

TrueType
TrueType

TrueType 栅格化工具
TrueType rasterizer

TrueType 字库
TrueType font

TrueType 字库文件
TrueType font file

TrueType 字体
TrueType font

TrueType 字体文件
TrueType font file

x 高
x-height

术语表致谢

谨向以下对术语翻译无私地提出宝贵意见的专家们表示感谢：

(按照中外专家姓名拼音输入法顺序分组排列)

陈其瑞　陈嵘　陈懋平〔中国香港〕　陈永聪　陈月　蔡星宇　程训昌　杜钦　冯小平　郭毓海

胡阿提·吾兰　黄克俭　黄晓迪　姜兆勤　梁海　林金峰　刘钊　罗琼　齐立　仇寅　苏精〔中国台湾〕

孙明远　谭达徽　谭智恒〔中国香港〕　汪文　吴帆　邢立　杨林青　张暄　张文龙　朱志伟

弗雷德·斯迈尔斯〔荷兰〕　何塞·斯卡廖内〔阿根廷〕　黄陈列〔美国〕　克里斯托巴尔·埃内斯特罗萨〔墨西哥〕

劳拉·梅塞格尔〔西班牙〕　杰瑞·利奥尼达斯〔希腊〕　罗宾·金罗斯〔英国〕　罗伯特·布林赫斯特〔加拿大〕

宋乔君〔Sérgio Martins, 葡萄牙〕　王敏〔美国〕　韦罗尼卡·布里安〔德国〕　小宫山博史〔日本〕

扬·米登多普〔荷兰〕　约书亚·法默〔美国〕　尤安·克莱顿〔英国〕

在本书的术语表中，

我们倾听了学界对字体设计类术语的反馈，

针对性地对一些有争议的术语逐一进行论证和讨论，

增加了新的术语，还包括一些汉语术语词汇。

本次术语由中央美术学院副教授刘钊博士组织，

主要成员为雷丁大学博士程训昌〔在读〕和华中科技大学硕士姜兆勤〔在读〕。

本书字体 汉仪玄宋

由 汉仪字库 赞助

Hanyi Fonts

宇

文字设计术语表

图 1 《写信的女士》，约翰内斯·维米尔。约 1665 年

图 2 用芦苇笔书写的罗马文字手卷残片，出自 1 世纪上半叶西塞罗的作品《反维勒斯》

图 14 《林迪斯芳福音书》内页中希腊语的基督名字花押字（XPI），内容是《马太福音》中基督诞生的故事。721 年 p.044

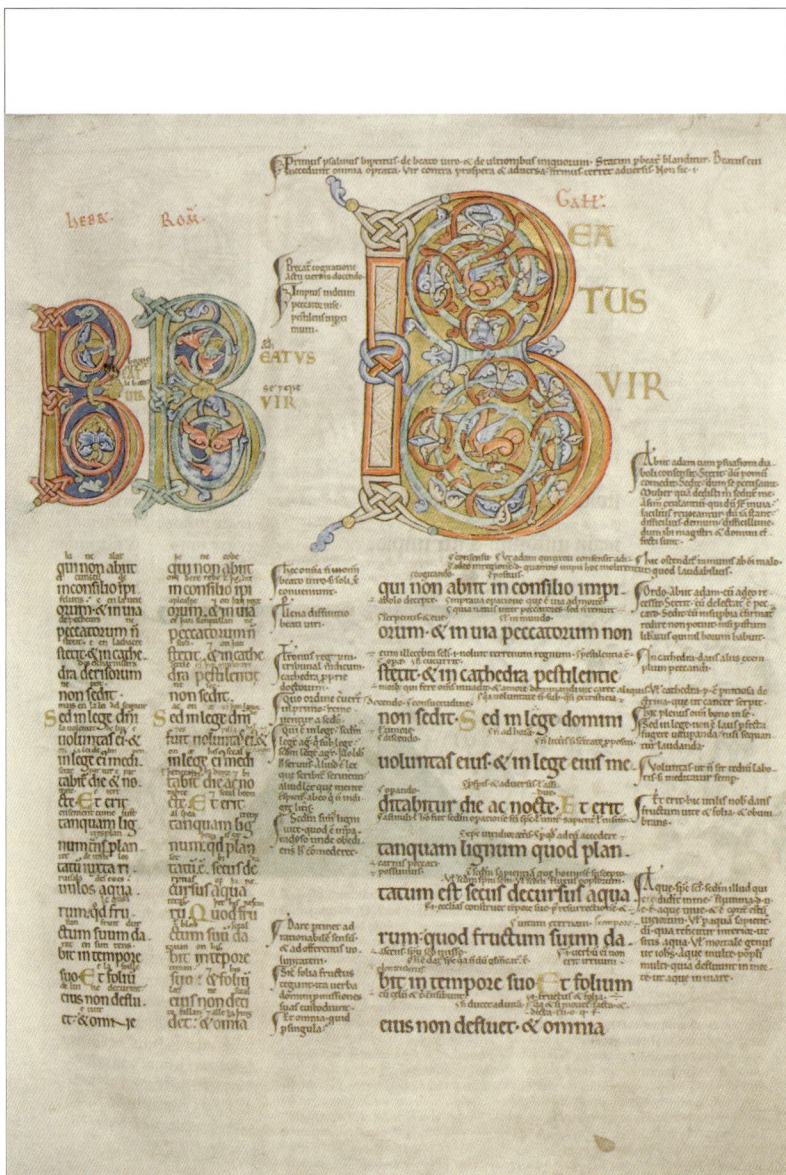

图 18　装饰华丽、流光溢彩的《埃德温圣咏》，书中包含五个版本的《诗篇》和一篇评论。它由十几位画家和抄写员共同完成，可以说是英国 12 世纪中期最复杂的一部手抄本　 p.072

图 25　巴尔托洛梅奥·圣维托抄写的《凯旋》中，首字母 N 和彼特拉克的肖像，都饰有"古典"装饰。15 世纪后期 p.112

图 36　罗马庇亚门内侧墙壁细节，建于 1561—1565 年　p.158

图 40 《律师或公证人与一位农民客户在他的办公室》。约伯·阿德里安斯·贝克海德，1672 年 p.177

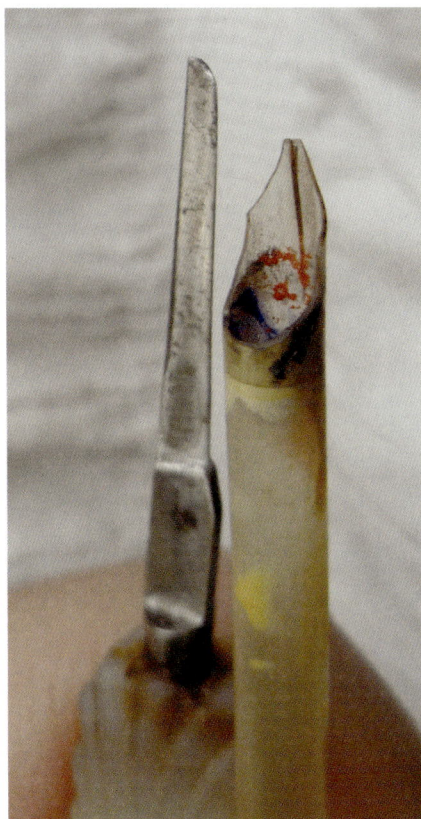

图 49　用窄刃削笔刀削出来的羽毛笔尖。刀刃是向一侧倾斜的，以便能挖削出凹面
p.243

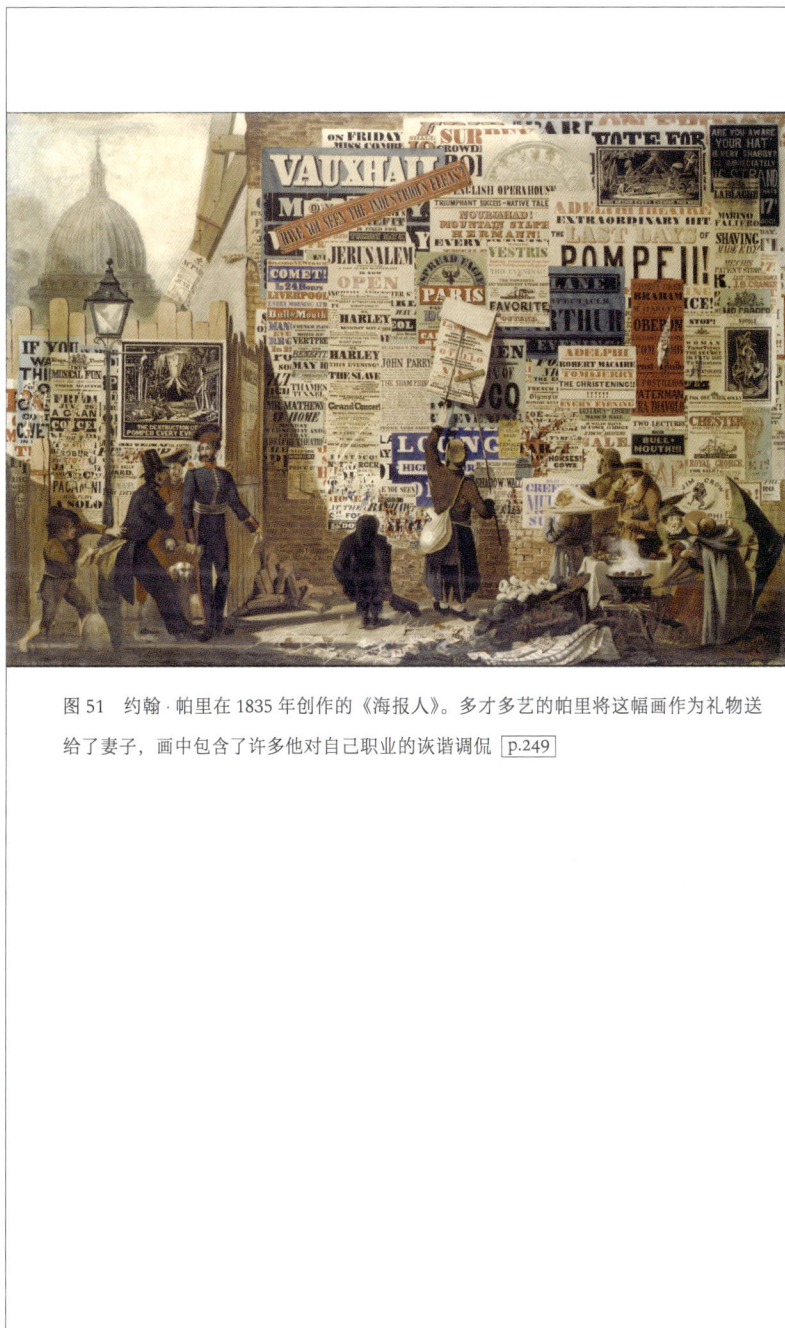

图 51　约翰·帕里在 1835 年创作的《海报人》。多才多艺的帕里将这幅画作为礼物送给了妻子，画中包含了许多他对自己职业的诙谐调侃 p.249

图 55　用于海报印刷的木活字，这是爱德华·约翰斯顿带有圆圈标志的伦敦地铁字体
p.292

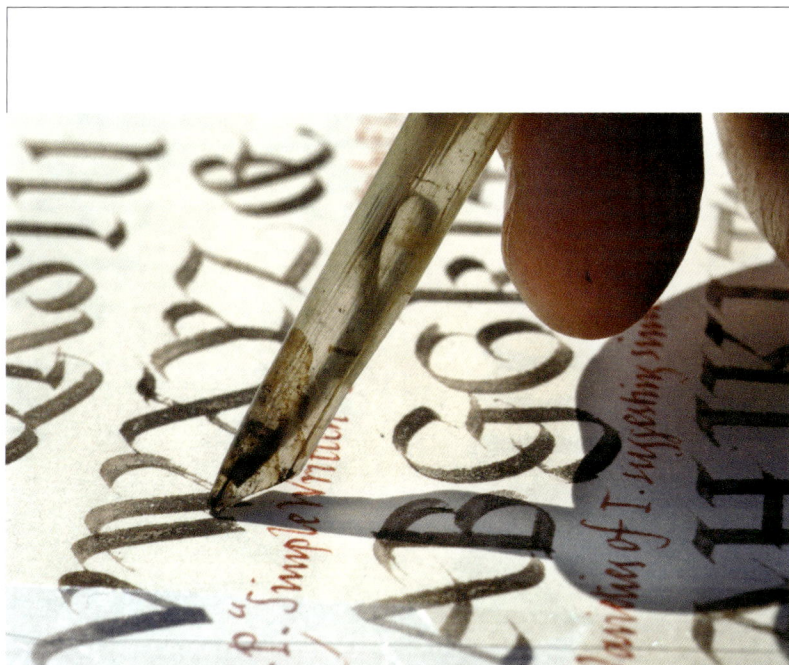

图 57　约翰斯顿用羽毛笔写出的干净利落的书法作品，1923 年。注意笔头内侧的弧形，这样的设计可以容纳更多的墨水　p.302

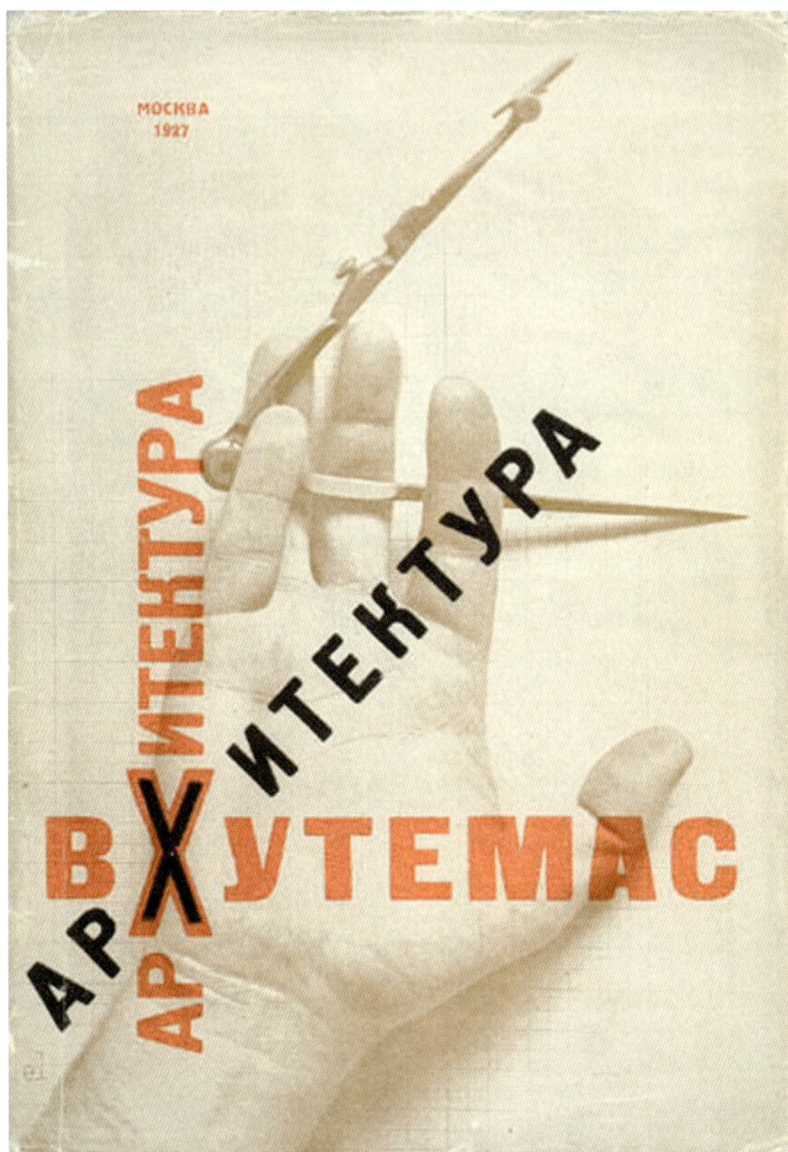

图 58　埃尔·利西茨基设计的《福库特马斯的建筑》的封面，1927 年。福库特马斯是莫斯科的国家高等艺术技术讲习所，和包豪斯一样，是艺术和教学创新的重要中心 p.318

图 61　1984 年 1 月，苹果公司发布第一台麦金塔电脑。这是计算机从计算设备向书写机器转变的第一步　p.330

图 63　1991 年，旧金山市场及其旁边停车场的墙面 　p.361

图64 美国书法家大卫·梅克尔伯格在英国萨塞克斯迪奇灵老会馆举办的书法讲习班上，展示了自由书写的罗马大写字母。1998年 p.370

图 a　特伦提斯之家。面包师特伦提斯·尼奥和他妻子的肖像，他们手中握着卷轴和蜡板书。出自庞贝古城，公元 55—79 年。现藏于那不勒斯国家考古博物馆　p.025

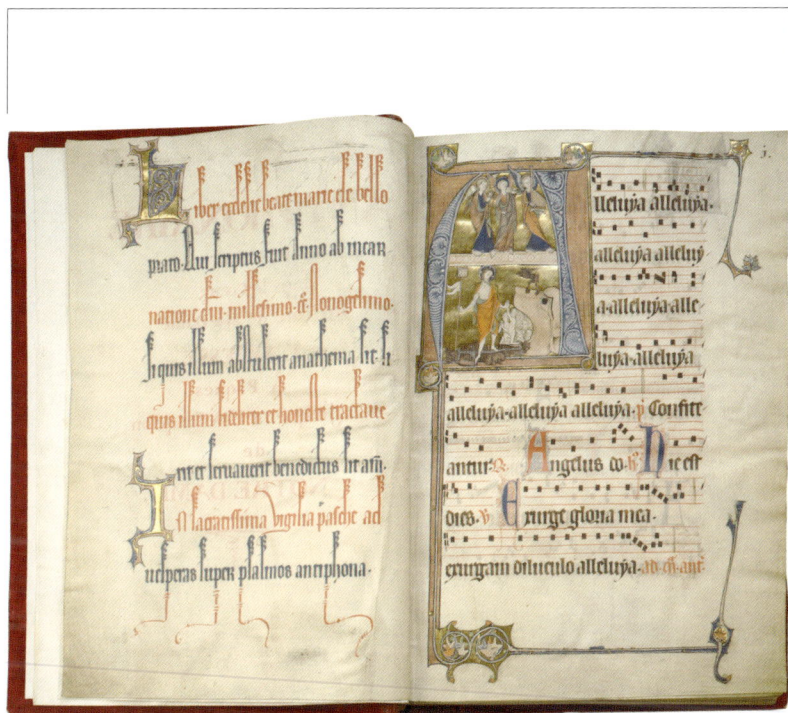

图 b　比利时博普雷的《交替圣咏书》。这是一份用羽毛笔写就的羊皮纸手稿，大约写于 1290 年。左页是哥特式的匀织平足体，右页是匀织菱足体，书上的泥金就是石膏底的、烧制的金箔。现藏于巴尔的摩沃尔特斯艺术博物馆 p.078

图 d　汉萨商人格奥尔格·吉斯和他所有的贸易工具。汉斯·荷尔拜因，1532 年。华盛顿国家艺术馆提供　p.178

图 e　蓬巴杜夫人肖像。她身边是羽毛笔、封蜡（用蜡烛熔化）和用于通信的火漆印章。弗朗索瓦·布歇，1756 年。现藏于巴伐利亚国家绘画收藏馆 p.222

图 f　一封 1847 年便士邮政的信件。信纸直接折叠成信封，寄给苏塞克斯郡赫斯特皮尔波因特的汉宁顿夫人。邮递员知道村子里每个人的住处，所以不需要街道名称或门牌号 p.265

图 h　伍藤办公柜，它是阿根廷总统多明戈·F. 萨米恩托的办公桌。美国印第安纳波利斯制造，1868—1874 年。照片由布宜诺斯艾利斯玫瑰园博物馆提供　p.278

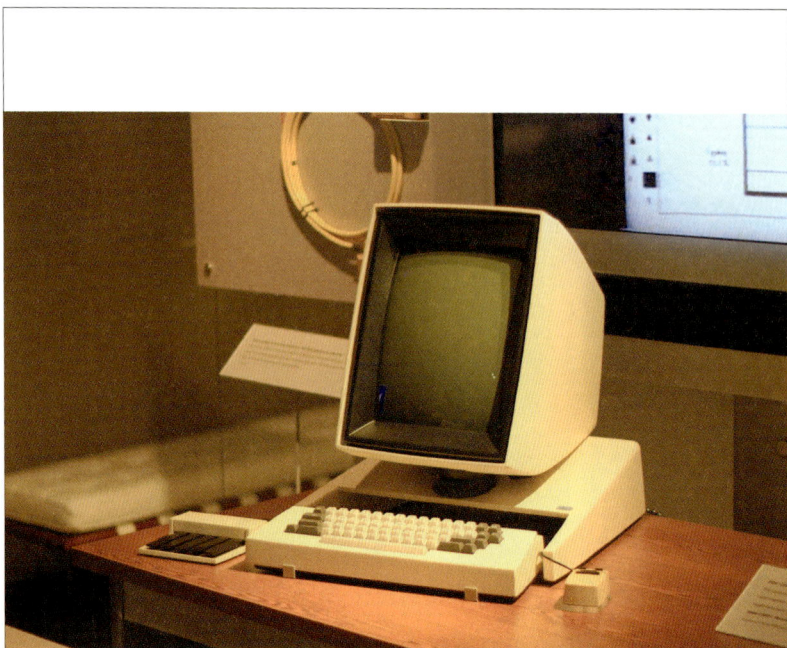

图 j　施乐公司的奥托电脑，鼠标在右边，和弦键盘在左边 p.340